臺灣歷史與文化 研究輯刊

十五編

第 22 冊

戰後臺灣布袋戲技藝研究
——以蕭添鎮布袋戲為例

陳正雄 著

花木蘭文化事業有限公司

國家圖書館出版品預行編目資料

戰後臺灣布袋戲技藝研究——以蕭添鎮布袋戲為例／陳正雄
著 — 初版 — 新北市：花木蘭文化事業有限公司，2019〔民
108〕
目 6+298 面；19×26 公分
（臺灣歷史與文化研究輯刊十五編；第 22 冊）
ISBN 978-986-485-624-4（精裝）
1. 布袋戲 2. 戲劇史 3. 臺灣
733.08　　　　　　　　　　　　　　　　108000400

ISBN-978-986-485-624-4

9 789864 856244

臺灣歷史與文化研究輯刊
十五編　第二二冊　　　　　　　ISBN：978-986-485-624-4

戰後臺灣布袋戲技藝研究
——以蕭添鎮布袋戲爲例

作　　者　陳正雄
總 編 輯　杜潔祥
副總編輯　楊嘉樂
編　　輯　許郁翎、王筑　美術編輯　陳逸婷
出　　版　花木蘭文化事業有限公司
發 行 人　高小娟
聯絡地址　235 新北市中和區中安街七二號十三樓
　　　　　電話：02-2923-1455／傳眞：02-2923-1452
網　　址　http://www.huamulan.tw 信箱 hml 810518@gmail.com
印　　刷　普羅文化出版廣告事業
初　　版　2019 年 3 月
全書字數　260963 字
定　　價　十五編 25 冊（精裝）台幣 60,000 元　　　　版權所有·請勿翻印

作者簡介

　　陳正雄，彰化人，畢業於臺北大學民藝所、東華大學中文系博士班。外祖父和父母均為布袋戲演師，傳承父母成立的「鳳舞奇觀布袋戲團」，擔任副團長和主演，並為大葉大學通識教育中心兼任助理教授。劇團以文化場演出和推廣教學為重心，曾獲選 103 ～ 104、106 年彰化縣文化局「彰化縣傑出演藝團隊」殊榮。個人亦投入教學和研究，及社會專業服務，如參與傳藝中心「傳統藝術主題知識網改版建置計畫——布袋戲主題知識網網站內容調整計畫」研究案，擔任兼任研究員、擔任 104 ～ 106 學年「全國學生創意戲劇比賽決賽評審」、雲林縣文化處 104 ～ 105 年「實驗布袋戲」審查委員……等等。

提　　要

　　本著作以「戰後臺灣布袋戲技藝研究——以蕭添鎮布袋戲為例」為題，探討布袋戲發展轉變的特質，和現況分析，以及論述不同世代布袋戲主演技藝表現的可能性。本文以蕭添鎮技藝劇作為主要研究對象，並取其他藝師作品，探討布袋戲技藝（口白與操偶）、舞臺表演情況，作為支持本文論點的例證。

　　本文共分七章：第一、緒論；第二、臺灣布袋戲發展的內在變異性；第三、臺灣布袋戲發展的外在變異性；第四、戰後不同世代布袋戲藝師的戲劇表現；第五、世界派系統第三代蕭添鎮生平及技藝；第六、蕭添鎮布袋戲表演文本分析；最後第七結論。採民間文學理論、文獻研讀及田野調查方法，進行本文撰寫。

　　從中可以得知布袋戲「變異性」特質，不只是表現在「口頭」，更是布袋戲內外轉變重要的主因，造就豐富的表演樣貌。布袋戲藝師從「傳統」與「創新」中翻轉，經過長時間累積豐富的布袋戲口頭文學資產，留給後輩主演有更多學習選擇。從不同時代環境所培育而出的主演之經歷來看，演戲精神、戲班經營，偏好演出劇目與型態，或有不同，以蕭添鎮、林大豐、林文昭……等人即為佐證。

戰後臺灣布袋戲技藝研究
——以蕭添鎮布袋戲爲例

陳正雄　著

目

次

表目次

第一章 緒 論

第一節 研究動機與目的

　　布袋戲傳入臺灣後，歷經時代淬鍊，發展出多種樣貌。受到時代環境影響而產生轉變的布袋戲，在不同發展階段中，有多樣表演型態，各有觀眾喜愛。尤其觀眾與演師之間的互動影響，更是布袋戲發展的重要因素。觀眾受到布袋戲表演內容所闡述的倫理道德、人生觀影響，也可說布袋戲是演者與觀眾共同形塑、表現世俗價值觀的一個時俗戲劇娛樂。從「肩擔戲」、「野臺戲」、「內臺戲」到以電子文化媒介為載體的「電臺」、「電視」等布袋戲，可見其充沛、堅韌的生命力實為臺灣三大偶戲的翹楚。在這發展期間，文獻所載或口耳相傳的名師亦不少，如鍾五全、蘇總、圳師、陳婆、童全……等等為臺灣重要戲班系統訪尋根源的精神支襯。前輩藝師流傳下來的操偶與說白技法，以及提供後輩依循的戲偶造型、道具行頭、舞臺形式、音樂系統等等藝術體制，隨時代演進，既有傳承，也有創見突破。若依據前賢調查研究，可知談論布袋戲藝術習慣以師承何人作為區別依據，於是師承體系不同，似乎使門派明顯區隔。比如，沈平山《中國掌中藝術——布袋戲》，區分為：「五洲派」、「興閣派」、「樂天派」、「樓派」、「世界派」、「蝴蝶派」、「宛然派」、「西園派」、「虛實派」、「花樓派」及「復興派」等等。〔註1〕另外，戲班命名喜歡彰顯師承系統，故有「五洲園二團」、「五洲藝華園」、「昇平五洲園」、「寶五

〔註 1〕沈平山：《中國掌中藝術——布袋戲》（作者自印，1986 年 10 月），頁 107～117。

洲」、「光興閣」、「隆興閣第二團」……等等班名出現。

　　若以師承系統來看，「五洲園」與「新興閣」以外，「新世界」所傳學生數量、戲班，堪為第三大系統。以質來看，雖然陳俊然（1933～1997）年紀稍減於黃俊卿（1928～2014，其生年以身分證登記為準）、陳錫煌（1931～）、鍾任壁（1932～）等人，遊歷鄒森林「森林園」、白如安「中民園」、林用「新復興」、張仁智「永興閣」、柯瑞福「瑞興閣」，及鍾任祥「新興閣」之後，〔註2〕卻能開山立派，有學生茆明福（1938～）領導的「明世界」，頗有名氣。而陳俊然在廣播布袋戲界更是翹楚，所傳學生陳山林（1944～2010，藝名黑人）、沈明正（1959～）也是廣播布袋戲行家。就陳俊然「新世界」發展面向而言，影響布袋戲表演型態（配樂唱片、戲齣唱片、錄音班形式等），以及佔電臺一席之地，開發無數聽眾，成為道地的民間藝術布袋戲，故勝於「亦宛然」、「小西園」影響力，也未必亞於洲閣。

　　布袋戲這項民間藝術經過長時間進展，逐漸以人立派，以師承不同去區分派別，而忽略自身表演藝術有何與眾不同，如有不同又應當如何傳承與保持，這些問題反而逐漸被漠視。尤其是金光戲興起之後，對於自身所擅長與持有的表演內容與優勢，在彼此間交流，或仿效，或抄襲，加上科技逐漸發達，藝師如何保有技藝獨特性，如何推陳出新或掌握「傳統」原味，在在更加不易傳承與推廣，或說謀生。

　　處在當前，雖說臺灣戲曲受到時代變遷，社會發展迅速，民眾生活模式不同以往，加上社會多元娛樂文化的競爭擠壓到戲曲的生存空間，使之遇到瓶頸與困境。在作家洪醒夫於1980年發表的〈清溪阿伯與布袋戲〉文章說道：

> 時代在變，許多事情也都在改變；以前的人，生活方式和生活內容，有許多和現在不一樣，以後的人，也會有許多不同，這種不同，將大量而且普遍的，表現在各種不同的實質生活上，令人目不暇接；然而，不一樣就不一樣吧，該淘汰的就讓他淘汰；雖然，在新舊交替的時節裡，那些慣於懷舊的老人們，免不了會有一絲悵然、一絲寂寞、一絲自己也不知其所以然的感傷！〔註3〕

〔註2〕巫裕雄：《南投新世界陳俊然布袋戲「南俠」之研究——以「南俠（沒價值的老人）」為研究對象》（臺北：臺北大學民俗藝術研究所碩士論文，2010年1月），頁64～67。

〔註3〕洪醒夫：《田莊人》（臺北：爾雅出版社，1982年），頁154～155。

作者以小時候看戲的經驗，敘述演戲人生活的艱苦，帶有幾分感傷與惋惜，其中也觀察出布袋戲的表演方式，並提及著名的金光戲《大俠一江山》，可見布袋戲深植於民間底層文化之中。然而布袋戲作為民間信仰廟會慶典祭祀的一項酬神文化，使之仍可屹立於世俗生活之中，也因此仍有不少布袋戲班與藝師除了表演酬神性質的戲劇以外，也投入精心策劃且較具規模型態的文化推廣表演。

　　就筆者看戲與實際投入演戲行列的經驗而言，布袋戲班與藝師在進行表演，上演劇目時，也常發現若搬演同劇型，則內容多有相似之處，但細究不同藝師的口白表現，卻有別趣。

　　陳龍廷《聽布袋戲：一個臺灣口頭文學研究》一文提到布袋戲戲齣由不同主演搬演會有不同面貌，他說道：

> 筆者研究臺灣布袋戲時常發現：同樣的戲齣交由不同的布袋戲主演化為口頭表演後，其面貌竟然完全不同。同樣一齣戲吳天來編的戲齣「一代妖后」，高雄天然掌中班劉清田演過《一代妖后亂武林》，寶五洲掌中班的鄭壹雄（1934～2002），在新的《南北風雲仇》，也將類似的情節與他擅長的「天下美男子」、「流浪度一生」等主角結合。同樣的，南投新世界掌中班的陳俊然也將類似的情節與他的「鐵漢南俠」、「老人」等主角結合，成為新的戲齣《南俠血戰一代妖后》。〔註4〕

這是以金光戲為例的觀察，道出金光戲一旦編排出一個故事與情節，由原先演者轉而交給他人演出時，不同的主演有不同的故事理解，透過口白技能表現，運用自身訓練養成的口白套語，展現語言特色，進行情節安排，形塑人物與詮釋故事。如此一來，同劇名可能有許多不同段落、單元，眾多段落中也可能彼此不連貫；而不同劇名卻也可能有許多相似的情節，存有相互交流或仿效的可能性。

　　又說：

> 從臺灣布袋戲流派來看，劉清田、鄭壹雄、陳俊然分別屬於不同的承傳系統，但這並不妨礙他們之間的表演經驗交流。問題是他們之間，誰才是「作者」？或說誰才是「原創者」？以個人主義的觀點

〔註4〕陳龍廷：《聽布袋戲：一個臺灣口頭文學研究》（高雄：春暉出版社，2008年1月），頁39。

來檢視布袋戲的創作者，將會發現那可能是一種錯誤的提問方式。臺灣學術界流行的研究方法，將個別的布袋戲主演視爲「作者」，於是就預設他們的作品中有所謂的「風格」或「特色」。表面上這樣的研究觀點沒什麼問題，卻可能會不明就裡地將某些口頭表演的套語，或常見的主題等題材，當作其個人的「風格」或「特色」的例證。其實這些同樣的套語或主題，也可能出現在其他掌中班的口頭表演中。〔註5〕

從陳氏觀察到的布袋戲口頭實際表演上，布袋戲藝師所熟練的口白套語確實是無法判定歸誰所「發明」、「創造」，他們運用熟練的口白套語搬演故事，故若要窺探布袋戲文學還是得回到表演場上探究。至於陳氏所認爲不應將布袋戲主演視爲「作者」，進而預設作品中有所謂「風格」或「特色」，可再進一步說明：第一，布袋戲本是口頭文學，是以表演方式而論，而非書面創作文學，不是注重編寫格式要固定、內容得完備，以及曲詞說白需完整的劇本；然而晚近布袋戲也漸採先行創作劇本，於是產生作家，再依照劇本搬演，講求「劇本正確」，因此某些布袋戲作品的確有所謂的「風格」或「特色」。第二，主演口頭表演的套語特色，在一人身上可見，也可能同時出現在其他藝師身上，一個表演特色或風格可能同時被多人承襲。因此，我們不宜武斷論定某一風格、特色就是某藝師或某傳承系統的獨特與唯一。

翻閱雲林縣政府於 2002 年出版的《雲林縣演藝團隊名錄》，部分著錄雲林布袋戲班概況，文字敘述中有的提及特色，不外乎以舞臺形式大小、布景道具新奇爲主。對於表演內容，則多敘述爲：自編寫「劇本」、劇目眾多；對於表演技法多敘述爲：演技精良、口白優美、操偶純熟；甚至戲班戲齡資深、出身自哪一師承系統也可以當作特色論。此書以採訪戲班藝師訪談資料而成，可能經藝師所述，尊重藝師說法，然而面對眾多戲班與主演的布袋戲表演，有何特色或風格？應該掌握該班具體演出情形而論之，這是頗有趣味的課題。

陳龍廷再談到若掌握布袋戲班演出影音資料進行分析時，要注意某些問題，他說：

面對這些布袋戲的有聲資料，似乎不可能將主演當作個別的「作

〔註 5〕陳龍廷：《聽布袋戲：一個臺灣口頭文學研究》（高雄：春暉出版社，2008 年 1 月），頁 39。

家」，先設想其「風格」；相反的，如果認為他們屬於「敘事者」，那
麼關於風格討論，必須要非常小心做比對。就好像研究音樂的表演
風格一般，有時音樂旋律、歌詞可能不是自創的，那麼暫且不考慮
「獨創性」的問題，而將注意的焦點放在歌手音高是否準確、速度
節奏是否恰當，音色是否飽滿，或感情詮釋是否恰當。同樣的，如
果要討論敘事者的風格，應考慮的是情節安排是否合理，是否口頭
表演的節奏較慢，或速度較流暢，或其習慣使用的語氣、特殊腔調，
或偏好文言音，或以民間俗語作為表演的特色。如果某些腔調或某
類型的言語相當豐富，可能表演文戲或笑詼戲可能比較得心應手。
這種累積細節而留下的印象越來越清晰，我們就越能夠簡單地指出
其表演風格。此外，還得考慮這些特殊細節，是否在同一個敘事者
的每齣表演都反覆出現。據筆者的瞭解，有的主演在少年時代，與
成熟時期的表演風格幾乎完全不同，因此不可以單就他某個時期的
表演就完全認定其風格，否則容易落入以偏蓋全的謬誤。〔註6〕

陳氏提醒研究者處理戲班演出特色與風格得注意「獨特性」問題，若將藝師
視為「敘事者」，掌握充分資料，論其表演藝術才可能輪廓清晰，而主演在不
同年歲階段可能有不同的表演樣貌，應小心論述。陳氏的觀察提醒後學在研
究上應注意的環節。

　　眾多布袋戲系統各自發展，各授徒傳衍，更整班自立，形成不可忽視的
流派。布袋戲班如何因應時代變遷，有所改變並傳承，以至永續經營呢？以
當前布袋戲演出樣貌來看，是否就是延續過去一成不變？其中變與不變相應
關係如何？引起筆者撰文的動機，欲以不同世代藝師演出資料探討布袋戲在
主要三類型：古冊戲、劍俠戲及金光戲的表現樣貌，以藝師劇作資料為主軸，
分析並比較異同。從中析論布袋戲表演內涵與形式的變與不變，了解布袋戲
在隨時空環境變遷之下，所採取的作法。

　　筆者出身布袋戲家族，從小學開始，便有機會擔任布袋戲小助演，從看
戲到投入表演，一路走來多份對布袋戲的熱忱。當就讀碩士班時，也仍不間
斷布袋戲的表演工作。研究中有幸獲得藝師演出影音資料供參考佐證，看
戲、寫戲與演戲之中也因此積累一些心得。故嘗試以取得的鍾任壁、廖昭堂

〔註6〕陳龍廷：《聽布袋戲：一個臺灣口頭文學研究》（高雄：春暉出版社，2008年
　　　　1月），頁40。

（1957～）、蕭添鎮（1951～）、羅秋峰（1956～）、陳宇期（1977～）……等多位藝師演出資料為例。

其中蕭添鎮師承陳山林，屬於「世界派」第三代弟子，而該派在臺灣布袋戲流派之中具有重要地位。如今陳俊然、陳山林已逝，在學術研究中，除了巫裕雄撰寫有關陳俊然布袋戲的學位論文以外，少有研究者針對陳山林一脈的表演藝術做深入討論。蕭添鎮演藝生涯歷經內臺戲、野臺戲、廣播布袋戲，乃至投入布袋戲推廣演出等階段（圖 1-1、1-2）。他具有內、外臺戲、廣播劇等製演經驗，能演古冊戲、劍俠戲、金光戲以及民間故事戲齣至少 37 齣，並錄製戲齣有聲資料販售給他班演出使用。他豐厚的演出經驗，至今已累積豐富且多元的演出影音資料。從陳俊然傳承系統來看，茆明福與陳山林兩脈最為興盛，而陳山林有十三徒，以目前藝術成就與發展經營來看，當以蕭添鎮表現最為突出。因此，本文以他為主要考察對象，試圖了解該脈絡的表演藝術，並作為本文一個例證。

圖 1-1　2015 年 5 月 13 日
蕭添鎮於彰化師範大學演出

圖 1-2　2015 年 10 月 13 日
蕭添鎮於中興大學演出

（陳正雄拍攝）

（陳正雄拍攝）

其次，以公部門進行布袋戲藝師技藝保存案著錄的劇本、生命史傳記附錄之劇本、口述劇本，以及出版之影音資料為輔，探討臺灣布袋戲表演技藝與口頭文學，比較藝師們演出劇目的傳承保存、搬演差異。希冀從中窺探臺灣布袋戲表演特色與風格，和因襲的困境，達到了解各系統戲班傳承過程中可能存在的變與不變之運轉因子，及探討以師承系統而分的藝術表現是否有所差異，是為研究目的。

第二節　文獻回顧

　　布袋戲在當代研究著作中，多數著眼於表演形式、內容及特質，乃至戲班經營、藝人介紹及多元發展的概況。可從早期報章雜誌隨筆記錄、期刊文章的撰寫討論，到專書著作出版、碩博士論文寫成等，可見布袋戲受研究者、社會大眾矚目的程度日增，也使布袋戲這項藝術資產的表演內涵更加明朗、價值更加彰顯。

　　從臺灣不同政權時期的官方調查報告和主導的偶戲控管或推廣政策來看，姑且不論出發點立意為何，其舉動措施也記錄了偶戲或說臺灣傳統戲劇的發展活動，提供後學研究偶戲重要的資料依據。如日治時期 1928 年的《臺灣に於ける支那演劇及臺灣演劇調》、戰後 1980 年教育部社教司委託臺大與政大進行「我國傳統民間技藝與技能之調查與研究」、1982 年 7 月出版了由臺灣省教育廳委託國立藝術專科學校進行調查的《臺灣民間藝人專輯》，一共介紹 16 位臺灣民間藝人，其中布袋戲藝師有七位，分別為：王炎（1901～1993）、黃海岱（1901～2007）、李天祿（1910～1998）、王文樹（1908～？）、方清祈（1929～1995）、許王（1936～）、黃俊雄（1933～）。又有 1988 年文建會委託國立藝術學院傳統藝術研究中心進行「臺灣地區懸絲傀儡、布袋戲、皮影戲資料綜合收集整理計畫」，1989 年 7 月輯成報告書。1980 年代起，陸續有各縣市文化中心的成立和往後對民間戲曲的調查，以及對演藝團體的登錄在案。這些官方主導的藝文團體與藝人普查、介紹，有助於研究者進一步探討戲班與藝人的演出情形，乃至出版作為適合一般大眾認識布袋戲的入門書。

　　本研究以「戰後臺灣布袋戲技藝研究——以蕭添鎮布袋戲為例」為題，回顧與本題相關且重要的歷來文獻。首先，對於專書著成部分，1961 年呂訴上《臺灣電影戲劇史》一書出版，其中〈臺灣布袋戲史〉篇章雖篇幅不多，但對布袋戲釋名、分布及戲班組織等做簡略介紹。後有沈平山《中國掌中藝術——布袋戲》（1986），內容分為：布袋戲歷史、組織、臺灣七大名班、臺灣布袋戲名人錄、外國掌中戲及文化活動等六個部分；其中附錄的〈布袋戲名人錄〉更提供研究者在田野調查時一份珍貴的查照表。1990 年有劉還月《風華絕代掌中藝——臺灣的布袋戲》、1991 年呂理政著有《布袋戲筆記》、陳正之則有《掌中功名——臺灣的傳統偶戲》、1995 年有江武昌《臺灣布袋戲的認識與欣賞》……等等著作，不外探討臺灣布袋戲的源流、戲班經營與組織、演出型態、戲偶等內涵為主。到了 2001 年傅建益碩士論文編輯出版成《臺灣

野臺布袋戲現貌》，將布袋戲演出內涵、形式、發展及經營概況介紹予社會大眾知悉。

　　早在 1998 年有郭端鎮《布袋戲李天祿藝師》，以李天祿爲研究對象書寫生命史，並探討藝術表現及成就；2000 年起陳木杉寫有《雲林縣布袋戲發展史暨布袋戲宗師黃海岱傳奇》一書介紹雲林縣布袋戲發展脈絡，並以黃海岱爲主要研究對象，不過該書在史料引用上仍有嚴謹不足之缺失；後林明德著有《阮註定是搬戲的命》（2003）、《戲海女神龍——眞快樂江賜美》（2011）、石光生著作《鍾任壁布袋戲的傳承與技藝》（2009）出版。在 2010 年也有邱莉慧等編撰的《李天祿——光影傳神‧亦宛然》、郭端鎮的《掌藝游俠——陳錫煌生命史》。諸多以藝人或戲班爲主體書寫的生命史、傳記，清楚介紹藝師生平經歷、演出情形及藝術成就與表現，提供後學再進一步探討該藝師與所屬戲班演出藝術的重要參考資料。前述生命史專書多數由公部門贊助支持撰寫出版，書寫記錄了「亦宛然」李天祿、黃海岱、「小西園」許王、「眞快樂」江賜美（1933～）、「新興閣」鍾任壁及陳錫煌等藝師與戲班。另外，吳明德《臺灣布袋戲表演藝術之美》（2005）、陳龍廷《臺灣布袋戲發展史》（2007）、《聽布袋戲——一個臺灣口頭文學研究》（2008）、《發現布袋戲：文化生態‧表演文本‧方法論》（2010）、《聽布袋戲尪仔唱歌：1960～70 年代臺灣布袋戲的角色主題歌》（2012）、《臺灣布袋戲創作論：敘事‧即興‧角色》（2013）、謝中憲《雲林布袋戲誌》（2011）、薛湧《功名歸掌上‧布袋演春秋——臺北市布袋戲發展史》（2012）及林明德《認識布袋戲的第一本書：從尪仔製作到手玩尪仔說唱故事去》（2018）等專書陸續出版，探討布袋戲表演藝術、發展變遷，有的以戲班與影視布袋戲做比較分析，或以蒐集的演出影音、電子資料、報紙文獻寫成論著；有的以區域探究布袋戲發展概況，以文獻與蒐集的田野資料進行分析，都提供一個探討與釐清布袋戲表演內涵與演變脈絡的重要參考。

　　其次，歷來公部門挹注資源委由學者投入的調查報告、藝文資源調查，有的出版成冊供大眾閱讀認識，都積累豐碩成果，如洪惟助《嘉義縣傳統戲曲與傳統音樂專輯》（1998）、陳金次《臺灣閣派布袋戲的傳承與發展》（1998）、石光生《「明興閣」掌中戲團技藝保存計畫》（1999）、《屏東縣布袋戲的流派與技藝》（2007）等是爲建構臺灣布袋戲發展面貌不可或缺的拼圖。

　　再者，學位論文方面，檢索國家圖書館臺灣博碩士論文系統，假如只以

布袋戲為檢索關鍵詞，截至 2018 年 8 月初共有 202 筆相關論文。有的以流派或戲班、藝師，並以區域為範圍進行研究，如徐志成《「五洲派」對臺灣布袋戲的影響》（1999）、梁慧婷《明興閣掌中戲團營運方式之研究》（1999）；有的是著眼於布袋戲音樂進行文本分析，如張雅惠《潮調布袋戲「金簪記」音樂研究》（2000）；有些則是著重於布袋戲雕刻研究，如洪淑珍《臺灣布袋戲雕刻之研究——以彰化「巧成真」為考察對象》（2004）、呂聰文《布袋戲偶花園頭之研究》（2005）；還有以表演文本、劇目進行探討，如鄭慧翎《臺灣布袋戲劇本研究》（1991）、王瓊枝《臺灣布袋戲「西遊記」表演文本分析及國小教學應用》（2011）。另外，晚近引起的霹靂布袋戲風潮，也帶動研究熱潮，以各面向探討歸屬於影視表演的這項另類偶戲產業。

　　至今以布袋戲班與藝師為研究對象而寫成的碩博士學位論文至少有三十篇，如下表所示：

表 1-1　以布袋戲班與藝師為研究對象的碩士學位論文

作　者	篇　　　　名	系　　所	時　間
蘇星瑜	臺灣布袋戲的音樂設計——以雲林縣廖文和布袋戲團為中心之探討	臺中教育大學音樂學系碩士班	2017
蔡坤龍	嘉義光興閣鄭武雄《大俠百草翁——鬼谷子一生傳》之研究	臺北大學民俗藝術與資產文化研究所	2016
陳進安	論臺灣布袋戲《五龍十八俠》——以劉祥瑞有聲戲劇作品為例	臺北大學民俗藝術與資產文化研究所	2016
林芳伊	臺灣布袋戲樂師的養成及其後場音樂的演變與創意——以「嘉芳社臺灣大聯盟」布袋戲團為例	臺南藝術大學民族音樂學研究所	2016
林一苂	蕭建平電視布袋戲的表演藝術研究——以《神魔英雄傳》三部曲為例	彰化師範大學國文學系碩士班	2015.6
黃菁霞	小型布袋戲團經營策略之研究——以來來布袋戲劇團、雲林五洲小桃源劇團為例	南華大學文化創意事業管理學系文創行銷碩士班	2015
鍾權煥	客家布袋戲與客家文化傳承——以「戲偶子劇團」為例	中央大學客家研究碩士在職專班	2015
馮筱芬	詔安布袋戲對客家文化傳承角色之研究——以隆興閣掌中劇團為例	大葉大學設計暨藝術學院碩士在職專班	2015
廖珮好	臺灣布袋戲躍上國際舞臺——以廖文和布袋戲團為例	雲林科技大學應用外語系碩士班	2013

江怡亭	隆興閣掌中劇團《新五爪金鷹一生傳》研究	成功大學臺灣文學系碩士論文	2013
林淑媛	鍾任壁新興閣布袋戲技藝傳承之研究	高雄師範大學回流中文碩士論文	2012.7
黃偉嘉	閣派布袋戲陳深池系統真興閣之研究	臺北大學古典文獻與民俗藝術研究所碩士論文	2012.1
邱睿婷	小西園掌中戲研究	中國文化大學中國文學系碩士論文	2012.6
陳生龍	沈明正布袋戲的表演藝術研究	彰化師範大學國文系碩士論文	2011
王瓊枝	臺灣布袋戲《西遊記》表演文本分析及國小教學應用	臺灣師範大學臺灣文化及語言文學研究所碩士論文	2011.1
蕭永勝	「五洲園二團」黃俊卿及其《忠勇孝義傳》、《橫掃江湖黑眼鏡》之研究	臺北大學民俗藝術研究所碩士論文	2010
吳麗蘭	「乾華閣」布袋戲劇團之研究	中興大學臺灣文學研究所碩士論文	2010
郭宸禓	雲林縣隆興閣掌中劇團之研究	臺南大學臺灣文化研究所碩士論文	2010
巫裕雄	南投新世界陳俊然布袋戲「南俠」之研究——以「南俠（沒價值的老人）」為研究對象	臺北大學民俗藝術研究所碩士論文	2010.1
葉芳君	以陳錫煌藝師個案為例探討臺灣布袋戲藝術之傳承	臺北教育大學藝術與造型設計系碩士論文	2010
林莉倫	江賜美女演師及其掌中劇團之研究	臺北教育大學臺灣文化研究所碩士論文	2009
陳艾伶	蕭添鎮民俗布袋戲團結合國小鄉土藝術教育之研究	新竹教育大學美勞教育研究所碩士論文	2007
蔡啓仲	黃海岱「經典劇目」劇本研究	彰化師範大學國文系碩士論文	2006.7
劉建成	雲林縣隆興閣掌中戲團的現況分析與另類發展研究	雲林科技大學文化資產維護系碩士論文	2006
陳正雄	李天祿布袋戲舞臺演出本研究	臺北大學民俗藝術研究所碩士論文	2005.7
楊雅琪	玉泉閣布袋戲團研究	成功大學中國文學系碩士論文	2004
張溪南	黃海岱及其布袋戲劇本研究	中正大學中國文學系碩士論文	2002
黃明峰	屏東縣布袋戲班之研究（1949～1999）——以〈全樂閣〉、〈復興社〉、〈祝安〉、〈聯興閣〉為例	逢甲大學中國文學系碩士論文	2001
梁慧婷	明興閣掌中戲團營運方式之研究	成功大學藝術研究所碩士論文	1999.12
陳龍廷	黃俊雄電視布袋戲研究	中國文化大學藝術研究所碩士論文	1991

從上表諸多學位論文來看，若以系統而分，有西螺閣系：第五代「新興閣」
鍾任壁、「隆興閣」及「光興閣」；朴子閣系：第二代「眞興閣」、「全樂閣」、
「錦華閣」（後分出「聯興閣」）、「玉泉閣」、第四代「明興閣」；有洲系：第
二代黃海岱、「五洲園二團」黃俊卿、黃俊雄；有界系：陳俊然、沈明正；其
餘有李天祿、「小西園」、「復興社」、「祝安」及「乾華閣」等戲班或藝師。各
篇作者以戲班系統所傳一脈進行資料蒐集與探討，觸及戲班發展情況或藝師
生平與學藝過程，有些篇章更論及表演藝術成就與特色。

　　在陳龍廷《黃俊雄電視布袋戲研究》裡以影視布袋戲重要的代表性人物
——黃俊雄爲對象，分析表演藝術與時代意義。2002 年張溪南的《黃海岱及
其布袋戲劇本研究》僅以黃海岱演出手稿，探索故事編演源頭並析論戲劇主
題。2006 年蔡啓仲《黃海岱「經典劇目」劇本研究》根據國立傳統藝術中心
出版的黃海岱演出影片 15 齣戲爲主要內容，分析人物、四唸白及特色，兼與
李天祿《養閒堂》、《豬八戒招親》比較。2010 年蕭永勝《「五洲園二團」黃俊
卿及其「忠勇孝義傳」、「橫掃江湖黑眼鏡」》，介紹黃俊卿生平，並將他代表
作《忠勇孝義傳》、《橫掃江湖黑眼鏡》分析，歸納特色。蔡氏論文研究補足
張氏對黃海岱表演技藝探討的缺漏；而陳龍廷與蕭永勝分別對黃俊雄、黃俊
卿的表演做探討，將黃海岱開啓的「五洲園」系統第二代重要藝師技能有著
初步探索，使後學與世人能一探黃海岱與黃俊卿、黃俊雄父子三人的布袋戲
技藝。

　　梁慧婷《明興閣掌中戲團營運方式之研究》以屏東著名的戲班「明興閣」
爲研究對象，介紹發展概況、營運方式。2001 年有黃明峰《屏東縣布袋戲班
之研究（1949～1999）——以〈全樂閣〉、〈復興社〉、〈祝安〉、〈聯興閣〉爲
例》，針對四個戲班爬梳傳承脈絡與特色，介紹發展過程，並爲他們的藝術表
現與貢獻給予評價。四個戲班中「全樂閣」與「聯興閣」開創者皆源自朴子
「瑞興閣」陳深池（1899～1973）；「祝安」與「復興社」各自成一系統，爲
屏東縣重要的流派。2004 年楊雅琪的《玉泉閣布袋戲團研究》以臺南「玉泉
閣」爲題，將源自陳深池的師承淵源釐清，並探討經營情況與留傳的劇本。
到 2012 年黃偉嘉將另一閣派源頭戲班「瑞興閣」所傳的「眞興閣」撰文研
究，對「瑞興閣」陳深池到「眞興閣」陳淑美（1936～1999）、涂寬容（1936
～？）夫婦（陳深池之女兒女婿）一脈進行爬梳與劇本研究。

　　還有以西螺閣派布袋戲爲題的論文，比如劉建成《雲林縣隆興閣掌中戲

團的現況分析與另類發展研究》、郭宸禓《雲林縣隆興閣掌中劇團之研究》、馮筱芬《詔安布袋戲對客家文化傳承角色之研究——以隆興閣掌中劇團為例》、蔡坤龍《嘉義光興閣鄭武雄《大俠百草翁——鬼谷子一生傳》之研究》、江怡亭《隆興閣掌中劇團《新五爪金鷹一生傳》研究》，以及林淑媛《鍾任壁新興閣布袋戲技藝傳承之研究》。後三本論文不只談及戲班發展概況，重要的是討論藝師的表演技藝內涵，使西螺閣派技藝能被具體討論而有所得。

其他如林莉倫《江賜美女演師及其掌中劇團之研究》、葉芳君《以陳錫煌藝師個案為例探討臺灣布袋戲藝術之傳承》、巫裕雄《南投新世界陳俊然布袋戲「南俠」之研究——以「南俠（沒價值的老人）」為研究對象》、王瓊枝《臺灣布袋戲「西遊記」表演文本分析及國小教學應用》、陳生龍《沈明正布袋戲的表演藝術研究》，及邱睿婷《小西園掌中戲研究》等，以江賜美、陳錫煌、陳俊然、沈明正及許王等人和戲班為對象，討論表演技藝，都是能依據演出影音資料或劇本，提出見解與評價，也是反映藝師技藝情形最直接的方式。除此還有劉信成博士論文《當代臺灣布袋戲「主演」之研究》（2014）訪談諸多布袋戲主演，討論技藝養成的過程，和編演古冊、劍俠、金光及新題材的方法，最後談論主演口白與操偶、音樂、舞臺特效等操作。

以上學位論文針對藝師或戲班的演藝發展與表演藝術做深淺不一的探討，其研究成果可作為本文立論之基礎，對藝師表演技藝所提出的評論可以本文互為印證。

諸多學位論文之中，另有吳明德《臺灣布袋戲的表演藝術研究——以小西園掌中戲、霹靂布袋戲為考察對象》（2004），後以專書出版，名為《臺灣布袋戲表演藝術之美》（2005），與陳龍廷《臺灣布袋戲的口頭文學研究》（2006），提出對布袋戲發展釋名、表演藝術內涵與生態精闢的見解。前者吳氏將屬於影視表演範疇的木偶戲——「霹靂」公司製作的木偶戲表演納入探討，然「霹靂布袋戲」已走向「非舞臺布袋戲」表演的路途，和原本舞臺布袋戲（廟口酬神戲、文化推廣性質的文化場戲劇）表演過程與呈現方式不可相提並論，因此不在本文討論對象之中。後者陳氏以蒐集的錄音資料（唱片、錄音帶）、影音資料（含括電視布袋戲、公部門執行技藝保存計畫案錄製的影片、文化場性質的演出影片），作為研究對象，用以論證布袋戲口頭文學套語、內容。兩篇博士論文影響本文以實際演出實務經驗與現況為基礎，透過蒐集的影音資料、錄音資料的分析，進一步將布袋戲發展的「變異性」提

出，有別吳明德布袋戲歷程「金光化」一詞；並再次論述布袋戲「劇本」之定義，以及對布袋戲表演過程的影響。其餘散落報章刊物發表的短篇期刊文章與會議論文也是本文參酌的文獻之一。從前賢著作中，可了解布袋戲表演本質與發展的可能性與遭遇的困境。因此，本文在此基礎上，以蒐集的布袋戲演出文本探討其表演與文學的內涵。

第三節　研究範圍與內容

一、研究範圍

　　本論文探討戰後臺灣布袋戲發展情形與質變，和衍生的諸多表演藝術問題，並試圖討論不同世代藝師的表演差異。當中以蕭添鎮的表演藝術為主要研究內容，作為立論佐證，範圍包含蕭添鎮的演藝歷程、表演型態及能演劇目與特色。

　　蕭添鎮為世界派布袋戲第三代弟子，曾獲得1995年地方戲劇比賽中區決賽團體優勝暨最佳演技獎，是一位富有傳統鑼鼓與金光戲表演內涵的藝人。其布袋戲演藝生涯更經歷了商業劇場「內臺戲」、「野臺戲」時期，並參與「布袋戲賣藥團」演出型態。近年於校園推廣布袋戲頗有成就，並獲得文化部、宜蘭傳藝中心、國藝會以及臺北市、新北市、桃園市、新竹市、苗栗縣、臺中市、屏東縣、花蓮縣、臺東縣等地文化局處補助演出，演出足跡遍及北部、南部、東部等區域。蕭添鎮擅演金光戲《南俠風雲》、古冊戲，有口皆碑，目前仍持續演出不斷。

　　其次以林文昭（1952～）、林大豐（1954～）、羅秋峰、陳宇期……等演出影片、錄音資料（見參考書目所列主演演出影音資料、錄音資料），作為例證。他們都是於民戲與文化場上熱衷表演並小有名氣、有所成者，研究範圍包含他們的演出情形、藝術層次。

二、研究內容

　　本論文共分七章，第一章〈緒論〉揭示研究動機與目的、研究回顧、研究範圍與內容、研究方法及預期成果。

　　第二章〈臺灣布袋戲發展的內在變異性〉，著手三個面向：第一，臺灣布袋戲發展中的「變異性」，綜合前賢論點重新檢視「傳統」與「金光」二詞定

義。第二，探討臺灣布袋戲的「內在變異性」，以此觀點探討與爬梳布袋戲傳入臺灣後表演風格、戲齣類型的變貌。第三，討論布袋戲劇型與內容在傳承與創作的過程所發生的問題。第四，從布袋戲主演的口白藝術表現，探究套語套式、說白技能的展現，並討論布袋戲戲齣的傳承生命力。

第三章〈臺灣布袋戲發展的外在變異性〉，開頭先釐清戰後臺灣布袋戲的發展脈絡，從官方支持主導力量與民間活動，尤其是「民戲」興衰，兩面向論布袋戲在時代潮流中的主、被動發展。其次，從各縣市布袋戲班數量的增長，觀察其戲劇活動概況與關係。再者，從布袋戲的「外在變異性」觀看表演型態的轉變，與對表演內容的影響。最後，談臺灣布袋戲面臨經營困境的應變。

第四章〈戰後不同世代布袋戲藝師的戲劇表現〉，立基於筆者所蒐集的私家錄影之演出影音資料、公部門出版發行的演出影片、有聲資料，以及出版的口述劇本等，探討不同的各類表演型態、不同世代崛起的戲班與藝師在演出上之差異，以及面對不同演出生態、場合所採取的「變異性」做法。

筆者蒐集的表演文本主要是布袋戲實際演出的影音資料（見參考書目影音資料部分），在原有針對「五洲園」黃海岱、「亦宛然」李天祿、「新興閣」鍾任壁、「小西園」許王、陳錫煌、「真快樂」江賜美等人的研究成果上，另以蒐集而得的藝師演出影音資料；錄音有聲資料次之，進行布袋戲技藝的探討。

本章試圖略分三個世代，進而論述表演層面可能存在的差異：第一，探討出生於日治時期，茁壯於戰後 1950、60 年代的戲班與藝師之演藝概況與演出情形。然而能掌握的演出資料，除了前賢文獻紀錄以外，大致只能依靠演出劇目手抄本或私家演出錄音、影音資料，或曾出版的唱片有聲資料和影片，據此略探表演藝術的風貌。例如：陳錫煌、許王、黃俊卿、鍾任壁、方清祈、陳俊然。第二，以出生於 1950 年代，爾後學藝並約於 1970 年代整班的藝師及所屬戲班，進行其演出情形的討論。至今該型戲班可能積累兩代演藝資歷，其藝術傳承的關聯性值得探究。例如：江欽饒（1959～，藝名黑番）、羅秋峰、林文昭、黃文郎（1951～，從母姓本名高世標，黃文郎為藝名）、廖昭堂。第三，以出生於 1970 年代為主的新世代藝師為考察對象，如陳宇期、蕭孟然（1977～），無論是兩、三代傳承或新一代的整班開創，是否能知舊創新？探討新世代演出表現是本節主要議題。

第五章〈世界派系統第三代蕭添鎮生平及技藝〉，以當前活躍於文化場、擁有完整資歷（經歷賣藥團形式、商業劇場內臺戲、廣播布袋戲、野臺戲及文化場演出等階段）的世界派系統第三代藝師蕭添鎮為考察對象，略述其生平、演藝生涯概況；論述演出型態與劇目，以其演藝經歷與表演成就，作為討論布袋戲表演技藝的一個例證。

第六章〈蕭添鎮布袋戲表演文本分析〉，主要以蕭添鎮演出的影音資料（演出本）為討論內容，並以同時期同輩藝師或戲班演出劇作，舉例說明，驗證觀點。本章分四節討論古冊戲、金光戲及新編故事的編演特色。

第七章〈結論〉，從筆者蒐集的演出文本與文獻爬梳析論，探究布袋戲發展演變過程的變與不變，至今臺灣布袋戲仍存在可能的嘗試與突破，可尋覓觀眾的支持，延續生命力，在此本文提供突破困境的一個思維參考。

第四節　研究方法

本文「戰後臺灣布袋戲技藝研究——以蕭添鎮布袋戲為例」議題，為討論布袋戲表演技藝含括的操偶與說白技能，以掌握的演出影音資料為主，嘗試論述此項民間藝術在表演場上盡可能的表現方式。因此，筆者試圖從實務表演經驗、獲得的演出文本進行分析，再透過文獻書面資料的閱讀與田野調查的輔助，將布袋戲不同類型表演做探討，彰顯其技藝的特色與價值。

一、書面文獻的研讀

除了布袋戲發展相關文獻的爬梳釐清，再透過前賢研究成果相關論著的研讀，如陳龍廷《臺灣布袋戲發展史》、《聽布袋戲——一個臺灣口頭文學研究》、《發現布袋戲：文化生態・表演文本・方法論》、吳明德《臺灣布袋戲表演藝術之美》，以及曾投入布袋戲表演，具有演出實務經驗的傅建益著有《臺灣野臺布袋戲現貌》，結合筆者掌握的資料，援引實例互為佐證。2008年薛湧《布袋戲研究中的藝術學觀察——以「布袋戲筆記」、「臺灣布袋戲的表演藝術研究」為觀察中心》碩士論文完成，他主要針對呂理政《布袋戲筆記》、吳明德《臺灣布袋戲的表演藝術研究——以小西園掌中戲、霹靂布袋戲為考察對象》博士論文，提出評論。對本文撰寫具有啟發性，某些觀點更與筆者契合，重新省思流派、「金光戲」、「傳統」涵義，釐清布袋戲發展過程中轉變的問題。又2004年邱一峰《閩臺偶戲研究》提到偶戲藝術特色、「古典布袋戲

精緻化」觀點，也將布袋戲二分爲傳統與金光，忽略兩種發展脈絡中可能的質變，進而未能了解這項民間藝術布袋戲的眞實面貌。如他說道：

> 儘管今日臺灣布袋戲的發展已與影視科技密切結合，創造出偶戲藝術在視覺上的新效果，但仍有爲數不少的布袋戲團採用精雕耀眼的彩樓爲舞臺，搬弄八吋身長的小型偶，演出傳統風味的精采戲碼，這種保留傳統的演出形式，或可統稱爲「古典布袋戲」……古典布袋戲則堅持原汁原味，依然藉由演師指掌的曲直技巧，展現戲偶肢體細膩婉轉的動作。〔註7〕

他更直言：「『小西園』可以說是臺灣現今組織最完整、戲路最寬廣的古典布袋戲團。」〔註8〕當下 2004 年所言，至今看來，恐未必適切。因此，從呂理政、陳龍廷、吳明德、邱一峰等前賢的觀察與研究中，筆者試圖以更貼近民間的聲音，呈現布袋戲一個踏實的面貌，並從其創造過中，釐清表演層面的些許問題。

　　然而與本論文主要研究對象蕭添鎭相關的研究，先有陳艾伶《蕭添鎭民俗布袋戲團結合國小鄉土藝術教育之研究》；後有巫裕雄《南投新世界陳俊然布袋戲「南俠」之研究——以「南俠（沒價值的老人）」爲研究對象》。前者摘要部分，即揭示研究目的：「爲探究傳統布袋戲在鄉土藝術教育中之藝術價值和教師進行傳統表演藝術教學之方式，並探討蕭添鎭民俗布袋戲劇團成立源由及運作模式以及探討其劇團與學校老師協同教學模式和成效。」〔註9〕又介紹「蕭添鎭民俗布袋戲團」成立過程與經營方式，因此，該篇論文主要是探討布袋戲在校園藝術教育推行的方式與成效。時至今日，蕭添鎭及其戲班在布袋戲文化活動推廣層面，成就顯著，在在證明其演技有過人之處，也積累不少演出資料，已成方家，足以再供研究者探究其藝術表現。後者巫氏主要是分析陳俊然《南俠》文本，並網羅其開創的「新世界」系統第二代至第四代弟子，和他派藝師所演出的《南俠》影片，一共八十場，約 23 齣。除此之外，建立陳俊然「新世界」系統譜系，釐清錯誤的文獻資料。從巫氏釐清

〔註7〕邱一峰：《閩臺偶戲研究》（臺北：政治大學中國文學研究所博士論文，2004年），頁 177。

〔註8〕同前註，頁 179～180。

〔註9〕陳艾伶：《蕭添鎭民俗布袋戲團結合國小鄉土藝術教育之研究》（新竹：新竹教育大學人力資源教育處教師在職進修美勞教育研究所美勞教學碩士論文），論文摘要部分。

的「新世界」師承系統中，可知第二代弟子茆明福與陳山林所傳承之系統是為兩大支脈，〔註10〕而陳山林一派又以蕭添鎮演技與成就最為突出，甚至超越老師。在巫氏之後，仍缺乏研究者探討「世界派」系統陳山林一脈，故本文立基於巫氏研究成果，以蕭添鎮為對象與例證，論證本文議題。

其次，呂訴上《臺灣電影戲劇史》、王雲玉《箝制與競技：地方戲劇比賽變遷的歷史解讀》碩士論文，和《臺灣省地方戲劇協進會成立卅週年紀念特刊》、《臺灣省地方戲劇協進會成立四十週年紀念特刊》、《臺灣地方戲劇協進會成立五十週年紀念特刊》、《臺灣區七十八年度地方戲劇比賽紀念專刊》等專書提供本文爬梳「戰後臺灣布袋戲的發展概況」，作為重要參考資料。

再者，石光生《臺灣傳統戲曲劇場文化——儀式·演變·創新》著作中，論及戲劇文本書寫之變異，認為必須掌握決定戲劇文本的兩個重要因素：客觀與主觀。前者指書寫格式；後者則是編劇者編劇剪裁的技巧。〔註11〕編劇主客觀因素提供筆者思索布袋戲編劇技巧和變異性特點的影響，以及驗證於多數主演口頭表演的一個特質。

二、影音、錄音有聲資料的蒐集分析

第一，從公部門製作保存而發行的影片，多為「大師級」主演的演出作品，可就其內容探討，取之以為實例作為論述基礎，如國立傳統藝術中心的《黃海岱布袋戲經典劇目 DVD》、《新興閣鍾任壁精選 DVD》、《小西園許王掌中戲藝術三國演義》、《屏東布袋戲的流派與藝術》一書附錄演出 DVD 等。第二，從田野蒐集布袋戲班演出實況錄製的影片，多為 2000 年至今野臺演出的實況面貌，就其內容分析，探討不同世代主演於演出當中可能的差異，如蕭

〔註10〕茆明福開創的「明世界」被學術界熟知，名氣更甚於陳俊然。「明世界」闖蕩文化場表演圈，以後場音樂聞名，曾由中華民俗藝術基金會執行，曾永義擔任計畫主持人，於 1999 至 2000 年間執行「家族掌中劇團保存計畫——以二水明世界掌中劇團為對象」專案。後有陳芳發表期刊論文，探討該班演技層次。而關於陳山林一脈於學術界始終默默無聞，後在陳龍廷研究中，如陳龍廷《臺灣布袋戲發展史》、《聽布袋戲——一個臺灣口頭文學研究》始見踏實探討其技藝（口白藝術），然在他去世前，終究鮮少學術人知其技藝表現情況。見林朝號：《傳藝大觀——民間藝術保存傳習計畫 1996～2003》（宜蘭：傳統藝術中心，2005 年 9 月），頁 39；陳芳：〈論「二水明世界掌中劇團」之內在結構〉，《中國學術年刊》第 22 期（2001 年），頁 359～390。

〔註11〕石光生：〈王昭君戲曲文本書寫的變異〉，《臺灣傳統戲曲劇場文化——儀式·演變·創新》（臺北：五南圖書出版公司，2013 年 9 月），頁 246。

添鎮、林文昭、林大豐、羅秋峰……等。第三，從蒐集得來的布袋戲錄音節目戲齣，舉出實例，進行分析，如劉祥瑞（1953～）、柳國明（1954～2017，藝名黑鷹）、江欽饒、蔡坤仁（1953～）、吳清秀（1951～）……等。透過影音資料，影像直接呈現我們眼前，可以了解藝師技能。公部門出版重要且著名的布袋戲班戲齣影片可堪代表臺灣布袋戲藝術經典，事前精心策劃而錄影的影片，可以清楚欣賞其技藝精湛的一面。

　　雖筆者蒐集的私家錄製之戲齣影片（見參考書目），都是直接在表演場上展現於觀眾眼前，錄製技巧與器材和攝影棚內設備，自是不同。但透過錄影，對於技藝表現才能獲得較全面討論，比起只有錄音，它只能夠讓我們了解口技，和情節安排的情況。

三、民間文學理論的應用

　　布袋戲也能是口頭文學（民間文學）的一成員，有著若干口頭文學特色，援引胡萬川《民間文學的理論與實際》著作中民間文學觀點，如他所言：

> 一般認為民間文學有三個主要特徵，即口頭性（或口傳性）、變異性及集體性。相對於作家文學的以文字傳達，民間文學以語言口傳，口傳性當然就是其基本特徵。口傳靠記憶，記憶卻常只能記重點，而不易記細節，因此經聽聞、記憶之後的再傳述，通常就不可能是完全的複述。特別是篇幅較長、內容較多的作品，更不可能完整地重述。加上講述人（傳承人）個人情性的差異，講述時空、情境的不同，在在都會使作品在流傳過程中有種種變異。〔註12〕

又說：

> 被認為是民間文學第三個特徵的「集體性」，一般的認識也是扣緊這種流傳的變異性而來的。這就是說民間文學既然是口口相傳，某一地區的一個故事或一首歌謠，只要能夠傳開出去，流傳下來，在流傳的過程中就一定會經過無數傳講者的加減修飾，然後才逐漸趨於為眾人、為傳統所接受的樣態。也就是說民間文學能夠傳承下來，一定不會是當初的原樣，而是經過不知多少人的加工、感染而成的結果，因此它代表的就不是某個個人的思想，而是傳統群體中的集

〔註12〕胡萬川：〈變與不變──民間文學本質的一個探索〉，《民間文學的理論與實際》（新竹市：國立清華大學出版社，2005 年 6 月），頁 36。

體認知或情感。這就是一般所謂的「集體性」的意思。〔註13〕

布袋戲藝師未必全依賴書面文字傳承戲齣內容，故布袋戲文學能屬於口頭文學範疇。〔註14〕主演通常憑藉一張口搬演、傳述故事，可以自行汲取他人實際演出的內容，也能參酌其他表演藝術、說唱曲藝及書面文學，故修養口技、戲齣的途徑不一。布袋戲能符合口頭性、集體性，如李天祿、江賜美、蕭添鎮及吳清秀皆有《乾隆遊西湖》戲齣，其故事內容於各家稍有不同，經過各家剪裁、加工到趨向「集體認知」即「集體性」特點；又具有變異性，此點還適用於布袋戲表演方式上。

援用民間文學理論可觀見布袋戲文學特質的轉變，了解戲齣內容的變與不變之處，和創造的過程。其中「變異性」除了可指口頭表演的特性以外，我認為還是布袋戲表演型態轉變的因素。

是故，布袋戲發展於內或外在都存在「轉變」特質，也是布袋戲生命力旺盛的潛在特質。有關布袋戲發展的轉變特質在前賢陳龍廷、吳明德、薛湧……等人著作中也論及到，其中吳明德「金光意識」、「金光化」過程之說，加上「鑼鼓正確」到「劇本正確」見解，和陳龍廷觀察到的兩種審美態度：「戲曲風格」到「敘事風格」，頗有近似。然而薛湧曾對吳明德全面挪用與擴張解釋的「金光化」提出不同見解並予以質疑。對於吳氏「金光意識」、「金光化」之說，筆者藉助於口頭文學研究成果與相關著作，將「變異性」一詞應用於布袋戲內外在發展轉變身上，論證布袋戲表演內容與形式隨時代演進而變化的樣貌。

第五節　預期成果

本文探討戰後臺灣布袋戲技藝與口頭文學，立基於前賢研究成果，從中再度釐清布袋戲發展的「變異性」相關問題，期使布袋戲與時並進的發展脈絡與動力來源更加明朗清晰。

〔註13〕 胡萬川：〈變與不變——民間文學本質的一個探索〉，《民間文學的理論與實際》（新竹市：國立清華大學出版社，2005 年 6 月），頁 37。

〔註14〕 如布袋戲劇作以文字寫成，有書寫形式規範，目的可能為了獲取獎金，甚至出版，成為知識份子的創作，早已非民間文學（口頭文學）了，比如，周定邦：《英雄淚：周定邦布袋戲劇本集》（臺南：臺南市政府文化局，2011 年）。又如王藝明戲班於 2010 年製演《決戰西拉雅》，劇作者為陳建成，也非民間文學，而是作家文學。

　　其次，對於戰後布袋戲發展面向提出筆者的觀察與看法，並試圖從不同世代藝師的表演中，討論表演方式與內容的異同。再者，所選蕭添鎮是一個藝術表現的例證，其演藝生涯、演出情形也是布袋戲發展隨著時代「轉變」的一個最佳見證。以他與該班演出實況與影音資料，和其他藝師演出資料為輔，加以探討，作為本文論點的依據；並嘗試提供布袋戲繼往開來、突破困境的一個可能性參考。

第二章　臺灣布袋戲發展的內在變異性

　　布袋戲的發展「從搬演小形指頭傀儡的肩擔戲，變成演唱絃管調的布袋戲，其間必有一番重大的變革」。〔註 1〕自中國大陸傳入臺灣以後，在各個歷史階段裡，布袋戲一直是臺灣三大偶戲中，生命力最為旺盛者，當中是須爬梳布袋戲各階段的演變，以及發展過程一環扣一環的影響與關聯，時間的行進使布袋戲在各個時期產生變貌與轉變，饒富趣味。

　　臺灣布袋戲發展的歷史階段，據陳芳的看法有八個階段：一、籠底戲；二、古冊戲；三、劍俠戲；四、皇民化劇；五、反共抗俄戲；六、金光戲；七、廣播電臺與電視布袋戲；八、唱片戲。〔註2〕陳芳雖然指出分期的劃分基準在於劇目內容與操偶形式，不宜與後場配樂相混淆。殊不知這樣的分期仍是有問題的，在於分期的基準不一所導致。比如，籠底戲與古冊戲因戲齣取材來源而分；劍俠戲、金光戲、皇民劇及反共劇因劇情內容、人物特點而分。又如廣播電臺與電視布袋戲因表演型態而分，至於她認為的「唱片戲」，即「錄音班」演出型態，演出內容更含括古冊戲、劍俠戲及金光戲等劇型戲齣。況且，每個階段也非一個結束就轉換另一個階段，而是或有重疊，或並進發展的。此外，陳芳對籠底戲的見解與範圍，含括了潮調、南管及北管音樂系統的布袋戲，她說道：

〔註 1〕　林鋒雄：〈布袋戲之成立及其表演藝術特質〉，《中國戲劇史論稿》（臺北：國家出版社，1995 年），頁 235。

〔註 2〕　陳芳：〈論「二水明世界掌中劇團」之內在結構〉，頁 361。按：陳氏分期論點係依據江武昌〈臺灣布袋戲簡史〉一文，該文收入在《民俗曲藝》第 14 輯第 65～68 期（1990 年），頁 88～126。

又據呂訴上《臺灣電影戲劇史》所述，臺灣中南部之布袋戲流派，
遠在民前即有來自泉州之「白字」，來自漳州之「亂彈」及來自潮州
之「潮調」等三派。故王、黃二氏所言，恐未必然。南管（含白
字）、北管（即亂彈）和潮調布袋戲，應該都是直接傳承自中國大陸
的。〔註3〕

陳氏不認為臺灣北管布袋戲是臺灣藝師自改用北管音樂而成，這樣的論點與
江武昌、吳明德等學者持不同看法。〔註4〕筆者認為談論臺灣與中國有關北管
（亂彈）布袋戲的淵源影響，必須舉出例證。從獲得的演出文本，進行後場
音樂、戲齣內容、劇情安排的分析，方能進一步談論影響關聯，否則多屬臆
測之論，無法深究。

　　談論臺灣布袋戲發展的轉變，應以時代年限為準則，依序分期論說。各
時期的變異風格表現，在內部分，如操偶、說唱念白的技藝、戲齣故事、劇
型及音樂系統等；在外部分，如戲臺構造、戲偶造型、大小、戲班經營方式
等所構成的表演型態與演出場合，也有一番變革。這些內外的轉變可以用
「變異性」特點來觀看，本章先論述臺灣布袋戲發展的「變異性」特質，並
釐清「傳統」與「金光」之義；其次，談臺灣布袋戲的內在「變異性」，探討
風格轉向；再者，談論戲齣變異之中傳承與創作的問題。最後探討當藝師充
分掌握與運用口白藝術之時，可能進一步將擅長的招牌劇作予以傳播，甚至
產生效應。

第一節　臺灣布袋戲發展的變異性

　　布袋戲可歸屬口頭文學，一般而言，是在師徒口頭傳承之下，經由場上
表演，逐漸把戲齣流傳開來，讓觀眾熟知故事。也因為在表演場上不斷的演
出磨練，藝師養成戲劇套語，以至純熟境界。布袋戲劇作可能歷時久遠，並
由歷代藝師或同世代多位藝師不斷的演出，以至於在故事劇情上添枝加葉，

〔註 3〕　陳芳：〈論「二水明世界掌中劇團」之內在結構〉，頁 361。
〔註 4〕　江武昌認為：「北管布袋戲約是形成於清末光緒年間，正是布袋戲本地化的開
　　　　始。」而吳明德也說：「由潮調、南管布袋戲改變為北管布袋戲，是臺灣布袋
　　　　戲由『內地化』轉為『本地化』的開始，當北管戲曲成為日治時期的主流娛
　　　　樂時，『潮調』和『南管』的布袋戲班也不得不調整他們的後場來演奏『北管』
　　　　曲樂。」見江武昌：〈臺灣布袋戲簡史〉，頁 98；吳明德：《臺灣布袋戲表演藝
　　　　術之美》（臺北：臺灣學生書局，2005 年），頁 67。

有著口頭文學的「變異性」與「集體性」特點。反過來說，隨著不同的藝師對於同一齣題材的戲劇，其故事內容剪裁、情節安排、主題思想表達、人物形象塑造等方面必然有所差異。這種戲齣的變化，讓一齣戲有多種表演型態嘗試的可能性，就是布袋戲的「變異性」。

然而呈現在劇型轉向、戲齣內容、藝師口白套語、口技、操偶技藝等方面是所謂的「內在變異性」使然。而就臺灣布袋戲多元發展的情況而言，布袋戲表演型態，舉凡舞臺裝置、音樂、戲偶大小結構、造型、舞臺效果都逐漸有了變化，可謂「外在變異性」的驅使。因此，筆者藉助口頭文學理論與特質觀點，於後文針對布袋戲發展中的內在與外在變異之情況，進行探究。

在談論「變異性」特質之前，可見前賢論文研究中已經發覺這個「變遷」的過程，並提出「傳統」與「金光」兩類布袋戲的思辨。吳明德《臺灣布袋戲表演藝術之美》指出：

> 目前一般人的習慣認知，以為臺灣的布袋戲分為兩大流派，一派為古典鑼鼓（或曰傳統）布袋戲，另一派則為金光布袋戲。傳統與金光兩者看似壁壘分明，殊不知，縱觀整個臺灣布袋戲發展史，布袋戲一直是向著「金光」傾斜的，走的是一條金光化的道路。〔註5〕

臺灣布袋戲的流派區別是否真是一般人習慣認知的：一為「古典鑼鼓」（傳統）布袋戲；另一是「金光布袋戲」。從引述文章中吳氏似乎是認同布袋戲為「傳統」與「金光」二類，並認為布袋戲是走向「金光化」的發展道路。然而「傳統」並非一成不變，時間的推移使不同世代成長背景的人們對「傳統」所具備之文化內涵有認知上的不同，因此若使用「傳統」二字形容在布袋戲身上，就有指陳不清之嫌。

面對「金光化」的思辨，研究者薛湧的看法更是鞭辟入裡，他說道：

> 吳明德對「金光」一詞的全面挪用與自行擴張後的「廣義」解釋，研究者雖然解釋此為廣義的、民間文化的特色，具有活潑生動的、不拘一格的金光詞語稱呼，屬於見聞角度不同就有不同的稱呼……雖一再提醒讀者「傳統／金光」二元論之不足。但在提綱挈領的文字策略下，簡化文化變遷過程的探討，並且「妙筆生花」改變一般文字習慣對表演形式「變異」的觀察描述，將「金光化」與「泛金光化」挪移等同於「變異發展」或代替了「創意發展過程」等字義。

〔註5〕吳明德：《臺灣布袋戲表演藝術之美》，頁59。

在筆者看來不是不可，卻著實下著一步險棋。因爲金光一詞在「活潑的民間」還有待定義共識與釐清之說時，今在學術領域又直接「活潑的」、「不拘一格」、「創意」的挪用成爲隱含多義的形容詞時，讓研究者描述的語詞更加多元多義了。〔註6〕

這樣的思考，在筆者碩士論文中也曾論及金光戲之義，乃是「劇中人物具有金剛護體，不壞之身，故事無史事束縛，帶有光怪陸離、荒誕、懸疑之特點的武俠戲齣」。金光戲之義不需外加布景大小、音樂類型……等等附加條件而定義，這是根據民間藝人說法和金光戲本義所論述的。比如，沈明正演出《南俠》、江欽饒演出《鬼谷子一生傳》，這些金光戲劇目的表演方式後場曾採用北管鑼鼓曲現場演奏、搭設布景舞臺、用中型或大型戲偶，〔註7〕那麼這是否可稱爲傳統布袋戲？或金光戲？或稱傳統金光戲？要分辨劇目類型，對於藝人與觀眾而言，是很容易就能判別這些皆屬於金光戲。不同年代的金光戲表演會有不同的呈現方式，對於不同世代成長背景的觀眾而言，或許有人會認爲後場鑼鼓伴奏的金光戲才是道地；抑或有人認爲中西樂混搭配樂的金光戲才是對味。但絕不會把無歷史根據，帶有荒誕無稽、神怪情節的武俠故事——金光戲看作其他劇型，也不會把加上聲光特效，採用彩繪布景，以配樂方式演出的古冊戲認作金光戲。因爲判定的依據是根據演出的故事內容，而非附加的藝術元素。〔註8〕

〔註6〕 薛湧：《布袋戲研究中的藝術學觀察——以「布袋戲筆記」、「臺灣布袋戲的表演藝術研究」爲觀察中心》（宜蘭：佛光大學藝術學研究所碩士班論文，2008年6月），頁65～66。

〔註7〕 如2007年10月24日江欽饒「江黑番」戲班於彰化員林鎮鎮興廟演出金光戲《鬼谷子一生傳之智取天書》；2008年6月7日沈明正戲班於雲林大埤鄉演出《南俠之恨乾坤》，都聘請後場樂師伴奏演出。

〔註8〕 林明德觀點就是將布袋戲分爲「傳統」與「金光」二類，論及早期傳入臺灣的布袋戲，說道：「爲『傳統布袋戲』，又稱『籠底戲』或『古冊戲』，是屬於內地的風格。演出的劇本可分爲歷史劇、公案劇與家庭倫理劇等三種。布袋戲偶高約六至八寸，由泉州師傅所雕刻；戲臺是由木頭雕飾的『四角棚』或『六角棚』，俗稱『柴棚仔』或『彩樓』。論及金光戲則說：「金光戲是以編演玄想、神仙魔道大戰的布袋戲，集怪誕、懸疑、刺激、熱鬧於一身；或說運用燈光變化，所以得名。劇情是光怪陸離，後場鑼鼓戲曲改用西樂唱片配音，身段唱腔、戲偶造型與場景都與傳統布袋戲迥然有別。」見《阮註定是搬戲的命》（臺北：時報出版公司，2003年6月），頁127、132。按：筆者認爲「古冊戲」就字義解釋含「古老」、「前輩」所演的戲齣之意，應是指前輩藝師流傳的長短篇戲齣，情節涵蓋家庭倫理、男女愛情、神怪奇聞、公案俠

　　其次，「金光布袋戲」一詞本有疑義，因為從臺灣布袋戲發展來看，藝師們習慣口稱「金光戲」一詞三字。又是否有著「金光布袋戲」一詞五字的說法呢？在田野調查中，民間藝師早期口語習慣似乎是述說「金光戲」，而非冗長的「金光布袋戲」，如蕭添鎮、林文昭習慣稱「金光戲」。〔註9〕

　　「金光戲」是以劇情內容與表演特質來命名，一詞在布袋戲業界常常被這樣指稱。現今金光戲以多元型態與方式呈現於觀眾眼前，所以金光戲的表演意涵更加擴大，表演技術更加豐富；劇情更加荒誕。但是不管用何種方式去表現金光戲，都應回到本義上的認知。是故，從臺灣布袋戲發展的「變異性」來看，就不該將金光戲原意擴張解釋，以至於將其定義定型，陷入窘局。若將劇型原名義擴張解釋、或挪用、或狹隘定義，都是將「金光戲」或「金光」二字複雜化，並遠離民間藝人的看法。

　　對於布袋戲的「傳統」與「金光」思辨，在 2000 年時，江武昌即從戲臺與戲偶藝術元素切入提出看法，說道：

> 目前臺灣的布袋戲界，卻發生了這樣奇怪的矛盾現象：布袋戲表演舞臺一定得要用劇界稱為「彩樓」的木雕小戲臺，至少也得像彩樓一般大小的布袋戲臺才叫「傳統」；布袋戲偶還得是中國福建泉州、漳州雕製的小戲偶才叫正統，臺灣雕刻的木偶得以泉州戲偶為仿，大了就不叫「傳統」，只要是大戲偶，管他是生旦淨末丑，都與素還真、葉小釵同歸「金光」或「野臺」之類，不登「傳統藝術」之門……。〔註10〕

江氏指陳當時布袋戲界的怪現象，隨「傳統」與「金光」二分法起舞，而這種的情況，無疑是受官方文化單位主導與學者思維影響而導向的一種結果。〔註11〕這樣的看法放到十九年後的今天來看，仍是一語中的，切合當前社會

　　　義等內容，故「古冊戲」範疇應包括「籠底戲」、「古冊戲」及「南、北管戲」的戲齣。以此觀點視之，隨時間推進，「古冊戲」經由藝師創演，可以不斷生發，是相較於今，對舊有戲碼的概稱。

〔註9〕　筆者於 2014 年 9 月 28 日在蕭宅訪談蕭添鎮，他說明早期只有金光戲一詞，後才有「金光布袋戲」詞彙，並認為金光二字變成形容詞，形容五光十色的布袋戲表演外在形貌。「遠東昭明樓」林文昭團長也說原先只有金光戲的稱呼，「金光布袋戲」一詞是後來才有的。

〔註10〕江武昌：〈標籤化的「傳統」藝術──論傳統布袋戲彩樓戲臺的優缺點〉，《美育》第 114 期（2000 年 3 月），頁 36。

〔註11〕江武昌：〈布袋戲的興起和民間劇場的關係〉，《專輯：掌中乾坤風雲再起》傳

大眾與一般研究者對臺灣布袋戲「傳統」與「金光」概念不清的情況。

為何把布袋戲分為「傳統布袋戲」與「金光布袋戲」呢？然而，無論一般人對布袋戲的認知是否為簡易的二分法，或是研究者基於研究的便利性所採取的分別，都是陷入二元對立的思考泥沼之中。舉例來說，相對於南管或北管布袋戲，肩擔戲反而是「傳統布袋戲」；而相對於雜用中西古典或流行音樂配樂的布袋戲，不管搬演小說戲或劍俠戲，只要搬演北管「正本戲」就是「傳統布袋戲」了，所以「傳統布袋戲」並非有固定的表演形式與內容。

如此一來，「傳統布袋戲」具有何種意涵？該如何界定？陳龍廷《臺灣布袋戲發展史》中就察覺「變遷」的概念，這也正是布袋戲的「變異性」。他說道：

> 綜觀布袋戲在臺灣兩百年來的發展歷程，重新回頭思考所謂的「傳統」，是相當值得玩味的。敏銳的學者會發現「傳統」隨著每個人掌握的時間經驗不同，而有不同的定義，容易流於空洞、主觀認定。如果進一步思考傳統本身有「延續性」的特質，則傳統必須被視為整體性的活力，或「結構原則」，才能確定傳統文化面對外來的物質、理念、制度的接觸碰撞時，堅持什麼或放棄什麼。更確切的說，「傳統」意涵其實包容了「變遷」的概念。〔註12〕

既然「傳統」意涵包容了「變遷」、「相對」的概念，那麼以音樂系統區別的潮調、南管、北管到中西古典與現代樂混用的布袋戲，其過程中舉凡在戲偶、表演方式、戲齣、舞臺形制都潛藏「變異」的特質。「變異」是布袋戲發展長遠、延續生命的動力之一；「變異性」導致布袋戲產生不同樣貌的表演內容與形式，及經營方式。

這種觀念與轉變事實無庸置疑，一般人與布袋戲業者都能輕易理解這個道理。然在某些布袋戲主演與領導的戲班，還是可能堅持演出方式內容與經營模式。原因可能在於傳承的使命感，或為保持競爭優勢、維持特色等原故。比如「小西園」、「全西園」、「弘宛然」主要維持彩樓、後場伴奏，及傳統老戲碼的演出樣貌。是故，從臺灣布袋戲的發展歷程來看，布袋戲是朝向一條「變異性」藝術特質的道路前進。

藝第 63 期（2006 年 4 月），頁 10～25。

〔註12〕陳龍廷：《臺灣布袋戲發展史》（臺北：前衛出版社，2007 年 2 月），頁 76。

臺灣布袋戲既是走向一條「變異性」的大道，變異的部分是很難用二分法去解釋與歸類，所以把布袋戲分為「傳統（古典）」與「金光」二類，甚至認為布袋戲班型態就是這兩類，是頗為不妥的。吳明德《臺灣布袋戲表演藝術之美》書中曾釐出臺灣布袋戲班名稱常有「掌中戲」、「木偶戲」及「布袋戲」三種不同名號，〔註13〕其中可見班名再加上「古典」二字，強調演出型態的特點，如「弘宛然古

圖 2-1
弘宛然名片突顯「古典」的訴求

（陳正雄拍攝）

典布袋戲團」（圖 2-1）。就是未曾見過登記立案或戲班名片、文宣上有著「金光布袋戲（掌中劇）團」的字樣，僅曾見過印著「某某綜藝團」（圖 2-2）或

圖 2-2　明世界曾刊登的
廣告文宣標榜「綜合藝術團」

圖 2-3　五洲真正園名片強調
「綜藝傳播」、「豪華舞臺車」表演

資料來源：《臺灣省地方戲劇協進會成立卅週
年紀念特刊》，頁87。（陳正雄拍攝）

（陳正雄拍攝）

〔註13〕吳明德說道：「布袋戲在臺灣不僅數量最多，連名稱也最歧異，坊間常提及的主要有三種，分別是『掌中戲』、『木偶戲』和『布袋戲』……頭銜稱『掌中戲』的有『小西園掌中劇團』、『新興閣掌中劇團』、『亦宛然掌中劇團』……稱為『布袋戲』的有『廖文和布袋戲團』、『西田社布袋戲團』……稱為『木偶戲』的有『諸羅山木偶劇團』……這其中稱為『掌中戲』的劇團最多，其次是『布袋戲』，稱為『木偶戲』的劇團最少。」見《臺灣布袋戲表演藝術之美》，頁19。

者加上「綜藝傳播」（圖 2-3）等文宣字樣的戲班，可見民間藝人創立班號不會是打著「金光布袋戲團」字眼，只演「金光戲」而已。

綜上所述，臺灣布袋戲走向「變異」的發展道路，由內有戲齣內容傳承的變異、劇型流行的轉向；而外有表演型態的改變。於是有音樂系統區分的：潮調、南管、北管等類型，以至於混雜眾多音樂而使用的一類布袋戲；也有因戲齣題材的取得來源，而得出籠底戲、北管正本戲及古冊戲；更因表演舞臺而有外臺戲、野臺戲及內臺戲之稱，甚至是電臺、電視等媒介傳播的布袋戲。以劇本內容而區分的，常聽到的名詞就是劍俠戲、金光戲；過去則有政治導向的皇民劇、反共劇。

故布袋戲發展充滿轉變的變異性格，「傳統」與「金光」兩個詞彙無法相提並論，在這之中的「傳統」也是無法定型定論，只是一個概念而已；而從金光戲衍生出的「金光」也僅代表劇中人物的武功深厚，無需延伸、無止境地詮釋「金光」一詞，就是回歸布袋戲發展的「變異性」來看待，是較能釐清脈絡，不致混淆。

第二節　臺灣布袋戲的「內在變異性」

在吳明德著作裡曾提出布袋戲由「鑼鼓正確」到「劇本正確」的轉向看法，就其觀點即是說明：從潮調、南北管音樂戲齣到改編章回小說的古冊戲，進而產生金光戲的歷程。他說：

> 但木偶不是人，不能老演「熟戲」，布袋戲觀眾要看的是「欲知結果
> 如何？且聽下回分解」的生戲，因此當所有章回演義小說都演過一
> 輪後，為了觀眾的「求異」心理需求，布袋戲演師不得不另闢蹊
> 徑，轉而向「少林寺系列」的民初武俠小說取材改編，甚至自行創
> 編天馬行空的「金光」戲齣，也因此臺灣布袋戲由原先「鑼鼓正確」
> 的戲曲內涵轉向為「劇本正確」的戲劇內涵邁進；而當臺灣布袋戲
> 藝人由先輩留下的南、北管「籠底戲」轉而演出改編的「古冊戲」、
> 「劍俠戲」、甚至自編的「金光戲」時，布袋戲才正式脫離人戲的陰
> 影，走出一條屬於偶戲的康莊大道。〔註14〕

吳氏說到布袋戲藝師改演古冊戲、劍俠戲，甚至編演金光戲時，布袋戲才「正

〔註14〕吳明德：《臺灣布袋戲表演藝術之美》，頁 72～73。

式」脫離人戲影響，走出康莊大道。布袋戲藝師改演古冊戲、劍俠戲可溯及1920年代，改演金光戲始於1950年代，這一條大道竟是花了約30年才拓展出來？另外，對於「劇本」定義，在後文另有討論。在此對於「劇本正確」一詞略有疑義。舉例來說，北管布袋戲也演出「正本戲」，如《天水關》、《取五關》、《倒銅旗》、《斬瓜》，主演依照「劇本」，憑藉劇本唸誦臺詞，配合後場鑼鼓演奏，既是「鑼鼓正確」，不也是符合「劇本正確」之意，那麼使用「鑼鼓正確」與「劇本正確」詞句，容易指涉未清。上述引文中值得玩味之處，在於「當所有章回演義小說都演過一輪後，爲了觀眾的『求異』心理需求」而另闢蹊徑之意。當布袋戲取材章回小說編演到觀眾厭煩已熟知的故事內容，得歷時多久？如何計算？恐怕說不清。也就是說，如果認爲當所有章回演義小說都演過一輪後，爲求新求異，才不得不另編演新內容的話，尚有疑慮。因爲，這之間應非絕對因果關係。事實上，戲齣內容固然「不變」，情節安排卻可調整，而演出技法、呈現方式也可日新月異，以新手法翻新，在眾多章回小說中選材，輪替編演，應當也能達到「百看不厭」之境地。這也是當今文化場（指企業、公部門邀請或補助性質的演出）、民戲還熱衷擇演《西遊記》、《三國演義》、《說唐演義》、《水滸傳》……等等的原因。

　　在陳龍廷《臺灣布袋戲發展史》裡訂立一章「從戲曲到戲劇」論述「準戲曲風格」轉變到「敘事風格」的布袋戲，之中造成轉變的因素即是「變異性」。陳氏提出的「準戲曲風格」解釋道：「一種是以音樂抒情的美感爲主，木偶的表演純粹只是搭配音樂，故事並不是最重要的，這種審美態度與西洋的歌劇相似。類似此類布袋戲表演風格，筆者稱之爲『準戲曲風格』。」〔註15〕如此可知他用「準」字表達「類似」之意。以吳明德與陳龍廷文章而言，皆觀察到布袋戲興起「戲曲到戲劇」的製演觀念。只不過吳氏是以「『鑼鼓正確』到『劇本正確』」爲題名，在前文筆者已點出此疏漏之處。

　　戲曲與戲劇風格兩類布袋戲之說，堪以吳明德與陳龍廷論著見解爲代表。對布袋戲業界而言，因不同世代的主演，其成長學藝環境不同，自有不同的布袋戲體認與看法。戰後初期內臺布袋戲興起，擅長編演古冊戲與金光戲的主演可能就沒有演出北管「正本戲」的經驗，未汲取戲曲養料。而1970年代整班的青年主演也因當時的學藝環境、時代趨勢，以至可能是學習金光戲爲主要，若能古冊戲與金光戲皆通曉者，並不斷實踐演出，已屬可貴。比

〔註15〕陳龍廷：《臺灣布袋戲發展史》，頁78。

如，廖文和布袋戲演出以金光戲爲主，公告演出訊息，常是文化場型態的表演，代表作爲《大勇俠》系列。我們少見他演出古冊戲一類，所以難以評判其對戲曲，甚至古冊戲的涵養。對於學習古冊戲、金光戲等敍事風格布袋戲爲主的主演，可能不喜節奏沉緩的戲曲風格演出型態。因此，關於布袋戲製演時的音樂選用、情節安排，就十分主觀判斷，使得趨向展現劇情張力、強調不拖泥帶水。

以下先釐清臺灣布袋戲從戲曲轉向戲劇搬演風格的發展脈絡，再依序論述戲曲與戲劇風格兩類的布袋戲類型，最後比較之。

一、戲曲轉向戲劇敍事風格的脈絡

《中國大百科全書·戲曲曲藝卷》張庚把「戲曲」當作中國古典（傳統）戲劇的總稱。〔註16〕曾永義對此也表贊同，並對中國古典戲劇的定義，有如下解釋：

> 中國古典戲劇是在搬演故事，以詩歌爲本質，密切融合音樂和舞蹈，
>
> 加上雜技，而以講唱文學的敍述方式，通過俳優妝扮，運用代言體，
>
> 在狹隘的劇場上所表現出來的綜合文學和藝術。〔註17〕

並以藝術層次高低和故事情節的繁簡分戲曲爲大戲、小戲之別，其中大戲定義爲：「演員足以充任各門腳色扮飾各種人物，情節複雜曲折足以反映社會人生，藝術形式已屬綜合完整的戲曲之總稱。」〔註18〕更說劇種（戲劇種類）以藝術表現形式而分，有：話劇（現今宜以舞臺劇一詞代之，屬現代戲劇）、歌劇、舞劇、戲曲、偶戲，及電影與電視劇。然而偶戲之一的布袋戲不屬於戲曲一環嗎？這從布袋戲發展轉變過程中或可稍微釐清，和一番探究。布袋戲雖有潮調、南管，及北管後場音樂的發展歷程，藝師從中進行音樂的改革與擇用，但表演程式上仍受人戲（大戲）的影響，可說是大戲的縮影。

布袋戲最初受人戲影響，取其劇目、採其音樂演出，本質上即著重唱腔曲詞，以抒情言志取勝，搬演短篇幅故事。當日治時期流行起北管布袋戲時，

〔註16〕曾永義：《戲曲源流新論》（臺北：立緒文化事業有限公司，2000 年 4 月），頁2。

〔註17〕曾永義：《中國古典戲劇的認識與欣賞》（臺北：正中書局，1991 年 11 月初版；2002 年 10 月初版三刷），頁 2；《戲曲源流新論》，頁 14。

〔註18〕曾永義：〈中國地方戲曲形成與發展的徑路〉，《詩歌與戲曲》（臺北：聯經出版事業公司，1988 年 4 月初版），頁 116。

其音樂、操偶及舞臺都引起觀眾注目。在 1900 年《臺灣日日新報》的一則報
導中，提到：

> 別開生面木偶戲不一種，彼掌中班土語稱爲布袋戲，亦有亂傳、趙
> 調之分，近日臺中初來一班掌中戲，其稱謂復出於二者之外，而以
> 白字爲名，聽其聲音幾令行雲欲過。而舉動鬥舞尤非尋常木偶所能
> 望其項背，至于戲棚八角華麗新鮮，亦爲島人目所未經，具此數美，
> 觀者咸謂別開生面，眞令人興味倍增云。〔註19〕

文中指出「白字」〔註 20〕布袋戲以外，還有「亂傳」、「趙調」應是指亂彈、
潮調，假如此篇報導無誤，那麼則可知 1900 年臺灣已有亂彈布袋戲，也就是
一般常稱的「北管布袋戲」。又根據日治時期 1927 年著手調查並於 1928 年 2
月以「臺灣總督府文教局」名義印行的調查報告——《臺灣に於ける支那演
劇及臺灣演劇調》，據此專書中〈各州廳別演劇一覽表〉的記載，可知布袋戲
搬演北管劇目已成一股流行風潮。〔註21〕在 1927 年亂彈布袋戲盛行以前，可
視爲醞釀發展階段。然而是否由中國移入亂彈掌中班落地生根，傳承技藝？
如是，則對臺灣布袋戲發展的影響如何？由於缺乏文獻資料而難以深入探
究。〔註22〕

　　然而謝中憲《臺灣布袋戲發展之研究》一書中針對王嵩山提出「1875 年
以後是北管布袋戲漸盛期」，加以論證，他說：

> 一般而言，都認爲是陳婆的學徒林金水（許金水）首先把文戲改爲
> 武戲、南管改爲北管。然而林金水（許金水）的生卒年不詳，只知

〔註19〕〈蘆墩雜？〉，《臺灣日日新報》，明治 33 年（1900 年）四月十日，第四版，
　　　　第 579 號。

〔註20〕陳龍廷指出「白字」，是「指採用南管系統的後場音樂，而念白卻採取通俗易
　　　　懂的口語。早期的九（高）甲戲，也曾稱爲『白字仔戲』，主要是這種戲曲表
　　　　演，雖然繼承梨園戲的戲曲音樂，但是在念白上卻採取泉州話。」見《臺灣
　　　　布袋戲發展史》，頁 43；又林鋒雄說道：「臺灣地區的白字戲，是泛指由大陸
　　　　地區傳至臺灣後，在說白部分改用觀眾人人可懂的臺灣日常語言的戲曲。」
　　　　見《藝文資源調查作業參考手冊——傳統戲劇》（臺北：行政院文化建設委員
　　　　會，1998 年），頁 25。

〔註21〕林鋒雄：〈臺灣布袋戲的發展——以西螺新興閣爲例〉，《1999 年國際偶戲學術
　　　　研討會論文集》（雲林：雲林縣立文化中心，1999 年），頁 352～363；〈臺灣
　　　　地區之戲曲調查（1927～1987）〉，《中國戲劇史論稿》（臺北：國家出版社，
　　　　1995 年），頁 157～193。

〔註22〕拙作：《李天祿布袋戲舞臺演出本研究》（臺北：國立臺北大學民俗藝術研究
　　　　所碩士論文，2005 年 7 月），頁 64。

其為陳婆學徒，因此我們很難從這個講法去確認北管布袋戲出現的
大約年代。但若以黃海岱的說法來看，其父黃馬生於 1863 年，在十
五歲（1877 年）時拜於蘇總門下，而蘇總出師後也開始改演北管布
袋戲，黃馬拜師照理來說是在蘇總出師之後，蘇總出師後就開始改
演北管布袋戲，因此在雲林地區北管布袋戲的演出可追溯至 1877
年以前，北管布袋戲的流行是由北部開始，之後開始往中部流行，
因此王嵩山的說法應是可信的……。〔註 23〕

謝氏舉黃海岱說法：其父黃馬在十五歲拜師蘇總，蘇總在出師後即改演北管
布袋戲。〔註 24〕如此的單一例證，且單憑口述歷史資料進行推論「在雲林地
區北管布袋戲的演出可追溯至 1877 年以前」，更直言「北管布袋戲的流行是
由北部開始，之後開始往中部流行」，這樣的推論是不夠周延的，可見立論依
據之不足。

　　在 1928 年調查報告之〈各州廳別演劇一覽表〉中，提到布袋戲班所演的
劇目有：〔註 25〕

〔註 23〕 此說乃謝中憲援引陳木杉《雲林縣布袋戲發展史暨布袋戲宗師黃海岱傳奇》、
　　　　張溪南《黃海岱及其布袋戲劇本研究》，見其《臺灣布袋戲發展之研究》（臺
　　　　北：稻鄉出版社，2009 年 10 月），頁 54～55。
　　　　按：謝氏此專書是《臺灣布袋戲發展之研究》（嘉義：嘉義大學史地學系碩士
　　　　班碩士論文，2006 年 7 月）碩士論文的出版。
〔註 24〕 吳明德援引謝德錫〈五洲遍臺灣——布袋戲通天教主黃海岱〉文章資料，指
　　　　出「黃馬本是世居雲林土庫馬公厝庄瓦厝的人氏，二十一歲時（1883）時，
　　　　拜在西螺『錦梨園』（錦春園）頭手師蘇總門下學藝。」又早在呂理政《布袋
　　　　戲筆記》中寫道：「他的父親黃馬，生於西元一八六三年（同治二年）……黃
　　　　馬十多歲時，拜在西螺布袋戲頭手師父蘇總門下學戲……後來，北管亂彈戲
　　　　曲大受民間歡迎，總師就隨著時代潮流，在戲班子裡採用北管福路後場。」
　　　　在此就可見黃馬是於幾歲時拜師的歧見，突顯田野訪查口述資料的可信度有
　　　　多高。見吳明德：《臺灣布袋戲表演藝術之美》，頁 53～54；呂理政：《布袋戲
　　　　筆記》（臺北：臺灣風物雜誌社，1991 年 2 月初版；1995 年 7 月再版），頁 90
　　　　～91。
〔註 25〕 製表依據參考邱坤良：《舊劇與新劇：日治時期臺灣戲劇之研究（1895～1945）》
　　　　（臺北：自立晚報社，1992 年 6 月），頁 421～436；林鋒雄：〈臺灣地區之戲
　　　　曲調查（1927～1987）〉，《中國戲劇史論稿》，頁 174～190；林鶴宜：《臺灣戲
　　　　劇史》（臺北：國立空中大學，2003 年 1 月），頁 125；謝中憲：《雲林布袋戲
　　　　誌》（雲林：雲林縣政府文化處，2011 年 10 月），頁 22～23；臺灣總督府文
　　　　教局社會課：《臺灣に於ける支那演劇及臺灣演劇調》（臺北：臺灣總督府文
　　　　教局，1928 年），頁 1～13。

表 2-1　日治時期 1928 年〈各州廳別演劇一覽表〉之布袋戲班登錄表

序號	區　域	戲班與代表人	劇　目
1	臺北松山	錦松園・李太平	小五義
2	臺北林口庄	林協義花樓・陳金木	戰周郎、白羅衣
3	新竹新竹街	新雙福・鄭太平	薛仁貴征東、孟麗君、乾隆君遊江南
4	新竹新竹街	五福樓・葉水勝	西遊記、濟公傳
5	臺中市下橋子頭	香樂亭班・朱石頭	柴合上（疑為紫臺山）、奪寶衣
6	臺中大城庄	錦春樓班・蔡羊	太平橋、棟（陳）橋案
7	臺中鹿港街	過錦樓・張萬全	秦世美、雌雄鞭、三伯探、子龍巡江
8	臺中鹿谷庄	雅樂軒・陳位	走三官（關）、天水官（關）、小坪（彭）公
9	臺南市臺町	雙飛虎・周有榮	孝子守墓、丹桂圖、一門三孝
10	臺南市清水町	小飛虎・吳鴻	金魁星、枝無葉、四幅錦裙、五美賢
11	臺南仁德庄	新鳳樓班・陳克明	雙包案、漢津口、五臺會、慶頂珠、金雁橋、空城計
12	臺南歸仁庄	吳金山	百壽圖
13	臺南歸仁庄	許面	八錯（蠟）廟
14	臺南北門庄	樂成軒・王天助	大明永樂遊江南
15	臺南白河庄	義樂軒・黃福	呂蒙正、雪松、三伯英臺
16	臺南嘉義街	涼樂軒・翁烏力	鄭元和
17	臺南嘉義街	玉存軒・許存	枝飾無異記、白虫答巷、林蕊香行權計、賣皂靴記、乳臭不調
18	臺南嘉義街	假成眞・許精忠	小五義
19	臺南嘉義街	飄香軒・許銀	打桃園
20	臺南古坑庄	永樂軒・方合和	打桃園、金水橋、破黃（洪）州
21	臺南古坑庄	同樂軒・余元	九炎山、陝西奇案
22	臺南古坑庄	新樂班・賴文通	潮廣奇案
23	臺南古坑庄	泉樂軒・高文德	困南唐、斬紅（黃）袍、白虎堂
24	高雄大寮庄	陳文得	李貴（世）民遊地府
25	高雄萬丹庄	雙醹鳳・送（宋）愁	顏能平面

26	高雄市	雙福・謝亂	雙合劍
27	臺南新莊街	新彩雲・陳宗興	現報記、眼前報、天理良心、陳杏元和番、天賜黃金、三世同修、孟姜女送寒衣、蓮花庵
28	高雄州彌陀庄	金福班・蔡金德	金雁橋、粉妝樓全傳、大拜壽

上表中有些劇名雖有訛誤，但推斷屬於北管戲的劇目有：《雌雄鞭》、《天水關》、《打桃園》……等等，其中發現亦不乏和古典章回小說有關的劇目，如《小五義》、《薛仁貴征東》、《西遊記》、《濟公傳》等。林鋒雄即據此資料和李天祿口述資料，有如下論點：

> 至遲到一九二七年，鹿港「過錦樓」張萬全、鹿谷「雅樂軒」陳位、臺南仁德「新鳳樓班」陳克明、臺南歸仁吳金山、嘉義「飄香軒」許銀、古坑「永樂軒」方合和，等等布袋戲班，都已經以唱亂彈劇目為主。在北臺灣，最晚到一九二八年，亂彈布袋戲也已經從新莊進入臺北城，擁有眾多的觀眾。〔註26〕

處在 1920 年代，南管布袋戲的消退，流行起北管布袋戲，連帶也吸取古典章回小說，編演古冊戲。

由此可見，在 1920 年代，臺灣布袋戲不只是搬演正本戲，也改編章回小說，這一情形使布袋戲跨出戲曲，走向戲劇概念來演戲的轉折道路。

二、戲曲風格的布袋戲類型

戲曲風格的布袋戲是以音樂系統、取材自戲曲劇目而區分的，有潮調、南管、北管布袋戲，以下先從其定義與發展談起：

（一）南管布袋戲的釋義與發展

南管布袋戲的產生，顧名思義，與南管音樂有關，何謂南管戲？據曾永義、施德玉合著《地方戲曲概論》，指出：

> 在臺灣，「七子班」、「高甲戲」和「白字戲」常被混稱為「南管戲」。因為它們主要都用「南管」音樂演出。「南管」即泉州「南音」在臺灣的稱呼。而白字戲原是指用當地方言演出的戲曲。〔註27〕

所以使用南管音樂演出的戲曲劇種在臺灣都能稱上是南管戲，既是如此布袋戲搬演南管劇目而成南管布袋戲，其學習效法的人戲對象可能就是梨園

〔註26〕林鋒雄：〈臺灣布袋戲的發展——以西螺新興閣為例〉，頁 354。
〔註27〕曾永義、施德玉：《地方戲曲概論》（臺北：三民書局，2011 年），頁 906。

戲〔註28〕、九甲戲〔註29〕等。另外，據《泉州傀儡藝術概述》所說：

> 由於泉州傀儡戲傳統演出劇目的基本構架，幾乎包含中國古典戲曲
> 的主要表現形式和藝術特徵，所以在歷史上曾經數度出現一種奇特
> 的藝術現象，即傀儡戲與梨園戲互換演出劇目。〔註30〕

又提及：「泉州傀儡戲唱腔屬弦管系統，『不管在唱腔的管門系屬（即那些曲
牌是屬於某一管門的）、旋律特點、節奏特點、曲牌名等方面都是相同的』。」
〔註31〕對於泉州傀儡戲所用唱腔名為「傀儡調」，黃少龍也說：

> 長期以來，「傀儡調」廣被本地高甲戲、打城戲等新興戲曲劇種所吸
> 收。至於泉南一帶的布袋戲（即「掌中班」），則全盤採用『傀儡戲』
> 及其打擊樂器。甚至在民俗活動中，道士設壇做醮，有的也都演唱
> 「傀儡調」。〔註32〕

即說明泉州傀儡戲被九甲戲、布袋戲學習的情況，又說：

> 傳統「傀儡調」與梨園戲音樂同一源流，都屬以泉州方言為標準音
> 的泉腔弦管體系。不過，由於傀儡戲的傳統演出劇目大部分是以敷
> 衍歷史故事為主，較多側重表現歷代君臣將相的風雲際會，罕有風
> 花雪月或纏綿悱惻的戲文。〔註33〕

可知泉州傀儡戲與梨園戲的淵源密切，因此南管布袋戲也可能師法傀儡戲，
取其音樂、劇目等表演程式而進行演出，而音樂系統同屬一脈或有淵源的梨
園戲、九甲戲及南管布袋戲，影響或深或淺，有待以文本進一步分析比較。

〔註28〕林鋒雄說道：「梨園班是指流行於晉江、泉州、廈門、龍溪等地，以南音為主
　　　　要唱腔，說唱以泉州語言為準的戲曲，包含『上路』、『下南』、和『七子班』，
　　　　三個系統。」見《藝文資源調查作業參考手冊——傳統戲劇》，頁17。
〔註29〕林鋒雄說道：「歷來臺灣文獻上所說的九甲戲，在大陸閩南地區又稱為高甲
　　　　戲、戈甲戲或九角戲等不同名稱……大約在民國初年這段時期，九甲戲傳入
　　　　臺灣地區。據日本『臺灣總督府文教局』在民國十六年對職業戲班所作之調
　　　　查，臺灣地區九甲戲班有七團，以臺南州一帶為主要活動區域。」據其研究
　　　　亦說：「在臺灣光復初期，九甲戲在商業劇場中又被稱作『南管戲』……又，
　　　　九甲戲演出時是『南唱北拍』，藝人謂之『南北交加』，故一稱『交加戲』。」
　　　　見《藝文資源調查作業參考手冊——傳統戲劇》，頁19～20。按：陳龍廷文中
　　　　認為：日治時期「雙飛虎」周有榮、「小飛虎」吳鴻所演出的《四幅錦裙》很
　　　　有可能是九甲戲的戲碼。見《臺灣布袋戲發展史》，頁49。
〔註30〕黃少龍：《泉州傀儡藝術概述》（北京：中國戲劇出版社，1996年），頁24。
〔註31〕同前註，頁65。
〔註32〕同前註，頁64。
〔註33〕同前註，頁65。

總之，南管布袋戲與傀儡戲之間關係有一定的深厚程度，不全然是直接襲用梨園戲劇目。在1908年1月間來臺做商業性質演出的「泉州布袋戲」有兩則戲訊：其一，有泉州掌中班應慕古茶園聘演，在臺南水仙宮演出；其二在臺北艋舺舊街、大稻埕永和街，分別有一班泉州掌中班演戲。然而這兩條戲訊皆無記載應演的泉州掌中班的班名和確實的演出時間，是否為兩班，或三班則不得而知。〔註34〕

在謝中憲《臺灣布袋戲發展之研究》著作中，仍引述呂理政《布袋戲筆記》、林茂賢〈臺灣布袋戲劇目〉，並敘明南管、潮調、北管三類劇型的劇目與特點，首先提到南管布袋戲：

> 在南管戲興盛時期，其演出的劇目主要是「籠底戲」，這類的劇本因要配合南管音樂的特色，所以其劇目是以文戲為主，主要有《劉儀賓回番書》（劉希彬回番書、江彩鳳回番書）、《大鬧養閒堂》、《蝴蝶杯》（人頭魚）、《湯伐夏》、《金魁生》、《番狀元》、《喜雀告》（喜雀告狀）、《錦裙記》……。〔註35〕

謝氏認為：南管布袋戲因要配合南管音樂的特點，所以演出劇目是以文戲為主。綜觀這些劇目不全然皆為「文戲」，故事中包含武戲情節的劇目亦有之，有的屬於北管戲劇目，如《蝴蝶杯》。在這些劇目中，有些也與小說相關，如《大鬧養閒堂》、《蝴蝶杯》，這兩齣戲曾收錄在《布袋戲——李天祿藝師口述劇本集》。〔註36〕

〔註34〕根據徐亞湘《日治時期中國戲班在臺灣》的專書研究，其整理之表7：〈日治時期來臺演出之福建戲班一覽表〉、表10：〈日治時期招聘中國戲班來臺演出的戲商組織〉，以及附錄一：〈日治時期來臺演出之中國戲班一覽表〉，共有兩條載明「泉州掌中班」來臺演出戲訊。見《日治時期中國戲班在臺灣》（臺北：南天書局，2000年），頁100～101、116、241。

〔註35〕謝中憲：《臺灣布袋戲發展之研究》，頁55～56。

〔註36〕林保堯：《布袋戲——李天祿藝師口述劇本集》（臺北：教育部，1995年）第六冊收錄《養閒堂》、第八冊收錄《蝴蝶杯》。邱睿婷論文提到：「該劇又名《人頭魚》、《雙鳳緣》。源自清代花部亂彈。在北管戲、漢劇、平劇、梆子劇種：如河北梆子、晉劇等皆有流傳。廣為流行於陝西、山西、河北、河南地區；其他像豫劇、蒲劇、粵劇也有此戲。歌仔戲與客家戲另加入苗峒鳳娥公主招親，又其他二位女主角名字皆有『鳳』字，劇名《三鳳緣》。」見《小西園掌中戲研究》（臺北：中國文化大學中國文學研究所碩士論文，2012年6月），頁42；佚名：《蝴蝶杯》，收入於《中國古代珍稀本小說續（20）》（瀋陽：春風文藝出版社，1997年）；徐進業發行：《俠義風月傳》（臺北：文化圖書公司，1990年2月），該書又名《好逑傳》，共18回，即是布袋戲《大鬧養閒堂》的素材。

　　所謂南管布袋戲，就其本義而言，只是後場取其音樂形式風格，學習人戲「南管戲」，又可能取材自小說內容，甚至編演民間故事題材。故可採廣義之說，凡採南管樂曲作爲布袋戲後場音樂，即是「南管布袋戲」。

　　一齣布袋戲劇目，可能人戲也搬演，而這齣戲可能也有和它相同或相似內容的小說。一個故事可能存在於不同的敘事體，彼此互爲影響、轉換及糾葛，衍生布袋戲與人戲、小說的「三角關係」。如此一來，要如何判斷布袋戲藝師能演這齣戲究竟是學習自人戲或小說？或者都受兩者影響？如何判斷屬性以便分類，將之歸於「南管戲」、「籠底戲」或「古冊戲」？恐怕得蒐集足夠文本，針對布袋戲演出狀況和人戲、小說進行故事內容、情節編排、音樂等等結構的比較，才能論斷是受何影響，甚至將之歸類。

　　不過以籠底戲定義而言，謂「早期由大陸來臺布袋戲藝師所傳，或家傳戲班來臺時所演之劇目」屬之，〔註37〕或薛湧所說：「籠底戲指的是師父傳教的傳統戲齣，戲籠是裝置布袋戲道具的箱子，放在戲籠底的『籠底戲』正是代代相傳不能或忘的經典老戲碼。」〔註38〕都不與改編自古典小說的古冊戲定義相衝突，籠底戲其實也可能是改編自小說而成的古冊戲。〔註39〕像謝氏

〔註37〕呂理政指「籠底戲」是：「戲班稱其師承先輩所傳的單齣戲目爲『籠底戲』或『落籠戲』，其意爲與戲籠俱存的壓箱底戲齣。」見《布袋戲筆記》，頁63。而傀儡戲有「落籠簿」，金清海解釋：「就是作爲『行頭』入籠隨行的意思，即是劇本置於戲籠內，隨時隨劇團演出備用。」見《臺閩地區傀儡戲比較研究》（高雄：高雄師範大學國文系博士論文，2002年1月），頁221。江武昌則說：「所謂的『籠底戲』，指的是一代傳一代，口耳相傳的老劇目，亦全都是『唐山過臺灣』的布袋戲齣，按不同的戲曲流派而有不同的劇目。但是籠底戲在布袋戲開始本土化時，即漸漸失傳，目前傳自閩南籠底的布袋戲劇目，亦只少數老藝人尚能少數幾齣。」見〈光復後臺灣布袋戲的發展〉，《民俗曲藝：創刊十週年研討會論文集》第71期（1991年5月），頁56。按：筆者認爲「落籠戲」可能源自傀儡戲「落籠簿」觀念用法，然而「籠底戲」或「落籠戲」一詞對於戰後出生學藝、開展演藝生涯的藝師，如蕭添鎮、林文昭、林大豐、羅秋峰……等人是相當陌生與遙遠的。

〔註38〕薛湧：《功名歸掌上・布袋戲演春秋——臺北市布袋戲發展史》（臺北：臺北市政府文化局，2012年4月），頁23。

〔註39〕陳龍廷研究指出：「竹塹城早期相當著名的南管掌中班，應該是龍鳳閣。班主曾經將連載於《臺灣日日新報》的古典小說《金魁星》改編爲布袋戲演出，據說『手弄口述，神情逼肖，觀者竟大加喝采。每夜臺下，男女爭集，幾於地無立錐云』（臺灣日日新報，1909年5月25日）。此外，這顯示了布袋戲在走向商業劇場的過程當中，開始傾向採取吸收其他敘述體故事來吸引觀眾。龍鳳閣掌中班改編《金魁星》的經驗，其實已爲布袋戲指出一條邁向『古冊

舉例《蝴蝶杯》為籠底戲，配上南管音樂而成南管布袋戲，即認為《蝴蝶杯》為南管布袋戲劇目之一，卻無詳加說明。若根據邱睿婷研究和筆者蒐集的《蝴蝶杯》小說，說明該劇也能歸為古冊戲，並且也被北管戲搬演，能否歸於南管布袋戲？仍是值得再商榷、驗證。另外，爾後盛行北管布袋戲，藝師究竟是直接採納「籠底戲」，或說取自南管布袋戲的劇目，改其音樂而搬演呢？或是來自於北管戲的移植搬演？種種疑問有待進行文本的分析比較，才能有憑有據的論斷。

在此謝氏還列舉《湯伐夏》這樣的劇目就頗為不妥，劇情並不像「文戲」。1999 年雲林國際偶戲藝術節，小西園獲邀演出《湯伐夏》，根據林明德撰文指出：

> 〈湯伐夏〉是一齣著重武打的劇目，由許王改編自籠底戲的佳作，其情節、身段、唱腔已臻偶藝的純熟之境，堪稱小西園的經典之作。〔註40〕

以此判斷，《湯伐夏》並非「文戲」，而「籠底戲」的劇目也並非全是「文戲」。到許王時代已非南管布袋戲盛行之時，必然也將這齣「著重武打的籠底戲劇目」對於後場音樂部分進行變革。2004 年「真快樂」演出《陳三五娘》，由江賜美領導、柯加財（1955～）擔任主演、柯世宏（1976～）編劇；〔註41〕 2008年底「亦宛然」推出《水滸傳之盧俊義》，皆嘗試展現南管布袋戲的樣貌。

（二）北管布袋戲的釋義與發展

北管布袋戲學習自人戲「北管戲」，在臺灣北管戲含括亂彈戲、四平戲。〔註42〕據曾永義、施德玉合著《地方戲曲概論》研究指出：

> 「亂彈」在臺灣又稱「北管戲」和「外江戲」。「北管戲」自然是對「南管戲」所作的稱呼，而「外江戲」則來自今之閩西漢劇。〔註43〕

戲』的大道，也是戰後臺灣布袋戲商業劇場常見的現象。」見《臺灣布袋戲發展史》，頁 39～40。

〔註40〕 林明德：〈小西園掌中劇團〉，載於《1999 雲林國際偶戲節活動專輯》（雲林：雲林縣立文化中心，1999 年 3 月），頁 103。

〔註41〕 林明德、吳明德：《戲海女神龍——真快樂江賜美》（新北：新北市政府文化局，2011 年），頁 124～128。

〔註42〕 「臺灣北管系音樂」的內容：戲曲音樂有福路、西皮、崑腔；歌曲音樂有細曲，器樂有牌子和譜，民間一般還將「四平」歸入「北管」。見曾永義、施德玉：《地方戲曲概論（下）》，頁 1029。

〔註43〕 同前註，頁 908。

又說：

> 亂彈戲在民國六十年以後又被學者稱作北管戲。其實「北管」原對
> 「南管」而言，指的是音樂的分野。因為有了「北管戲」，相對的也
> 就有了「南管戲」，指凡用北管演唱的戲曲稱「北管戲」，凡用「南
> 管」演唱的戲曲稱「南管戲」。「南管戲」因而包括了七子戲、高甲
> 戲、白字戲三種；「北管戲」與原稱的「亂彈戲」一樣，包括了扮仙
> 戲、古路戲、新路戲（也稱西皮、西路）三種。〔註44〕

故以北管音樂演唱伴奏的戲曲統稱「北管戲」，而布袋戲採其音樂、劇本演
之，謂「正本戲」（圖2-4、2-5）。

圖2-4　《倒旗》　　　　　　圖2-5　《斬瓜》

　　　　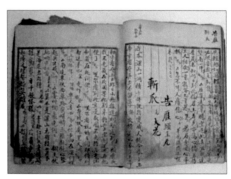

（蕭任能提供／陳正雄拍攝）　　　　　　（蕭任能提供／陳正雄拍攝）

謝中憲《臺灣布袋戲發展之研究》一書說道：

> 北管布袋戲的音樂較為熱鬧喧嘩且節奏較快，此種布袋戲的劇本內
> 容以武戲居多，其劇本內容相當豐富，幾乎所有的北管戲曲劇目，
> 布袋戲都採用，其劇本有《三進宮》、《天水關》、《天界山》、《五臺
> 山》、《太平橋》、《甘露寺》、《白虎堂》（轅門斬子）、《寶蓮燈》、《王
> 英下山》……。〔註45〕

北管布袋戲基本上依賴文字書寫的劇本，最好能默記於心，並可用「轉訛京音」
的語言演出。〔註46〕既然依恃北管戲「劇本」說白，演出「正本戲」，〔註47〕

〔註44〕曾永義、施德玉：《地方戲曲概論（下）》，頁909。

〔註45〕謝中憲：《臺灣布袋戲發展之研究》，頁56。

〔註46〕陳龍廷研究指出：「布袋戲在臺灣化的過程中，『白字』的出現相當重要，這
　　　　意味著更接近臺灣民眾生活語言的美學傾向。逐漸地，許多的戲曲聲腔布袋

那麼在劇情鋪排、曲牌唱詞、說白臺詞上的變化就不如改編自章回小說的自由。

又據張雅惠研究指出：

> 大約在清末光緒年間。白字布袋戲和南管布袋戲紛紛改演北管布袋
> 戲，是布袋戲本地化的開始，有兩種情形：一是改用北管戲曲後亦
> 全盤襲用北管戲的劇本，通稱為正本戲；另一種也稱北管布袋戲，
> 但其實只用北管戲曲音樂來配樂，所演劇目仍是先人所傳的籠底
> 戲。〔註48〕

張氏所說的「清末光緒年間」，紛紛改演北管布袋戲情形，其時間點的依據
不知為何，不過其論北管布袋戲有二，是說得通的。北管布袋戲盛行之時，
也持續演出傳承「籠底戲」。比如，呂理政所舉「楚陽臺」許金水為例，敘
述：

> 南管名師陳婆的弟子許金水學成之後，演出於大稻埕，開始使用北
> 管後場演出南管戲目。其後，大稻埕和新莊演戲盛行，名師輩出，
> 編演章回小說改編之武戲，聲勢壓倒艋舺的南管文戲。自此以後，
> 以北管演出的歷史成為臺北布袋戲之主流。〔註49〕

故北管布袋戲能有廣義與狹義之分，廣義係指「後場音樂方面主要仍使用北管
樂伴奏」可稱之；狹義則是指「取材自北管戲，後場部分以北管樂曲伴奏，在
唱腔方面運用西皮、福祿，而腳色行當亦當遵循北管戲體製的布袋戲。」

戲的角色人物對話，放棄原先戲曲的念白，而改採口語白話，不僅是當時的
南管系統布袋戲，甚至後起的北管布袋戲也逐漸採取這樣的權宜措施。」見
《臺灣布袋戲發展史》，頁45～46。按：筆者認為北管布袋戲「正本戲」的演
出無論是採「轉訛京音」的北管語言或口語白話，都仍受「正本戲」劇本影
響，仍不同於改編自古典小說的劇作擁有自由創意。

〔註47〕 在薛湧論文中，觀察布袋戲的扮仙戲演出即是依據北管扮仙戲劇本，並指潮
調布袋戲亦然。見《布袋戲研究中的藝術學觀察——以「布袋戲筆記」、「臺
灣布袋戲的表演藝術研究」為觀察中心》，頁37。

〔註48〕 張雅惠：《潮調布袋戲「金簪記」音樂研究》（臺北：國立臺灣師範大學音樂
學系碩士班論文，2000年6月），頁9。

〔註49〕 呂理政：《布袋戲筆記》，頁59。按：許金水，生卒年不詳，一般說他受業於
南管布袋戲藝師陳婆，關於陳婆生平梗概卻缺乏文獻記載。至於許金水是否
師承陳婆？林明德在《阮註定是搬戲的命》敘述許天扶時，說：「一九○七年，
許天扶十五歲，從新莊到臺北大稻埕，拜『楚陽臺』許金水為師（相傳他是
陳婆——貓婆的徒弟），學習泉州布袋戲」在此，林氏是以「相傳」字詞敘述
許金水可能師承陳婆，而卻將李天祿父親許金木生卒年誤植於許金水身上。
見《阮註定是搬戲的命》，頁28、30。

　　然而日治時期 1920 年代改編的小說戲，如《小五義》、《薛仁貴征東》、《西遊記》、《濟公傳》等等，其後場音樂應當也是北管伴奏爲主，據此「北管布袋戲」的範圍、定義也應可包含這類改編小說的「古冊戲」。1920 年代北管布袋戲能吸取古典章回小說養分，編演古冊戲，其所需的內容橋段、編演長度或許不如戰後商業劇場那麼殷切需要，但卻是可能脫離人戲風格，尋求創新的契機。

（三）潮調布袋戲的釋義與發展

　　陳金次主持的《臺灣閣派布袋戲的傳承與發展》書中提到：

> 潮調布袋戲應是布袋戲流傳到閩南漳州、潮調流行的詔安、雲霄、平和、東山等縣及廣東潮州一帶時，布袋戲班爲適應當地民間的語言、戲曲傳統，吸納地方的土腔及傳統大戲的劇目，逐步發展而成。〔註50〕

潮調布袋戲既是與原生地方戲曲相關，〔註51〕那麼如何傳入臺灣？在石光生撰述之《鍾任壁布袋戲的傳承與技藝》一書，說到與皮影戲的關係：

> 「潮調布袋戲」何時傳進臺灣？這是值得推敲的問題。個人認爲「潮調布袋戲」與臺灣南部傳演的皮影戲關係十分密切，這可以從幾方面來談。第一，它們都使用潮調曲牌演唱，例如【雲飛】、【鎖南枝】、【紅納襖】……等等。第二，它們共享劇目，例如皮影戲中所謂的「上四本」：《司馬都》、《蘇雲》、《白鶯哥》、《蔡伯皆》，早期來臺的皮影戲團或掌中戲班，都會演出這些劇目。「潮調布袋戲」通用的劇目如《珍珠寶塔記》、《鄭思春》、《陳杏元和番》、《水漫金山寺》、《劉全進瓜》、《審烏盆》、《金簪記》等，都是早期臺灣皮影戲的劇本。〔註52〕

又說：

> 19 世紀上半葉以來，從彰化員林到臺南都有潮調布袋戲班活動的蹤影。其戲班分佈跨越了彰化、雲林、南投、嘉義、臺南縣境，流佈範圍不小。個人懷疑潮調布袋戲有可能往南傳到高雄與屏東兩縣，

〔註50〕陳金次主持：《臺灣閣派布袋戲的傳承與發展》（臺北：西田社布袋戲基金會，1998 年 7 月），頁 13。

〔註51〕張雅惠：《潮調布袋戲「金簪記」音樂研究》，頁 16。

〔註52〕石光生：《鍾任壁布袋戲的傳承與技藝》（臺中：行政院文化建設委員會文化資產總管理處籌備處，2009 年 12 月），頁 14。

因為這兩個縣境都有皮影戲班活動，尤其是高雄縣更是南臺灣皮影
戲重鎮，目前仍有四個皮影戲團在營運。如果再從員林「新平閣」
詹其達的生卒年代（1805～1877）來看，那麼它演出「潮調布袋戲」
的時期正好開始於皮影戲盛行於嘉慶年間的史實。有趣的是，這些
分佈在彰化縣以南的「潮調布袋戲」全數以「閣」字命名。例如，
雲林西螺的「新興閣」、南投竹山的「鳳萊閣」、斗六「福興閣」、嘉
義陳深池「瑞興閣」等。也因此，在中南臺灣演出的「潮調布袋戲」
劇團就形成了「閣派布袋戲」的龐大傳演體系，「閣派布袋戲」已成
為臺灣「潮調布袋戲」的代名詞。〔註53〕

石光生提到臺灣潮調布袋戲與皮影戲的關係密切，其流佈範圍主要在於中
南部。謝中憲引述林茂賢〈臺灣布袋戲劇目〉所指出的潮調布袋戲特點與
劇目：

> 潮調布袋戲劇本大多為文戲，劇本有《高良德》、《蔡伯喈》、《封
> （應為烽）劍春秋》、《封神榜》、《師馬都》、《打架訓弟》、《對影
> 悲》、《雙官誥》、《三疑計》、《八義圖》、《訓商輅》、《割肘》、《攢天
> 箭》……。〔註54〕

這裡所列舉《烽劍春秋》、《封神榜》、《攢天箭》歸為「文戲」就更令人不解，
就其劇目屬性不應是「文戲」。若論「文戲」特質，曾探討潮調布袋戲劇本內
容的研究者張雅惠，即是取得彰化員林鎮詹柳械、臺南下營李文舉，及張德
成等三人所傳《金簪記》劇本，詳加比較。她認為這齣潮調布袋戲《金簪記》，
內容生動，劇中人物用語恰如其分、唱腔音樂豐富，說道：

> 潮調布袋戲所演文戲較多，而且其後場雖也用鑼鼓及吹樂，但對曲
> 時所用的是絃索伴奏，過場時也是以絃譜為主，鑼鼓多只為對用臺
> 步及開曲頭，吹樂也只佔少數，整個音樂風格是絃索樂造成的輕柔
> 感，加上唱腔的大量使用，絃索樂使用的頻率也提高，形成優美抒
> 情的音樂風格。〔註55〕

可見潮調布袋戲的音樂屬性與風格，經過劇本分析，可以得知《金簪記》的
確為潮調布袋戲劇作之一。

〔註53〕石光生：《鍾任壁布袋戲的傳承與技藝》，頁14。
〔註54〕謝中憲：《臺灣布袋戲發展之研究》（嘉義：嘉義大學史地學系碩士班碩士論
　　　　文，2006年7月），頁34。
〔註55〕張雅惠：《潮調布袋戲「金簪記」音樂研究》，頁253～255。

以上三類以音樂系統而區別的布袋戲基本上就是學習人戲戲齣，立基於人戲的表演程式，取材劇本，遵循腳色規範，並可能嘗試汲取古典小說的養分，進行戲劇創作。由此可知布袋戲自身沒有一套絕對依循的戲曲程式規範，端看是學自哪一人戲音樂系統與劇目而製演，並可能嘗試其他題材來源的戲劇創作。

潮調、南管布袋戲及北管布袋戲因自身不同的音樂系統之故，而有不同音樂旋律的特點，所流傳的劇目故事卻是已適應社會環境條件的改變而繼續被搬演。然而這些類型劇目能以文字書寫予以記錄與傳承，對於故事架構、劇情編排、人物曲詞有一定的穩定性，再加上口頭傳承，兩種方式使戲曲故事得以輾轉流傳。

三、敘事風格的布袋戲類型

這一類表演類型自日治發展以來，以題材編演來源和劇中人物特點所區分的劇型主要有三：一、古冊戲（主要是指歷史戲，亦可含俠義公案戲）；二、劍俠戲；三、金光戲。民間藝人將改編自古典章回小說的歷史征戰演義故事之戲劇稱為古冊戲，如《三國演義》、《說唐演義》；將改編公案、俠義類等章回小說的戲劇另稱劍俠戲，如《七劍十三俠》、《乾坤印》、《濟公傳》。

遲至 1920 年代，布袋戲可能就流行古冊戲，將布袋戲漸漸導向以敘事為主的布袋戲演出風格，古冊戲的流行趨勢讓劇作篇幅增長，成了「連續劇」。如此一來劇中人物也必然增多，對偶頭數量與造型的需求也可能增加，加上後場音樂的改革，敘事風格的布袋戲於焉誕生。戰後布袋戲流行於商業劇場中，因應演出天數的增長，大量編演長篇的古冊戲與劍俠戲，隨之更有金光戲的產生與風行。

這三類布袋戲除了劇情增長、人物增多以外，對於後場音樂部分產生極大變革。張雅惠說道：

> 北管布袋戲興起之後，並非一成不變，為了配合觀眾的需求，首先便在劇情的安排上有了改革，發展了古冊戲和劍俠戲，大量減少了唱腔，也加入了南管曲牌唱腔、歌子調及潮調音樂等，此時其音樂已漸趨於統一，沒有流派上的區別了。〔註56〕

又說：

〔註56〕張雅惠：《潮調布袋戲「金簪記」音樂研究》，頁 2。

> 光復後，中南部布袋戲所使用的北管音樂又有了變化，發展出一種
> 專門使用於布袋戲的「北管風入松」曲牌，並將其灌錄成錄音帶發
> 行全省，這實是受了皇民化時期戲劇改革的影響。因方便使用，「北
> 管風入松」遂成全省布袋戲班普遍使用的後場樂，後場樂唱片化至
> 此開始。〔註57〕

因此，戰後「北管風入松布袋戲」的興盛，〔註58〕加上灌製成唱片以便作為
後場音樂使用，一來影響北管布袋戲原先後場音樂結構；二來使後場編制產
生巨變。此舉音樂變革影響深遠，至今「北管風入松布袋戲」仍是風行，是
為廣義的「北管布袋戲」，甚至加入中西音樂，成了「雜曲布袋戲」。張雅惠
說道：

> 布袋戲後場自以錄音配樂以來，音樂內容便不限了，或電影配樂、
> 民歌小調、流行歌曲……等，只要主演認為合適，都可搭配入戲。
> 在傳統後場到完全使用錄音配樂之前，布袋戲後場產生一個特殊的
> 腳色，即「壓介」即唱腔或嗩吶段落中加入鑼鼓點（約民國 50 年）。
> 「壓介」師傅一人負責擊奏鑼鼓點，另搭配一人負責掌控音樂的播
> 放的樂師……。〔註59〕

戰後布袋戲將北管樂曲進一步改革，並改變後場編制與結構，形成流行廣義
的「北管布袋戲」。這一類布袋戲所演出的古冊戲與劍俠戲劇型，充分運用北
管【風入松】曲牌音樂特點，在戲劇場景中作為過場、武戲音樂。之後更混
入各式中西古典或流行音樂形成「雜曲布袋戲」，應用於古冊戲、劍俠戲及金
光戲身上。所以儘管布袋戲在戲齣內容方面變異不大，卻可能在音樂結構上
產生巨變，形成音樂風格殊異的布袋戲。

以下將主要三類型敘述如下：

（一）古冊戲的釋義與發展

自 1920 年代即可能流行古冊戲，這種情況讓布袋戲漸漸脫離「戲曲」風
格的表演形式與內容。江武昌解釋「古冊戲」，他有如下說法：

> 而藝人稱這種小說改編的布袋戲叫做「古冊戲」或「小說戲」，這種

〔註57〕張雅惠：《潮調布袋戲「金簪記」音樂研究》，頁 2。
〔註58〕陳龍廷說道：「日治時代中南部的戲班，已經開始著手改造戲曲音樂，創造出
　　　　專門配合布袋戲使用的『北管風入松』，使得布袋戲團獲得將章回小說改編成
　　　　適合舞臺演出的極大自由。」見《臺灣布袋戲發展史》，頁 69。
〔註59〕張雅惠：《潮調布袋戲「金簪記」音樂研究》，頁 4。

以章回小說爲演出本的布袋戲，又分幾種不同的形式內容：以歷史
章回小說改編的稱爲「歷史戲」，例如三國演義、隋唐演義、東周列
國誌……等等；以俠義章回小說改編的稱「劍俠戲」，例如七俠五
義；而以清官辦案爲主的稱爲「公案戲」，如包公案、施公案、彭公
案……等。不過小說戲其實在情節內容上有許多的性質，如包公案
雖是公案戲，但內容上又包括了「劍俠戲」、「家庭劇」、「愛情戲」，
同時包括部分的歷史人物和故事，因此一般布袋戲藝人將小說戲分
成這許多類別，主要是就演出當時的內容而言……。〔註60〕

布袋戲的古冊戲取材各類型小說，相應歷史演義小說、俠義小說、公案小說，
而有歷史戲、劍俠戲、公案戲等稱名劇型。然而編演俠義與公案類型的古典
小說其實也可算上是古冊戲，究其「古冊」之義，即是指「古籍」、「古書」。
因此某些劍俠戲表演也可歸入「古冊戲」類型，以此立場而言，古冊戲應可
有狹義與廣義之分，廣義可指改編自古典小說的布袋戲戲齣皆屬之；狹義則
專指長篇歷史演義的征戰戲。

　　由於戰後對後場音樂的進一步改革，大大助於以劇情敘事取勝的布袋戲
快速茁壯，陳龍廷說道：

「北管風入松」的影響是全面性的，一方面臺灣民間曲館盛行，已
經培養相當鼎盛的戲曲音樂欣賞人口，一方面是因爲其節奏輕快、
熱鬧、簡短，使得敘事的表演因而更自由，而劇團也順勢融合北管
戲劇本及章回小說，更豐富了舞臺上想像力的空間。在新款戲曲聲
腔的廣泛採用下，布袋戲團大量地將章回小說改編成適合舞臺演出
的故事。一般的章回小說，臺灣人稱爲「古冊」，依此演出的戲碼即
「古冊戲」，如《隋唐演義》、《月唐演義》、《萬花樓》、《薛仁貴征
東》、《五虎平南》、《羅通掃北》、《七俠五義》、《三國演義》或《濟
公傳》等。〔註61〕

隨著時空環境的變動，臺灣布袋戲班受古典小說影響而演出古冊戲的情形，
應當日漸普遍。在筆者的調查研究中，戰後世代藝師以能演多齣古冊戲，引
以自豪。在布袋戲盛行時期，無論內臺商業劇場（於戲院售票演出，亦稱「內

〔註60〕江武昌：〈虎尾五洲園布袋戲之流播與變遷〉，《1999年國際偶戲學術研討會論
　　　　文集》，頁338。
〔註61〕陳龍廷：《臺灣布袋戲發展史》，頁72～73。

臺戲」）或外臺、野臺「民戲」（廟會酬神戲）演出，〔註62〕對於演出古冊戲
的需求相當大。至今民戲演出雖然以「錄音班」演出型態為多，即以錄製好
口白音樂的戲齣節目播放，搭配操偶的一種對嘴表演，但演出內容似乎是以
忠孝節義的古冊戲為主。例如：屬於新世界系統第二代、陳俊然之徒陳山林
錄有《葉飛雲十三劍俠》、《濟公傳》；第三代柳國明有《羅通掃北》、《薛仁貴
征東》、《觀音佛祖傳》、《玄天上帝》；蕭添鎮曾錄有《俠義英雄傳》、《黑貓抵
飯匙》、《孫龐演義》，師徒三人在錄製專業布袋戲有聲資料領域，頗負盛名，
普遍販售給戲班做「錄音班」型態表演。〔註63〕

　　在筆者研究中，「今古奇觀」藝師方清祈就曾編演多齣古冊戲，如《三國
演義》、《說唐演義》、《朱洪武》、《封神榜》、《西漢演義》等等（圖2-6）。
〔註64〕再例如：「隆興閣」第二代傳人廖昭堂藝師所帶領的戲班，於民戲與
「文化場」表演至今仍十分活絡。他為了因應「錄音班」演出型態，錄製了
許多古冊戲與劍俠戲，如《烽劍春秋》、《隋唐演義》、《羅通掃北》、《薛仁貴
征東》等等（圖2-7），可見他具有編演長篇小說的能力因應演藝市場的需
求。〔註65〕

〔註62〕石光生文章中說明臺灣傳統戲曲演出場域的三種型態：外臺戲、內臺戲及文
　　　化場。外臺戲又稱「民戲」，指在民間演出的戲曲，是傳統且古老的廟宇酬神
　　　娛人的展演型態。主要特色是：1、演出時機多為神明誕辰、節慶與信眾還願
　　　等；2、在廟宇前方空地上搭設臨時戲臺，或固定戲臺演出。3、觀眾（信眾）
　　　無需付費觀戲，戲金由爐主籌措支付給戲班。內臺戲是指日本殖民統治時代
　　　中期到1970年間戲院（商業劇場）內進行的演劇與觀劇行為。當時分布在臺
　　　灣各地的戲院正是內臺戲主要的表演場所，是各類表演團體進行商業競爭的
　　　固定場所，有別於外臺戲，主要特色是：1、演出時機與酬神還願無關，除非
　　　發生天災人禍，否則皆可演出；2、固定與臨時戲院提供民間劇團重要的演出
　　　場域；3、戲院與劇團因觀眾購票觀戲，而分享商業利潤。文化場是「指由公
　　　部門補助或企業出資邀演的演出型態。」見〈鍾任壁1953〜1970內臺金光戲
　　　的劇場演藝〉，《海峽‧文化遺產》第1期（2009年），頁46。後〈鍾任壁內
　　　臺金光戲的劇場演藝〉另收錄於《臺灣傳統戲曲劇場文化——儀式‧演變‧
　　　創新》，頁224〜239。
〔註63〕陳龍廷：〈走尋臺灣鄉野的聲音——布袋戲配音師盧守重〉，《傳統藝術》第31
　　　期（2003年6月），頁36〜39。按：曾錄製專業布袋戲有聲資料的藝師，還
　　　有吳清秀、江欽饒、蔡坤仁、劉祥瑞、許來福、王文生……等等。
〔註64〕拙作：〈方清祈布袋戲技藝初探〉，《雲林文獻》第49期（2007年12月），頁
　　　63。
〔註65〕拙作：〈「隆興閣」廖昭堂金光戲初探——以《五爪金鷹》系列之「雙鷹決戰亡
　　　魂橋」、「雙珠情仇記」為例〉，《雲林文獻》第52期（2010年12月），頁6。

圖 2-6　「今古奇觀」方清祈的　　圖 2-7　「隆興閣」廖昭堂錄製的
　　　　說唐與三國戲劇本綱要　　　　　　　薛仁貴征東征西 CD 戲齣

　　　（陳正雄拍攝）　　　　　　　（廖昭堂提供／陳正雄拍攝）

　　戰後藝師因學藝於布袋戲流行之時，得學會多齣戲才能應付民戲演出所需。而處在錄音班演出型態盛行的 1980 年代，布袋戲班逐漸喪失現場說白演出劇目的能力，所以當今研究者面對戲班進行田野調查就必須非常小心，否則就很容易陷入一堆無法查證或無依據的沼泥中。如謝中憲的《雲林布袋戲誌》所採集的田野訊息：

> 擅長演出劇目方面則多演古冊戲，有《乾隆遊江南》、《大明英烈傳》、《南遊記》、《水滸傳》、《火燒少林寺》、《陳靖姑收妖》、《孫龐演義》……主要演出方式為錄音……。〔註66〕

又如：

> 擅長演出劇目方面，古冊戲有《南遊記》、《上帝公出世》，金光戲則有《文珠世祖》，通常以演金光戲為主……主要演出方式為錄音，近年來並無現場演出經驗……。〔註67〕

如此的文字敘述，是否表示：布袋戲班擅演的劇目其實只是採用他人錄製完成的戲齣節目，並且配合操偶而已呢？如是，則介紹這類戲班並羅列這些劇目可供憑藉評價戲班的技能層次就十分不足。

　　當前古冊戲的表演仍在文化場上流行，以臺北市立社會教育館所屬大稻埕戲苑於 2013 年至 2014 年「公開徵件評選售票性質掌中戲表演節目」或邀演為例，演出團體與戲碼，共有：

〔註66〕謝中憲：《雲林布袋戲誌》（雲林：雲林縣政府文化處，2011 年），頁 167。
〔註67〕同前註，頁 171。

戲偶子：《蛋蛋超人首部曲之叭噗老人》（2013）、《蛋蛋超人第一集之叭噗老人》（2014）、《蛋蛋超人第二集之蛋小孩》（2014）

臺北木偶劇團：《OH-香屁》（2013）、《征交趾》（2013）、《神奇的金斧頭》（2014）、《孫悟空大戰火焰山》（2014）、《彭公案》（2014）

新西園：《桃花山——龍虎門》（2013）、《三國之趙子龍》（2013）、《荒山劍俠之西安府》（2014）、《三國之大破黃巾黨》（2014）

天宏園：《白蛇傳之盜仙草》（2013）、《戲說臺灣——阿蘭》（2014）

眞快樂：《歡喜冤家來門陣》（2013）、《哪吒鬧東海》（2013）、《孫悟空三打白骨精》（2014）、《親子布袋戲——決戰火焰山》（2014）

臺中聲五洲：《老夫子與大番薯之龍宮囍事》（2013）、《三國英雄之關雲長》（2014）

小西園：《三教評齡會》（2013）、《晉陽宮》（2014）

小西園第四代：《群英會》（2013）、《隋唐演義之元霸歸天》（2014）

全西園：《三國演義之白門樓》（2013）、《隋唐演義之羅成叫關》（2014）、《三國演義之夜戰馬超》（2014）

臺中木偶劇團：《三國之七擒孟獲》（2013）、《隋唐演義之言商道》（2014）

隆義閣：《民間故事：李門環》（2013）

哄哩岸：《孫悟空大戰白骨精》（2013）、《孫悟空大鬧臺北城》（2014）、《孫悟空借芭蕉扇》（2014）

西田社：《鮮奶泉》（2013）、《阿祿仔有雙大腳丫》（2013）、《神仙也瘋狂之臺灣小封神（上）》（2014）

昇平五洲園：《虎豹母陳弄嫂》（2013）、《三山國王傳奇》（2014）

新五洲：《精忠報國岳飛傳之王佐斷臂》（2013）

興洲園：《隋唐演義之十八路反王》（2013）、《三國之屯土山約三章》（2014）

大中華五洲園：《戲說三國之三英戰呂布》（2013）

臺中朝藝閣：《金笛大冒險》（2013）

　　幸運草偶劇團：《咕狗傳奇》（2013）、《親子布袋戲——爬牆虎》
　　（2014）

　　上西園：《雙槍陸文龍》（2013）、《隋唐演義之四明山劫駕》（2013）

　　遠東昭明樓：《烽劍春秋之孫臏鬥海潮》（2013）

　　新興閣：《武松打虎》（2014）

　　蕭孟然掌中木偶劇團：《說唐演義之程咬金三斧定瓦崗》（2014）

　　蕭添鎮民俗布袋戲團：《水滸傳之手足情深》（2014）

　　新五洲第二團：《三國演義之孔明計定博望坡‧出臥龍初用兵》
　　（2014）〔註68〕

臺北大稻埕戲苑八樓曲藝場自有彩樓、音響設備，藉此徵選戲班採後場伴奏
演出，故演出節目多為古冊戲，常有主題戲碼系列，如《三國演義》、《說唐
演義》、《西遊記》，尤其是以親子布袋戲為賣點，更受孩童喜愛。也有新編劇
本，如《蛋蛋超人首部曲之叭噗老人》、《OH-香屁》、《戲說臺灣——阿蘭》。
除了本以彩樓、後場伴奏、小型偶表演型態聞名的戲班，像「臺北木偶劇
團」、「新西園」、「天宏園」、「真快樂」、「小西園」、「全西園」，還有「興洲
園」、「新五洲」、「新五洲第二團」、「大中華五洲園」、「臺中木偶劇團」、「聲
五洲」、「蕭添鎮民俗布袋戲團」及「遠東昭明樓」等等以中型偶，擅長古冊
戲，甚至兼具金光戲的戲班參與活動。

　　又如新竹市文化局於 2006 至 2014 年間補助布袋戲班於文化局演出的戲
碼即多為古冊戲，如下表：

表2-2　2006 至 2014 年新竹市文化局補助布袋戲班演出表〔註69〕

時　　間	戲　　　班	戲　　　　碼
2006/6/28	吳萬響掌中劇團	四海遊俠黑鷹
2007/3/17	新興閣掌中劇團	西遊記之金鯉魚
2007/3/24	明興閣掌中劇團	掌中弄巧

〔註68〕參見 2013、2014 年 1～12 月大稻埕戲苑曲藝場布袋戲節目冊。
〔註69〕筆者於 2014 年 7 月 2 日查詢新竹市文化局網站，參考演藝廳節目資料，製成
　　　　此表，網址：〔http://www.hcccb.gov.tw/chinese/00home/home.asp〕，點選步驟：
　　　　首頁‧演藝廳‧活動資訊更多查詢。

2008/1/19	遠東昭明樓掌中劇團	劍影情仇記
2008/3/29	新興閣掌中劇團	武松打虎
2008/12/12	亦宛然掌中劇團	鞍馬天狗（兩廳院售票，國際會議室）
2009/3/28	新興閣掌中劇團	西遊記之紅孩兒
2009/7/11	蕭添鎮民俗布袋戲團	南俠風雲
2010/4/3	新興閣掌中劇團	西遊記之紅孩兒
2010/5/28	亦宛然掌中劇團	孫龐演義（兩廳院售票，國際會議室）
2010/7/3	蕭添鎮民俗布袋戲團	忠犬救主
2010/7/17	遠東昭明樓掌中劇團	西遊記之金角銀角
2011/3/19	五洲園掌中劇團	爭霸天下系列：青海之戰
2011/7/1	興洲園掌中劇團	西方白蓮劍之蕭保童
2011/7/9	鳳舞奇觀布袋戲團	西遊記之獨角大王
2012/3/24	新興閣掌中劇團	西遊記之盤絲洞
2012/7/28	遠東昭明樓掌中劇團	烽劍春秋之金砂陣
2012/8/5	蕭添鎮民俗布袋戲團	包公審郭槐
2013/3/23	鳳舞奇觀布袋戲團	西遊記之小雷音寺
2013/6/9	新興閣掌中劇團	西遊記之金鯉魚
2014/5/31	遠東昭明樓掌中劇團	東遊記之八仙過海

從上表中約略可知新竹市文化局九年內補助布袋戲班的演出概況，多為免費觀賞的戶外表演。從其劇目來看，大致上是古冊戲中的神怪戲、歷史戲類型，屬於武戲性質。這些戲齣經由布袋戲藝師的編演，呈現觀眾眼前，也必定賦予小說故事新詮釋，重新為觀眾所理解並接受。比如，「蕭添鎮民俗布袋戲團」演出《忠犬救主》強調兄弟情深、義犬忠心；「新興閣」演出《西遊記之紅孩兒》、《西遊記之金鯉魚》，突顯唐僧不畏艱難，堅定取經意志，並將孫悟空等人的克服困難、不屈不撓的形象彰顯出來。故搬演古代歷史演義、傳說故事並不會因時代改變而衰微，畢竟這些戲劇表演的精髓還是在於世道人情的表達，流露道德倫理價值觀。

（二）劍俠戲的釋義與發展

在日治時期臺灣總督府文教局出版的《臺灣に於ける支那演劇及臺灣演劇調》一書中所載之〈各州廳別演劇一覽表〉已出現戲班搬演《小五義》、《乾

隆君遊江南》、《粉妝樓》等等的記錄，這類劇目屬於「古冊戲」，據此也提供布袋戲在 1928 年前可能已進入劍俠戲時代的一個推論依據。「劍俠戲」係指搬演英雄豪傑行俠仗義、剷奸除惡，扶持朝廷協助清官辦案，或者是武林恩怨情仇之情節。如以情節內容為準則細分之下，則有公案戲、武俠戲、劍俠戲之稱名，在此皆可歸屬為廣義的「劍俠戲」。

　　然而「劍俠戲」其明顯特徵即是劇中有「吐劍光」（劇中人物張口吐出飛劍傷人）、鬥法寶的奇技。〔註 70〕除了改編自章回小說以外，對於當代武俠小說也多有汲取改編，如改編王度廬的《鶴驚崑崙》，甚至藝師能推出創編的劍俠戲。在戰後商業劇場中劍俠戲更加流行，從陳龍廷文中所整理的「臺灣戰後初期戲園的劍俠戲」一表中，羅列多班演出該類型的記錄即可證明。比如：

　　　　五洲園：《武童劍俠》、《五龍十八俠》、《大明奇俠》。

　　　　五洲園二團：《玉聖人大破太華山》、《火燒九蓮山少林寺》。

　　　　五洲園三團：《荒山劍俠》、《明清奇俠：神鏢蔣勝英勇鬥史》、《陰陽
　　　　　　太極劍》。

　　　　五縣園：《五貴大破龍宵閣》、《錦飛箭大破陰陽樓》。

　　　　慶樂園：《清朝奇劍俠：高彥輝大破鴛鴦樓》、《漢朝歷史：三合明珠
　　　　　　寶劍》。

　　　　永興園：《下集小五義》、《新俠白蓮劍》。

　　　　玉泉閣：《節女忠義俠：四蝴蝶大破乾坤樓》、《大明劍俠奇案：五劍
　　　　　　下凡尋主公》。

　　　　福興園：《新俠白蓮劍‧大破七星殿》。

　　　　玉泉閣二團：《飛雲十三劍》。

　　　　新復興：《十三俠大破水山寺》。〔註71〕

上述所引劇目中，如《飛雲十三劍》、《十三俠大破水山寺》等應是同一齣《葉飛雲十三劍》；《新俠白蓮劍》、《新俠白蓮劍‧大破七星殿》可能也是相同戲齣。

〔註70〕拙作：《李天祿布袋戲舞臺演出本研究》，註 5，頁 2。
〔註71〕陳龍廷：《臺灣布袋戲發展史》，頁 138～140。按：陳氏所謂「五縣園」即是黃海岱首徒廖萬水早期所用班名。

　　這類劍俠戲在 1980 年代興起「錄音班」型態時，仍被錄製成戲齣節目帶販售給戲班做對嘴操偶演出使用。比如，陳山林就曾錄製《葉飛雲十三劍》、「紅鷹」江健明曾錄製《蕭保童白蓮劍》。以著名的《蕭保童白蓮劍》來看，這齣戲曾記錄保存在《布袋戲「新興閣──鍾任壁」技藝保存計畫》，且林鋒雄〈臺灣布袋戲的發展──以西螺新興閣爲例〉文中推論：

> 根據沈平山的說法，沈國珍先生經常編些佛經故事給陳金興、鍾任秀智、劉平義、法仙等搬演，其中《蕭保童白蓮劍》，日後，成爲新興閣的帶家戲。假定此一說法是可靠的話，則《蕭保童白蓮劍》在鍾家是從鍾任秀智開始演出這齣布袋戲名劇。今天，鍾任壁先生依然可以搬演，我們在布袋戲「新興閣──鍾任壁」技藝保存計畫中，錄影保存該劇開始的三集，及〈蕭保童白蓮劍──月臺夢〉三集，共六集。以錄影保存的《蕭保童白蓮劍》來看，是情節複雜的長篇大型布袋戲。換言之，到了鍾任秀智，鍾家不僅演傳統的潮調布袋戲，也開始演出新編的劍俠戲，如《蕭保童白蓮劍》。〔註72〕

又《蕭保童白蓮劍》是由沈國珍與鍾任秀智（1873～1959）在鍾任祥（1911～1980）十三歲前合編，據此推算最遲在 1924 年，鍾任秀智就已經開始演出新編的長篇劍俠戲，也可獲知在 1924 年已經進入劍俠戲的發展時代。〔註73〕

　　在陳龍廷整理的「臺灣戰後初期戲園的劍俠戲」資料表中，記錄一齣名爲《清朝奇劍俠：高彥輝大破鴛鴦樓》，與筆者蒐集的「新樂園第三團」吳清秀所錄製的有聲資料《鴛鴦樓》應是同一齣戲劇，內容同是高良玉爲欽差，領兵要破機關樓「鴛鴦樓」，平定反王的故事。這兩齣戲設定的朝代背景爲清代，有趣的是，筆者見過《八卦千刀樓》、《天地情仇》布袋戲「劇本」（圖 2-8、2-9、2-10、2-11），〔註74〕同樣是高良玉爲欽差，大破反王機關樓「八

〔註72〕林鋒雄：〈臺灣布袋戲的發展──以西螺新興閣爲例〉，頁 353～354。

〔註73〕根據〈「新興閣──鍾任壁」劇目表（民國六十年以前）〉資料，見林鋒雄：《布袋戲「新興閣──鍾任壁」技藝保存計畫第三年期末報告書》（臺北：中國文化大學藝術研究所，1999 年 6 月），頁 12。

〔註74〕布袋戲的演出一向沒有書寫完整「劇本」的習慣與觀念，即使有所謂「劇本」，也大多是書寫情節重點的大綱而已。主要原因是在於布袋戲的演出，唸白全在於頭手演師，其口白藝術自有一套學習與模擬自師父的套式，只要能夠抓住重點口白便可套用於類似情節。也就是說布袋戲的表演是有基本的套語運用，如四聯白、三花詼諧的說白等，這些都是初學者必須掌握的基本口白程式。見拙作：《李天祿布袋戲舞臺演出本研究》，頁 89。

圖 2-8 「今古奇觀」方清祈的
《八卦千刀樓》劇本

（陳正雄拍攝）

圖 2-9 「今古奇觀」方清祈的
《八卦千刀樓》劇本內頁

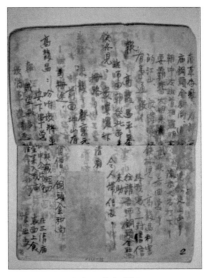

（陳正雄拍攝）

圖 2-10 《天地情仇（高良玉
復仇記）》影本內頁之一

（陳正雄拍攝）

圖 2-11 《天地情仇（高良玉
復仇記）》影本內頁之二

（陳正雄拍攝）

卦千刀樓」的故事，不過朝代背景換為明代，這齣戲也是西螺「新興閣」的
「帶家齣」〔註 75〕。如此看來，這齣以高良玉領兵平定反王機關樓的俠義故

〔註 75〕「新興閣」在 1952 年 8 月 21 至 31 日於嘉義文化戲院日戲演出《大明奇俠‧
八卦千刀樓（高隆章平西涼）》、11 月 21 日起在臺中合作戲院日戲演出《高良
玉大破鐵球山》。陳龍廷：《臺灣布袋戲發展史》，頁 158。

事，在內臺戲盛行時，也成爲各家戲班可能搬演的劍俠戲齣之一，並發展出不同的「異文」。陳龍廷說道這類劍俠戲的劇情特點：

> 這類型的戲劇，大多圍繞著邪惡勢力的巢穴，無論「四絕山」、「江南水晶宮」、「玉青樓」、「八寶樓」、「鴛鴦樓」、「飛虎樓」、「八卦乾坤樓」、「十二連環島」、「江南九雲寺」、「太華山」、「陰陽樓」、「千刀樓」或「七星殿」，總是有著複雜危險的機關陷阱，讓不少英雄喪命其中。這樣的危機，五洲派的有《五美六俠》，也就是前後出現五位英雌、六位英雄，關廟玉泉閣也來個「十三俠」、「三十六俠」，或者乾脆濃縮爲兩位俠女加上三位大英雄的招牌戲《三雄二俠女》。這類戲劇危機的主軸，大抵是以奸臣造反，陷害忠良爲戲劇開始的引子，而忠良之後，流落江湖結識英雄俠客，無論是號稱「十三劍」、「三十六俠」、「五鳳」、「江南五俠女」或「四蝴蝶」等，最後協助皇室平定叛亂。〔註76〕

戰後風行的劍俠戲有的爲藝師或與排戲先生創編〔註77〕，流傳開來後，許多劍俠戲齣或許大都雷同，可能出自戲班彼此學習與模仿，因而出現相似的戲齣。

此外，即便同一齣戲，經由不同藝師傳抄劇本綱要，並在不斷演出的過程中而產生「異文」。如「今古奇觀」方清祈的《八卦千刀樓》開頭即是：明朝元帥高龍昌征討西涼取勝，回朝途中，遭坤山寨主鐵孤兒率部下截殺。高龍昌不幸被神矢手智位射死，後三清廟銅頭金和尙派人聯繫奸相羅明表陷害能遠侯高守仁，致使高家被滿門抄斬，妻余氏自盡而亡，其子高良玉脫逃，欲尋求三叔鐵咀神鶯高雁飛協助復仇。另《天地情仇》開場則是：明朝元帥高良章征討鐵球山、群山飛虎寨，誤中地雷火砲陷阱，全軍陣亡。後神矢道人派人聯繫奸相盧明表陷害鎮平王高士已，使高家被滿門抄斬，妻余氏自盡而亡，其子高良玉脫逃，欲尋求三叔鐵嘴神鷹高良飛協助復仇。

〔註76〕陳龍廷：《臺灣布袋戲發展史》，頁137～138。

〔註77〕陳龍廷說：「民間藝人將布袋戲的編劇者稱爲『排戲先生』或『導演』，而報上的廣告則稱之『編導』……布袋戲的排戲先生，並非我們所熟悉的編劇工作，事先就把所有的情節對白完全寫好，而是想到那裡，編到那裡，演到那裡。必須強調的是，這種特殊處，正是布袋戲生命力的來源，它使表演與觀眾的關係，成爲活生生的互動關係，而不是強迫接受的單向關係。」同前註，頁98。

　　從這兩個演出抄本來比較，部分人物名稱略有不同，故事開端也不一樣，推究人物名稱書寫的差異，可能是藝師只取其音而找相近字騰寫下來。因高良玉是高良章之姪，理應名字不會沖犯伯父名諱。而方清祈本子所寫高龍昌、羅明表、高雁飛人名也與《天地情仇》本子的高良章、盧明表、高良飛之閩南語發音近似，可能在各自口頭傳承的不同脈絡下，加上自己的文字書寫，形成各自的戲齣文本。上述情形正如石光生〈王昭君戲曲文本書寫的變異〉提出編劇的兩個重要因素：

> 我認為欲了解戲劇文本書寫之異變，必須掌握決定戲劇文本的兩個
> 重要書寫因素：一為客觀，另一為主觀。客觀因素即是元雜劇既定
> 的書寫格式；主觀因素則是劇作家的編劇、剪裁技巧。〔註78〕

應用於布袋戲文本身上，客觀因素體現在編劇或主演必須熟練套式套語和習慣的書寫方式；主觀因素則是編劇或主演的編排技巧、素材剪裁。兩劇本綱要的書寫者各依自己的書寫方式，主觀編排情節、擇定人物，記述的內容不盡相同。

　　是故，藝師創編的劍俠戲在無章回小說為依據的情況下，能夠發展出多齣內容相似卻不同劇名的「異中有同」劇作，又儘管是同名戲齣，內容相似度極高，但部分內容卻有些許差異，可謂「同中有異」。

　　當前布袋戲在民戲場合中雖不乏劍俠戲的表演，但因多為「錄音班」演出型態，其所搬演的劍俠戲劇目也只是少數藝師錄製的戲齣劇作，如今要想見到劍俠戲劇目豐富且蓬勃發展的盛況應是不可能。不過透過戲班在文化場上精彩的表演，約略能讓經典劍俠戲劇作，可能再現風華，繼續流傳。如淡水「興洲園」在文化場上推出劍俠戲齣，2012 年曾獲國家文化藝術基金會贊助「興洲園掌中劇團全國巡演『七劍十三俠』」計畫，於彰化、臺東、花蓮、屏東等四地演出四場；〔註79〕2011 年 7 月 1 日，於新竹市文化局演出《西方白蓮劍之蕭保童》〔註80〕。無論是古冊戲或劍俠戲，處在當前就其故事劇情

〔註78〕 石光生：〈王昭君戲曲文本書寫的變異〉，《臺灣傳統戲曲劇場文化──儀式‧演變‧創新》，頁 246。

〔註79〕 筆者於 2013 年 1 月 29 日查詢國家文化藝術基金會網站，網址：〔http://www.ncafroc.org.tw/〕。點選步驟：首頁‧補助成果‧補助審查結果‧各期常態補助名單查詢。「興洲園」獲 101～1 期補助四場二十萬，審查委員：主席蔡欣欣、劉美芳、陳龍廷、劉守曜、于善祿、李惠美、卓明（林啟星）。

〔註80〕 據 100 年 7 月號《竹塹藝文》，頁 23，「興洲園」簡介：「旗下網羅多位主演名師，每年平均參與 250 場以上的演出活動。」可知該團可能網羅多派主演，

而言，第一，不應該認爲故事內容陳舊而無法順應時代，畢竟戲劇中原本所傳達的忠孝節義等倫理道德、思想價值，還是在於詮釋「人性」、表達「人情義理」，光是這一點就能夠繼續被群眾所理解與認同。處在當代的布袋戲藝師還是能夠給予更貼近時代的新詮釋，於劇作中融入現代人思維，看待古代事物，編演出新風貌。第二，布袋戲藝師應該能因應時間長度、演出場合，以及觀眾水準，編排出較符合多數觀眾口味的戲劇。在這之前必須下功夫分析所要推出的劇作與類型，是否在市場上能廣被接受？並思索推出該劇的意義與價值，才能將戲齣流行下去，成爲大眾的娛樂。

基於以上思索，布袋戲劇目劇型無論如何轉變，也必定要有「變通」法則，賦予故事新詮釋、表演多樣貌。當古冊戲與劍俠戲流行之時，其長篇敘事結構已讓布袋戲藝師展現足夠能力去發展情節複雜、人情百態的戲劇。

（三）金光戲的釋義與發展

戰後 1950 年代「劍俠戲」開始逐漸蛻變，流行起「金光戲」，多數戲班在商業劇場中演出內臺金光戲。金光戲從古冊戲、劍俠戲中徹底蛻變，而有的戲班組織中出現排戲先生一角，與主演共同創作新戲齣。

遠因可追溯自 1947 年，李天祿由上海返臺，帶回一部《清宮秘史》小說，並將融入編演《清宮三百年》這齣戲開始。〔註 81〕爾後因爲藝師陸續創編的武俠戲中人物具有金剛護體、不壞之身，因而被人稱爲「金剛戲」，又口語與文字書寫轉換的差誤，成爲「金光戲」一詞。對於「金光戲」一詞，陳龍廷文章有詳細考述，正名爲「金剛戲」，並認爲金光戲流行的年代應該在 1950年代末、60 年代初左右。〔註 82〕從其著作中整理的「戰後臺灣布袋戲的創作

形成主演彼此間交流戲齣而傳承的一個平臺，其「西方白蓮劍」系列故事之劇名寫爲《西方白蓮劍之蕭保堂》，以演出此劇之始祖「新興閣」爲準，主角之名應是蕭保童，而非「蕭保堂」。

〔註 81〕 吳明德：《臺灣布袋戲表演藝術之美》，頁 118。按：陳龍廷研究指出，李天祿是將《清宮秘史》與《洪熙官三建少林寺》融合合稱《清宮三百年》，見《臺灣布袋戲發展史》，頁 148～149。另江武昌文中提到：「1948 年，李天祿剛從上海回到臺灣，攜帶了一部上海出版的小說《清宮三百年》……」和吳氏所述李天祿編演少林故事的年份有異，見〈臺灣布袋戲簡史〉，頁 108。

〔註 82〕 陳龍廷：《臺灣布袋戲發展史》，頁 160～163。按：金光戲的起始年代，若依「新興閣」鍾任壁演出紀錄，他於 1953 年 7 月 11 日至 8 月 10 日，在臺南市慈善社戲院演出一個月，劇目就是吳天來爲他編排的第一部金光戲《奇俠怪影》。見石光生：《鍾任壁布袋戲的傳承與技藝》，頁 78。由此可見，金光戲興起於 1950 年代初，而陳氏認爲流行於 1950 年代末，60 年代初。

戲齣」〔註83〕表，可知金光戲的盛行，如當時名班「新興閣二團」曾於1953年6月11日至30日在嘉義文化戲院演出《女俠粉蝶兒》、7月11日至31日在臺南慈善社戲院演出《奇俠怪影》、10月1日至31日在同處推出《大俠百草翁》。又如「五洲園本團」曾於1956年5月1日至15日在臺中合作戲院演出《六合定干戈血戰風波城》、1957年10月21日至31日在臺北華山戲院演出《鬧海星血沖奇人國》、「五洲園二團」曾於1954年9月1日至30日在臺中合作戲院演出《奇俠怪老人》……等等。

對於金光戲，陳龍廷有這樣的觀察，說道：

> 商業劇場演出的布袋戲，為了吸引觀眾隔日非得再來看不可，最起碼的方式就是激起觀眾的好奇心。而「金剛戲」的核心就是在於：如何激起觀眾的好奇心，由此而衍生出種種不同的所謂「神秘手法」。當年金剛戲的情節處理與現在流行的偵探推理的戲劇模式頗類似，如劇情一開始，突然看到一個角色在舞臺上出現，口吐鮮血而死，所有劇中人都不知道原因，然後劇情就繞著這個核心追究下去。這個情節發展模式，即戲劇學者所稱的「集中型戲劇」，必須涉及「集中」、「埋藏」與「引發」三項要素，由一個核心螺旋式展開。〔註84〕

又說：

> 1960年代可說是「金剛戲」的極盛階段，這時期布袋戲商業劇場的情節處理特色，即採取所謂的「沒有結局的結局」或「神秘手法」，它最基本的奧妙，就是引起觀眾的好奇心。〔註85〕

從他的觀察中可知金光戲所著重的就是：神秘、玄疑的劇情特點。金光戲也有一名稱叫做「神秘戲」，更直接道出該劇型的特點。〔註86〕戰後第一代金光戲演師輩出，各系統戲班不乏成名戲齣，如西螺閣派系統的「新興閣」鍾任壁有《大俠百草翁》、「進興閣」廖英啓（1930～2012）有《大俠一江山》、「光興閣」林啓東（1937～2011，藝名鄭武雄）有《鬼谷子》；「新世界」系統的陳俊然有《南俠》……等等。

當前在民戲與文化場場合中，在現場口白演出型態下，不少戲班以金光

〔註83〕陳龍廷：《臺灣布袋戲發展史》，頁175～179。
〔註84〕同前註，頁180～181。
〔註85〕同前註，頁180。
〔註86〕江武昌：《臺灣布袋戲簡史》，頁111。

戲衝州撞府，爲招牌戲，如稱布袋戲故鄉的雲林縣，「隆興閣」廖昭堂的《五爪金鷹一生傳》、彰化縣「江黑番」江欽饒的《鬼谷子》、臺中市「中國太陽園」林大豐的《小顏回》、「五洲園」系統黃文郎的「爭霸天下」系列、「遠東昭明樓」林文昭的《爲何命如此》……等等劇團都曾獲選「地方傑出演藝團隊」殊榮，甚至入選中央扶植演藝團隊，擅演劇目中有延續內臺轉至野臺的金光戲齣。

　　綜上所述，從戲曲風格的南管、北管及潮調布袋戲戲齣，到改編自小說的古冊戲、劍俠戲，以至於創編更多劍俠戲與金光戲因應市場需求，每個轉折都是一種蛻變。然而每次的蛻變與觀眾市場又有密切關聯，有著「變異性」特質，故觀察當前演藝生態進而關注布袋戲發展，就得掌握變異的特點。

四、戲曲與戲劇風格布袋戲之比較

　　戲曲風格的布袋戲以人戲表演程式爲基礎，演出人戲劇目，當轉而汲取古典小說，並改革後場音樂，大量採用「北管風入松」時，戲劇風格布袋戲儼然成熟。這個轉變過程中的「變異性」十分明顯，表現在音樂、劇情上。陳龍廷文中提到兩者的差別：

> 表演風格由「準戲曲風格」轉變爲「敘事風格」。轉變最大的關鍵，就在於民間藝人對於一般庶民大眾相當不容易聽懂、且節奏略嫌沈緩的戲曲音樂進行改造。而民眾也樂得將布袋戲表演當作一種口頭表演的藝術，享受創作者天馬行空的編造故事的想像力。〔註87〕

從這人戲戲曲表演風格轉變爲以敘事情節取勝的戲齣表演，陳氏指出關鍵之處，在於將布袋戲後場音樂進行改革，視布袋戲爲「一種口頭表演的藝術」，觀眾能夠享受與欣賞創作者天馬行空的編造故事之想像力。也就是說觀眾欣賞布袋戲的角度偏向於探究故事的曲折精彩、口白語言的生動巧妙。

　　潮調、南管布袋戲的衰微到北管布袋戲的興起，仍接受「籠底戲」戲齣，以北管音樂搭配演出，爾後因爲流行起編演古冊戲、劍俠戲，加上布袋戲後場音樂的改造，使原本學習自人戲戲曲的表演程式產生變化，所以布袋戲逐漸脫離戲曲影子。當演出古冊戲仍無法滿足觀眾需求時，藝師開始放手去創作劍俠戲和金光戲。戲曲風格與戲劇敘事布袋戲的差異就此拉鋸產生，原先布袋戲的表演特質與形式，林鋒雄曾有精闢的論述，說道：

〔註87〕陳龍廷：《臺灣布袋戲發展史》，頁78。

布袋戲之演唱，大體用地方土腔或傳統大戲的劇目，故用以表現劇中人物的方式和傳統戲曲相同，採取腳色分類的方法，再用偶頭造型、扮像、砌末（道具）、聲口唸唱，及身段動作，來表達一個人物的性格或處境。其他，如滑稽小戲或改編自章回小說的「古冊戲」，亦大抵採相類似的途徑，創造劇中人物的生命。搬演時，戲偶的舉止、身段動作等，都要與演師的聲口唸唱，和後場音樂，三者緊密相扣，推動劇情，構成完整的演出。一般情況，二手只負責擎戲偶，賓白唱曲由頭手演師一人包辦。木頭偶人的性別、年齡、身份、個性，都要演師透過聲調、口氣加以塑造。一個布袋戲演師，要能模仿各種劇中腳色和動物的聲音與口技，同時也要能唱動聽的曲子。〔註88〕

由此可知，布袋戲搬演人戲劇目時，必定與人戲表演程式體系貼合，取其腳色分類，再使用合適的偶頭造型裝扮戲偶，透過藝師雙手能操弄雙偶、一張口能說出各種腳色口白語言和模仿各類動物聲音，同時也要能唱出動聽的樂曲。

因此，這兩類風格的布袋戲之差異，可從腳色概念與偶頭創造、劇目特色與劇情編排等議題討論。筆者提出以下兩個面向探討：

（一）脫離腳色束縛，轉向偶頭無限創意研發

布袋戲自身因為戲偶雕刻、舞臺裝置設計、演出方式與內容，以及木偶操作技法等元素具有無限可能的發展性，所以能夠突破人戲的戲曲表演程式，轉向戲劇製作的概念。這種轉變起始於布袋戲開始取材自章回小說，編演連本長篇的戲劇。因為演戲天數的增加、觀眾市場的導向，藝師在潮調、南管及北管音樂系統基礎上，追求劇目劇型、內容的改變。長篇故事的人物擴增，讓戲偶的需求量增加，比如，改編小說《西遊記》、《封神演義》的戲劇，就可能需要大量特殊的神怪人物偶頭；改編自小說《三國演義》則需要大量的生類、花臉偶頭（圖2-12），所以藝師就需要大量的戲偶。

既然演出所需的戲偶量增加，那麼布袋戲藝師與刻偶師對於大量的偶頭生產，也逐漸建立一套用偶偶頭分類體系。在藝師與刻偶師們用一套偶頭體系的情形之下，他們習慣用偶頭名稱來彼此溝通，直接指明哪個偶頭可以裝扮哪些戲劇人物。比如「紅猴」偶頭可扮演程咬金；「海結老黑狗」偶頭能扮

〔註88〕林鋒雄：〈布袋戲之成立及其表演藝術特質〉，頁239～240。

演《七俠五義》中的蔣平。無限創作而出的龐大偶頭體系，沖淡藝師對於人戲戲曲的腳色概念與規範，不再以搬演南管戲、北管「正本戲」的思維，去遵循其腳色系統來扮演人物，〔註89〕藝師只存粗略的「生旦淨末丑」腳色概念。故布袋戲在偶頭創發、戲偶裝扮的改變上，使偶頭造型名稱無法對應在戲曲腳色之中，已將人戲戲曲既有的腳色規範拋棄，只存粗略的「生旦淨末丑」腳色概念。

圖 2-12　花臉偶以線條顏色勾勒人物性格

（蕭任能提供／陳正雄拍攝）

　　以「亦宛然」李天祿為例，根據教育部出版的《布袋戲——布袋戲圖錄》、《布袋戲——李天祿藝師口述劇本集》保存該系統珍貴的口述劇本與用偶體系，對照起來，李天祿似乎是用偶頭體系觀念扮演人物。從他搬演籠底戲或古冊戲劇目來看，在戲偶塑造上，其造型臉譜的採用部分依循前人用偶習慣，卻也與時俱進，增加新穎的戲偶造型，並於演出時直接稱「某某造型頭像扮演某人物」，而不是用「腳色」概念扮演人物。〔註90〕如李天祿的《紅泥關》所需人物與偶頭，如下：

表 2-3　李天祿《紅泥關》人物表〔註91〕

偶頭名稱	人　　物	備　　註
紅猿（猴）	程咬金	
青花仔	單雄信	
武生仔	王伯當	

〔註89〕林鋒雄說道：「閩南泉州布袋戲，初期唱絃管調，搬演梨園戲劇目，故其腳色當有生、旦、淨、末、丑、貼、外七色。至布袋戲演亂彈戲之正本戲劇目時，則其腳色亦當有『頂六柱』及『下四柱』等十色。『頂六柱』包括小生、小旦、三花、正旦、老生、大花（花面）等。故布袋戲偶之分類，及演出時之聲口，當依聲腔之不同，而分別腳色行當，及其用『粗口』或『幼口』等嗓音。」見〈臺灣布袋戲的發展——以西螺新興閣為例〉，註29，頁361～362。
〔註90〕拙作：《李天祿布袋戲舞臺演出本研究》，頁100。
〔註91〕林保堯：《布袋戲——李天祿布袋戲藝師口述劇本》第三冊收錄《紅泥關》，頁18。

花面花童	裴元慶	
金面文	秦叔寶	西魏營元帥
摻　文	徐茂公	
小　卻	小　軍	
紅面生仔	後王伯當	
青大花	申文禮	紅泥關總兵
打手頭	部　將	
打手頭	部　將	
梅芳旦	東方氏	
鬍秋（鬍鬚）仔	小　軍	

表中可知李天祿用偶扮演此劇人物的習慣，他繼承前輩偶頭體系所延續下來的用偶習慣，也就開啓自身系統的用偶傳統。他所列紅猴、花面花童、摻文等等都是偶頭名稱用語，並非腳色。其次，秦叔寶卻用金臉扮演，顯然是受到小說影響，可見偶頭（或說臉譜）的混用現象。是否在日治時期 1920 年代北管布袋戲流行、古冊戲興起之時，李天祿即是如此的用偶觀念，是用偶頭而非腳色觀念扮演人物？

對於李天祿的用偶情形，根據呂聰文撰著之論文，說明李天祿所用偶頭受到江加走（1871～1954）「花園頭」風格影響，〔註92〕又從對福建傀儡藝師黃奕缺所用偶頭與《布袋戲——布袋戲圖錄》比較，得知布袋戲與提線傀儡戲偶頭的形象、稱呼、用法相似，有臨摹之關係。〔註93〕

1949 年國民政府來臺後，臺灣更需依賴本地刻偶師，因而漸漸形成自身的偶頭體系，無論如何布袋戲偶頭發展出造型分雜的現象，是不爭的事實，是何影響所致？下文從古冊戲的推波、金光戲的助瀾等兩階段說明之：

1、第一階段的蛻變：古冊戲的推波

基本上，布袋戲班搬演籠底戲、古冊戲及劍俠戲所用戲偶都是通用，有頭盔偶、梳頭偶之分。但刻定專用且特殊的偶頭只能應用在特殊劇目的人物身上，分人形具象化、勾繪臉譜抽象化之別，如二郎神（三眼武生偶頭）、

〔註92〕呂聰文：《布袋戲偶花園頭之研究》（臺北：臺北大學民俗藝術研究所碩士論文，2005 年 7 月），頁 101～102。

〔註93〕同前註，頁 83～85。

包公（戲曲臉譜黑花臉或全黑臉著月牙之分）、豬八戒（豬頭長鼻大耳之型）、龍王（可用龍頭造型，非採人戲臉譜）等人物。（圖2-13）

然而古冊戲中的歷史戲如《封神演義》、《烽劍春秋》、《西漢演義》、《薛丁山征西》等等；劍俠戲如《小五義》、《七劍十三俠》；神怪戲如《西遊記》、《東遊記》等，都需要大量花臉、老生、武生偶頭，以應付長篇歷史演義故事，甚至是怪頭的使用。會有如此的轉變乃是受到小說的人物形象與扮相影響，比如演出隋唐英雄故

圖2-13　西遊記唐三藏師徒，掺以小說人物形象製成

（陳正雄提供）

事，秦叔寶是「面如淡金，五綹長鬚，飄於腦後」，〔註94〕則改用金臉武老生偶頭，並非北管戲的白臉；程咬金則是「面如青泥，髮似朱砂」，〔註95〕所以用藍臉紅短鬚之形貌，以丑腳詮釋之。

此時眾家藝師對於哪類戲偶造型扮演哪類人物，基本上不會有太大差異，原因在於搬演籠底戲、北管戲時期所形成的用偶傳統延續至此階段，再受小說影響將部分人物予以偶頭定型化。基於木偶雕刻可以是立體化，如薛湧所說：「臉譜美術只有平面圖案與色彩、線條提示，任何人臉皆可畫之，但戲偶雕刻牽涉到立體造型特徵的掌握，辨別複雜度又加一層。」〔註96〕故偶頭造型與分類日趨複雜，非戲曲腳色體系所能對應指稱、表徵人物個性。

又呂聰文《布袋戲偶花園頭之研究》指出：

> 早期布袋戲演出戲齣時所用的戲偶數量並不多，少的20多個戲偶就可以組成小戲班，一般戲班約40多個戲偶，而在沈平山的書中則指出是64個戲偶，到了民國以後，小說戲的古書（冊）戲、劍俠戲流行，這種連本戲的演出可能連續數天，而戲服、帽盔可以替換使用，

〔註94〕羅貫中：《說唐演義》（臺北：小知堂文化事業有限公司，2002年9月），頁130。

〔註95〕同前註，頁113。

〔註96〕薛湧：《布袋戲研究中的藝術學觀察——以「布袋戲筆記」、「臺灣布袋戲的表演藝術研究」為觀察中心》，註82，頁54。

　　　　所以不用添購太多，但是偶頭不能一直重複使用，因此偶頭的數量
　　　　必須增加、造型必須多樣才可以應付劇中人物的裝扮。〔註97〕

可見古冊戲的影響至深，偶頭數量與類型因應劇作篇幅、演出天數增長而增
加。

　　是故，布袋戲有自身藝術發展的可塑性，在偶頭造型、故事內容上可以
跳脫人戲戲曲束縛；可以脫離腳色的臉譜影響，分出立體化的人像偶頭特質
加以運用。如此一來，規模與資本雄厚的戲班可以在偶頭設計與運用上，大
量參考小說或別出心裁，將人物給予定型化，貼合常人面貌或賦予想像創意。
不過因為還受戲曲影響，人物儘管可以給予豐富的面貌造型，但在表演程式
上還是有些許的遵循戲曲搬演法則，偶頭造型仍是有善惡忠奸之分，口白操
偶尚有戲曲規範之身影。

　　2、第二階段的轉念：金光戲的助瀾

　　當布袋戲演出古冊戲時，藝師還有粗略的「生旦淨末丑」腳色概念，而
當流行起金光戲後，藝師雖可能還有淡薄的腳色概念，但是更擺脫腳色束縛。
林鋒雄說道：

　　　　布袋戲到了戲園中作商業性演出時，許多藝人已經忘掉了傳統戲劇
　　　　要透過腳色來分類的概念，亦即從前很多戲，善惡正邪是很清楚的，
　　　　如：「生」，除了風花雪月，大概不會去作什麼陰謀壞事；然而，到
　　　　了戲園中的演出，就被顛覆掉了，沒有傳統腳色的分類概念了，只
　　　　要戲劇中需要何種人物，就可以去創造出此一人物出來，人物的善
　　　　惡忠奸已非傳統分類法所能局限，是複雜而人性化的人物；不是傳
　　　　統戲劇的分類法，而是一種全新的創造人物的觀念，所以此時就出
　　　　現了許多很複雜的人物。〔註98〕

在戰後商業劇場中金光戲後來居上，長篇劇作發展出複雜人性、非常人行為
的人物性格，甚至顛覆善惡是非的倫理道德。比如，筆者曾撰寫〈秀水鄉「五
洲金華龍」金光戲的演出藝術〉，探討主演楊灯財的《南北歸一統・誰是天下
王》金光戲齣，其中一段《三教頂》的人物依照腳色分類，生類共使用六個，
其中武林暴君是英俊武生的扮相，卻是一個不折不扣的大反派，又如維持郎

〔註97〕呂聰文：《布袋戲偶花園頭之研究》，頁99。
〔註98〕林鋒雄：〈臺灣布袋戲的發展及其特色——以西螺新興閣為例〉，《布袋戲「新
　　　　興閣——鍾任壁」技藝保存計畫報告書》（臺北：國立傳統藝術中心籌備處，
　　　　1999年），頁14。

君和平俠是小生，卻是反派人物，而劇中並無先行犯下大惡行，下場卻無辜慘死於正派人物一方的情報員、月宮聖女之手。

眾家擅長的金光戲齣，漸漸建立招牌劇目，以劇情、戲偶吸引觀眾，戲偶上雖延續舊有用偶傳統，把應用於古冊戲、劍俠戲的戲偶繼續用以搬演金光戲，如《小顏回》主角、《為何命如此》主角曾有的造型即是白髮散鬃小生，「大俠一江山」（圖 2-14）也是紅髮頭陀有髮鬃的武生，其偶頭創作思維是和古冊戲興起時一樣，延續傳統又不斷創發。故不應以偶頭大小尺寸去區分何者是傳統偶演古冊戲，或金光偶演金光戲。

圖 2-14　大俠一江山

（林文昭提供／陳正雄拍攝）

在劇情上發揮天馬行空、曲折離奇、神秘詭異的特點，於是招牌主角戲偶的造型日趨華麗精美，為的是給觀眾一個獨家戲齣、招牌主角戲偶的印象，甚至因應長篇劇作中有眾多人物需要大量戲偶，所以戲班漸漸將一些人物以專屬的戲偶扮演，形成固定戲偶扮演固定戲齣中人物，這也顯示戲班的資本雄厚。比如，隆興閣的《五爪金鷹一生傳》以脫胎換骨自百草翁的恨我吃不死・老祖公，以雙髮辮的三花戲偶扮演，與軍師劉伯溫、紅臉白首的戽斗水雞，形成三人搭檔組合，為小神洲的主力、五爪金鷹的後盾。故擇定戲偶造型為正派一方，推出一系列單元劇，給予觀眾深刻印象是主演的基本功夫。

此外，偶頭名稱也會因藝師演紅了劇中人物，致使有了別稱。比如，觀眾可能只知蒼髮白鬚，又綁個辮子的偶頭叫「怪老子」，殊不知這個偶頭在藝師與刻偶師口中稱「開嘴公末」；或許又見到俊俏的小生臉龐，直呼此偶為「史豔文」或是只知道是小生偶頭，卻不知這種束髮髮型稱「散鬃」在人戲戲曲中是失意落魄或生病的象徵。

綜上所述，若說布袋戲藝師具有戲曲涵養而擅演人戲戲齣，則能保有正確的腳色觀念，並遵循表演程式。當長篇敘事風格的古冊戲興起、戲偶體系的擴增以致龐大時，以戲劇敘事見長的藝師只存淡薄的腳色概念。到金光戲興起後，越演越烈，在此環境中學習技藝的藝師已難有戲曲學養，轉向戲劇觀念的製作趨勢。

（二）重新理解故事，轉向情節編排的自由

戲曲風格的布袋戲學習人戲劇目，凡唱曲、說白、人物扮相、劇情場景鋪排，無一不受其影響。而對於故事的理解與認知當與古冊戲不同，形成搬演故事的兩個脈絡。在藝師取材小說編演時，所著重的是賦予新意，和因應演出長度、隨機應變的自由剪裁，這也是一齣戲可以讓觀眾百看不厭的因素之一。因此，每位藝師對於同一小說題材內容的編排取捨就會不同，一齣戲的精彩與否？能否讓觀眾接受？考驗的正是藝師的戲劇才華。比如，潮州「明興閣」演出《長坂坡》，開場搬演曹操升堂點將，即命曹仁、曹洪爲第一隊領兵攻打新野、許褚領三千兵接應，省去斬殺孔融的橋段，接著是安排劉備與孔明商議對策，省去之前的荊州劉琮投降曹操一節，後劇中更省略劉備進荊州城、魏延出場及曹操接管荊州城的橋段。又如「蕭添鎮民俗布袋戲團」的《子龍救主》，開場即是：許褚眾將行軍前往新野、新野探子回報軍情的過場。接著劉備上場自報家門後，孔明升堂點將以抵擋曹軍攻勢，不從殺孔融、劉琮降曹、劉備至襄陽、魏延出場等等情節依序搬演。

另外，若說藝師直接閱讀與理解小說，或受其他說唱文學敘事體、電子媒介、其他藝師影響而知此故事，再多方參考他人演法，並經由自己別具匠心的裁戲與詮釋，自然能養成藝師技藝的特質。如前文所舉的潮州「明興閣」，開場曹操升堂，直接披露他的野心，說道：

> 曹操：（詩）大漢江山運既終，逼帝遷都立許昌；
>
> 　　　　　掃平狼煙扶漢室，方顯男兒大英雄。
>
> 老夫！曹操，字孟德。在漢獻帝駕前官拜武平侯兼爲丞相之職。觀看朝中並無賢能之輩！只有老夫赤膽忠心，只不過後來就要霸佔大漢江山而已！嘻嘻哈哈！當今漢獻帝軟弱無能，天下群雄四起，老夫今日親領六十萬大軍下江南欲掃平天下，大軍初到新野縣，大將夏侯惇請令，帶兵三萬進攻新野，哪知來中著諸葛村夫孔明火攻計，我軍損兵折將，今日若不活捉劉備以及諸葛村夫孔明，我誓不罷休啊！吩咐眾將官！人馬可有齊備嗎？人馬既然齊備，來來！大將曹仁、曹洪聽令！（兩人上臺）〔註99〕

〔註99〕2001 年文建會「掌中風雷動・十指逞眞章」外臺布袋戲匯演，潮州「明興閣」
　　　　11 月 10 日在彰化縣南北管音樂戲曲館演出《三國演義：長板坡救主》，約 120

從潮州「明興閣」例中曹操自說自己忠心耿耿，又說想要謀取漢室江山，取而代之，與羅貫中《三國演義》的曹操人格特質形塑不同。小說中曹操雖具有奸詐之相，滿腹智謀、靈巧機變，但就未曾直接表露欲奪取漢室江山的心意，雖官至魏公、魏王之位，眾人批判他，論定他必篡位，未見結果前，也很難據此認定他必有篡漢之意圖。再如「蕭添鎮民俗布袋戲團」的《子龍救主》，劉備上場說道：

> 劉備：（詩）腰間寶劍未分明，未知何時可安定。劉備！字玄德。
> 　　　我劉備霸守在新野縣，論我劉備結拜三兄弟，我二弟乃是關
> 　　　羽字雲長，三弟張飛字翼德。三兄弟在桃園結義，當天立
> 　　　誓，共扶漢室江山。哎呀！曹操啊！曹賊！想不到曹操你官
> 　　　居當今丞相，欺天子、霸諸侯！欺負天子年紀幼小，你掌握
> 　　　大權欺負天下諸侯啦！使整個大漢天下民不聊生！所以阮
> 　　　（我們）三兄弟在新野縣招集民兵，仰望擒捉曹賊治罪！會
> 　　　當（可以）天下太平啦！在營房稍坐一時。〔註100〕

主演蕭添鎮不是在劉備棄新野（新野城火燒、白河水攻曹軍）的故事前提下，搬演從樊城攜民逃難，而是尚在新野的場景。他或許對於羅貫中《三國演義》具有一定程度的理解，但對於龐雜史事、橫生枝節又人物繁多的故事，處理的方式是聚焦，只突顯和主題有關的人事物，達到他想要表達的故事意旨而已。

是故，布袋戲藝師演出古冊戲，不需依據戲曲人戲戲齣的故事傳統，也可依照自我理解將故事編排，不受小說敘事、人物形象拘束。故事的理解、人物的塑造或許不變，但情節編排、人物增刪、戲偶裝扮等或許會因演出場合、時間長度、觀眾對象不同而有變化。也就是說，一個故事主題，布袋戲主演可以參酌戲曲人戲和相關資料，如小說、史書，進行編演；也可不必顧及戲曲人戲如何搬演，全依照主演定見，搬演原味十足的古冊戲。

分鐘。演出人員：主演蘇峻榮、助演蘇峻毅、黃憲正、蘇佳宏、潘景昱、燈光洪明吉、音效邱玉麟；樂師：蘇明順（鑼）、蘇明雄（鼓）、蘇明元（二胡）、謝操（嗩吶）。

〔註100〕「蕭添鎮民俗布袋戲團」於 2011 年 10 月 18 日下午 1 點 20 分，在臺北市立教育大學藝術館演奏廳演出《子龍救主》，共分三階段節目表演，全部約 84 分鐘，其中真正演出「子龍救主」的部分約 63 分鐘。演出人員：主演蕭添鎮、助演曾清河、蕭永勝、何滄淇、配樂鄭春玉。

第三節　臺灣布袋戲的戲齣變異——傳承與改編的創作思考

　　布袋戲從戲曲轉向戲劇風格的表演樣貌，過程中籠底戲、北管正本戲的界定與流行到改編小說的古冊戲，進而創編豐富的劍俠戲、金光戲，即是從「束縛」走向「自由」的創作路程，其戲齣內容的搬演背後卻是涉及「劇本」的界定與創作問題。戲曲風格濃厚的布袋戲沿用人戲劇目，學習人戲戲曲表演程式，無法發展出自身的「劇本」系統；而脫離人戲束縛的古冊戲與創編之劍俠、金光戲卻常藉由口耳相傳方式、場上的表演傳承戲齣，又布袋戲演出時，全由主演（頭手）一人擔綱整齣戲的口白，只需要故事情節綱要即可。若編寫詳細內容而完整格式的劇本是費時，且實際上要照本宣科唸白，依照劇本上既定情節絲毫不改地搬演，也是困難的。因為考慮演出的靈活度、「變異性」，故布袋戲表演偏向不預先編寫「劇本」，常見的是書寫綱要，輔助主演搬演故事。

　　在陳龍廷〈布袋戲的即興創作〉中提到：

> 臺灣傳統布袋戲表演並沒有固定的文字劇本，一般常見的大都是簡略的綱要抄本，不然就是老藝人口述的表演內容整理，雖然號稱「口述劇本」，嚴謹地說，並不等於西洋戲劇概念底下的劇本。〔註101〕

　　一般而言，藝師所寫的演出本，裡頭最多只有情節綱要以及部分重要口白而已，又字跡潦草、寫錯字的情形時常有之。由是，布袋戲藝師於演出時，依循著簡易的情節綱要臨場說白，已是成為主演藝師基本的能力。〔註102〕

　　因此，若說布袋戲有所謂「劇本」，就應當採寬鬆態度視之，有三項說明：一、布袋戲原有沿用人戲戲曲劇本的情形，依照劇本演出，如北管「正本戲」。二、藝師不以完整、固定且絕對的規格書寫，其內容記載的簡繁程度，因人而異，也稱作劇本。三、有些藝師可能也把書寫內容重點的綱要、提綱，視為「劇本」。

　　筆者以為：布袋戲藝師學習戲齣時，通常有三種方式：一、老師取材自其他劇種劇目，改編適合於布袋戲的演出，再傳授給學生，如南管、北管布袋戲是也。這類故事題材被編寫為戲曲，其源頭可能是來自於小說，但是小

〔註101〕陳龍廷：〈布袋戲的即興創作〉，《臺灣布袋戲創作論：敘事‧即興‧角色》（高雄：春暉出版社，2013 年 11 月），頁 88。

〔註102〕拙作：《李天祿布袋戲舞臺演出本研究》，頁 87。

說也可能是吸收地方曲藝、說唱文學……等不同的俗文學類型著作而成。即使這些題材的傳播是經由人戲搬演再被偶戲學習、模擬而傳承下來，縱使差異不大，也必定與原始創作有些許差別。二、老師直接閱讀小說而編演，或經由他人講述故事大要，加以編排，無需直接閱讀小說，或無暇閱讀，進而用口頭方式傳授給學生。學生也通常參與過演出，經學生學習後，可以不用直接參考小說，再依個人表演功力與特質，發揮所長之處。假如小說文本取得不易，或者非古冊戲，則學生學戲都得再經過「口頭」傳授方式，才能習得。三、學生直接改編自小說，未曾看過老師演出過，全由個人的表演功力詮釋該劇。〔註103〕

然而拜科技之賜，布袋戲藝師可以透過電子文化產物學戲，如唱片、錄音帶、CD、DVD影片……等等媒介素材的幫助。讓後人便於劇目內容的完整保存與流傳，甚至使不同師承系統之藝師更容易學習到戲齣。所以，表演者的劇目傳承就更加便捷，內容更加完整、準確，而這是否就使戲齣無變異性特徵存在呢？容後再述。

布袋戲文學能是口頭文學，主要具有口頭性、變異性、集體性特徵，在廣大群眾社會底層中搬演戲劇、傳播故事，其戲劇文學何嘗不也是「民間文學」、「俗文學」？胡萬川的〈變與不變──民間文學本質的一個探索〉提到：

> 民間文學由於是口語相傳，在流傳過程中，不能像作家文學由文字寫定，而是隨著時空流轉，情境改換而時時會有變異。「變異性」因此是民間文學的一個重要特質。〔註104〕

又說：

> 作家文學的作品是以文字傳達，以文字定位。作品一經寫定發表就有一個定本流傳，即使作者本人有所改作，也是據一個文本再作另一個文本。因為文字是書寫在固定材質的符號，基本上是穩定而不流動的。民間文學則是口語相傳，相對於文字來說，語言是流動而非固定的。因此流傳過程當中，難免會因各種因素的影響，而多有變異。就像河水的流動，會隨地形而變異形貌。可以說民間文學變異的根源就在於「口傳」。〔註105〕

〔註103〕拙作：《李天祿布袋戲舞臺演出本研究》，頁110。
〔註104〕胡萬川：〈變與不變──民間文學本質的一個探索〉，頁2。
〔註105〕同前註，頁3～4。

布袋戲從古冊戲開始擺脫人戲戲曲寫定完善、句詞固定的「劇本」束縛，雖可能有文字提綱的輔助，但主要依賴口傳方式傳承戲齣故事，任由藝師運用其純熟的套語組構情節，加油添醋，靈活演出。到劍俠戲與金光戲的流行，其生發過程中依然是如此的模式運行著。

當然少數情況的布袋戲文學就缺乏靈活的「變異性」，趨向「作家文學」作品的風格，如同薛湧所說：

> 如果布袋戲演師都是使用「劇本」概念來演戲的話，口頭文學的活潑特色將無法彰顯。而布袋戲主演的表演風格也會因為劇本限制而趨同，扮仙戲正是最好的說明。另外則是公辦的布袋戲比賽上，也常常見到主演熟背劇本或拿著劇本甚至筆記型電腦，照著唸白的僵硬演出，只求「比賽內容正確」致使表演風格趨同。〔註106〕

我認為：藝師縱使編寫形式內容完善的「劇本」進行演出，也是一種預先將他的心思、套式套語呈現於紙本上，和只撰寫簡單的綱要，或不需任何紙本，只憑記憶所演的方式，並無太大差異，三者都是藝師運用自己的套式套語進行演出，也不見得就失去靈活度、「變異性」。因為演出當中充滿變數，隨時都有可能改變，主演可能隨機更動既定的情節安排、口白臺詞，除非是公辦戲劇比賽要求以送審參賽的「劇本」為標準，才必須遵循、照本宣科以致準確無誤。

故布袋戲藝師無論編寫完善劇本，或只是寫明綱要，為提綱挈領之用，或不需任何紙本參考憑藉，都必須運用自身純熟的套式套語進行演出，其中又可能時有變化，因人因時因地，變異程度不一。

上述說明布袋戲劇本問題、布袋戲主演學戲能力後，底下將從古冊戲、劍俠戲及金光戲三類談傳承與改編的問題：

一、以戲曲立基，到古冊戲的編演

當布袋戲學習人戲戲曲戲齣時，已樹立一標準供布袋戲藝師學習，在劇情安排、唸白唱曲上都有一「傳統」遵循，是標準也是「束縛」；而當布袋戲藝師改編小說時，相較於人戲的程式規範已是相對自由，藝師可以參照小說，甚至是出自於個人意識或經由不斷搬演，參考多人意見而修改的「集體

〔註106〕薛湧：《布袋戲研究中的藝術學觀察──以「布袋戲筆記」、「臺灣布袋戲的表演藝術研究」為觀察中心》，頁39。

意識」去鋪排戲齣「臺數」（分場分幕的次數之意）。所以古冊戲也是有個來自於小說的「傳統」、「標準」樹立著，藝師不能與原著故事內容、主題思想、人物形象相差太遠，否則可能招致同行批評亂演、挑剔毛病，或遭觀眾排斥。

不過古冊戲的搬演也非毫無藝師的創意在裡頭，或者說也非無另一個「傳統」可依循，只要這個創見、「傳統」是合理或說的通，能為觀眾所接受，那麼這齣古冊戲還是別出心裁，有觀眾捧場。舉哪吒故事戲齣為例，石光生指出：

> 至於臺灣戲曲，封神故事仍是歌仔戲、布袋戲與皮影戲的傳統劇目來源之一。臺灣戲曲劇本中關於哪吒的書寫，一如皮影戲劇本《昭君和番》一樣，大部分是來自流通廣遠的通俗小說《封神演義》，而非較為遙遠的元雜劇版本《二郎神醉射鎖魔鏡》，畢竟此劇說的是成年哪吒的神勇。通常臺灣戲曲的演師或編劇者，會從通俗小說截取片段情節，進行書寫，長者可連演數周，短者一夜兩小時即可演完。〔註107〕

比如，「新樂園第三團」吳清秀曾錄製《李哪吒》的戲齣，開頭搬演李哪吒從師父太乙真人處攜帶法寶下山，回陳塘關見父親李靖，一家團聚，和小說《封神演義》的敘事不同。其首場搬演太乙真人派徒下山：

> 太乙真人：（詩）身為天下山河子，憂國憂民思轉圜，百年三萬六千日，不如道家半日閒。貧道！太乙真人。在乾元山金光洞修練，為先前玉皇上帝連珠兒，犯了劫數，下凡投胎出世在陳塘關，號名李哪吒。論到連珠兒與我太乙真人師徒有緣，將他渡回乾元山，訓練全身的武藝。雖然是七歲孩童，但是技高一籌，功夫非常厲害，腳踏風火輪、手執火尖槍，隨身的法寶混天綾、乾坤圈。希望放徒下山，陳塘關父子相會，內中愛徒李哪吒快來！〔註108〕

是演李哪吒學得一身好武功，就具備諸多厲害法寶，後來犯下殺龍子，簡直不需費力即可辦到。哪吒血氣方剛又具有許多法寶，所犯行兇傷人之罪，

〔註107〕石光生：〈臺灣戲曲中哪吒的形象刻畫〉，《臺灣傳統戲曲劇場文化——儀式・演變・創新》，頁268。

〔註108〕「新樂園」第三團吳清秀約於2000年代初錄製《李哪吒》布袋戲節目錄音帶，販售給戲班使用。

恐怕太乙眞人難脫干係。其次，當哪吒犯案後，龍王至李家問罪，李靖卻是一臉狐疑，爲子辯駁，直呼七歲孩童不可能殺得了龍子（事實上他很清楚哪吒武藝了得），至此顯見李靖的扯謊行徑或愚鈍形象。而小說第十二回「陳塘關哪吒出世」所載李靖夫人殷氏懷胎三年六個月後生下第三子，其形象乃爲：

> 跳出一個小孩兒來，滿地紅光，面如傅粉，右手套一金鐲，肚腹上圍著一塊紅綾，金光射目。──這位神聖下世，出在陳塘關，乃姜子牙先行官是也；靈珠子化身。金鐲是「乾坤圈」，紅綾名曰「混天綾」。此物乃是乾元山鎮金光洞之寶。〔註109〕

後太乙眞人隨至李家收他爲徒，命名哪吒，並未攜徒回山。以小說行文敘述判斷哪吒始終在家，長至七歲便惹下殺龍子、射死石磯娘娘之徒碧雲童的大禍。

同一個故事題材在北管戲劇本《黃金塔》裡頭，開頭劇情則爲：

> 商紂無道，周朝應當興起。因此天上的玉皇大帝便命太白金星送龍珠子下凡投胎。龍珠子誕生在李靖家中。他的母親懷他懷了三年才生下來，而且一生下來就能開口說話。李靖認爲他很不祥，打算把他殺死。正在這時來了太乙眞人，太乙眞人替新生的嬰兒取名爲哪吒，並帶回山上修練。幾年後，哪吒已長大成人，太乙眞人便命他下山與父母親相會。〔註110〕

又《哪吒下山》是《黃金塔》裡一小段：

> 太乙眞人打發哪吒下山與父母相會，臨別前送給哪吒三件寶物。哪吒告別師父之後，直往陳潼關而去，在雲端上看到了不少仙界人物。不久又看到他父親李靖在將臺上練兵，就下了雲頭進入陳潼關。〔註111〕

北管戲中李哪吒出生時即能開口說話，又在仙山學藝七年後，攜寶返家，惹下傷生害命的過錯，也不令人感到意外。若布袋戲藝師具有北管戲曲學養，或出身北管子弟，或亦通北管後場樂器，擅長前後場表演者，即有可能受到北管戲劇本影響，將之融入古冊戲中。

〔註109〕陸西星：《封神演義》（臺北：文化圖書公司，1990年5月），頁82。
〔註110〕陳秀芳：《臺灣所見的北管手抄本（一）》（南投：臺灣省文獻委員會，1981年），頁1。
〔註111〕同前註，頁68。

　　筆者所舉吳清秀即是一例，將北管戲這個「傳統」——哪吒下山植入他的戲劇裡。布袋戲藝師可以將自身習得的北管曲藝與小說雜揉，以小說為主軸，居多成分，或以北管戲劇本奉為圭臬，加入些許小說情節養分，其程度不一。若要分析布袋戲戲齣，並歸屬類別，還是得從獲得的文本進行細膩的比較，甚至是訪談編演者的創作想法。

　　其次，古冊戲因來自小說的改編，藝師所編排的情節「臺數」具有靈活度，因應每次演出時間長度的不同而重排「臺數」，對於故事的理解、詮釋與表達，能有創見在裡頭。而經過師徒戲齣相傳，多人傳承的情況下，戲齣不斷地被搬演並修整，讓觀眾百看不厭，同派藝師們共同發揚劇作，建立戲齣內容的「集體性」特點，並漸漸形成該系統的「傳統」。

　　是故，古冊戲的編演有來自「小說正確」的準則；其次，有來自派別系統共同構築的「傳統」可依循，和來自於老師的劇作典範之壓力，對於後進藝師而言，是一套門派傳統，也是一項規範，相對地也是一個「局限」。然而建立門派系統的傳統，維繫與繼承下去，乃有助於系統藝術的全面建立，至少可呈現門派布袋戲藝術輪廓。

二、汲取小說養料，到劍俠戲的創編

　　布袋戲汲取小說而成古冊戲，廣義而言，包含劍俠戲一類，這一類當中的俠士，可分以武藝技擊見長的劍俠，和再具有吐劍（口中吐飛劍）、放劍（寶劍具靈性出鞘取人首級）、祭劍（念咒使飛劍）的劍俠故事。江武昌〈臺灣布袋戲簡史〉提及劍俠戲取材的轉向特色，說道：

> 所謂劍俠戲是演出江湖奇俠、或者身懷絕藝的能人幫忙正義，打擊邪惡劇情的布袋戲，因這些江湖奇俠、能人（正反兩方都有）都具有練劍成丸、吐劍光、飛劍殺人及邪幻奇術的超凡武功……從早期的武俠：七俠五義、小五義、施公案、彭公案……等具有尋常武功的俠客、義士與奸佞鬥爭的情節至會吐劍光、千里外取人首級、使幻術的七子十三生、武童劍俠……等。小說戲從清末民初的古書戲演到劍俠戲時代，大約是在 1920 年代，此後武俠戲成為布袋戲的一大特色……。〔註112〕

劍俠戲從一般俠士具有寶劍利刃在手，行俠仗義以至於協助清官辦案、掃除

〔註112〕江武昌：〈臺灣布袋戲簡史〉，頁 101。

動亂，到俠士具有施展法寶、正邪兩派鬥法的恩怨糾葛，讓原有的古冊戲中劍俠戲不敷搬演，進而朝向創編的路途前進，如《蕭保童白蓮劍》、《怪俠紅黑巾》、《江湖八大俠》。長篇劇作中可能不再以「清官」爲主角，主演其戲份，而當改編或創編的劍俠戲逐漸加入「金鐘罩、鐵布衫」刀槍不入的深厚內功之特點後，其劇情衍生更複雜的兒女私情、俠客恩怨橋段，更拋離以「清官」爲主角辦案的主軸，漸漸形塑出「金光戲」的編排手法與內容。這個過渡時期所演出的情形如何？我們無法確切掌握，而且這個過渡時期中的布袋戲演出情形，我們也不是很清楚。

　　楊雅琪《玉泉閣布袋戲團研究》中以《大破迎風山》、《四蝴蝶大破八卦乾坤樓》、《華山女俠大破日月陰陽樓》、《三雄二俠女》及《怪俠紅黑巾》等戲爲材料分析並有所推論其來源，都是創編劍俠戲齣的例子，其中編成《怪俠紅黑巾》重要的推手應該是黃秋藤（1924～1987），曾在他戲班待過的藝師自然而然也將此戲內容傳承開來，「新世界」陳俊然即是由嘉義朴子「瑞興閣」陳深池之女陳淑美告知此戲內容，依此本爲基礎，重新編排演出，在中臺灣掀起另一波風潮，而塑造他的《紅黑巾》劇作典範。〔註113〕2006年11月25日「廖文和布袋戲團」在客家電視臺首播《金黑巾英雄傳》，據巫裕雄研究指出該齣即是依據陳俊然灌錄出版的《紅黑巾》唱片內容演出。〔註114〕從劍俠戲的創編與傳播來看，縱使有電子媒介產物：唱片、錄音帶、CD、DVD 影片……等等的助益，其內容傳承過程中仍充滿變異，其包容力容許他者的重新編演，證明布袋戲文學的口頭性、變異性特徵的顯著。在茫茫的田野調查之中，依受訪者的口述資料，也尚有迷霧般謎團難以解答，因此一些創編的劍俠戲齣之原創者何人？能否說明有「作者」存在？實是難以斷定。

　　當前熟稔劍俠戲、金光戲戲齣的藝師也更可能製演藉由「清官」人物而進行似金光戲的劇情表演，如蕭添鎮的《俠義英雄傳》，以宋代徽宗爲歷史背景，欽差李白奉旨出巡掃蕩蒙面黨，其亂黨背後主某者即是奸臣蔡京，應是劍俠戲，而其中卻加入他金光戲《南俠》的情節，且越演越烈。又如「黑鷹」

〔註113〕巫裕雄：《南投新世界陳俊然布袋戲「南俠」之研究──以「南俠（沒價值的老人）」爲研究對象》，頁118。另可參見楊雅琪：《玉泉閣布袋戲團研究》（臺南：成功大學中國文學研究所碩士論文，2004年4月），頁99～100。

〔註114〕巫裕雄：《南投新世界陳俊然布袋戲「南俠」之研究──以「南俠（沒價值的老人）」爲研究對象》，頁101。

柳國明錄製的《嘉慶君遊臺灣》更是借嘉慶君遊歷臺灣的傳說，往後搬演金光戲之劇情。該劇海沙幫幫主海霸天協助準女婿鄭復明欲害嘉慶君、李勇及王發一行人，早已派出女兒海棠紅（其父未知她化裝成男子海中生）刺殺嘉慶君。海中生意外解救嘉慶君，取得信任，而鄭復明不知海中生即是未婚妻海棠紅，與岳父設計加害海中生。海霸天用動春丹傷害海中生，使海中生現回女兒身意外與李勇結合成為夫婦。這一段戲劇內容，和筆者於 2003 年 5 月 28 日在臺北紅樓劇場二樓，觀賞「諸羅山木偶劇團」吳萬成演出《儒山小顏回恩仇錄》的故事相同，只是人物名稱不同而已。《儒山小顏回恩仇錄》劇情敘述：

> 武林間的善惡豈是區區「賞善罰惡」可以了結的，「正未必正，邪亦非邪」，豈能盡如人意，但求無愧我心而已，一連串曲折、奸謀，適時適地掀開偽君子真面目，有時候覺得真小人還比道貌岸然的偽君子來的可怕。五○年代金光布袋戲挑戰了真實的人性，證明武功與權力不是世上唯一可取之道。主角「儒俠小顏回」以扭勝巧的人生經歷和「為國為民，俠之大者」的儒俠風範，也是劇中最大的要旨，而劇中的愛情看來既純真又可怕，尤其以情花來闡釋愛情一節，真是幕幕看了痛擊心絃，令人低迴不已，因情生恨。小顏回和美人藍中珠這段不食人間煙火，自然而成又彌堅不渝的情愛，是全劇中最扣人心弦的地方，問世間，情為何物，直到生死相許。為了這感情，顏回、藍中珠歷經重重波折，次次磨難，幾回將近喪命，恐怖組織分布天下各角落處處追殺，武林之強敵，社會輿論，甚至時間都不能分隔他們。可是生離死別由不得顏回做主，藍中珠為了保護顏回生命，終於被恐怖殺手殺之生死未卜，本人也被殺得離死神不遠，正在當時出現一位長得與藍中珠一模一樣的書生解救小顏回，劇情發展開始進入高潮。「小顏回」恩仇錄，以一齣金光戲，揭露人性貪婪的一面，演出「壞」、「好」、「善」、「惡」，人物的刻畫扭動活現，劇情曲折離奇，變化多端。另一群人馬自命為英雄的人，為了求大利而忘大義，密謀不軌，所構成的「氣機牽引」及敵我消長，將交鋒的微妙處具現無遺，而交手後更是動魄驚魂。演出當中有詳細又極含蓄悱惻的描述，諸羅山木偶劇團 2003 年的新作「儒山小顏回恩仇錄」，五○年代金光布袋戲的表演，劇情的編排，讓人非

看不可。〔註115〕

比較起來，李勇與海棠紅等於是小顏回與籃中珠，而從上述文宣內容來看，「諸羅山木偶劇團」以 1950 年代金光戲劇作為號召，強調小顏回「為國為民」的精神，和小顏回與籃中珠扣人心弦的愛情故事，企圖深化金光戲的價值。

再舉《嘉慶君遊臺灣》往後又有黃麗玉解救嘉慶君，而義母朱鳳欲害嘉慶君的情節。朱鳳搧動義子白帆殺害嘉慶君，衍生王發與高虎以「急急風」暗號教訓朱鳳。此段故事也在蕭添鎮《南俠》系列之〈急急風〉搬演，劇中萬教魔宮虎姑婆不滿南俠，又搧動兒子大俠武聖王殺害南俠，後江湖人與怪老以「急急風」暗號教訓虎姑婆。蕭、柳二人同為師兄弟皆演《南俠》，所以彼此應當熟知此段故事，可見柳國明將金光戲《南俠》劇情加入《嘉慶君遊臺灣》，串演成長篇劇作。

是故，就演出發展之實際情形而言，劍俠戲與金光戲的劇情互有參雜，兩類的分野只是取其概況而論，當打著名為金光戲名號而編演的戲齣搬演後，金光戲名實相符，儼然成形。

三、武俠世界的極致打造，金光戲的創意與傳統

金光戲是以戲齣內容特點為命名的劇型，要如何表演這類「金光戲」就端看藝師的編演想法與技藝功力了。而不同世代養成技藝的藝師對於演出同劇型的構思與表現也有不同，其中就是存在著「變異性」的特點，甚至也可說同世代的藝師對於相同劇型、戲齣的表現也是不盡相同。

（一）金光戲的創編特點——劇情的可變性與編排的自由度

產生金光戲後，藝師再度將布袋戲推上自由創作的高峰。楊雅琪認為：「劍俠戲編劇在時代壓抑下蘊藏著欲勇敢又怯懦的思想主題，到了金剛戲裡，全數消失殆盡，在最初吳天來為李天祿續戲《清宮三百年》的試探成功下，開啟了布袋戲編劇倍增之自由度，布袋戲編劇再也不需受限於事有所本的框架，漸漸地以個人創意為主。」〔註116〕早期多班產生多齣金光戲劇目，延續至今，民戲與文化場上仍可見此類表演。既然金光戲有著自由發揮的特

〔註115〕引自「諸羅山木偶劇團」於 2003 年 5 月 28 日在臺北市紅樓劇場二樓舉辦「傳統藝術觀眾倍增計畫——扶老攜幼大家來看戲‧傳統藝術之夜」的宣傳單。

〔註116〕楊雅琪：《玉泉閣布袋戲團研究》，頁 148。

點，其中就牽涉有無「作者」的問題，筆者提出兩個論點來說明：一為「發生論」；二為「現象論」。「發生論」是從早期金光戲為主演聘請排戲先生，共同發揮巧思鋪排劇情，並觀察觀眾反應，投其所好，適度修整劇情，為的就是繼續吸引觀眾購票看戲來立論。在商業劇場中長期演出的訓練，累積經驗，讓藝師充分發揮能力創編長篇劇作。邊演邊書寫而成的劇本，更是一項豐富的文化資產。爾後戲班轉至野臺演出，除了憑藉當時參與內臺時期盛況演出的經驗以外，依靠金光戲劇本演出開創戲路（指戲約、演出範圍），是一項利器。

從金光戲產生的過程中，觀察到戲齣情節、人物塑造與安排及說白臺詞並非一成不變，而是主演參酌排戲先生或他人意見、觀眾反應而修整劇情。如此一來，每次的演出就存在著「變異性」、不固定性，其中主演參酌眾人意見的情形，可以說布袋戲有著「集體性」特點，或說主演是集大成者。那麼當後輩主演也搬演起同一齣戲時，甚至拿到戲班最初搬演的原始劇本，能否原貌呈現前輩、老師的劇作樣貌呢？恐怕是無法的。因為，老師的劇作生發是參酌多方意見而成，每次的演出又存在「變異性」，後輩主演要如何掌握前輩、老師多次的演出情形呢？在缺乏影音設備記錄下，又不可能面面俱到、場場記錄。故後輩藝師只能就其某一印象或經驗，掌握其劇作精神，進行再次的理解、詮釋及表達。

就「發生論」而言，金光戲劇本很難界定有「作者」，將之歸為「作家文學」，只能將主演、排戲先生及參與意見的他者視為戲劇故事的共同創造者、傳承者。任何知曉此故事者只要具有書寫能力，都能傳抄甚至改編故事，憑藉演出與書面文本繼往開來，也是產生「異文」的運行法則。

「現象論」則是從另一層次立論，金光戲在當前野臺戲環境中，其實不利長篇劇作特點的發揮，一來是民戲場合鮮少連續多天演戲，要把金光戲曲折、玄疑、神秘的劇情特點在只演一、二天時間內發揮著實不易；二來民戲表演市場的削價競爭、觀眾群流失等因素，讓金光戲製演機會變少，相對也減少精心的製作，對於戲偶裝扮、戲臺裝置、劇情內容……等等都可能降低水準。如此一來，金光戲的搬演更可能只是藉由「知名劇中人物」讓觀眾懷舊回味，其劇情安排不那麼講究神秘、玄疑及曲折的特點，而讓觀眾在短時間內即進入故事情境中，一天或兩天連演的故事要告一段落做結，稱「收束」，可以是埋下伏筆、懸疑，並以人物死傷引起「驚奇」或引起人物衝突、

對戰，達高潮做結。然而以這樣手法做結，和未知何時能繼續在同地上演的觀點來看，金光戲似乎無法充分在野臺戲場合中發揮長篇敘事的特點，以及難以考驗主演有無縝密心思的編演長篇劇作能力。

　　從當前這個現象來看，外在環境條件影響金光戲的發展趨向另一種「自由發揮」的地步，強調戲偶道具的新奇、舞臺布景的亮麗，以及聲光效果等，反而讓金光戲內涵薄弱，只存自由發揮或說因襲的特點，也別說金光戲劇作是有「作者」。其次，從田野調查與少數戲班演出中，可以得知金光戲確實也留下精彩，甚至可說是經典的「劇本」。這類劇本的產生，或許更只是主演一人巧思或出自於一人的編排，但是打著「帶家齣」（傳家招牌戲）、獨一無二的特點宣傳，是否意味著就無「集體性」特點存在？答案是金光戲還是存在著「變異性」、「集體性」特點。比如，「隆興閣」的《五爪金鷹一生傳》由陳明華編排給廖來興（1929～2003）演出，傳給弟廖武雄（1941～）、子廖昭堂以及學生演出。在不同主演共同傳承、發揚此劇的同時，也必然存在相異之處。因為金光戲雖能有劇本依恃，依賴其中所載的故事內容，但主演還是得養成即興說白、隨機編排「臺數」（場幕）的能力，這不是「劇本」所能事先排定的，在表演場上隨時可能有「變數」。

　　是故，從「發生論」與「現象論」來看，金光戲是自由發揮的戲劇製作，其戲齣屬於口頭文學一環，無法論斷就是一人的「作家」傑作。

（二）從創意到樹立傳統

　　在當代金光戲可以依靠電子影音器材設備，去詳實地記錄每一場表演，進而產生演出文本（影音資料），有助於同一齣故事題材的戲劇進行多位藝師作品的比較分析，探討劇作內容、口白藝術、技巧、操偶、音樂及舞臺裝置等等的藝術樣貌與風格。也因此處在當前戲班若用心於戲劇製作，錄製可觀數量的演出影片，則可供一個討論其藝術面貌與風格，進而評價戲班，建立藝師地位的一個具體且重要的依據。

　　筆者曾撰文討論「隆興閣」廖昭堂的表演藝術，將《五爪金鷹一生傳》的風行與影響，稱為「廖來興五爪金鷹效應」，指的是廖來興或所傳弟子影響他派或同派異支的戲班主演，使之也演《五爪金鷹》。〔註117〕儘管有可能只是

〔註117〕例如：「五洲清振閣」團長李振昌（1949年生），師承「寶五洲」何高德，學習《天上三俠》，後又師事「天天興」鄭能波，學習《五爪金鷹》。見陳秀鳳：《掌中乾坤：高雄布袋戲春秋》（高雄：高雄市立歷史博物館，2005年），頁

同一齣劇名，經不同藝師搬演會在劇情敘事、人物塑造、戲偶裝扮上產生差異，但是從他派、他人借其劇名、人物名來搬演之情事上來看，則頗能顯示此劇受到他派、他人藝師和觀眾的接受與喜愛，使借「五爪金鷹」爲名的戲劇故事流播更廣與突顯口頭文學的「變異性」。然而怎樣說《五爪金鷹》故事內容的原貌呢？恐怕是必須比對廖來興、廖武雄、廖昭堂以及其他演「五爪金鷹」故事的藝人故事抄本或演出影片，才能討論其中的差異性與彼此間的影響關聯性以及傳承性。〔註118〕

61～62：又如非「隆興閣」系統的雲林二崙鄉「大中華」、土庫鎮「富五洲」、大埤鄉「喜樂園」等戲班都自述曾演《五爪金鷹》。見謝中憲：《雲林布袋戲誌》，頁74、90、137。而筆者於2013年2月4日查詢臺中「磐宇聲五洲」（今爲「磐宇木偶劇團」）在國立傳統藝術中心網站資料，網址：〔http://www.ncfta.gov.tw/ncfta_ce/main/index.aspx〕，點選步驟：首頁‧傳藝社群‧社群瀏覽‧第6頁‧「磐宇聲五洲掌中劇團」。該團敘明：「團長兼主演王文生，演藝生涯近四十載，臺灣少見的多才布袋戲藝人，能演、能唱、雕刻木偶、後場音樂演奏等多項技巧，爲一全能之布袋戲大師。1978年文生退伍歸來後，擔任「聲五洲第三團」團長。隨著戲路的日益廣大，也堅定了演戲的決心，自編自導諸多戲碼，如南遊記、怪俠紅黑巾、月唐演義、隋唐演義、封神榜、三國演義、西漢演義、七俠五義、五爪金鷹、小顏回、大俠一江山、臥虎藏龍、驚鴻一劍震江湖等等……於臺灣南北四處對臺戲，皆獲勝連連、吸引爆滿之觀眾。」可知雖屬洲派的王文生也演過閣派《大俠一江山》、《五爪金鷹》金光戲齣。無獨有偶，同時間筆者又查詢文化部網站資料，網址：〔http://www.moc.gov.tw/main.do?method=find〕，點選步驟：首頁‧網路劇院‧中文‧團隊大觀園‧傳統戲曲‧「臺中聲五洲掌中劇團」‧王英峻六羽逍遙‧第2頁。自述演藝心路歷程：「一轉眼，自編自導的作品《六羽逍遙傳》已經跨躍第十個年頭。回想十七、八歲狂熱主演之時，曾詢問家父應該演什戲路，毛頭小子的我才容易得到請主的認同，父親當時給我的建議是當地庄頭喜歡看什就演什。所以我開始研究各門各派拿手戲碼後，我演出《六合三俠傳》、《五爪金鷹》、《小顏回》、《命如此》等各名家劇團拿手好戲，在當時一片錄音市場的環境之下，所到之處大受好評廣受邀約，也替劇團增添新的戲路出來。可是我也同時開始思考受歡迎的原因一方面是我們年輕人的作戲認眞，另外戲齣也有很大的關聯，我不能永遠演別人演紅的戲碼，那永遠走不出自己的一片天……自己告訴我自己，三、四十年前的劇團名家可以捧紅自己的主角深植人心，我如果要以布袋戲爲職志，就要走出自己的一條路，於是《六羽逍遙傳》成型（從六羽眞仙到六羽眞仙舞逍遙，定型六羽逍遙）……」。可知同屬一脈的「聲五洲」也曾演與西螺閣派有淵源的「今古奇觀」方清祈《爲何命如此》戲齣、「隆興閣」《五爪金鷹》，都是「方清祈爲何命如此效應」或說「廖英啓大俠一江山效應」、「廖來興五爪金鷹效應」發揮所致。

〔註118〕拙作：〈「隆興閣」廖昭堂金光戲初探——以《五爪金鷹》系列之「雙鷹決戰

無獨有偶，如陳俊然的《南俠》、黃俊雄的《史艷文》、鍾任壁的《大俠百草翁》、方清祈手中取「爲何命如此」爲男主角而爲招牌戲的《爲何命如此一生傳》……等等，都是開創自家戲齣影響後進或深或淺的開拓者。巫裕雄《南投新世界陳俊然布袋戲「南俠」之研究——以「南俠（沒價值的老人）」爲研究對象》論文中，以八十場搬演「南俠」故事的戲齣演出影片資料，推論得知：「《南俠》演出的範圍大概在彰化縣、雲林縣、嘉義縣、臺中縣市、南投縣爲主，大概不脫離陳俊然當年以《南俠》一戲縱橫中部五縣市的區域。」〔註119〕並據此析論目前以現場口白演出《南俠》的情形，說道：

> 我們可以很清楚的發現，目前在民間以現場口白演出《南俠》的演師，以「世界派」的第三代弟子爲主力；其次是「世界派」的第二代，而且都是後期才跟隨陳俊然身邊學藝的弟子；再其次是「非『世界派』系統的外派演師」，其中包括陳俊然拜師白如安門下的師姪——陳宇期，朱志豐與李京曄則是沈明正拍攝布袋戲影片，攝影棚中長期合作的工作人員，尤其朱志豐更是沈明正在外臺演出時重要的操偶師父，甚至有時還擔綱下午場的主演，所以這三人或多或少，還是與「世界派」有所關聯，至於林大豐會演出《武林鐵漢南俠翻山虎》則是因爲廟方的要求，加上其子林坤寶也長期擔任沈明正攝影棚及外臺的演出工作，演出的劇情曾經出版唱片《南俠血戰一代妖后》，所以透過唱片內容熟悉劇情而進行演出的機會頗高；至於洪清裕是相當年輕的主演，而且是第一次以現場口白演出，劇情內容亦是《南俠血戰一代妖后》，因此利用唱片學戲演出的成分居高。〔註120〕

從巫裕雄的研究中，可知當前「南俠」故事被該系統的二代、三代弟子傳承搬演，並舉出與「世界派」關聯或無關的外派藝師同樣傳承《南俠》系列戲齣，姑且不論戲劇故事內容的變異如何，可見陳俊然金光戲《南俠》在臺灣民間延續的生命力，也是「陳俊然南俠效應」的發揮所致。

而方清祈的《爲何命如此一生傳》的由來，或許從《臺灣閣派布袋戲的傳承與發展》一書訪談廖英啓之徒「正黑松」卓圓雄（1941～）的敘述，可

　　亡魂橋」〉、「雙珠情仇記」爲例〉，頁6。

〔註119〕巫裕雄：《南投新世界陳俊然布袋戲「南俠」之研究——以「南俠（沒價值的老人）」爲研究對象》，頁265。

〔註120〕同前註，頁263。

看出端倪：

> 卓圓雄自己經營內臺後，大都在布袋、鹽水、白河三地的戲院做，
> 都擁有不錯的演出成績，尤其他演「大俠一江山」的金光戲，都是
> 自己排戲，他便大量閱讀武俠小說，擷取各家的精華，做為演戲的
> 戲肉，其中臥龍生的小說，他參考最多。此外，他就是觀看電影，
> 從歐美片、日片、臺語片、武俠電影裡，採取需要的養分。他在白
> 河戲院做時，因先前老師廖英啓的「大俠一江山」已做了「九曲花
> 血染美人潭」、「風速四十米」、「荒野大鏢客」，他接檔去做，便由「為
> 何命如此」、「先天三秘」的戲碼開始編，參考許多資料後，編了「江
> 山天下王」，果然更為轟動，一直做到內臺蕭條為止。〔註121〕

卓圓雄師承廖英啓，也是搬演「大俠一江山」系列故事，從這段田野口述資
料中，可知《大俠一江山》的戲齣是長篇劇作，以不斷新出人物接續劇情，
如「風速四十米」到「為何命如此」一系列的人物故事。以卓圓雄的經驗來
說，他吸取武俠小說、電影題材進行他的人物故事改編，也是一種創意的啓
發來源，以致產出不同的《大俠一江山》戲齣故事。又詹惠登《古典布袋
戲演出形式之研究》附錄的名為《武林風波生死一生仇·大俠一江山孤魂奪
魄記》，又名《獨手驚天下》的金光戲劇本，未說明是何人傳抄、擁有的。
〔註122〕劇本中寫明多位人物，如有「三掌定風塵·風速四十米半混沌」、「卒
祖」、「大俠一江山」、「劉伯溫」、「未出茅蘆生死定三分·生死星」、「為何命
如此」等等構成東南派主要人物。以此判斷「為何命如此」人物即是在《大
俠一江山》系列故事中出現，是後來追加的人物，而方清祈以此人名為主角
所搬演的《為何命如此一生傳》究竟與原先《大俠一江山》劇作開頭有何關
聯性？可惜的是缺乏方清祈的金光戲影音資料之記錄保存，這也是那一輩多
數藝師的相同缺憾，吾人無法擁有他們的演出本窺探其藝術表現與釐清相互
傳承、影響的關係。

　　上述所舉例子，可見主演可能借助響亮的人物名稱、知名的戲劇人物，
進行編演，呈現的是他欲推出的戲劇故事，這可能越演越遠離最初以此人物
為核心所搬演發展的故事樣貌，而自成一個戲劇故事體系。

〔註121〕陳金次主持：《臺灣閣派布袋戲的傳承與發展》，頁 104。
〔註122〕詹惠登：《古典布袋戲演出形式之研究》（臺北：中國文化學院藝術研究所碩
　　　　士論文，1979 年 1 月），附錄三：布袋戲金光戲之劇本。

　　不過在筆者撰寫「隆興閣」的文章中，觀察到當戲班依據劇本，加上主演的口白藝術（口技、戲劇套語的呈現），實踐演出，錄製影片時，也逐漸建立一個「傳統」、形成「經典」，樹立一套典範標準，進而達到巔峰之作，讓後進可能無法再超越，至多是達到與最初搬演者相近的地步。然而在學習《五爪金鷹》戲齣的過程中，究竟能學到幾分？或要學到幾分程度才能算是學到《五爪金鷹》呢？恐怕只有《五爪金鷹》的第一順位繼承者、代表人可以審訂，也就說依當前「隆興閣」掌門人廖昭堂將《五爪金鷹》發揮的淋漓盡致，他幾乎可與「五爪金鷹」畫上等號，如同黃俊雄等於「史豔文」，其演技表現具有指標、見解言論即是權威。據筆者所知「隆興閣」廖昭堂在野臺戲中演出的《五爪金鷹》至少已有五十集，也經常隨場錄影留下記錄，達到可觀的數量。若將他的演出影片整理成舞臺演出本，那麼這些留有影音記錄的《五爪金鷹》劇集就是他的心血創作，至少可說是集大成者、一個編者，樹立一個典範戲齣、一個「標準」、一個「五爪金鷹傳統」。

　　如此一來，這種典範樹立的現象容易造成此齣金光戲走向固定不變的「經典」之作，而可能被套上「作家文學」的框架。在此狀況下，再基於演出此劇背後所獲得的名聲與利益，正宗與其他仿擬者之爭，恐怕只有道德上引人非議，即是非「隆興閣」弟子所演「五爪金鷹」故事，都可能被形容為贗品、模擬之流。儘管如此，這些藝師的作品還是值得關注，因為他們都是論述「五爪金鷹」故事傳承與改編，不可或缺的研究材料。惟有放大檢視才能全面觀照「五爪金鷹」故事的影響力，探究各個區域搬演「五爪金鷹」故事的戲班，比較分析以「五爪金鷹」為名的戲齣，品評其藝術層次，也是「五爪金鷹效應」發揮的最好例證，不妨讓「五爪金鷹」有著更豐富的文化變貌，而最大的受益者無非是觀眾。

　　綜上所述，從古冊戲、劍俠戲到金光戲的興起突破與困境，即是從「束縛」走向「自由」，轉而形成「傳統」、「典範」，造成後人無法突破、改革的「局限」，最後陷入「因襲」創作的發展路程。爾後布袋戲要如何開創新路，傳承既有劇型劇目精華，掌握前人演藝創作精神，創編合於當代觀眾口味的新作，吸引觀眾達通俗而不庸俗的境界？有待藝師共同費心努力。其次，如果說布袋戲藝師們的表演方式與內容彼此間有著異同之處，那麼又對於自身的表演是否有著一層不變的窠臼套式呢？除了同輩藝師們彼此間的互相比較以外，師徒藝術的傳承過程中哪些是改易的？哪些是承襲的「傳統」？當面

對不同演出場合、不同時間，藝師們的表演是否有因應之道？其中的變與不變運用法則，是必須多方蒐集藝師的演出文本，加以分析。這樣一來稍可了解藝師劇作的可能詮釋與特點，至少是其戲齣文本所呈現的一個樣貌。

第四節　臺灣布袋戲藝師對口白藝術的掌握與運用及戲齣的傳播力

布袋戲主演得負責全場說白，必須熟練套式套語，和人物分音口技。而優秀的主演以拿手劇目聞名後，其劇目內容如果令他人學習仿效，該齣戲即具有傳播力。另一方面，名戲也一定造就成功的主演，散發個人魅力。以下即分兩點論之：

一、布袋戲藝師對口白藝術的掌握與運用

布袋戲前場藝師分主演、助演之別，若無法開口說白演出，終究是一名助演，而主演必須具備幾分天賦、熟知戲劇故事，運用學來的口白套語串演成戲。以下分別討論布袋戲口白藝術組成的兩部分：一、套式套語；二、說白技能。其次，探討布袋戲齣因傳承過程而產生故事情節變異，可見布袋戲齣延續不絕的生命力。

（一）布袋戲套式套語的熟練與窠臼

布袋戲學習者想要具備說白技能而成為主演，其訓練養成通常來自耳濡目染、多聽多看的薰陶，並得略帶幾分天賦。綜觀布袋戲表演方式，在潮調、北管布袋戲流行時期，主演的確能夠依靠「劇本」演出，如北管「正本戲」。若以書面文字輔助，在不同時地演出，其內容可能變化不大。然而參與實際演出，就能了解熟悉劇情內容、熟練口技套語的重要性，布袋戲主演無法完全依賴書面「劇本」進行表演。同一齣戲在不同時間場合中表演，存在口白語言變異的可能性，這些屬於「變」的部分；相對也可能存在「不變」的部分。因何而變？又為何不變？這可能基於主演的主觀意識使然，也可能因應觀眾反應、旁人建議，又或許是「遺忘」而有變與不變的情形。此理如同胡萬川所說：

> 一個活躍的民間文學的積極傳承者，本身可能就是故事或歌謠的編製者，而不只是一個會傳述別人故事或他處歌謠的人。如果他自己編講的故事能得眾人喜聽樂聞，他可能就會常常講這一故事。然而

即使是講自己編製的故事，因為「口傳」這一特性，故事也會因為前後傳講情境的不同而有所變異。或者更嚴格一點說，在口傳的階段，要求任何二次講述內容完全逐字相同的情形，幾乎是不可能的，即使是講自己所編的故事，情形也一樣。因為口傳不同於文字記錄，沒有一個「定本」可供背誦。而任何一個善於講唱的人，總是臨場有感而應，不會拘執默誦。〔註123〕

又說：

在傳統以口語表達的情境裡，熟練的傳承者之所以能夠在聽眾的呼應下即席編講編唱出作品，是因為他們通常對各種講唱的方式、程式、套語已經非常習熟。經年累月的講講唱唱，講唱幾乎已經成了另一種說話的方式，長久累積沉澱的記憶，隨時可以依不同情境的需要，將那些程式套語重新組裝，加上為呼應不同情境所需要的內容，便成了所謂的「新的作品」。也就因此而這些新的即興之作，通常都還是一樣的，無論在形式或內容上，依然是傳統的框框。前面所說一些傳統的說唱人以為自己是一個「述而不作」的人，其中的意思也就要從這裡看。〔註124〕

布袋戲主演搬演故事，傳統上就是他依照自己所熟悉的套語，在不同情境中重新組裝。布袋戲主演得養成純熟的套語表演程式，增加臨場表演、隨機說白的磨練，適時修整套語模式以應付古冊戲、劍俠戲等劇型的演出。而吾人要如何述說哪位主演受到誰的口白技能影響，縱使有軌跡可循，但仍難說此人就是套語的創作者，只能從兩者同戲齣同內容去分析兩者口白藝術的相似度與關聯性，及有無傳承關係，進而了解藝師劇作表演一個風格樣貌，而非全貌。

其次，布袋戲主演的說白技藝訓練養成隨著時代科技知識水平的提升，造就某些藝師的戲齣口頭表演可能傾向以寫定劇本為尊的創作觀念，例如：過去的戲劇比賽、當前的劇本創作競演之比賽，都是受到官方主導獎勵的影響使然。因此，傳統上主演兼具導戲責任，帶領團員演出，而被稱「領導」，其戲齣大致記於腦中並兼具類似「編劇」的職責，於是被切割出去。雲林縣

〔註123〕胡萬川：〈變與不變——民間文學本質的一個探索〉，《民間文學的理論與實際》，頁22。

〔註124〕胡萬川：〈從集體性到個人風格——民間文學的本質與發展〉，《民間文學的理論與實際》，頁48～49。

政府於 2007 年起舉辦的「金掌獎」，其 2011 年第五屆辦理目標：「爲獎勵從業偶戲傳統技藝優秀人員及對偶戲工作有特殊貢獻與成就之團體、個人，直接或間接地帶動整體偶戲的發展，讓偶戲事業造就成爲最崇高的榮譽指標，進而開發偶戲新市場，豐富我國偶戲劇作的內涵，提升偶戲資產的國際競爭力」而分兩階段評選：第一，「徵選創作劇本，含原創及改編，需未曾在金掌獎演出之劇本，內容以雲林在地或臺灣地方知名傳奇軼事或趣聞爲題材，劇名自訂。」第二，對入選第一階段之戲班進行演出評比。〔註 125〕當時參賽的戲班如：「中國太陽園」的《日月潭演義》、「吳萬響」的《林投姐奇譚》及「眞雲林閣」《嘉南大圳八田與一傳》……等等，都是書面劇本文學的創作。

故不可否認布袋戲某些劇作創作已是「作家（書面）文學」，是先行創作劇本再依據書面進行表演，與傳統方式不同。但相同的是布袋戲主演心中都還是有一套布袋戲套語，只差別先行表露於文字書面上，有的因是參與官方舉辦之競賽而不得不以「劇本正確」爲尊，進行演出（圖 2-15）；除此以外，先行創作於書面上的劇作到了表演場上還是存在變異的因素（圖 2-16），只不過變異的部分可能是些微的。

圖 2-15　「今古奇觀」與「隆興閣二團」參加地方戲劇比賽劇本

圖 2-16　邱錦章《三才女》布袋戲劇本

（陳正雄拍攝）

（邱錦章提供／陳正雄拍攝）

當主演演出現代故事的時裝布袋戲而預先創作書面劇本，此時的布袋戲可能拋棄傳統的布袋戲套語，似乎是可歸爲另一種的「偶戲」戲劇表演，又與前文所述的情形不同，加深距離。這樣劇作的出現表示布袋戲文學中某些

〔註 125〕見 2011 年〈雲林縣政府第五屆「偶戲金掌獎」徵選實施須知〉。

劇作已是具有著作權觀念的產物。

再者，口白套語容易產生老套、窠臼之嫌，導致同一類型的戲劇人物趨於單一套式套語的運用，無法更新語彙，去巧妙詮釋同類型而不同人物的性格。另外，單一套式套語也容易使主演套用在劇名不同、人物有別，卻劇情、人物性格表現相同，著實是「換湯不換藥」，只是更改人物名稱而故事相同的戲劇內容，如劍俠戲、金光戲發展到最後，常有如此現象。

（二）布袋戲腳色說白分音技巧

布袋戲口白藝術依照腳色聲口去詮釋人物，一般而言，有五音區別：小生、小旦、三花、大花及老生，來自於北管戲的腳色發音，是戲曲的表現方式，並非創造一戲劇人物就創造出一個定型音。當主演渾然忘我投入戲劇情境之後，往往也容易忘了或無法控制人物所屬腳色之聲口區別，甚至是五音。

因為布袋戲是由一人說白，不同於北管戲是眾角分別說白，在表演場上要掌握五個腳色聲口已非易事，又每個布袋戲人物有喜怒哀樂之情緒表達。因此，表演場上若有同類型腳色，當主演融入戲劇情境，說白行腔轉韻，充分表達人物喜怒哀樂之時，「五音分明」已不復存在。主演要區分兩人口白之別，只是以聲調的快慢節奏、高亢低沉表現之，如蕭添鎮《劉備娶親》〔註126〕之劉備與孔明同為老生腳色，同場時說白只能以高低音區別兩人物；江欽饒《三國演義》有聲資料之劉備與單福同臺談話，皆為「生」類腳色，只能以高低音、說話急慢促緩區別兩人物；陳山林《葉飛雲十三劍》有聲資料之王坤與酒樓老鴇，皆是丑角，仍以語氣高低區別人物；又如林文昭《為何命如此一生傳之風波小地球》殺人皇帝與鬼智大殘忍同為武生一類，兩人同臺對話時，鬼智大殘忍聲調就突然降調，以區別兩人。

不過，每位主演儘管口白音色有先天條件的差異，以及發音技巧有層次之不同，但是，經由演出經驗的累積營造出個人的口白特質，亦能受到觀眾喜愛。誠如吳明德文中所論許王的口白特質，說道：

> 許王先生的分音技巧方面，有關生、末、淨、丑的角色分音尚稱明

〔註126〕「蕭添鎮民俗布袋戲團」於 2011 年 4 月 21 日晚間 7 點，在臺灣師範大學演出《劉備娶親》，約 106 分鐘。演出人員：主演蕭添鎮、助演施炎郎、蕭永勝、陳宇期、鄭春玉；樂師：朱南星（頭手鼓）、李惠珍（鑼鈔）、張游益（三弦）、張火蒼（弦吹）、劉恩彰（電子琴）。

確，但在旦角、花童等「偏陰偏柔」的角色上，僅能以假嗓、尖嗓作「點到爲止」的表現，因此分音技巧並非許王的口白技藝強項，但許王先生仍能以「音質緊緻」、「節奏分明」與「情感投入」等口白特長，營造個人特殊的「聲緣」，風靡北臺灣。〔註127〕

吳明德指出：主演演戲說白要能「情感投入」，依循自己的節奏，營造「聲緣」。只要口白音質還不差的情況下，當觀眾習慣主演口白語言時，反倒不覺得主演口白就是差，或不在意主演口白藝術好與不好的評價。

故主演除了對「五音技巧」的學習以外，再因個人的「聲緣」，定能吸引觀眾，擁有戲迷而自成一格。也因主演音質特色和發音技巧，選擇適合自己的戲齣類型，如許王擅長演三國戲、黃海岱擅長三小戲（小生、小旦及三花）。

二、布袋戲齣的傳播力

布袋戲主演是戲班中靈魂人物，他往往是拓展戲班知名度的重要團員，團長兼主演的情形常常有之。研究者楊雅琪認爲：

> 吾人須知衡州撞府，若有人搶得先機在某地演出同樣戲碼，後來的戲團即使技藝再精純、演出內容有差異，也難以持同一戲碼進入此地，將使戲團平白喪失許多演出機會。〔註128〕

她的看法中透露出：一、甲戲班在甲地以一齣戲演紅了，乙戲班再來甲地演出同一齣戲時，可能不被當地觀眾接受，代表當地觀眾已先入爲主，接受主演的故事鋪排、詮釋，以至於演出風格。二、儘管一齣戲由不同主演演出而產生內容差異，仍可視爲同一齣戲，至於差異到何種程度還能算是同齣戲？其標準並無進一步探討。

筆者以爲：布袋戲的古冊戲方面，主演儘管可能學自他人現場演出的一個樣貌，或從他人唱片、錄音帶、影片等學習。但因尚有一個小說依據，主演能直接參考，作爲改編輔助，以小說作爲評判是否同齣戲的標準。在創編的劍俠戲方面，則因爲當初可能由一人或多人參與編劇而傳承開來，流傳過程逐漸產生差異。若要從傳承開來的多脈絡裡進行溯源，吾人較難判定究竟要以何人、何系統爲準，甚至只容一個標準存在。在金光戲方面也是如此，不過兩

〔註127〕吳明德：《臺灣布袋戲表演藝術之美》，頁298。
〔註128〕楊雅琪：《玉泉閣布袋戲團研究》，頁85。

者相較起來，金光戲更加容許變異。從當前現象來看，戲班主演往往借一知名主角、配角進行故事鋪排，左右逢源擷取編劇靈感與素材成一齣戲。

　　巫裕雄研究金光戲《南俠》中，觀察到一個現象，他說：

> 不過筆者在田野調查的過程發現一個有趣的現象，臺下的觀眾知道今天演出的戲碼是《南俠》，他並不會太在乎你演出的是南俠的哪一個劇目，重點是你要讓觀眾看到「南俠翻山虎」這個角色登臺，例如：筆者九十七年四月十二日在彰化縣社頭鄉泰安村福天宮，以及九十八年五月廿七日在雲林縣莿桐鄉六合村仁和宮，記錄二水明世界演出《南俠（沒價值的老人）》第一集，當時「南俠翻山虎」並未到出場的時機，因此臺下觀眾都會彼此交換意見談到：「怎麼整晚都沒有看到南俠？」一直到最後化名「無聊的男性」的「南俠翻山虎」在「無聊的男性」這首主題曲的樂聲中，出現在戲臺上，同時主演口白說明這是《南俠》早期的戲碼，「南俠翻山虎」是以「無聊的男性」的名稱行走武林，也同時收幕結束，儘管「南俠翻山虎」只是出場走上一遭，也不見得有口白，但是觀眾就釋懷了，也滿足了。〔註129〕

觀眾不在意演出哪一段南俠故事，只在乎有無出現南俠，這也突顯出觀眾可能不清楚南俠故事系列的發展脈絡，究竟能上演多少集？從此例可見，主演打著招牌金光戲，首要就是讓觀眾知曉主角人物名字、扮相，塑造其鮮明個性，給與觀眾此戲戲名與主角人名、性格的訊息，於是戲班、主演及招牌金光戲聯成一體。

　　當眾多戲班、主演都演同一戲名、相同主角名稱的戲齣時，姑且不論內容有無相關相似、戲偶裝扮有無絕對依據，都是共同打響此劇名、主角人名的因子。如此一來，觀眾只愛主角，成為此戲此主角的擁戴者，不在乎哪個戲班、哪位主演來此地演出都能被接受，是熱愛此「主角」的戲迷，這是第一層次「主角凌駕於戲」（主角戲偶魅力大於劇情編排）。例如：「彰藝園」陳峰煙（1934～）曾經將一齣《江湖八大俠》的劇情編入《南俠》之中，成就他演出該劇獨特的故事樣貌。〔註130〕

〔註129〕巫裕雄：《南投新世界陳俊然布袋戲「南俠」之研究──以「南俠（沒價值的老人）」為研究對象》，頁269。

〔註130〕同前註，頁100。

　　假如甲地只喜歡甲班演出此劇，接受其故事詮釋、口白藝術、演出風格，不喜歡、不習慣他班表演此劇的風格，就不只是接受戲名、主角、主角扮相即可，已經是被主演個人魅力（演出才華、人格特質）所吸引，是此班此人此戲的死忠戲迷，這是第二層次「人、偶、戲三合一」（主演與主角戲偶魅力，加上戲齣編演的連貫性、正統性之三合一要求）。例如：「隆興閣」廖昭堂演出的金光戲《五爪金鷹》在他推廣之下，整編出連續劇集於文化場與民戲演出，強調長篇連續的金光戲特色。因此，楊雅琪所說：「若有人搶得先機在某地演出同樣戲碼，後來的戲團即使技藝再精純、演出內容有差異，也難以持同一戲碼進入此地。」應該專指第二層次。

　　倘若觀眾只接受一團一人單一故事脈絡、唯一主角性格詮釋、扮相，此戲班憑藉此戲能衝州撞府開拓戲路（演出範圍），則具相當實力。再假如觀眾能夠在母體故事架構下，容許、接受多源故事發展脈絡，不在意主角偶的絕對扮相，也就是前文所說的一種主演戲齣之效應，好比陳俊然《南俠》系列，除了該系統以外，他派主演也自由地演出《南俠》戲劇，那麼則可說是第三層次「戲齣效應的發揮」。

　　在劍俠戲、金光戲相繼興起之下，內容與劇情編排漸漸自由，各自突顯劇作特點，靈活安排情節、不斷淬鍊語言，讓觀眾可以百看不厭，這也是這兩類型能夠綿延不斷的因素之一。

　　是故，布袋戲藝師除了知曉戲劇故事內容或大意以外，必須熟練套式套語，並推陳出新，能夠臨場靈活表演，以免落於窠臼。這也是布袋戲口頭表演的精彩所在、源泉活水來源，考驗著主演的腦力是否才思敏捷，以獨特的表演魅力，以至於活躍於常民娛樂文化之中。

　　其次，布袋戲主演唯有現場說白、助演合作，擇用適合的後場音樂形式與內容，去發揮擅長劇目，甚至創編劇作，才能建立戲班名聲。依照現況，布袋戲齣傳播力有三個不同層次去進展：第一層次「主角凌駕於戲」（到達喜愛劇中主角，不追究劇情內容是否正統、道地）；第二層次「人、偶、戲三合一」（著重主演魅力、主角戲偶扮相正確及戲齣內容的正統性）；及第三層次「戲齣效應的發揮」（認可戲齣內容存在變異性，使該戲有不同樣貌出現）。這正是布袋戲「變異性」的發揮，和發展的必然性。

第三章　臺灣布袋戲發展的外在變異性

　　本章接著談論布袋戲的外在變異性，是來自於內、外在因素所促成。前者不免帶有幾分藝師自發性，願意去改變演出形式，如使用彩樓、各式布景舞臺，或加上逼真的視覺效果（如煙霧、火焰等）。後者受到請主（出資聘戲者）要求、顧及觀眾需求，及迎合時代趨勢，故戲班投其所好，改變演出形式，某程度也影響了演出內容。在此，外在因素是「外在變異性」的主要因子。

　　第三章共分為四小節，先說明戰後臺灣布袋戲的發展概況；其次，談論布袋戲班數量增長與發展關係。接著討論外在變異性造成布袋戲表演型態和內容的質變；最後，面對布袋戲經營困境，業者如何應變，也在此討論

第一節　戰後臺灣布袋戲的發展

　　布袋戲傳入臺灣後，歷經不同時空轉換、政權更迭以致受深遠影響，在國民政府來臺所施行的政策無論對何種藝文發展都極具影響。以布袋戲而言，進入商業劇場進行售票演出所引起的風潮仍然影響至今。布袋戲從戰後1945 年開始步入較長遠的發展歷程，超過一甲子的生命軌跡，培育許多優秀藝人與戲班，他們先後崛起發展，具有一番成就與貢獻，創造輝煌的年代，形成臺灣特有的「意象」。

　　從以音樂區分不同系統的布袋戲表演型態與樣貌，如南管、潮調及北管布袋戲，到漸漸用師承系統、以人分派的區別方式構築這項「臺灣意象」——布袋戲後。布袋戲不只在音樂、舞臺形制、戲偶改易甚多，對於演出劇

目內容與類型更是多元化。在多個藝術元素可組合不同演出形態之下，又因時代環境、政府政策，於是戰後漸漸發展出「傳統彩樓」、各式大小「彩繪布景」搭配各種音樂、戲偶，以不同演出人員組織、模式搬演一齣戲，乃至於電臺、電視布袋戲的興起。至此何謂「布袋戲」？已不能用單一樣貌局限並定義之。以下將以官方的主導輔助、民間的支持與戲班自主推展兩個面向討論之：

一、官方的主導輔助

古代家庭戲班謀生方式不外乎是：一、流動演出；二、進入城市勾欄演出；三、廟會與社戲演出。另外尚有「官身」制度，是官府叫藝人隨時到他那演唱服務的制度，為官府強迫、威嚇戲班義務提供表演娛樂的一種掌控手段。〔註1〕和國民政府來臺後所實施的管控政策，頗有異曲同工之妙。王雲玉《箝制與競技：地方戲劇比賽變遷的歷史解讀》論文中提到：

> 民國34年（1945）中日戰爭結束後，戲劇的管理權歸由臺灣省行政長官公署下設立的宣傳委員會掌理，對於日本政府所禁演的中國舊劇（包括地方戲）都開禁准演，於是劇團紛紛重整旗鼓，尤其是歌仔戲劇團，更是如雨後春筍般成立在大小城鎮搬演。臺灣省行政長官公署雖然廢止審查制度，但隨即於民國35年（1946）月又頒布訓令，「對於各地戲劇上演檢查，如有因表演情節，猥褻不堪，或誨淫誨盜，有損社會風化，可由當地方警察機關依據違警罰法取締」。同年8月又訂定「臺灣省劇團管理規則」，規定組織劇團者，需先獲得宣傳委員會核發登記證後，方得於本省境內演出，違反者將禁止演出，並得處主持人拘留或罰金。據此，臺灣民眾在組織劇團及演出前，都必須向行政機關申請。〔註2〕

爾後1949年，臺灣省政府教育廳針對戲班的演出劇本再度實施檢查制度。1950年由國民黨中央黨部、教育部、國防部、國民黨臺灣省黨部、省教育廳、省新聞處、中國廣播公司、中國文藝協會、臺灣省文化協進會、國民黨臺北市黨部等單位，召開會議商討歌仔戲是否該禁止與可否改良的問題。1951年6月，省教育廳籌設臺灣省歌仔戲協進會；1952年1月該會籌備會議

〔註1〕 張發穎：《中國戲班史》（北京：學苑出版社，2003年），頁78～88。
〔註2〕 王雲玉：《箝制與競技：地方戲劇比賽變遷的歷史解讀》（臺北：臺北藝術大學傳統藝術研究所碩士論文，2008年2月），頁10～11。

決議，爲拓展全面地方戲劇，更名爲臺灣省地方戲劇協進會，乃於 3 月 6 日成立。其宗旨爲：「團結全省地方戲劇工作者遵照反共抗俄國策，從事改良地方戲劇、發揚民族意識、促進社會教育」；而以「有關地方戲劇內容及演出技術之改進」、「有關反共抗俄宣傳、適合社會教育目標劇本之編選及演出等」爲任務。〔註3〕

自此協進會於 1952 年開始舉辦戲劇比賽，配合「反共抗俄」國策，「改良戲劇的藝術」，實際上也是實施管制、監督戲班。1955 年起，規定凡經核准立案戲班皆須參加並且戳記，以做爲年度更換演出證的依據，而布袋戲組自 1969 年起，始有獎金制。然而參加地方戲劇比賽，若獲得獎項能夠帶給自身戲班莫大的幫助，誠如王雲玉所說的：「一舉成名天下知」、「演出宣傳的利器」、「轉戰不同舞臺的跳板」及「累積開拓劇團的新戲路」。〔註4〕

1950、60 年代，獲當年度臺灣省地方戲劇比賽總冠軍的戲班，能被安排在頒獎典禮後演出得獎劇目進行觀摩，並會被安排到國慶日或光復節等國家重大慶典活動中演出。1970 年代以後，也開始安排地方戲劇比賽優勝戲班做示範演出。1981 年，成立行政院文化建設委員會，各縣市政府也陸續成立文化中心。〔註5〕1980 年代以後，社會經濟繁榮，藝文活動由中央與地方政府辦理，熱烈展開，如名爲藝術季、文化季、戲劇節、藝術下鄉等等，乃至民間經紀公司或基金會承辦策劃等。〔註6〕獲得戲劇比賽的戲班再經由這些「公演」的演出機會，知名度更加提升，而有意大展鴻圖者採取參加戲劇比賽的方式，也是躍升名班之列的途徑之一。

1999 年因「九二一」地震與行政院精簡省府組織，於是停辦維持四十多年的「臺灣區地方戲劇比賽」，因此布袋戲班這條「功名在掌中」的途徑，至此閉結。爾後轉成戲曲團體主動提出計畫申請補助、政府邀演或企業贊助演出、經紀公司的邀約等方式，增添演出資歷、實績，提升戲班聲名。

從停辦戲劇比賽後，戲班得自我提升文案擬訂、策劃活動的能力，規劃經營方向與演出型態。故筆者以 1999 年爲分水嶺，討論此年前後相繼於文化場中興起的戲班與戲劇作品。

〔註3〕 王雲玉：《箝制與競技：地方戲劇比賽變遷的歷史解讀》，頁 11。
〔註4〕 同前註，頁 24～25、54、139～154。
〔註5〕 如 1982 年 12 月 25 日，南投縣立文化中心成立；1983 年 10 月，成立彰化縣立文化中心、臺南縣立文化中心。
〔註6〕 王雲玉：《箝制與競技：地方戲劇比賽變遷的歷史解讀》，頁 56～57。

（一）戲劇比賽中亮眼的戲班，搭上文化列車

透過戲劇比賽，從歷年得獎名單中可知「亦宛然」〔註7〕、「小西園」〔註8〕、「新興閣」〔註9〕、「新快樂」〔註10〕、「今古奇觀」〔註11〕、「新樂園」〔註12〕及「明世界」〔註13〕……等等戲班都曾獲得佳績。經由戲劇比賽優勝

〔註7〕 「亦宛然」曾獲 1952 年臺灣區總決賽冠軍、1965 年臺灣區總決賽亞軍、最佳演技獎、1970 年臺灣區總決賽亞軍、最佳演技獎、1974 年臺灣區總決賽亞軍、最佳劇本獎、1976 年臺灣區總決賽亞軍、最佳演技獎。王雲玉：《箝制與競技：地方戲劇比賽變遷的歷史解讀》，頁 211～213。

〔註8〕 「小西園」曾獲 1964 年臺灣區總決賽冠軍、最佳演技獎、1978 年臺灣區總決賽冠軍。同前註，頁 211～213。

〔註9〕 「新興閣」曾獲 1952 年臺灣區總決賽亞軍、1965 年臺灣區總決賽冠軍、劇本獎、舞臺技術獎、1968 臺灣區總決賽冠軍、1970 年臺灣區總決賽亞軍。同前註，頁 211～212。

〔註10〕 江賜美（1933 年生）於 1967 年遷居三重，另成立「眞快樂」，1977 年再遷往新莊；1984 年再立「新快樂」，由柯加財（1955 年生）任團長。1985 年柯加財「新快樂」獲戲劇比賽北區決賽優等，之後「眞快樂」於 1991 年獲北區決賽優等、1993 獲北區決賽甲等、最佳舞臺技術獎、1995 年獲北區決賽甲等。「眞快樂」前兩次決賽劇目皆是《王佐斷臂》。見林明德、吳明德：《戲海女神龍──眞快樂・江賜美》，頁 233；王雲玉：《箝制與競技：地方戲劇比賽變遷的歷史解讀》，頁 214～220。

〔註11〕 「今古奇觀」曾獲 1968、1969 年臺灣區總決賽亞軍、1970 年臺灣區總決賽殿軍、創意獎、1976 年臺灣區總決賽季軍、1978 年臺灣區總決賽殿軍、1982 年臺灣區總決賽冠軍、1985 年中區決賽優等、演技獎、舞臺技術獎、1987、1989 年中區決賽甲等、1991 年中區決賽優等。見王雲玉：《箝制與競技：地方戲劇比賽變遷的歷史解讀》，頁 211～218。

〔註12〕 「新樂園」曾獲 1987、1989 年臺灣區中區決賽優等。同前註，頁 216～217。

〔註13〕 「明世界」曾獲 1970 年臺灣區總決賽殿軍、1980、1985、1989 年中區決賽甲等、1993 年中區決賽優等、最佳創作、演技獎。對照王雲玉碩士論文與陳芳〈論「二水明世界掌中劇團」之內在結構〉附錄八，得知該附錄由「明世界」提供的得獎年度有誤，如自 1970 年起，歌仔戲與布袋戲，每年輪流辦理，1971、1973、1975、1977、1979 年並無辦理布袋戲比賽，何來獲獎？1987 年並無獲獎，卻置入中區甲等獎，足見該篇資料有誤與查證不實。自 1993 年起「明世界」先後跟隨「五洲園」、「新興閣」分別至美國、日本擔任後場樂師的工作；1994 年起也常受聘國內布袋戲班後場伴奏，如「新興閣」、「華洲園」。1995 年 9 月起獲靜宜大學中文系之邀，擔任「臺灣劇本表演實務」課程老師，維持數年。見王雲玉：《箝制與競技：地方戲劇比賽變遷的歷史解讀》，頁 212～219；陳芳：〈論「二水明世界掌中劇團」之內在結構〉，《中國學術年刊》第 22 期（2001 年），頁 391；林茂賢主持：《彰化縣藝文資源資料蒐集計畫──民俗資源調查後續研究報告書・上冊》（彰化：彰化縣立文化中心，1999 年 6 月），頁 83～90。

獲得公部門的矚目而獲文化場的演出機會是一條途徑，順此途徑而走，戲班藝師還可能受政府單位贈獎肯定與鼓勵、列入技藝保存計畫案中。〔註14〕

　　1982 年行政院文化建設委員會主辦、施合鄭民俗文化基金會承辦，辦理第一屆「民間劇場」，連續五屆，直至 1986 年由中華民俗藝術基金會承辦；1987 年改由各縣市主辦，文建會則分擔活動經費。江武昌曾撰寫〈布袋戲的興起和民間劇場的關係〉，認爲「民間劇場」的舉辦是臺灣民俗文化藝術大型活動的始祖，提到：

　　　　一九八二年的民間劇場活動（當時並未料想到往後還繼續舉辦，所
　　　　以僅稱「民間劇場」，未有「第一屆」之稱），已經把當時臺北亦宛
　　　　然李天祿及其法國學生班任旅「小宛然」和小西園許王的布袋戲表
　　　　演規劃在活動中；第二年起由曾永義負責的活動規劃，又加進了
　　　　「哈哈笑」王炎的布袋戲；到了第三屆，其他傳統戲曲的表演沒有
　　　　大的改變，僅有布袋戲的表演，不但前兩屆參與的繼續參演，又加
　　　　入虎尾五洲園黃海岱、關廟玉泉閣黃秋藤、美玉泉黃順仁、新興閣
　　　　鍾任壁，以及莒光國小小朋友的布袋戲演出；第三屆民間劇場活動
　　　　甚至成爲當年活動宣傳的主力……。〔註15〕

綜觀五屆文建會主辦的「民間劇場」，參加的布袋戲班有：「亦宛然」、「小宛然」、「微宛然」（莒光國小）、「小西園」、「五洲園」、「玉泉閣」、「美玉泉」、「新興閣」、及黃俊雄。1982 至 1986 年由文建會主辦的「文藝季」中，在臺北市舉辦「民間劇場」活動，讓逐漸走向國際化、都會化的臺北市民，重新省視傳統藝術、民間戲曲的表演與民間工藝。〔註16〕

　　1986 年，文建會也主辦第一屆「中華民國亞太偶戲觀摩展」，在南投縣立文化中心展開，之後兩年舉行一次活動，直至 1992 年。總計四屆活動，參與的戲班有：「亦宛然」、「微宛然」、「小西園」、「五洲園」、「美玉泉」、「新興閣」、

〔註14〕如曾永義主持「布袋戲『黃海岱』技藝保存計畫」（1996 年 6 月至 1999 年 6
　　　月執行）、林鋒雄主持「布袋戲『新興閣鍾任壁』技藝保存計畫」（1997 年 1
　　　月至 1999 年 6 月執行）、林明德主持「布袋戲『小西園許王』技藝保存計畫」
　　　（1997 年 1 月至 1999 年 6 月執行）、石光生主持「明興閣掌中戲團技藝保存
　　　計畫」（1999 年）。
〔註15〕江武昌：〈布袋戲的興起和民間劇場的關係〉，頁 14。
〔註16〕林鋒雄：〈臺灣民間戲曲的變與不變〉，《紀念俞大綱先生百歲誕辰戲曲學術研
　　　討會論文集》（臺北／宜蘭：臺北藝術大學、傳統藝術中心，2007 年 5 月 26
　　　日），頁 298。

「今古奇觀」、「洪連生」、「大臺員劉祥瑞」、「金鳳凰」、「眞快樂」及「曾志鵬」。特別的是「洪連生」戲班在 1990 年第三屆觀摩展演出《射鵰英雄傳之九陰眞經》，將在中視製播的電視布袋戲《射鵰英雄傳》搬於外臺。爾後 1995 年文建會才又辦理「1995 年臺北國際偶戲節」，分別在臺北、南投及高雄三地舉行。〔註 17〕

1999 年雲林國際偶戲節開辦，由雲林縣政府主辦；中華民俗藝術基金會承辦，該年演出的布袋戲班：有本縣「五洲園」、「廖文和」以及「五隆園」；外縣則有遷居臺北的「新興閣」、南投「沈明正」、彰化「明世界」以及臺北「小西園」等，共有七個團體。〔註 18〕

參加戲劇比賽的布袋戲班除了以反共抗俄劇參演以外，主要還是以古冊戲參演爲多。從戲劇比賽和文化場表演的劇目來看，留下許多記錄，包含歷史戲、劍俠戲劇名。

陳龍廷《臺灣布袋戲的口頭文學研究》說道：

> 布袋戲在解嚴前後有幾個主要的趨勢。官方與媒體引導的布袋戲發展的主流，開始重新流行「古路戲」，指金剛戲齣之外的古冊戲、劍俠戲，或正本戲。支持者振振有詞的訴求，就是這些戲劇表演有歷史根據，因表演的相關情節不外乎中國歷代的演義小說。1990 年代由公家機關所支持的「文化場」，最流行的戲齣不外乎取材自《三國演義》或《西遊記》。而學校社團的布袋戲活動，大多是學習戲偶的動作，或雜耍等表演，或以「古路戲」爲主要類型的戲劇來做校園巡迴表演。〔註 19〕

陳氏認爲官方主導與媒體引導的文化場布袋戲就是需有「歷史根據」，而以搬演《三國演義》、《西遊記》爲多。筆者以爲：若以布袋戲班參加戲劇比賽以致獲獎與文化場上搬演的劇目兩者關係來看，參賽劇目爲戲班主演擅長之戲齣，獲獎後接受安排巡演，也可能以獲獎劇目搬演於文化場上，進行推廣。而戲班若獲邀演出，應可考慮觀眾喜愛哪些劇目，而決定演出哪些內容，不

〔註 17〕 吳明德：〈附錄：臺灣布袋戲大事紀〉，《臺灣布袋戲表演藝術之美》，頁 700
～701、705、709～710、713～714、719～720。
〔註 18〕 拙作：〈當前布袋戲故鄉——雲林縣的布袋戲〉，《臺灣學研究》第 3 期（2007
年 6 月），頁 52。
〔註 19〕 陳龍廷：《臺灣布袋戲的口頭文學研究》（臺南：成功大學臺灣文學研究所博
士論文，2006 年 5 月），頁 96。

過受當時社會時代氛圍，選擇有「歷史根據」且教忠教孝的劇目，應是當時流行的趨勢。然而是否「政府主導的文化藝術節中，卻常見演出《三國演義》或《西遊記》中的戲齣」〔註20〕，應當以數個戲班的演出場次、劇目做一比較，則更能說明此現象。

　　1990年代重要文化場活動以演出古冊戲為主，如1992年「第四屆亞太地區偶戲觀摩展」，參演的國內布袋戲班與演出劇目，有：

表3-1　第四屆亞太地區偶戲觀摩展演出劇目表

戲　　班	劇　　　　　目
小西園	忠義千秋——白馬坡
大臺員劉祥瑞	明清演義——大俠百草翁（鬼谷子一生傳）
五洲園	劉陽走國
今古奇觀	三國演義
亦宛然	濟公傳
金鳳凰	牛頭山
眞快樂	王佐斷臂
曾志鵬	雙城復國記

此屆偶戲觀摩展中，獲邀演出的「眞快樂」是1991年戲劇比賽北區決賽優等之一；「大臺員劉祥瑞」、「金鳳凰」及「今古奇觀」則同是該年中區決賽優等，而「曾志鵬」是該年南區決賽優等之一。此屆活動中，「眞快樂」演出1991年比賽獲獎劇目《王佐斷臂》；「今古奇觀」也演參賽劇目《三國演義》；「曾志鵬」同樣演參賽戲《雙城復國記》。另外，「大臺員劉祥瑞」則演出《大俠百草翁（鬼谷子一生傳）》，是將本家金光戲代表作搬演於文化場上的一個記錄。

　　在江武昌文中認爲開啓文化場上演出金光戲之門的人應是黃俊雄，他說：

> 第四屆的民間劇場活動，在布袋戲節目中除了前幾屆的演出團體
> 外，又加入了黃俊雄布袋戲的演出，這對於「傳統藝術文化」也起
> 了一些小小的漣漪，因爲黃俊雄的布袋戲以往在臺北文化界還受到

〔註20〕林鋒雄：〈臺灣民間戲曲的變與不變〉，頁301。

一些文化學者不予以認同，甚至詬之爲「口白粗俗不文、劇情荒謬
離奇、内容譁眾取寵、造形光怪陸離……」。當年黃俊雄在演出前的
發言且不免對這一類學者既嘆且諷，但曾永義大膽邀請黃俊雄參加
文建會民間劇場活動，無疑地也是象徵文化學術界對黃俊雄布袋戲
表演藝術的認同，此後金光布袋戲也開始出現在官方舉辦的文化活
動當中，以至於今，金光布袋戲可列名於文建會傑出演藝團隊之内，
而這一段活動内容上的改變，應可視爲文化界對布袋戲藝術文化觀
念上的一個突破點。〔註21〕

江氏指出 1984 年第四屆文建會「民間劇場」，首次邀請黃俊雄演出金光戲，
說明以後金光戲也開始出現在官方舉辦的文化活動中。1980 年代文化場上演
出古冊戲是主流趨勢，但早有演出金光戲以切合觀眾趣味與喜好的情形，如
1983 年臺灣省教育廳主辦秋季藝文活動，「今古奇觀」於雲林縣口湖鄉福安宮
演出金光戲《爲何命如此一生傳》。〔註22〕從江氏的觀點來看，能了解戲班在
官方主導、學者期盼之下，因應要求演出古冊戲，推廣偶戲之餘，發揮戲劇
社教功能「教忠教孝」濃厚的一面。

1970 年代後期，「亦宛然」有機會出國表演，雖於 1978 年宣布「封箱解
散」，卻也於 1980 年代展開出國教學、演出之旅。1971 年暫停演出的「新興
閣」鍾任壁，於 1982 年起也復出從出國表演、教學，進行文化推廣。成立較
早且經營多年的老字號戲班在 1980 年代傳統戲劇逐漸式微之中，積極參加戲
劇比賽，或因機緣應邀出國表演、從事教學，拓展視野與建立教學方法，使
得兩方進路都有機會參與官辦文化活動。民間戲曲在廟會環境衰敗式微之
際，戲班卻也在 1980 至 90 年代獲得參與官方文化活動的機會，熱烈展開，
形成兩方明顯起落對比。

1980 至 90 年代，官辦文化活動使布袋戲班有機會將擅長的劇目搬演出
來，以布景、彩樓舞臺、配樂、後場樂師伴奏及各式戲偶搭配組合演出。這
二十年期間，戲班透過戲劇比賽獲獎，或因自家招牌受青睞，或因機緣進行
偶戲推廣與教學，而最終參與文化場活動，提升知名度，留下活動記錄。如
臺北「亦宛然」、「小西園」、「新興閣」、「眞快樂」、彰化「新樂園」、「明世

〔註21〕江武昌：〈布袋戲的興起和民間劇場的關係〉，頁 17～19。
〔註22〕1983 年臺灣省教育廳主辦秋季藝文活動，「今古奇觀」於 12 月 14 日晚間 19
　　　至 21 點，在口湖鄉下崙村福安宮演出金光戲《爲何命如此一生傳》。見拙作
　　　〈方清祈布袋戲技藝初探〉，頁 70。

界」、雲林「五洲園」、「今古奇觀」、「吳萬響」、「廖文和」、臺南「美玉泉」……
等等。

多家戲班演出古冊戲、劍俠戲，乃至反共抗俄劇，至 1990 年代戲班們已
共同積累豐富劇型與劇目，留下記錄。在 2000 年江武昌於《民生報》發表〈從
本土故事開發新題材〉：

> 近年來，京劇、歌仔戲有不少本土題材故事，在中南部的民間戲劇
> 團體部分，尤其是布袋戲，較早的有嘉義長義閣演出的《鴨母王朱
> 一貴魂斷六腳溝尾寮》，接著有二水明世界的《二八水風雲》、嘉義
> 諸羅山的《虎豹母陳弄嫂》，較早還有高雄新春藝歌劇團的《打鼓山
> 傳奇》，期間亦有一些戲班將過去與臺灣有關係的老劇本重新拿來演
> 出。事實上，不僅布袋戲或歌仔戲這兩個最具群眾性的劇種早已有
> 過本土題材，北管亂彈戲也有演臺灣故事的《大刀記》（又名《劉頂
> 戰大肚番》），南管七子戲中的《管甫送》所演的「管甫」也與清代
> 臺灣的社會背景有關。「甘國寶過臺灣」以及「周成過臺灣」、「嘉慶
> 君遊臺灣」是三個較早期的臺灣民間故事，且早已在戲班裡演出流
> 傳許久，在演出的過程中，戲班和藝人又分別予以加油添醋，使得
> 故事情節更為豐富而多采了。當然，也有在添加的過程中，讓劇情
> 的發展變得更符合戲劇的公式化，卻濫情了，例如《虎豹母陳弄
> 嫂》，最後發展為純武館練武者之間的義氣之爭和江湖恩怨之鬥；
> 《鴨母王朱一貴魂斷六腳溝尾寮》也衍變為少林寺開山祖之間身世
> 之謎和武林之爭，故事情節也許是更刺激了，卻失去了民間傳說故
> 事裡自然而有趣的生活趣味。〔註23〕

論及 1990 年代至 2000 年，布袋戲漸興起演出本土歷史題材故事的戲碼，如
「長義閣」、「明世界」、「真快樂」及「諸羅山」等戲班的製演新戲。〔註 24〕
而 2007 年石光生的〈近來臺灣傳統戲曲的歐洲作品改編〉一文說道：

> 相較於歌仔戲積極開發「現代劇場歌仔戲」的路線，布袋戲雖然起

〔註23〕江武昌：〈從本土故事開發新題材〉，《民生報》，2001 年 3 月 23 日，A6 版。
〔註24〕「明世界」有《鄭成功打臺灣》（1981）、《臺灣歷史布袋戲──二八水風雲》
　　　　（1997 年）、《臺南故事──寧靖王傳奇》（1998 年）、《俠盜廖添丁》（1999
　　　　年）。見陳芳：〈論「二水明世界掌中劇團」之內在結構〉，頁 5；林茂賢主持：
　　　　《彰化縣藝文資源資料蒐集計畫──民俗資源調查後續研究報告書・上冊》，
　　　　頁 83～90。

步較晚，也顯得較為保守，但也努力嘗試新編劇本，提供文化場演出。新編劇本為當今布袋戲界增添新氣象，且其編寫內容頗為多元，計有：臺灣歷史傳說人物與改編國外作品等類型。刻劃臺灣歷史傳說人物者較多，如臺原偶戲團的《廖添丁殺人案》、《臺北古城》、《大稻埕老鼠娶親》，聲五洲的《廖添丁》，亦宛然的《馬偕在臺灣》，真快樂的日月潭神木《白茄苳傳奇》，祝安的《阿猴城的故事》，山宛然的《巧遇客家情》、《問卜》等。〔註25〕

布袋戲在文化場上的表演嘗試新編創作戲碼，更改編國外作品，顯見戲班在自主創作上的多元化，為布袋戲劇作與類型發展層面增添開創性的一筆史蹟。

然而嘗試創作上也誠如江氏所說的缺失，指出：「劇情發展變得更符合戲劇的公式化。」遠離傳說故事的趣味性。又陳龍廷論文提及新編戲碼是不可忽略的趨勢，但他也提出另一個面向思考，說道：

> 這是不可忽略的新趨勢，顯然是由知識份子加入，或在理論創作的支持而展開，但能夠真正獲得多少民間藝人的支持，是有待時間考驗。知識份子仍然與民間藝人有相當的距離，從臺灣布袋戲演變的歷史來看，無論是太平洋戰爭時期的「皇民化布袋戲」，或戰後「反共抗俄劇」，顯示出知識份子加入布袋戲創作，即使在國家力量的支持之下，仍然不容易成功。而民間的「漢學仔先生」加入布袋戲的排戲，在金剛戲的創作上獲得相當顯著的成功，兩者之間重要的差別因素，可能還要我們審慎思考。〔註26〕

陳氏點出這些新編臺灣歷史或傳說故事能否為民間藝人所支持，意味著能否搬演得宜而獲得適切詮釋在在考驗藝師。在此筆者認為這類歷史史事與民間傳說如何結合？能否為觀眾所認同與支持亦是重要。戲劇與史事結合搬演還是得具有「傳奇性」，以免生硬乏趣，處理上並非易事。陳氏將這類知識份子參與策劃的劇作，和排戲先生參與的金光戲並論。筆者反是認為：其一，金光戲因是武俠虛幻且編排無史事束縛，自然相對有創作的自由與充滿懸疑、

〔註25〕石光生：〈近來臺灣傳統戲曲的歐洲作品改編〉，《跨文化劇場：傳播與詮釋》（臺北：書林出版有限公司，2008 年 10 月），頁 117。此篇文章發表於 2007 年 5 月「紀念俞大綱先生百歲誕辰戲曲學術研討會」，後於 2008 年出版論文集。

〔註26〕陳龍廷：《臺灣布袋戲的口頭文學研究》，頁 97～98。

傳奇的特性。其二,當初排戲先生是提供劇情構想、人物特性並參酌實際演出情形,做適度修改,是以觀眾趣味、售票市場為導向,與為文化場誕生的新編臺灣歷史傳說劇作的製程自是不同。例如:「聲五洲」製演《林爽文》、《戴潮春》劇作,〔註27〕不能昧於史實,又無法尋求故事傳奇性的特點,難免將史事直接搬演而乏趣。兩劇同性質同屬「民變事件」,先搬演造反導火線,起初戰勝,插演雜要特技以示慶功宴場面,結尾可知主角敗亡,被處死在舞臺上。其編劇手法又難免如江氏所點出的:「劇情發展變得更符合戲劇的公式化。」故陳氏最終還是點出:「歷史事實與戲劇表演虛幻之間的距離,並不是很容易突破的困境。如何從歷史架構尋找可以發揮想像力的空間,似乎還有等待更成熟的作品誕生。」不過這些勇於嘗試創編劇作的戲班,創下記錄,還是值得讚許,期許更成熟的劇作誕生。

綜合上述,1980 年代文化活動熱絡起來,戲劇比賽優異的戲班參與文化場演出,著力古冊戲、劍俠戲的搬演。到 1990 年代漸興起臺灣歷史與傳說故事的創編,戲班除了保有「帶家齣」的傳承,也嘗試新作搬演的可能性,呈現不同以往的表演風貌。

(二)布袋戲匯演團體的選拔,補助推廣

1997 年是布袋戲類最後一次「臺灣區地方戲劇比賽」,之後 1999 年臺北市政府文化局成立,是唯一還接續辦理戲劇比賽的縣市,舉行兩年(2000、2001 年),2002 年起改由「觀摩匯演」方式舉辦,帶有幾分競賽意味。

匯演方式與名目取代戲劇比賽,在 2000 年 12 月,國立傳統藝術中心籌備處於臺北市歸綏戲曲公園即舉辦「掌中戲乾坤──南北布袋戲聯演」,邀請戲班演出戲齣有:「新興閣」演《料敵如神──孔明初用兵》、「金臺灣」演《鴛鴦樓》、「真快樂」演《楊本縣過臺灣》、「大臺員劉祥瑞」演《大俠百草翁(鬼谷子一生傳)》、「小西園傳藝班」演《霸王別姬》、《鞍馬天狗》與《復楚宮》,以及「小西園」演《安天會》。此次匯演活動,「大臺員」是唯一演出金光戲的戲班,劉祥瑞二度將「大俠百草翁」系列的戲齣帶到重要文化場上,延續西螺閣派成名戲齣,為西螺閣派旁系、第六代弟子的新詮釋。

〔註27〕2006 年「聲五洲」製演《林爽文》,以彩樓、小型偶及後場樂師伴奏;2008 年「聲五洲」獲國家文化藝術基金會補助,第三場於 5 月 31 日在臺中市四張犁國小演出。以布景、電視偶及後場樂師伴奏。節目全長約 96 分,開場介紹後場、戲偶演變,後演約 72 分的戴潮春故事。

　　2001 年 11 月，國立傳藝中心首次舉辦「外臺布袋戲匯演」，〔註28〕獲得
評審青睞入選的戲班，有「全世界」、「亦宛然」、「小西園」、「大臺員劉祥瑞」、
「賜美樓」、「國興閣」、「聲五洲」、「新興閣」、「明興閣」以及「隆興閣」等十
團。〔註29〕當中「大臺員劉祥瑞」、「聲五洲」及「隆興閣」三團都曾在地方
戲劇比賽時代中獲得一次獎項，〔註30〕至此三團主演獲得評審委員青睞與肯
定，給予三團主演崛起機會，種下往後在文化場突飛猛進的遠因之一。由國立
傳統藝術中心主辦的布袋戲匯演活動是一項「名氣指標」，能躍上匯演舞臺則
對戲班有莫大助益。此次匯演入選四團演出金光戲，有「全世界」的《南俠
翻山虎──天劍門》、「大臺員劉祥瑞」的《大俠百草翁之八卦千刀樓（鬼谷子
一生傳)》、「國興閣」的《玉筆鈴聲一生傳》以及「隆興閣」的《五爪金鷹一生
傳》，將三系統四齣名戲在文化場上呈現於國人眼前。爾後 2007 年又有首屆的
「7-11 盃布袋戲青年主演大車拼」競賽，以四十五歲為年齡上限的青年主演，
共十六位角逐獎項。此項競賽陸續辦理，也吸引一展長才的青年主演。

　　另外，由雲林縣政府持續舉行「雲林國際偶戲節」活動，邀請國內外偶
戲表演團體演出，或徵選戲班。受邀或入選的戲班以參與此盛會而提升知名
度與曝光率，雲林在地戲班常獲邀或入選的有：「眞五洲」、「廖文和」、「吳萬
響」、「明星園」、「昇平五洲園」、「五洲小桃源」、「新興閣」、「隆興閣」、「眞
雲林閣」；外縣戲班，如「小西園」、「上西園」、「聲五洲」、「臺中木偶劇團」、
「五洲園」二團等知名團體也曾參演過。

　　2007 年起雲林縣政府將「金掌獎」作為偶戲節重要活動，辦理競賽性質
的匯演。「金掌獎」匯演形式年復一年的辦理調整參賽劇型內容的規定，鼓勵
布袋戲故事文本的創作，激發布袋戲表演形式的創意。如雲林縣金掌獎──
最佳創新劇本獎得主與劇本，2011 年是「明星園」洪一郎的《善惡隨報》、
2012 年是「臺北木偶劇團」黃僑偉的《OH！香屁》、2013 年是「昇平五洲園」
林政興的《師徒情‧英雄淚》。

〔註28〕 11 月 2 至 11 日「2001 外臺布袋戲匯演──掌中風雷動‧十指比眞章」於彰
　　　　化南北管音樂戲曲館廣場演出。

〔註29〕 當年評審委員有：林茂賢、江武昌、石光生、翁健、方芷絮，由五位委員挖
　　　　掘出優秀戲班、主演。見王雲玉：《箝制與競技：地方戲劇比賽變遷的歷史解
　　　　讀》，頁 222。

〔註30〕「大臺員劉祥瑞」曾以《赤壁之戰》獲 1991 年中區決賽優等、最佳演技獎；
　　　　「聲五洲」曾以《七國軍師》獲 1993 年中區決賽優等；「隆興閣」曾以《先
　　　　苦後甘──薛仁貴救駕》獲 1993 年中區決賽甲等。

在匯演、藝術季、文化季、巡演及補助演出等形式推動之下，讓布袋戲班能以不同型態、劇型參與盛會或辦理。2000 年代起，文化場上演出金光戲的機會與場次增多，也有本土故事的製演，豐富布袋戲演出內容與形式。2000年代起仍於文化場上經營，或曾參與文化活動，有不錯成績，或繼起亮眼獲得公部門經費補助的戲班，從北至南，約有：

基隆市：新天地。〔註31〕

臺北市：小西園、新西園、全西園、新興閣、陳錫煌、臺北木偶劇團。〔註32〕

新北市：亦宛然、眞快樂、弘宛然、山宛然、洪至玄。〔註33〕

〔註31〕創團者黃聰國帶領「新天地」曾於 2008～2013 年入選「基隆市傑出演藝團隊」。

〔註32〕「小西園」成立於 1913 年，由許天扶（1893～1955）開創，傳至二代次子許王繼任團長，壯大家業。曾獲獎無數、為入選中央扶植團隊的常勝軍，如許王於 1985 年獲教育部「民族藝術薪傳獎」（團體獎）、1988 年再獲教育部「薪傳獎」（個人獎）、2001 年獲第五屆「國家文藝獎」、入選文建會「2010 年度演藝團隊分級獎助計畫」發展級團隊。「新西園」團長許正宗曾獲 2009 年第十五屆中華民國資深青商總會「全球中華文化藝術薪傳獎」。「全西園」為許王第五徒洪啓文（1964～）於 1998 年創立，參與國內外文化場活動。「新興閣」為鍾任祥（1911～1980）所繼承，改此班名，由子鍾任壁繼起執掌，獲獎無數，如 1991 年獲教育部「薪傳獎」（個人獎）、2009 年臺北縣市共同主辦第一屆「傳統藝術藝師獎」。「陳錫煌傳統掌中劇團」成立於 2009 年，同年獲政府指定頒給「重要傳統藝術保存者」證書。2010 年獲臺北市「傳統藝術藝師獎」；2011 年再獲國家頒給「重要文化資產保存技術及其保存者」殊榮。「臺北木偶劇團」為 2010 年成立，現任團長為林永志，該團參與國內外文化活動頗為頻繁，曾獲 2012 年文建會「演藝團隊分級獎助計畫」育成級團隊。見臺北木偶劇團網站：〔http://www.taipei-puppet.com/about-profile/〕，瀏覽日期：2014 年 7 月 12 日。

〔註33〕1931 年「亦宛然」成立，在李天祿時代締造輝煌成就，傳下子陳錫煌、李傳燦（1946～2009）及數徒、徒孫。第二任團長為李傳燦，現任團長為李蔡素貞。「眞快樂」由江賜美領軍，帶領子柯加財、孫柯世宏、柯世華演出，曾入選 2002 至 2006 年文建會扶植團隊、2009 至 2010 年、2012 年「演藝團隊分級獎助計畫」育成級團隊，另「新快樂」立案於臺北市。見「眞快樂」網站：〔http://www.bodehi.com.tw/〕，瀏覽日期：2014 年 7 月 12 日；林明德、吳明德：《戲海女神龍——眞快樂・江賜美》，頁 230～245。「弘宛然」成立於 1994年，團長吳榮昌師承陳錫煌，入選 2011 年新北市「輔導演藝團隊」（2011～2013 年計畫輔導）。「山宛然」成立於 2002 年，團長黃武山師承「亦宛然」，曾入選 2009、2010 年新北市「傑出演藝團隊」、2011 年新北市「輔導演藝團隊」（2011～2013 年計畫輔導）。「洪至玄」團長洪至玄師承父親洪基復，曾入選 2012 年新北市「傑出演藝團隊」。

桃園市：桃興閣。〔註34〕

臺中市：五洲園、五洲園今日、聲五洲、春秋閣、蕭添鎮、隆義閣、遠
東昭明樓、中國太陽園、大中華五洲園、臺中木偶劇團、金宇
園、磐宇木偶劇團、新五洲二團、〔註35〕五洲秋峰園。〔註36〕

彰化縣：新樂園、明世界、彰藝園、大臺員劉祥瑞、江黑番、中五洲蕭
上彥、五洲金華龍、光明閣、鹿港金興閣、東原五洲園、永五
洲、鳳舞奇觀。〔註37〕

南投縣：德興閣、華興閣、雷峰、新明聲、藝龍。〔註38〕

〔註34〕 「桃興閣」團長兼主演張正隆師承廖昆章，該團獲選 2009 年「桃園傑出演藝
團隊」，曾參加 2004 年傳藝中心「英雄出少年——布袋戲青年主演單元賽」匯
演、2010 年「布袋戲青年主演大車拼」，另於臺北市立案「五洲桃興閣」。

〔註35〕 「新五洲」二團曾入選 2011 年臺中市「傑出演藝團隊」。主演陳昭安於新北
市另立案「新五洲掌中劇團」，登記日期爲 2011 年 3 月 24 日；團址位於淡水
區。見新北市政府文化局網站：〔http://www.culture.ntpc.gov.tw/〕，參考立案演
藝團體資料，瀏覽日期：2018 年 8 月 8 日。

〔註36〕 「五洲園」（二團）與「五洲園今日」首席主演皆是黃文郎（本名高世標），
前者爲其父黃俊卿所創；後者爲黃文郎創立。2010 年黃文郎獲資深青商總會
頒第 16 屆全球中華文化藝術薪傳獎，而「五洲園」（二團）曾入選 2011 年臺
中市「傑出演藝團隊」；「五洲園今日」曾入選 2012 年臺中市「傑出演藝團
隊」。另外，「聲五洲」一直蟬聯臺中地區（2002 至 2013 縣市合併前後共 12
年）的傑出團隊殊榮；「隆義閣」也多次入選傑出團隊，如 2005 至 2007 年、
2011 至 2012 年，其餘「遠東昭明樓」、「中國太陽園」、「大中華五洲園」、「臺
中木偶劇團」、「金宇園」、「磐宇木偶劇團」……等等都是投入文化場演出頗
有佳績的團隊。

〔註37〕 「新樂園」團長吳清發於 1994 年獲教育部第 10 屆「薪傳獎」，曾入選 2007
年度彰化縣「傑出演藝團隊」。「明世界」曾於 1997 年入選文建會扶植團隊、
1998 年獲第 6 屆全球中華文化藝術薪傳獎，活躍於 1990 年代。「彰藝園」曾
入選 2007 至 2009 年傑出演藝團隊。「大臺員劉祥瑞」在 2001 至 2003 年間三
次入選文建會扶植團隊；「江黑番」曾獲選 2008、2011 年傑出演藝團隊。「中
五洲蕭上彥」獲選 2007、2009 至 2010 年傑出演藝團隊，也多次參與雲林偶
戲節演出。「五洲金華龍」、「光明閣」、「鹿港金興閣」分別入選 2012 年、2014
年、2018 年傑出團隊；「東原五洲園」則入選 2009 至 2010 年傑出團隊。而
「永五洲」團長胡永川師承胡德新，曾入選 2007 年傑出團隊。另「鳳舞奇觀」
入選 2014 至 2015 年、2017 年傑出團隊。

〔註38〕 「德興閣」創團者曾德性，該團曾獲 2002 至 2004 年南投縣傑出團隊，「華興
閣」團長李明華師承曾德性，該團曾獲 2010 年傑出團隊。「雷峰」團長柯雷
峰帶領劇團入選 2013 年傑出團隊。「新明聲」入選 2015 年、2017 至 2018 年
傑出團隊。「藝龍」團長蔡坤仁，錄製許多布袋戲節目有聲資料，販售給戲班
供錄音對嘴演出使用，領導該團獲選爲 2014、2016 年南投縣傑出團隊。

雲林縣：眞五洲（黃俊雄）、廖文和、〔註39〕廖千順、五隆園、吳萬響、
　　　　隆興閣、昇平五洲園、五洲藝華園、明星園、眞雲林閣、黃世
　　　　志、五洲小桃源。〔註40〕

嘉義縣：諸羅山、臺灣大聯盟、弘興閣。〔註41〕

嘉義市：長義閣、義興閣。〔註42〕

臺南市：五洲新藝園、清華閣周祐名、李南震、東山大光明、王藝明、
　　　　古都。〔註43〕

高雄市：金鷹閣、天宏園、新世界。〔註44〕

屏東縣：全樂閣、明興閣、祝安、新復興、上西園、阿猴。〔註45〕

〔註39〕廖文和次子廖千盛於新北市立案「廖文和電視木偶劇團」，創立時間爲 2011 年
　　　6 月 23 日；團址位於蘆洲區。見新北市政府文化局網站：〔http://www.culture.
　　　ntpc.gov.tw/〕，參考立案演藝團體資料，瀏覽日期：2018 年 8 月 8 日。

〔註40〕黃俊雄曾獲 1995 年第 3 屆傑出中華文化藝術薪傳獎、2006 年第 10 屆國家文
　　　藝獎；廖文和則曾獲 1999 年全球中華文化藝術薪傳獎、2000 年文建會文耕
　　　獎，入選數次中央扶植團隊。而「吳萬響」、「隆興閣」、「昇平五洲園」……
　　　等等也是雲林縣優秀戲班。

〔註41〕「諸羅山」由吳萬成創立，曾獲傑出團隊（2000、2007 年）、中央文建會扶植
　　　團隊（2001 年），及數次獎項。「臺灣大聯盟」成立於 2006 年，由黃嘉雄長女
　　　黃心琪、次子黃盟傑成立，曾獲 2013 至 2015 年傑出團隊、2014 年雲林金掌
　　　獎「最佳團隊演出獎」。「弘興閣」團長蔡金寶帶領劇團獲 2016 至 2017 年傑
　　　出團隊。「義興閣」曾入選 2014 至 2017 年傑出團隊，主演王凱生以搖滾音樂
　　　布袋戲演出型態打響名氣。

〔註42〕「長義閣」多次獲選爲嘉義市傑出團隊。「義興閣」曾入選 2014 至 2017 年傑
　　　出團隊，主演王凱生以搖滾音樂布袋戲演出型態打響名氣。

〔註43〕「五洲新藝園」與「清華閣周祐名」曾獲 2008、2010 年臺南縣傑出團隊；縣
　　　市合併後，「五洲新藝園」更獲 2011、2014 年傑出團隊殊榮。2012 年度傑出
　　　團隊首選爲「五洲新藝園」；優選有：「李南震」、「東山大光明」。2013 年傑出
　　　團隊優選爲「清華閣周祐名」；另「王藝明」、「古都木偶劇團」入選 2014 年
　　　傑出演藝團隊，尤其「王藝明」更入選國家文化藝術基金會專案補助三團之
　　　一，製演《臺灣英雄傳之決戰嘛吧哖》。

〔註44〕此三班分別代表「祝安」系統、「小西園」系統、「新世界」系統在高雄地區
　　　的生根發展。

〔註45〕前者四班皆爲屏東縣頗具代表性戲班，「全樂閣」由鄭全明開創，傳至今第四
　　　代鄭俊良爲掌班者，2012 年獲該縣扶植，於 11 月 3 日在潮州戲曲公園演出《烽
　　　劍春秋》。「明興閣」爲蘇明順所創，1989 年將劇團交給蘇俊茂、蘇俊榮繼承；
　　　「祝安」爲陳萬吉（1914～1980）所創，傳至第三代陳正義（1956～），亦師
　　　事「小西園」許王，後收邱文科、邱文建爲徒，2004 年組班「上西園」。「新
　　　復興」創團者陳來福師承盧昆義（1915～1973），傳至第三代陳俊明。「阿猴」
　　　創團者黃憲正曾獲 2009 年「7-ELEVEN 盃布袋戲青年主演大車拼」傳統布袋

上述戲班名單中，不全然羅列所有演出過文化場的戲班，筆者主要是以曾獲選為縣市傑出團隊、輔導團隊、中央扶植團隊、參與競賽及活躍於文化推廣活動參與者的依據例舉。當中有以彩樓形式、小型戲偶、後場樂師伴奏，演出傳統戲齣（如北管正本戲、古冊戲、劍俠戲等），有「小西園」、「全西園」……等。也有以中、小型布景（絨布景、彩繪布景）、中、小型戲偶、後場樂師伴奏或配樂形式，演出各類劇

圖 3-1　2013 年臺中遠東昭明樓傑出演藝團隊成果展於清水紫雲巖辦理大型布袋戲《三山國王新傳》，設置服務臺、展示區、填問卷贈紀念品

（陳正雄拍攝）

型；更有以大型布景、電視戲偶或中型野臺偶、後場樂師伴奏或配樂形式，嘗試演出各劇型，並主打金光戲碼。戲班運用布景舞臺，嘗試多方演出組合的同時，能夠擇一舞臺形式，主打某劇型某戲齣在文化場打開知名度，是為投入文化場經營的考量（圖 3-1）。在 2000 至 2010 年間，某些戲班淡出文化場演出市場，如「大臺員劉祥瑞」在 2004 年左右淡出文化場演出。有些則繼起，使戲班投入文化場經營的團數有所增加。

　　2000 年起，無論匯演、巡演、文化節或藝術季等活動，透過政府主辦或民間經紀公司承辦、知名廟宇辦理之文化祭，受邀或送件徵選而入選演出的戲班都能經由活動宣傳增加知名度。其次，各級文化單位公開徵選補助演藝活動，由戲班提案、公部門主辦或列名指導（補助）單位，讓戲班自由提出好戲齣、好表演。故不同活動的屬性、訴求與規模，也影響布袋戲班所推出的戲碼與內容，戲班的製演理念與是否迎合觀眾口味、市場需求互為影響。至今十八年的時間，文化場性質的活動舉辦打響不少戲班名氣，無論積極經營與頻繁演出的時間有多久，這些戲班傳承的用心、推廣的成績、保存的記錄以及所具備的時代意義自是不容忽略。除了以文字書寫其藝術成就、史蹟以外，應該需要進一步據其演出資料進行藝術表現的析論，並探討對後人、

戲特優獎。見石光生、王淳美：《屏東布袋戲的流派與藝術》，頁 45～50、91～98、120～127、168～172。

他者的影響層面。

綜合上述，1999 年前後，戲班對文化場經營的心態差異，體現在團長必須建構團隊組織協力經營的觀念，從提案到執行、結案，主動提出好構想於表演市場競爭，和省府辦理地方戲劇比賽時代，不可同日而語。兼演或專演文化場的老字號布袋戲班，若能跨越 1999 年，也得面對文化生態、社會環境改變的挑戰，在民間戲曲衰微之際，尋覓演藝生活。

二、民間的支持與戲班自主推展

布袋戲自清代發展以至形成精巧的表演藝術傳入臺灣，演出場合在市集遊街走巷、廟宇酬神謝戲、商業劇場售票，乃至公部門補助推廣。演出場合、目的及型態迅速轉變，日治時期布袋戲除了酬神性質的野臺演出以外，也開始售票表演，顯見民眾的喜愛程度與戲班的順應而為。不過日治與戰後布袋戲同樣一度遭受「政治干預」，搬演「皇民劇」、「反共抗俄劇」，爾後民主時代的來臨才真正使布袋戲脫離束縛。

在走向政經開明繁榮的這個時間長廊，使布袋戲還能夠發展生存的關鍵仍在於民眾的支持，順此民意支持，戲班得以自主推展。時至今日，傳統表演藝術的式微，其實也顯示某種「民意」程度，在「民意」為大的汰選之下，吾人僅能客觀持平看待。對於戰後布袋戲重獲自主，渡過「反共抗俄」時期，石光生有如下看法：

> 臺灣光復後，進入後殖民時代，臺灣戲劇重獲自主，現代戲劇與傳統戲曲再現分流，但很快就掉入「反共抗俄」意識型態主導的泥沼裡。反共意識主導戲劇文本方向，但對傳統戲曲的箝制不似日據殖民期那般嚴厲。隨後而至的內臺、廣播與電視時期，提供傳統戲曲改編外國文學作品的場域。內臺的商業競爭，刺激了胡撇戲、金光戲的興盛，風靡全臺觀眾；而電視媒體也成為歌仔戲與布袋戲尋求突破的新展演空間。〔註46〕

1950 年代布袋戲走入內臺商業劇場進行售票演出，是為流行娛樂之一，戲曲表演彼此競爭。多家戲班於內臺商業劇場中延續家業，建立聲名，有些則是從此展開學藝、創業。爾後另類的電臺、電視布袋戲興起，則是另一種表演型態的呈現，與舞臺臨場演出的布袋戲相較是另一種的欣賞標準。從走入內

〔註46〕石光生：〈近來臺灣傳統戲曲的歐洲作品改編〉，頁 100。

臺，再因商業劇場的沒落，又以野臺演出為主，期間有的活躍於電臺、電視臺、兼以錄製唱片、拍攝影集出租等。進場與退場時間不同的戲班在不同時期皆有不同表現成就，也難以同等標準看待。成名於內臺商業劇場的戲班若轉戰野臺民戲演出，未必能經營良好或一展技藝，展現內臺戲演出方式、手法；學藝或主要經歷野臺戲演出經驗者若投入商業劇場演出，走進室內經營多天多場的表演恐也未必得心應手。

1970 年代布袋戲漸退出內臺商業劇場，轉戰野臺民戲。在傅建益碩士論文與專著中，觀察 1990 年代臺灣布袋戲班而區別出多種經營方式與演出型態，可見是演藝市場「民意」的主導之下使然。而 1980 年代的文化場表演機會增加讓戲班有心製作好戲齣，在部分官方主導文化場演出之下，演出內容被擇定，也是某群「民意」的決斷，支持某些演出型態。

隨著公部門主導的深淺、有關部門的設立、補助機制的訂定，或是不依賴公部門經費支持，相較於過去，布袋戲班應是更加自由自主發展，搬演各自擅長的劇目與追求的理想。故經過不同時期的轉變，豐富布袋戲演出型態與樣貌，累積至今，這些歷程經驗亦提供戲班尋求突破的可能性。

在布袋戲班自主推展之下，除了資深戲班有內臺商業劇場演出經驗外，歸納發展巡路，筆者以為有四：

其一，投入電臺、電視臺媒體工作，製作廣播、電視（影視）布袋戲，代言藥品或商業收益，以商機為前提。如陳俊然、鄭一雄、陳山林、江欽饒、沈明正……等等。以沈明正為例，陳生龍說道：

> 一九八二年，沈明正和盧守重合作，自錄了一捲布袋戲錄音帶毛遂自薦，寄給當時擔任「中興廣播電臺」副臺長的「五洲小桃源」孫正明。時孫正明正為陳俊然為其所錄製的「廣播布袋戲」節目不足而苦惱，在沈明正自告奮勇又表現不差的情形下，孫正明將他引薦入草屯「中興廣播電臺」主持節目，並將自己所經營的草屯「蒼生中醫診所」和旗下代言的藥品，交由沈明正來行銷廣告。期間不但出借自己的錄音室讓沈明正錄製節目，並教導他許多主持電臺節目和廣告藥品的技巧。自此，沈明正布袋戲開始跨足電臺廣播界，電臺首齣處女作即是「新世界」招牌戲齣《鐵漢南俠》，並於日後縱橫臺灣電臺廣播界二十餘年，沈明正成為名副其實的「廣播賣藥天王」。〔註47〕

〔註47〕陳生龍：《沈明正布袋戲的表演藝術研究》（彰化師範大學國文研究所國語文

廣播布袋戲形式以「聽覺」、主演「聲緣」吸引聽眾，長久下來也能培養忠實聽眾，進而主演在野臺演出頗具「號召力」，有戲迷關注欣賞，也能提高戲金。沈明正除了電臺製播布袋戲的經驗以外，1996 年眞正開始電視布袋戲的製作，而電視（影視）布袋戲產業的投入當以黃俊雄家族最具代表性，到黃強華、黃文擇兩兄弟於 1992 年成立「大霹靂節目錄製有限公司」，後 2000 年更名爲「霹靂國際多媒體股份有限公司」。〔註48〕投入廣播、影視布袋戲產業，拓展另類表演型態，拓展商機以外，在野臺演出時也多一項強而有力的號召。無論戲班、主演是否專以廣播、影視布袋戲發展爲主，投入廣播、影視製作布袋戲節目、娛樂事業的經驗確實有助於提升知名度，也是另類布袋戲發展的一個藝術成就。

其二，製作布袋戲唱片販售提供民眾娛樂欣賞，或有聲資料（錄音帶、CD 等材質戲齣節目）販售給職業戲班演出使用。前者如「新世界」陳俊然；後者如陳山林、柳國明、吳清秀、江欽饒、劉祥瑞、王文生……等人，是「錄音班」演出型態的「代言人」，同樣他們也應邀民戲演出錄音或現場口白的型態，偶爾獲文化場表演機會，眞實展現技藝於觀眾眼前。

其三，以民戲演出爲主，投入酬神戲約的競爭市場。這類戲班之中，少數者偶爾也做文化場性質的表演。（圖 3-2、3-3）

圖 3-2　2016 年 9 月 24 日南投藝龍獲得傑出演藝團隊榮譽，於草屯敦和宮演出《寶蓮燈之沉香救母》　　圖 3-3　2015 年 1 月 18 日嘉義長義閣於嘉義市文化局售票演出《寶蓮燈之沉香打洞》

（陳正雄拍攝）

（陳正雄拍攝）

教學碩士班論文，2010 年 12 月），頁 26～27。
〔註48〕吳明德：《臺灣布袋戲表演藝術之美》，頁 261。

其四，以文化場性質演出為主，志在推廣偶戲、傳習偶藝，尋求廣大民眾的支持與喜愛，目的在於拓展觀眾、戲迷及「粉絲」。如「臺北木偶劇團」、「新興閣」、「戲偶子」、「唭哩岸」……等等。

在以上四種途徑的嘗試與選擇，可見是提供大眾娛樂、供給錄音節目、滿足酬神需求以及推廣偶藝等目的來經營，不同的收入來源支撐這群演藝工作者。除此以外，當代參與文化場演出的戲班多少也有售票性質的推廣表演，試圖讓民眾自主支持這項民間戲曲娛樂。

第二節　臺灣各縣市戲班數量的增長與發展關係

在臺灣省地方戲劇協進會出版的《臺灣地方戲劇協進會成立三十週年紀念特刊》〔註49〕、《臺灣地方戲劇協進會成立四十週年紀念特刊》〔註50〕及《臺灣地方戲劇協進會成立五十週年紀念特刊》〔註51〕所附錄的戲班名冊中，雖缺乏臺北市、高雄市部分，但仍約略可看出臺灣布袋戲班數量在1983年起，每間隔十年的成長變化。先釐清通訊名冊中誤植戲班劇種（布袋戲或歌仔戲），再探看至2018年8月初各縣市文化局立案的布袋戲班名冊，觀察數量變化。如下表所示：

表3-2　臺灣布袋戲班團數表

年份 縣市	1983	1993	2003	2018
基　隆	0	無	無	1
臺　北	無	無	無	22
新北（北縣）	17	15	10	26
桃　園	11	15	9	3
新竹縣	7	1	0	1

〔註49〕葉子楓主編：《臺灣省地方戲劇協進會成立卅週年紀念特刊》（臺中：臺灣省地方戲劇協進會，1983年11月）。

〔註50〕葉子楓主編：《臺灣省地方戲劇協進會成立四十週年紀念特刊》（臺中：臺灣省地方戲劇協進會，1993年11月）。

〔註51〕許麗華策劃：《臺灣地方戲劇協進會五十週年紀念特刊》（臺中：臺灣地方戲劇協進會，2004年8月）。

新竹市	無	4	0	0
苗　栗	3	2	3	5
臺　中	中縣：30 中市：18	中縣：32 中市：17	中縣：10 中市： 8	72
彰　化	50	44	20	74
南　投	20	10	4	26
雲　林	79	61	28	107
嘉義縣	31	19	7	39
嘉義市	12	11	4	12
臺　南	南縣：72 南市：17	南縣：62 南市：15	南縣：21 南市：12	41
高　雄	高縣：39	高縣：28	高縣：27	6
屏　東	41	32	8	14
臺　東	10	6	4	無
花　蓮	4	5	2	3
宜　蘭	2	2	2	5
總　數	463	381	179	457

資料來源：依據臺灣省地方戲劇協進會、臺灣地方戲劇協進會、各縣市文化局處資料。
〔註 52〕

〔註52〕 筆者於 2018 年 8 月 8 日一共查詢：基隆市文化局網站，參考立案演藝團體資料，網址：〔http://www.klccab.gov.tw/〕，點選步驟：首頁‧藝文團體‧基隆市演藝團體查詢。僅有黃聰國的「新天地」一班。臺北市政府文化局網站，參考立案演藝團體資料，網址：https://www.culture.gov.taipei/〕，點選步驟：首頁‧演藝團體查詢。新北市政府文化局網站，參考立案演藝團體資料，網址：〔http://www.culture.ntpc.gov.tw/〕，點選步驟：首頁‧藝文團體‧登記立案演藝團體查詢。桃園市政府文化局網站，參考立案演藝團體資料，網址：〔http://culture.tycg.gov.tw/〕，點選步驟：首頁‧業務資訊‧藝文團體‧桃園市演藝團體名冊下載（2018 年 3 月 1 日發布）。結果只有四團布袋戲班查驗，為「杏運五洲園」、「日月閣」、「泰興樂」及「五洲永光明」。又據 2003 年徐亞湘〈桃園縣傳統戲曲的發展與變遷〉一文，當時有 13 團布袋戲班仍經營，至 2018 年桃園布袋戲班數量竟消退如此快速？據筆者了解「桃興閣」就未查驗登載於名冊中，故實際團數應不只四團。徐氏一文收入《民俗曲藝》第 140 期（2003 年 6 月），頁 245～277。新竹縣政府文化局網站，網址：〔http://www.hchcc.gov.tw/ch/index.asp〕，點選步驟：首頁‧便民服務‧表單下載‧藝文推廣科‧立案團體名單下載。僅有「華洲園」一班演出布袋戲與皮影戲。新竹市文化

筆者依據臺灣省地方戲劇協進會、臺灣地方戲劇協進會所刊行的刊物製成上
表，標示「無」者，表示該縣市沒有任何戲班登錄於名冊之中；標示「零」
者，表示沒有布袋戲班登錄在冊。雖然該會刊可能存有缺漏登錄戲班的可能
性，但仍可看出 1983 至 1993 年間布袋戲班消長情形，少了 83 班。推測原
因：其一，戲班遷徙，改立他方。其二，戲班隨著創立者逝去或改行，無人

局網站，網址：〔https://www.hcccb.gov.tw/chinese/00home/home.asp〕，點選步
驟：首頁·演藝廳·已立案登記演藝團體查詢，該市並無布袋戲班。苗栗縣
國際文化觀光局網站，參考立案演藝團體資料，網址：〔http://www.mlc.gov.
tw/index.asp〕，點選步驟：首頁·便民服務·表單下載·展演藝術科·演藝團
體立案名冊下載。臺中市文化局網站，網址：〔http://www.culture.taichung.gov.
tw/〕，點選步驟：首頁·便民服務·表單下載。彰化縣文化局網站，參考立案
演藝團體資料，網址：〔http://www.bocach.gov.tw/ch/00home/home.asp〕，點選
步驟：首頁·演藝團體專區·演藝團體名錄查詢。南投縣政府文化局網站，
參考立案演藝團體資料，網址：〔www.nthcc.gov.tw/〕，點選步驟：首頁·主題
專區·演藝團體查詢。雲林縣文化處網站，參考立案演藝團體資料，網址：
〔http://www2.ylccb.gov.tw/〕，點選步驟：首頁·便民服務·表演藝術科·雲
林縣演藝團體申請設立登記申請書相關檔案下載。去除因註銷、遷移、無法
聯繫……等因素的團體，共有 107 團立案。嘉義縣文化觀光局網站，參考立
案演藝團體資料，網址：〔http://www.tbocc.gov.tw/〕，點選步驟：首頁·藝文
資源·表演藝術·立案演藝團體查詢。網站中立案團隊資料最後更新日期為
2015 年 7 月 10 日，扣除已知註銷的兩團：吳佳政「萬華樓」與吳佳淬「藝成
真」皆於 2016 年註銷立案，嘉義縣可能有 39 團立案。嘉義市政府文化局網
站，參考立案演藝團體資料，網址：〔http://www.cabcy.gov.tw/cabcy/〕，點選
步驟：首頁·藝文團體·立案演藝團隊名單下載。臺南市政府文化局網站，
參考立案演藝團體資料，網址：〔http://culture.tainan.gov.tw/index.php?w=0〕，
點選步驟：首頁·藝文特區·立案演藝團隊查詢。高雄市政府文化局網站，
參考立案演藝團體資料，網址：〔http://www.khcc.gov.tw/rwd_home01.aspx?ID=
13〕，點選步驟：首頁·業務·表演產業·高雄市表演藝術花園·高雄市演藝
團隊介紹。按：筆者於 2014 年 7 月 12 日查詢時有 33 團，今該網站登錄團數
只有 6 團，實際不只如此，今網頁有註明團隊資料陸續建置中。屏東縣政府
文化處網站，參考立案演藝團體資料，網址：〔http://www.cultural.pthg.gov.tw/
home01.aspx?ID=1〕，點選步驟：首頁·便民服務·表演團體查詢。臺東縣政
府文化處網站，網址：〔http://www.ccl.ttct.edu.tw/ch/index.aspx〕，今查無立案
演藝團隊資料。按：筆者於 2014 年 7 月 12 日查詢時僅有「五洲新富觀」、「小
乾坤」及「藝峰」三班。花蓮縣文化局網站，網址：〔http://www.hccc.gov.tw/〕，
點選步驟：首頁·便民服務·演藝團體·花蓮縣立案演藝團體名冊下載。僅
有「金龍」、「花蓮新桃源」及「花蓮正五洲」三班。宜蘭縣政府文化局網站，
參考立案演藝團體資料，網址：〔https://www.ilccb.gov.tw/Default.aspx〕，點選
步驟：首頁·業務服務·表演藝術專區·演藝事業相關下載。僅有「五洲」、
「潘進騰」、「五洲第一樓」、「員山布袋戲團」及「蕭家班」等五班。

繼承而散班。其三，無法適應市場戲金高低的波動，導致經營不善而退場。其四，則可能是協會登錄統計的失誤。以彰化縣爲例，1983 年的彰化「樂天閣」、員林「全興閣」、溪湖「正五洲」及彰化「天臺五洲園」四班到1993 年已無登錄在冊，至 2014 年 7 月上旬彰化縣文化局演藝團體立案資料中也無此四班，可能已是解散。而芬園「光明閣」在1993 年協會登錄名單中沒有載入，後 2014 年於彰化縣文化局已立案在冊，並獲得當年度「彰化縣傑出演藝團隊」。另外，原在臺中發展的「遠東昭明樓」於 1983 年轉在彰化縣埤頭鄉，是因戲班登記證借給埤頭人許順和使用。

到 2003 年所載錄布袋戲班數量卻銳減（歌仔戲班也有此情形），究其原因係該會早在 1998 年底臺灣省府制度調整作業開始，也影響臺灣省地方戲劇協進會的功能，〔註 53〕於是戲曲團體與該會失去緊密關聯性。戲班重要的是登記立案於所屬縣市文化局處，進而尋求發展途徑，故戲曲團體未必繼續加入該會而登錄名冊中。

現今社會時代變遷快速，社會環境多方對戲曲發展有不利的影響，卻又爲何戲班呈現增長的趨勢？究其原因：在以民戲爲主要演出性質之下，多爲「錄音班」演出型態，因此演出一場戲「錄音型態」的表演所需演員不用多，於是戲班可精簡團員人數，以家族成員爲主，若遇須分團演出的大日子，盡可能多調集人手或轉手戲約給他班演出。故一個布袋戲班無須招募多位團員即可登記立案成班，實務演出上又可臨時徵聘人手。

受限於民戲表演發展的窘境之下，多數戲班無法長久培育固定演員班底，且在整班立案不困難的情況下，團員爲數不多、因應錄音型態演出的戲班於是有所增長。推測臺灣布袋戲班數量應不止於所有縣市文化局登記立案的統計，可能還有許多整班未立案的戲班。若以 1983 年之後來看，三十年的布袋戲班數量有所成長，當中變化有些是散班；有些則是學藝繼起、分班拓展。因此，布袋戲班傳衍可分以下兩點談論之：

〔註 53〕臺灣省地方協進會自 1952 年成立以來，爲配合政府政策、促進社會教育作爲政府與戲班間的溝通橋樑，其中以戲劇比賽爲重要業務。李國俊説道：「地方戲曲競賽有助於活絡民間戲劇生態、彰顯優秀劇團與演員、促進劇團良性發展與經營；卻也有淪爲徒具形式、虛應故事，劇團當成應付官方審查之事實。再加上一些惡性競爭所帶來的傷害，相形使得原已非常衰微的地方戲曲更是雪上加霜。」見其〈地方戲曲競賽對傳統藝術的反思〉，《傳統藝術》第 31 期（2003 年 6 月），頁 62～63。

一、家族戲班的延續與分傳

藝師學成後自組戲班，以家族成員為演員主力，擔任主演、助演等職務，至少傳承兩代，乃至樹大分枝分班演出，謂之「家族戲班」。各個年代戲班相繼成立，比如，臺中市「聲五洲」（王金匙傳長子王英峻，1977～）、「臺中木偶劇團」（團長為王英潔，原團名「太平聲五洲」），而王金匙之弟王文生也是一名布袋戲藝師，是為家族血緣相傳技藝。又如雲林縣「隆興閣」（廖來興開創，傳子廖昭

圖 3-4　2006 年王文生以「磐宇聲五洲」布景演出

（陳正雄拍攝）

堂）、「隆興閣」二團（團長廖武雄）。家族戲班的分衍，成立分團（子團）獨立成一個體組織，其命名往往分一、二團之別，表示共同承繼源頭聲名，拓展家業，象徵和諧一致的系統脈絡（圖 3-4）。

然而姑且不論該系統如何表徵，重要是戲班要能夠呈現技藝內涵，且不同的子團個體間是否有所異同的藝術表現，故塑造與維繫一個清晰的師承系統與所具有的表演風貌就顯得十分重要。

二、新興戲班的創立與經營

無家學淵源，因興趣學藝，學成後自組戲班，投入職業戲班行列，為一代開創者。這類從學藝到組班的藝師，在不同世代皆有。例如：彰化縣「隆興閣」五團廖秋郎、雲林縣「隆興閣」三團李應三皆與「隆興閣」有淵源；又有雲林縣林志豪師承「昇平五洲園」林政興（1970～），後於 2005 年成立「洲明園」；黃世志師承黃俊雄，2007 年成立「黃世志電視木偶劇團」。〔註54〕

成立戲班者，有的班名顯見出身系統；有些則是另立名號；更有直接使用老師團名，或是冠上地名使用之。無論如何，不同年代成立的戲班在擇機投入演藝市場時，其演出型態的調整與推出自是不同，而縱向的師徒技藝傳承與橫向的彼此市場競爭更是一項系統發展的課題。

在上述兩類戲班組成淵源中，當起先無家學淵源者創立戲班後，經過兩

〔註54〕謝中憲：《雲林布袋戲誌》，頁 104、126。

代經營積累也可能拓展出「家族戲班」，成立子團，形成較規模的師承體系。而清楚脈絡體系後，如何維繫該系統或家族戲班聲名，將技藝傳承與展現，於演出中實踐，避免失誤，塑造系統藝術輪廓與記錄演出情形就顯得相當重要。

　　綜上所述，戰後布袋戲雖然能夠自主發展，但仍受到官方主導，得參加官辦戲劇比賽接受評鑑審核，也從中脫穎而出，走入文化場表演性質的行列之中。地方戲劇比賽停辦後，戲班接受政府單位邀演，或自主提出補助申請，或接受公關公司承辦文化活動的邀演，自主選擇經營民戲，或純粹文化場演出，或兩者兼具。布袋戲班組織結構的變化、演出型態的轉變、聘請酬神戲的習慣改變，未必使戲班在大環境不佳的情況下，數量衰退，反而可能使戲班增長。

第三節　臺灣布袋戲的外在變異性

　　了解布袋戲內在變異性後，體現於外的差異，可從表演型態的轉變，和表演型態反過來影響表演內容來看，彼此互為關聯，即所謂「表現在外」，其實也「影響內在」。以下分兩方面討論之：

一、布袋戲表演型態的轉變

　　石光生、王淳美合著的《屏東布袋戲的流派與藝術》一書，說道：

> 在民間戲曲適應社會變遷的過程中，布袋戲演出形式隨之出現改變，包括金光戲的興盛，甚至到後來的演出過程中加入錄音帶、唱片等配樂的演出模式。就布袋戲演出特質而言，外臺時期大致可謂以金光戲掛帥。布袋戲從傳統的小型偶，進化至造型奇特怪異的偶頭，與華麗的偶頭設計風格；甚至體積加大為需要兩人合擎的大型偶，例如「隆興閣」製作於民國 50 年代，於民國 70 年代重新粉飾的「海底成仙俠變體之九頭十八隻手」。〔註55〕

文章中道出布袋戲適應社會變遷，而使發展過程中有這樣的演出變貌，這樣的變貌也涉及藝師組班的立意目標、經營模式及演出型態等。

　　傅建益在 1993 年寫成《當前臺灣野臺布袋戲之研究》碩士論文，觀察到

〔註55〕石光生、王淳美：《屏東布袋戲的流派與藝術》（宜蘭：國立傳統藝術中心，2007 年 6 月），頁 20。

當時野臺布袋戲經營概況與面臨的危機，此篇論文可視為研究者對於布袋戲轉至外臺經營演出，直至 1990 年代的一個變貌。之後在多篇以布袋戲班為研究對象的碩士論文都論及戲班經營的概況，也難免探討到經營的困難與所處的窘境，篇章如下表所示：

表 3-3　以布袋戲班為研究對象的碩士論文

作　者	篇　　　　　名	系　　　所	時　間
黃菁霞	小型布袋戲團經營策略之研究──以來來布袋戲劇團、雲林五洲小桃源劇團為例	南華大學文化創意事業管理學系文創行銷碩士班	2015
鍾權煥	客家布袋戲與客家文化傳承──以「戲偶子劇團」為例	中央大學客家研究碩士在職專班	2015
馮筱芬	詔安布袋戲對客家文化傳承角色之研究──以隆興閣掌中劇團為例	大葉大學設計暨藝術學院碩士在職專班	2015
林淑媛	鍾任壁新興閣布袋戲技藝傳承之研究	高雄師範大學回流中文碩士班	2012.7
黃偉嘉	閣派布袋戲陳深池系統真興閣之研究	臺北大學古典文獻與民俗藝術研究所民俗藝術組	2012.1
邱睿婷	小西園掌中戲研究	中國文化大學中國文學系	2012.6
吳麗蘭	「乾華閣」布袋戲劇團之研究	中興大學臺灣文學研究所	2010
郭宸禓	雲林縣隆興閣掌中劇團之研究	臺南大學臺灣文化研究所	2010
林莉倫	江賜美女演師及其掌中劇團之研究	臺北教育大學臺灣文化研究所	2009
陳艾伶	蕭添鎮民俗布袋戲團結合國小鄉土藝術教育之研究	新竹教育大學人資處美勞教學碩士班	2007
劉建成	雲林縣隆興閣掌中戲團的現況分析與另類發展研究	雲林科技大學文化資產維護系碩士班	2006
楊雅琪	玉泉閣布袋戲團研究	成功大學中國文學研究所	2004
黃明峰	屏東縣布袋戲班之研究（1949～1999）──以〈全樂閣〉、〈復興社〉、〈祝安〉、〈聯興閣〉為例	逢甲大學中國文學研究所	2001
梁慧婷	明興閣掌中戲團營運方式之研究	成功大學藝術研究所	1999.12

現今距離 1993 年已有二十多年時間之差，其發展變化為何？所面臨的窘境是否仍如傅文所述依舊存在發展危機？傅建益以當時觀察到的布袋戲班發展情形，將戲班主要分為「傳統鑼鼓班」、「音效配樂班」、「播帶操偶班」（純錄音拿偶班、錄音班）及「超大型多媒體布袋戲」，至今野臺布袋戲仍是以「錄

音班」為主要演出型態（圖 3-5、3-6），少數戲班兼演「超大型多媒體布袋戲」，而「傳統鑼鼓班」型態更是少見於中南部廟宇主辦之神明誕辰慶典節日中。

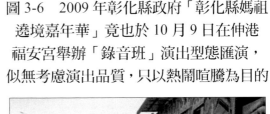

圖 3-5
2009 年四湖參天宮
關帝誕辰慶典民間主導之
野臺布袋戲演出

圖 3-6　2009 年彰化縣政府「彰化縣媽祖
遶境嘉年華」竟也於 10 月 9 日在伸港
福安宮舉辦「錄音班」演出型態匯演，
似無考慮演出品質，只以熱鬧喧騰為目的

（陳正雄拍攝）

（陳正雄拍攝）

依照謝中憲《雲林布袋戲誌》一書以雲林縣戲班為觀察對象，指出布袋戲的發展危機與困境，與二十年前的觀察研究仍相應相合，最後在第六章〈未來與展望〉提出解決問題與突破困境的建議對策，雖立意良美，但在法令不周延、人力缺乏之下，要嚴格評比戲班、遏止削價惡性競爭的亂象確是十分困難。如此說來，布袋戲仍陷入每況愈下的困境之中，只剩酬神性質的民戲且多為「錄音班」表演型態為主，存活於廟宇慶典之中。

當布袋戲班多為「錄音班」表演型態時，遏止了布袋戲整體發展的空間，但需了解為何如此，傅建益曾以「請主」、「觀眾」為影響布袋戲發展的外在因素，進而說明這種變貌，他說道：

　　野臺布袋戲與請主，基本上存在的一種制約的僱傭關係，憑藉著節慶神誕中傳統的搬戲習俗而巧妙結合。請主基於「出錢者，講話大聲。」的老板心理，通常對演出者有著許多要求，無論是合理或是嚴苛，基本上都是表演者一方須要忍耐或試圖協調的。以往的請主，不論廟宇或私人，由於民間性宗教社會結構的實際生活參與，對於戲劇搬演的意義和功能都有著相當程度的了解，因此多能以尊

重的態度來看待演出者，發展出相互合作的關係；現今由於環境的
變遷、社會價值感的質變，請主出錢演戲純粹基於還願或賄賂神明
的現實功能需求……從以往的請好戲有面子，直至今日的便宜就
好，野臺酬神戲請主的態度，產生了極大的扭曲與改變；相對的，
野臺布袋戲的表演風貌也就隨之搖擺更變……。〔註56〕

當前布袋戲班的演員組成仍以家族家庭為主要，所以多為二至三人的組成。
憑藉家庭成員組班的結構接演民戲，當然演出規模有所局限，又接演酬勞不
多時，只能限縮於「錄音班」的表演型態，壓低演員演出費，暫且不多考慮
設備道具的耗損維修與運輸費用。這樣型態的酬神功能，只是滿足請戲人答
謝神明靈驗、慶賀神明誕辰的心理需求，至於有無觀眾同樂欣賞不再是請戲
人所在意的，此時請戲人自由隨意聘演一棚小型戲酬神還願，大於共同集資
由主事者聘演一場好戲的意志。

　　從現況來看，既是以酬神性質的「錄音班」表演型態為多，演出酬勞又
低廉，呈現於外的演出形式就多為搭設小型彩繪布景於貨車上的舞臺形式，
而音樂從後場樂師編制到一人負責「壓鼓介」、一人配樂，漸改為只有一人配
樂，到完全以配樂口白錄製完整的節目電子資料（錄音帶、CD、電子檔）播
放，搭配操偶。轉變至此即是布袋戲「外在變異」的極端。「外在變異」主要
來自於社會變遷、生活習俗的改變、請戲人的自由意識使然。

二、表演型態影響內在的表演內容

　　布袋戲班以「錄音班」型態演出在戲臺大小形制、演員不多（常見一人
演師）的條件下，勢必影響演出內容與品質。根據陳龍廷《聽布袋戲：一個
臺灣口頭文學研究》著作中所附錄的〈附錄二：臺灣戰後的布袋戲影音出版
品〉，〔註57〕其中專業布袋戲錄音作品，如：

　　「黑人」陳山林的《紅黑巾》、蔡坤仁的《真假新郎》、《斬趙王》、
　　蕭添鎮《俠義英雄傳》、柳國明《白蓮劍》、《月唐演義：五虎戰青
　　龍》。

2012 年亦有「新樂園第三團」吳清秀的《福德正神救世傳》、「江黑番」江欽

〔註56〕傅建益：《當前臺灣野臺布袋戲之研究》（臺北：中國文化大學藝術研究所碩
　　　　士論文，1993 年 6 月），頁 67。該論文之後出版為《臺灣野臺布袋戲現貌》（臺
　　　　北：商周編輯顧問股份有限公司，2001 年 6 月）。
〔註57〕陳龍廷：《聽布袋戲：一個臺灣口頭文學研究》，頁 373～394。

饒的《三國演義》、「磐宇木偶劇團」王文生的《西遊記》等等錄音節目作品的販售。這些錄音戲齣作品，無論是否編自經典古典小說或創編新戲，都能大幅改編符合「錄音班」型態一人演師操偶的表演形式。因此，原屬一齣經典戲齣就得因應表演人手不足、戲臺裝置的簡易而失去可看性。

　　然而對外而言的影響，「錄音班」型態播放這些錄音節目透過擴大機聲音的傳播，也可能讓不在現場看戲的「聽眾」逐漸接受這樣的「錄音聲音」和接受大刀闊斧改易的戲齣內容。對內而言的影響，制式的「錄音戲齣表演」，可能將一齣經典戲的人物塑造、故事詮釋與戲偶裝扮方式深深地影響這些購買使用的戲班，而失去戲班應自行建立「戲班傳統」的原則。比如，「黑鷹」柳國明錄製的《封神演義》所用的商紂奸臣尤渾、費仲，皆以「奸面、有鬚」偶頭扮演（圖3-7），又如黑人「陳山林」錄製的《隋唐演義：十八路反王》所用的強盜頭子尤俊達，以「小三花」偶頭扮演（圖 3-8），這些人物塑造與裝扮不見得就是「唯一不變」，有的演師裝扮尤渾、費仲，其一會以「三花」偶頭扮演；有的演師搬演尤俊達故事會用「武生」或「花臉」偶頭扮演該人物。故制式的「錄音戲齣表演」會喪失一齣戲多元詮釋、不同風格的表演特質。

圖 3-7　柳國明販售《封神演義》　　圖 3-8　陳山林販售《十八路反王》
　　　　錄音戲齣之影本綱要　　　　　　　錄音戲齣之影本綱要

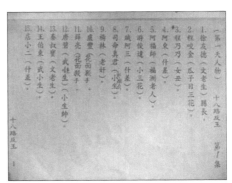

　　　　（陳正雄拍攝）　　　　　　　　　　　（陳正雄拍攝）

第四節　臺灣布袋戲面臨經營困境的應變

　　布袋戲班以大小布景舞臺、彩樓、各式尺寸戲偶，加上配樂或後場樂師伴奏演出，其組合型態，一為戲班本身經營的理念使然；二為出資請戲者的

要求，因此要兩者兼顧，實是考驗著戲班。當前布袋戲的經營困境，及如何應對，筆者將從以下兩性質的舞臺布袋戲演出來談論。

一、酬神需求──民戲的立基

布袋戲班在增加的趨勢中，多數還是與民戲的演出有關，只有少數是當作副業或興趣所致，招集同好，組成戲班。比如，草屯蕭任能的「攖愉轃北管掌中實驗團」（圖 3-9、3-10），他從事雕塑工作為主業，因興趣投入刻偶、演戲，也學習北管音樂，熟悉前後場表演，曾著有《小木偶流浪記》，〔註 58〕介紹戲偶。2010 年，該團獲國家文化藝術基金會贊助演出《麒麟閣》；2013 年獲南投縣政府文化局補助演出《虹霓關》；6 至 7 月間，也獲新光三越百貨邀請，參加「這夏來玩偶」活動，於臺中、臺南新光百貨各演出一場，皆使用彩樓、自刻戲偶、後場北管樂師伴奏，以編演北管正本戲、傳統老戲為志趣。

<table>
<tr><td>圖 3-9
2013 年「攖愉轃」於
南投縣虎山藝術館演出</td><td>圖 3-10
2013 年「攖愉轃」於南投縣虎山
藝術館演出，後場為同好組成</td></tr>
<tr><td></td><td></td></tr>
<tr><td>（陳正雄拍攝）</td><td>（陳正雄拍攝）</td></tr>
</table>

從延續分傳、創立加入的兩增長途徑來看，有些是同一家庭、住址分立兩班，如臺中市「中國太陽園」與「太陽園」、「大中華五洲園」與「蕭孟然掌中木偶劇團」、「五洲秋峰園」與「承藝園」等。除了彰顯不同世代主演魅力以外，主要還是試圖以另一型態重新嶄露。其他則是師徒名分、親戚關係的

〔註 58〕蕭任能：《小木偶流浪記》（南投：南投縣民俗文物學會，2002 年 12 月）。

學習經歷後，另立戲班，如王盈智就
讀大學時，喜愛布袋戲並成立社團，
後師承「大光明」藍震山，於 2009 年
成立「府城木偶劇團」。

圖 3-11　2012 年「五洲秋峰園」
以小棚布景舞臺，在廟口演出
文化場，吸引觀眾欣賞

（羅國良提供）

　　這些戲班在整班時所立下的目標
與定位，牽涉往後經營的方向與策
略。於是同在民戲市場經營上，筆者
以為就有三種不同態度呈現三個經營
面貌與技藝表現：其一，演出民戲，
不只應演「錄音班」型態，同樣嘗試
口技、操偶的訓練，並跨足文化場的
演出歷練（圖 3-11）；其二，只是應演
民戲「錄音班」型態，純粹以酬神戲約謀生；其三，接演民戲「現場說白」
的型態，不追求補助性質的「文化場」演出機會。比如，在電臺、電視臺頗
有名氣的沈明正，有固定的戲迷，偶爾應邀於民戲上採後場樂師伴奏，表演
金光戲《南俠》。第一種態度，面對申請公部門經費補助的課題，和如何結合
地方社團組織，尋求合作的可能；第二種態度，面對市場競爭，恐怕只能以
削價競爭、依託人情等方式爭取戲約；第三種態度，挾著高知名度、最佳人
氣接受邀演，觀眾是為了一飽主演風采。

　　在謝中憲《雲林布袋戲誌》中，不少戲班皆同聲指責「惡性削價競爭」，
〔註 59〕然而藝人自身究竟是如何接演民戲呢？恐無人實話實說。當藝人把演
戲純粹當作謀生賺錢的職業，對技藝不求精進，且毫無企圖永續經營、傳承
後代時，在彼此互相競搶戲約之下，難免各以人際關係優勢、送禮請託、捐
獻香油錢等交際方式，以及低價取得戲約的方法，接續接演，最終導致民戲
酬勞崩解。在布袋戲發展歷程中，有些戲班加入電影晚會、綜藝表演（歌
手、鋼管舞、雜技）、卡拉 OK 等娛樂表演，是受到觀眾好惡和聘戲者出資多
寡、需求、時代環境等外在因素影響，也希望藉此「異質」表演，增加收

〔註 59〕如「振興閣」提到：「現在由於布袋戲業者惡性競爭，導致行情都下跌。」；「關
　　　　池」提到：「希望戲團間不要再惡性削價及競爭，這樣布袋戲文化才能夠持續
　　　　穩定發展下去。」；「巧成真」則說：「現今的布袋戲生態，沒牌照的搶有牌照
　　　　的生意又削價競爭，實在很難生活，希望政府能管管這種亂象。」謝中憲：《雲
　　　　林布袋戲誌》，頁 103、108～109。

入。但終究還是無法避免以減價、人情請託及各種交際手腕競爭戲約，以維持生計。

在 1998 年出版的《嘉義縣傳統戲曲與傳統音樂專輯》一書，訪問該縣布袋戲班，其中業者也表達戲班彼此間的惡性競爭，如提到「大新興」營運狀況：

> 目前「大新興」的演出場數仍數不少，但與從前實在無法比較，加上無照劇團的削價惡性競爭，政府又無法取締，所以連先生表示劇團的收入僅能維持家用而已。〔註60〕

該書本為調查報告於 1996 年 6 月完成，延宕至 1998 年 6 月始出版。二十多年前民間戲曲已衰微，至今可見民戲酬勞每況愈下，下殺到最低價的戲金，使戲班僅能餬口，遑論藝術水準。

筆者以為：純粹以「錄音班」演出型態為表演的戲班，雖可能有「主演」之名，但無具備說白能力則不再是個最低標準、真實的「主演」了。故以健全的戲班演員組織最低標準來看，專演「錄音班」型態的戲班，和還具說白、操偶技藝的戲班相提，前者已非健全布袋戲戲班，難有推廣偶戲藝術的能力了。

然而藉由民戲的演出機會，暫不考慮觀眾多寡、戲金收入，扎實訓練「開口」技能，製演好戲，才能有所「傳承」，並拓展其他性質的表演。扎實的民戲「訓練」可視為「彩排」，作為文化場演出的前置作業。

二、藝術推廣——文化場的耕耘

布袋戲經歷民戲、內臺戲、電臺及電視臺演出場合的轉變，演出過古冊戲、劍俠戲及金光戲等，戲班嘗試四種徑路的發展。1970、80 年代漸有機會演出文化場性質的表演，石光生文中說道：

> 1980 年代以降，先由文建會的主導，已失去內臺與廣播電視展演場域的傳統戲曲，逐步發展出有別於過往內臺商業競逐展演的文化場，強調「精緻化」、「文學性」與「現代劇場化」的表演型式。布袋戲漸漸回歸古典彩樓演出「古冊戲」、「劍俠戲」與新編劇目等。繼文建會成立之後，國家文化藝術基金會與國立傳統藝術中心相繼

〔註60〕洪惟助主持：《嘉義縣傳統戲曲與傳統音樂專輯》（嘉義：嘉義縣立文化中心，1998 年），頁 140。

投入獎勵創新歌仔戲的展演與布袋戲的匯演，以期提昇傳統戲曲的
文本、表演與內涵。公部門從重視新編文本切入，確實是提昇傳統
戲曲的正確策略。〔註61〕

戲班本著自身表演型態之優勢，發展彩樓或布景、後場伴奏或配樂，搭配各
式大小戲偶，演出擅長的劇目。在省府戲劇比賽時代結束後，戲班耕耘文化
場，筆者以為能有四種徑路：第一，主動申請中央與地方政府單位經費補助。
第二，獲得地方政府主辦、公關公司承辦，或者是民間企業之文化藝術活動
邀演。第三，參加中央與地方政府單位舉辦的競賽活動。第四，參加文化部
「扶植演藝團隊」徵選或各縣市「傑出演藝團隊」徵選。以上四徑路，對於
整班未久或未曾接觸公部門演出活動的戲班經營者，面對同業競爭，經營初
期勢必是相當困難。若是向公部門主動提出申請補助案，除了具備撰寫計畫
案、規劃活動能力以外，先決條件是戲班技藝必須具有一定水準，提出過去
演出「績效」，加上幾分「運氣」，才能獲得補助。

　　謝德錫曾以「新興閣」為例，於 2004 年提出其困境，說道：

近幾年「新興閣」劇團為申請專案，每年都會編排新戲碼來符合需
求，二○○一年的「滬尾守備──阿火旦傳奇」，二○○二年的「周
處除三害」，二○○四年的「臺灣虎將──王得祿」，每次都要邀請
熟悉歷史的編劇一同參與討論，定出劇本，準備所需戲偶、道具，
定期排演。所花的時間、金錢不少。但是，因配合的申請案並不一
定通過，造成劇團許多營運成本，而且受制經費演出的場次並不多，
一齣戲演練到成熟時，便不再有機會表演。〔註62〕

從謝氏所舉「新興閣」申請新戲齣製演補助仍有未通過之情事來看，若較資
淺戲班要走上文化場耕耘之路，恐怕步履蹣跚。另外一個現實問題，就是地
方縣市文化局處通常有補助演藝團體於演藝廳或指派校園或自選場地演出，
其補助經費往往礙於縣府編列的預算有限，致獲得補助有機會演出的團隊不
多。比如，臺中市的情形曾訂有「臺中市政府文化局表演藝術類活動補助作
業要點」，限臺中市立案團體申請，要點規定「申請人同一年度內獲補助經費
以新臺幣二萬元為限，且不得重複接受文化局其他補助」。〔註63〕多數縣市文

〔註61〕 石光生：〈近來臺灣傳統戲曲的歐洲作品改編〉，頁 101。
〔註62〕 謝德錫：〈西螺新興閣劇團的困局與轉化〉，《2004 雲林國際偶戲節學術研討會
論文集》（雲林：雲林縣政府文化局，2004 年），頁 122～123。
〔註63〕 2014 年臺中市政府文化局補助布袋戲班：「磐宇聲五洲」（今「磐宇木偶劇

化局處演藝廳、表演場所補助要點訂有不同補助等級，也可能只提供免費場地供「自費」或另籌經費前來表演。因此，任何公部門辦理的經費補助徵選活動，新秀團體恐難免與老字號戲班一較高下，爭取難得的補助演出機會。

值得一提的現象，在布袋戲班初步欲往文化場表演領域前進時，可拜媒體眾多、資訊發達之賜，戲班經營者藉由參與媒體節目、接受錄影採訪，將行銷廣告行為視為「肯定」、「嘉許」，而以此拓展戲約、增添資歷，如彰化秀水的「中五洲蕭上彥」（圖 3-12）。然而電視臺娛樂節目邀約，談話節目往往為製造「笑果」而言談內容真假難辨；綜藝節目也為節目效果、收視率多有浮誇之言。因此，戲班參與媒體娛樂節目應當視為戲班一種廣告宣傳的行銷行為，並不能藉此被肯定演技就是突出優異。

圖 3-12　2006 年蕭上彥戲班海報標示曾參加三立、華視、公視、教育文化電視臺節目表示獲嘉許、資歷

（陳正雄拍攝）

當戲班獲得文化場演出經驗之後，持續推展團務，除了循序漸進，躍上「傑出團隊」、「扶植團隊」行列、取得競賽優異成績以外，戲班更要著重文宣宣傳工作、教學推廣、培育團員人才。比如，「聲五洲」於 2012 年在文化部「網路劇院」網站張貼「王英峻互動教學校園布袋戲列車年底全省啟動跑透透」廣告：

> 歡迎提出邀約演出
> 本計畫酌收車馬費！不另收演出費用～
> 大臺中地區（一節課 40 分 6000 元）
> 彰化南投雲林（一節課 40 分 7000 元）

團」)、「承藝園」、「蕭添鎮民俗布袋戲團」、「臺中朝藝閣」、「太陽園」、「大臺灣神五洲特藝團」、「蕭孟然掌中木偶劇團」、「神龍掌中藝術團」各得兩萬元自辦演出活動。其中王文生、「蕭添鎮民俗布袋戲團」蕭添鎮皆是著名的主演。

　　　苗栗新竹（一節課 40 分 7000 元）

　　　嘉義臺南（一節課 40 分 8000 元）

　　　桃園（一節課 40 分 8000 元）

　　　臺北地區（一節課 40 分 10000 元）

　　　高雄地區（一節課 40 分 10000 元）

　　　校方提供（室內禮堂及觀賞學生「300 人最佳觀賞人數」及感謝狀
　　　　一張即可）

　　　劇團（自備戲臺音響麥克風戲偶等）〔註64〕

若能進入校園推廣偶戲，進行表演示範，以單節 40 分鐘的表演至少收費六千元（酌收車馬費），又能獲得校方感謝狀與掌聲，更勝於民戲戶外辛苦演出，不需惡性競價演出。又如 2012 年「聲五洲」同樣於文化部網站張貼「中臺灣最受大學生喜愛的布袋戲體驗列車，即將全省啓動跑透透嘞」廣告，以「參加本團外臺大型演出實習體驗，活動福利：供便當飲料、與布袋戲合影、後臺拍照、參與演出體驗（操偶道具等）」〔註65〕吸引大學生加入演出，既是讓學生體驗，也是戲班的幫手，更讓戲班增添光彩，提升戲班正面形象。如此經營策略與方向已非只應演民戲、守舊經營的戲班。

　　而黃明峰《屏東縣布袋戲班之研究（1949～1999）——以「全樂閣」、「復興社」、「祝安」、「聯興閣」爲例》一書觀察到：

　　　九○年代以來的臺灣布袋戲表現「兩極化」的現象，老藝人相繼凋
　　　零，新秀無心學戲；明星級劇團風風光光，民間布袋戲班冷冷清
　　　清；文化界認爲這是文化資產，是傳統戲劇值得鼓勵、保存，民間
　　　還是沒有多少人看戲……這種現象，還需要許多人的關懷和努力。
　　　〔註66〕

黃氏更認爲 1990 年代以來的布袋戲形成文化場表演使戲班、藝人出名風光，甚至有「明星級」戲班，而依賴民戲生存的戲班則是孤寂。其觀點所站角度

〔註64〕筆者於 2013 年 8 月 4 日查詢文化部網站，搜尋「聲五洲」演出訊息廣告資料，
　　　　網址：〔http://www.moc.gov.tw/main.do?method=find〕，點選步驟：首頁・網路
　　　　劇院・藝文看板查詢。

〔註65〕同前註。

〔註66〕黃明峰：《屏東縣布袋戲班之研究（1949～1999）——以「全樂閣」、「復興社」、
　　　　「祝安」、「聯興閣」爲例》（臺中：逢甲大學中國文學研究所，2001 年），頁
　　　　37。

還是加入多數演出「錄音班」型態的戲班總括一談。筆者反是認爲：無論民戲或文化場表演，關鍵在於出資者、補助者的經費支持以外，還需主辦者宣傳活動、招徠觀眾，以及演出地點位置的適切，並非民戲演出就無觀眾看戲、文化場演出就必定觀眾踴躍參與。

無論布袋戲班發展民戲或文化場演出，都面臨不同經營的困境，有志者不斷尋找出路，運用媒體、網路媒介，進行自我推銷與宣傳，如「聲五洲」、「中五洲蕭上彥」打著上過電視、電臺等媒體節目、參與電影拍攝等等，還有於網路刊登校園演出的廣告，言明不收演出費，只取車馬費、感謝狀，是不收演出費用的文化推廣活動。面對多元社會、科技日新月異的時代，當前布袋戲班得經得起各項娛樂文化的衝擊與挑戰

綜上而言，布袋戲班面對戲曲衰微，所採取有三種經營對策，第一是專營民戲演出，以「錄音班」演出型態爲主，面臨同業彼此間以低廉戲金、人情關係競搶戲約、戲路（演出地盤路線、範圍）。第二是從民戲立基，拓展文化場演出機會，面臨申請補助的難度與否和演出型態、劇目是否爲補助單位、評審所支持。第三是專營文化場演出，導致民戲與文化場演出性質、型態的不同，在於出資者、補助者的把關選擇。選擇的標準依據，前者在於酬神需求，兼達娛人之效，以請戲者的喜好想法決定，呈現世俗價值觀、信仰的眞實一面；後者則在於公部門推動民間藝術的政策下，諮詢學者意見，選擇戲班進行文化推廣性質的表演，呈現的是部分爲公部門、學者所期盼的表演。無論如何，戲班經營者應嘗試多元發展的可能性，才是免於久浸困境的方法。

第四章　戰後不同世代布袋戲藝師的戲劇表現

　　布袋戲的發展大約是在乾隆末年至嘉慶初年間，發展出的精巧細緻的表演藝術。傳入臺灣後，經過不同政權統治，早已發展出不同面貌了。

　　由於不同世代養成技藝、發展演藝的布袋戲藝師，本著天份、努力與際遇各有不同藝術表現與成就，以致開宗立派，具有一定影響力。這個影響力可能體現在系統傳承戲班數量、分布區域、活動情形，以及技藝評鑑、民眾評價等。實際上一個布袋戲主演除了向某派某師學戲成功以外，還因個人的天賦志趣、人生際遇以及學習態度而有另一轉折。也就是說一個布袋戲主演技藝養成，雖可歸功於他的老師。然而之後的努力、誰影響他深厚，恐未必是他的「老師」，比如，掛有「五洲」二字招牌的戲班，可能演出的戲齣與方式皆深受他派影響，如「永五洲」第二代的胡振惠向父親胡永川學藝，父即師，之後尊稱陳山林為「老師」，也四處搭班歷練。〔註1〕又如「中五洲蕭上

〔註1〕　見彰化藝術館網站：〔http://art.changhua.gov.tw/html/sec_1.htm〕，點選步驟：網站導覽・新聞稿・最新訊息・第4頁「武林風雲錄」，瀏覽日期：2014年9月24日。2010年8月7日「永五洲」於彰化藝術館廣場演出《武林風雲錄》，介紹該團：「『永五洲掌中劇團』是由胡永川先生手創於民國54年，至今已有四十餘年，胡永川從小跟隨五洲五虎將胡新德大師，在戲園裡當學徒三年六個月，由於當時戲院漸漸收起，致使到一般民間野臺表演。後來胡永川先生自創『永五洲』，繼續為藝術貢獻四十餘年，其長子胡振惠因從小跟隨劇團演出，對布袋戲產生濃厚興趣，已得父親真傳，且精益求精，拜陳俊然的得意門生黑人陳山林當師父，綜合閣派和五洲的特色，把布袋戲做得更有特色，並且時常和別的劇團相互交流，不停的自我檢討，求新求變求進步；以期以精湛的演技，完整的重現掌中戲原有的風貌。」按：胡振惠是否師承陳山林，

-125-

彥」演出金光戲《命一生》，主角「命一生」三個字恰巧也是「春秋閣」早年招牌金光戲碼《血海恩仇記》主角「恨命莫怨天・心恨命一生」的簡稱，彼此之間或有影響。因此，要論某派某一班布袋戲藝術，甚至全派表演藝術的面貌，其困難度倍增。

在臺灣布袋戲流派以師承系統區分最為常見，然而以系統不同區分流派並非絕對，應該還可從藝術表演區分派別，這個部分除了掌握齊全資料，否則無法討論。本章既以現有保存的戲班與藝師技藝之資料，透過公部門出版或私家所藏記錄，如戲齣綱要、劇本、演出影片、口述生命史及相關討論的文章著作，試圖探究戰後三個不同世代的布袋戲藝師與戲班，可能在各自的戲劇領域有著不同的表現，突顯不同世代的主演於布袋戲領域展現之不同樣貌。

第一節　戰後崛起的一代藝師與戲班

戰後崛起第一代藝師，筆者給予定義為：生於日治中後期、展藝於戰後，並開枝散葉成一系統或繼承家業、傳承技藝的藝師。例如：「五洲園」（二團）黃俊卿、「隆興閣」廖來興、「今古奇觀」方清祈、「進興閣」廖英啓、「新西園」許欽、陳錫煌、「新興閣」鍾任壁、「新世界」陳俊然、「真快樂」江賜美、黃俊雄、「寶五洲」鄭一雄（1934～2003）、「彰藝園」陳峰煙、「小西園」許王（1936～）、「光興閣」林啓東（1937～2011，藝名鄭武雄）、「新樂園」吳清發（1937～）、「明世界」茆明福、「美玉泉」黃順仁（1939～2000）、「明興閣」蘇明順（1939～）……等等皆是，有些藝師則是在日治時期少年階段即初步學藝、接觸戲曲活動。

將眾多戲班與主演的演出情形串合起來也就是一部布袋戲史，在呂理政《布袋戲筆記》裡頭，書寫陳婆與鬍鬚全、「宛若真」與「小西園」、陳深池……等，寫下 20 世紀初的臺北布袋戲界概況：

> 本世紀初期，臺北戲界的名家輩出，形成布袋戲第一階段的繁盛局
> 面。當時的新莊、艋舺、大稻埕三個地區，是最有名的「戲窟」，戲
> 班子都薈萃在此，請戲和看戲的人也最熱烈。在艋舺方面，是南管

並獲得認可，由於陳山林已逝，此事已無法獲得為師者證實，而據蕭添鎮說法胡振惠並無正式拜陳山林為師，然陳山林與胡振惠之間，或許基於就教前輩，持尊敬之心而口稱「老師」。

> 布袋戲的天下，戲界頂尖的高手是《金泉同》童全（綽號鬍鬚全，
> 1854 年～1932 年）和不定時應聘來臺出的陳婆（綽號貓婆，是許金
> 水的師父），兩人合稱為「南管雙璧」……。〔註2〕

然而對於那些逝去、早已遠離我們的事蹟，對於戲班活動情形與藝師演藝才華的想像，甚至理解，只能透過文字記載去發思古之情。

　　在戰後一代眾多藝師中，能獲公部門矚目、學者讚賞進而有機會出版資料，供給後人研究、欣賞的藝師畢竟是少數，除非藝師能自覺留有演出資料，供學生學習、成為研究素材，否則多是僅留有令人緬懷、傳頌的口述歷史。從這些口述歷史中，可以聽到戲班彼此間的「對臺」軼事，衍生藝師間的恩怨故事。因此，戲班以一脈同門或是情誼相互的聯合支援，無形中形成一個實質「門派」或「同盟」，未必一開始就是直接表露要創立一個門派、樹立山頭以廣納學生。這種「門派」或「同盟」本難以條約約束徒眾，能宛如武林門派那般。故戲界傳聞的種種「背祖」、「背骨」事情之道德批評，及踏在別人肩膀上而成就的評論，就常司空見慣。

　　談及「五洲派」、「興閣派」、「世界派」……等名號的產生，導致後來以人立派、師承分派的書寫與說法盛行，江武昌有〈布袋戲的興起和民間劇場的關係〉一文說明。

　　在布袋戲盛行時期，當戲班淡出內臺商業劇場演出，轉戰野臺場合，彼此競爭，同門系統的相互支援「對臺戲」演出，極為平常。當藝師開創戲班，授徒傳業之後，師承不同所產生的差別，實質上造就系統脈絡差異之實，也就容易以人立派，流行派別說法。呂理政曾有「洲閣之爭」的觀察看法，他說：

> 而西螺、虎尾一帶，民風尚武，在光復後的一、二十年之間，由於
> 民眾各自擁護自己的戲班，經常發生衝突，此即布袋戲界的「洲閣
> 之爭」。依照不成文的默契，對方的戲碼，絕不能演，如洲派常演
> 「史豔文」，閣派常演「白蓮劍」、「峰（應為烽）劍春秋」。在對臺
> 時，各自精銳盡出，力爭觀眾，輸陣的一方，常因下不了臺而尋釁
> 動武，造成許多紛爭事端。〔註3〕

呂氏所謂「洲閣之爭」，就實質上來說，就是戲班戲路爭奪的情事，也不局限

〔註 2〕　呂理政：《布袋戲筆記》，頁 87。
〔註 3〕　同前註，頁 101。

只有洲、閣之間才有，各系統，甚至是同系統的爭奪戲路、爭奪面子之「對臺戲」也可能常上演。不同於內臺時期戲班專注於售票演出的製演準備和輪番接檔競演的方式，野臺布袋戲面對的是直接雙臺、多臺戲的同時競演，戲班收費對象是一個或多個請戲者，和售票性質、觀眾決定戲班生存的意義不大相同。

　　戰後一代布袋戲藝師們各有強項才藝和本身魅力，也就是才與德的彰顯，故每位布袋戲藝師必有優缺點。同屬世代的藝師與戲班除了跨領域朝另類布袋戲發展外，只要是經營野臺布袋戲的演出，就可能相互競爭民戲，同地競技，比觀眾人數、戲齣劇情、戲偶道具、舞臺形制等，而稍前的內臺戲演出時期，雖是一戲院檔期接續演出，但也有前後接檔競技幾分意味。除此之外，省府時代戲劇比賽的場合更是戲班角逐獎項，競技爭名的盛會，一年或兩年一度的評比繃緊戲班經營狀況，也是戲班躍上名氣排行榜的途徑之一。從現在看來，許多知名戲班在過去省府地方戲劇比賽時代中，因比賽有所「交集」，彼此頗具交誼或是過節。

　　到「錄音班」表演型態興起的 1980 年代之前，學藝崛起的布袋戲藝師，以能「開口」擔任前場主演，為具備組班條件之一，也就是說戲班衝州撞府需要一個固定班底的主演，才是經營長久之道。因此，戲班與主演的關係密切，主演才藝打響戲班知名度；戲班有賴主演技藝精湛、助演與樂師或配樂者的默契配合。然而到了「口白錄音」演出型態盛行時代，布袋戲班不需有口白與操偶兼具的主演。

　　從目前博碩士論文學位研究當中，爬梳可知有「新興閣」鍾任壁、「五洲園」二團黃俊卿、「新世界」陳俊然、「真快樂」江賜美、「小西園」、陳錫煌、黃俊雄、「真興閣」、「明興閣」……等以個人或戲班，或兩者兼具為研究對象的成果。

　　這些研究對象包含西螺閣派、洲派及界派較具影響力的系統，其餘非歸屬前者三派的藝師與戲班也在臺灣布袋戲界有一定成就。屬於戰後一代藝師，從野臺學藝、內臺歷練，再轉為野臺演出，或以酬神戲表演為主，傳承家業；或純粹以文化推廣性質的演出為主，為志業傳承。有些則跨足電臺、電視影視產業的另類布袋戲。這些優秀藝師與戲班除了在舞臺實際演出上有精湛的技藝表現以外，也可能在其他領域有所斬獲。

　　從多位前賢的布袋戲文章中，可知部分藝師有籠底戲、古冊戲、劍俠戲

及金光戲的戲齣演出記錄，或只是留有劇名。從內臺完全轉戰野臺場合競技後，連本長篇戲齣大多於民戲發揮，因每位主演的歷練不同所擅長、喜愛搬演的劇目有別，加上經營或搭班的戲班營運規模、遭遇不同，使得戲班或主演的演藝發展際遇就此相異。筆者嘗試以掌握的戲班主演演出資料，有演出影片、劇本、戲齣綱要討論戰後一代布袋戲藝師的藝術表現。分舊有戲齣的演出與留存、劍俠戲到金光戲的過渡與臻至兩面向討論之：

一、舊有戲齣的演出與留存

在臺灣地方戲劇比賽時期（1952～1998）參與比賽的布袋戲班留下參賽劇目記錄，可以得知哪些戲齣曾經搬演過，而挑選於競賽場合，也略有幾分為主演擅長劇目的意味。如「小西園」的《古城訓弟》（1978）、「今古奇觀」的《單騎救主》（1968）、「新世界」的《韓信操兵》（1974）、「美玉泉」的《列國誌——烽劍春秋》（1985）、「新樂園」的《牛頭山》（1987）……等等。〔註4〕相較於今，曾參與比賽的「新興閣」、「小西園」、「亦宛然」、「真快樂」等戲班還是文化場上表演的常客，乃至傳衍子弟兵致力文化場經營，都可能承繼前輩戲齣。但在過去攝影器材較不完備和主辦單位未有適切保存影像記錄，使後人難以一窺前輩藝師的演藝情形。

國立傳統藝術中心於2004年起陸續出版先前執行的布袋戲班與藝師技藝保存計畫案之影片，所選「五洲園」黃海岱、「新興閣」鍾任壁、「小西園」許王……等等皆具指標性，為臺灣布袋戲重要系統的開創者或繼承者（掌門人），且獲得國家最高獎項、榮譽，之後也有其他公部門出版布袋戲藝師演出影片。這些演出影音記錄雖可能在藝師中老年時所錄製，且藝師在不同年齡階段所養成的技藝與表現容易有技藝純熟與否、成就高低之差別，然而影音記錄確實呈現藝師技藝表現的一個樣貌，提供藝師技能討論的一個重要依據。

本節對舊有戲齣範圍限定在籠底戲、古冊戲、劍俠戲三個劇型，相較於晚出的金光戲，這三者就演出內容與題材而言，是所謂「傳統戲」。演出籠底戲與古冊戲，乃至劍俠戲，留有影音記錄公開出版的戲班，以「小西園」許王、「新興閣」鍾任壁及陳錫煌為標竿，皆採用彩樓、小型偶、後場樂師現場伴奏演出這些劇型戲齣。歷來布袋戲研究者也將目光放置這些名師名班身

〔註4〕 王雲玉：《箝制與競技：地方戲劇比賽變遷的歷史解讀》，頁212～216。

上，撰有多本學位論文，討論出多位藝師表演特色與風格，其中涉及戰後一代藝師的藝術表現。

故本章不揣譾陋，試以操偶、口白及劇情編排等技能層面，討論其表演技能，提出該輩演技特點。「操偶技能」：是指主演雙手操雙偶的技能，包含各類型人物的基本操作方法，和著重的武戲武打套式動作；「口白展現」則指主演依據自身音質條件，一口說出各類型腳色的技巧，和文學涵養層次；另「劇情編排」談論主演說白控場能力，即是在一定時間內使故事有頭有尾完整交代，並布局場景均衡。如下分別論之：

（一）操偶技能

由於戲偶大小、偶體結構的關係，中小型戲偶在布袋戲演師雙偶舞弄起來自有不同感覺，呈現給觀眾的視覺觀感可能是：小戲偶偶體精巧、大戲偶偶體粗曠；小偶體態細膩；大偶體態誇張，其中涉及操偶力道、指掌技巧。在尺寸大小不同的戲偶身上，演師為了小偶操作合宜、大偶動作顯見，符合戲偶大小與操偶力道比例原則之下，致使大小不同的戲偶搭配舞臺形制而有不同表演樣貌（圖4-1、4-2）。

圖4-1
蕭任能以小型偶搭配彩樓演出

圖4-2　2011年4月21日「蕭添鎮民俗布袋戲團」野臺中型偶搭配絨布景舞臺，於臺灣師範大學演出

（陳正雄攝於2015年2月7日）　　　　（蕭永勝提供）

邱一峰的論文說道：

> 布袋戲的基本操作法，是以手掌穿入布袋中托起戲偶，掌心向前，
> 以食指伸入中空的戲偶頭部，以大拇指操作戲偶的一手，以中指、

無名指、小指三指併連操作戲偶的另一手；當戲偶頭部需表演較細膩的動作時，如轉頭、側視、搖頭等，則以大拇指按在戲偶頸部外側與食指合作操演，使戲偶頭部的活動更能自如靈活；有時為了讓戲偶的右手做出持物（如扇子、雨傘或兵器等）的誇張動作，則演師需以一手支撐戲偶主體，空出的另一手則用直杖（稱為「直通」）或鐵製的彎杖（稱為「彎通」）來操演，讓偶人動作更加細緻逼真……「請尫仔」是初學布袋戲的第一步，凡是二手學戲都由此開始。首先要學習操作戲偶的各種基本動作，例如：開步、整理冠帶、斟酒、舉杯、搖扇、用筆、開闔傘等文戲動作；還有跑馬射箭、空打、對打、舞大刀、打藤牌、翻身、跳窗仔等武戲動作。〔註5〕

邱氏針對小型戲偶，即是他所謂「傳統布袋戲（偶）」，指出布袋戲操作的基本原理，戲偶配以「通」為輔助工具，而開步走路、對打、翻身……等等皆是基本動作。吳明德以「小西園」為研究對象，同樣也道出「傳統布袋戲」的表演程式：

歸納古典布袋戲的掌中技藝，約可分為：（1）戲劇動作（或稱基本動作）：如亮相、邁步、轉身、甩髮、整冠、理鬚、抖袖、就座等，以模仿人戲之演員上下場的戲劇動作為主。（2）特殊動作：如騎馬、射箭、頂盤、耍棍、耍四方巾、跳窗、前後空翻、噴火、踢偶、變臉、舞龍、舞獅等……另外像抽煙、飲酒、推車、划船、馴馬、指人、持杖跛行、開傘、合扇、揮毫、磨墨、蓋章等模仿真人的「仿生性動作」，若以人來表現，可說是稀鬆平常，但以掌弄偶要表演得維妙維肖，則非容易之事，因此就操弄難度來講，也可算是特殊動作。（3）武打動作：如空手互搏、持兵器對打、騎馬交鋒等激烈爭戰動作，是布袋戲的表演強項，其快速靈活也是其他人戲遠遠不及之處。〔註6〕

從邱、吳二位學者論述中，可知小型戲偶由一人演師以雙手能舞弄雙偶，做出基本動作，更以「通」（藏於戲偶體內），輔助左手操控。若戲偶再加大，演師還能雙手操作雙偶，為俗稱的「野臺偶」（中型偶），其操作原理還如小型偶相同，只不過小型偶被冠以「傳統／古典」的形容詞。

〔註5〕邱一峰：《閩臺偶戲研究》，頁326。
〔註6〕吳明德：《臺灣布袋戲表演藝術之美》，頁310～311。

　　大小戲偶配合舞臺結構，舞弄戲偶，若是彩樓型態表演，戲偶下場時，常戲偶轉手使偶下臺；若以布景鏡框式舞臺表演，戲偶下場時，常轉偶身下臺。究其原因：彩樓上下場門裝置在「加官屏」，戲偶行走「ㄩ」字型路線，而布景舞臺兩側爲「出將入相」上下場門，戲偶行走走馬板，是直線行走，加上演師訓練方式、養成習慣不同，造成操偶技巧的不同。

　　操偶技能的展現，攸關戲偶結構、舞臺形制，另外也關乎後場音樂的配合。李殿魁、薛湧以陳錫煌爲研究對象，針對布袋戲後場音樂的運用，提出精確論點：

> 我們觀察陳錫煌的表演，發現京劇鑼鼓被大量使用在武戲上，急急風緊湊人心，搭配九錘半銜接走馬鑼鼓，讓武打動作形成節奏感，這在打擂臺的「君子打」表演程式上，特別有聚焦效果，如果只使用北管曲式的鑼鼓像「三不合」、「緊戰」、「火炮」等鑼鼓點，絕對無法烘托陳錫煌精彩絕倫的武打程式，此時京劇鑼鼓中的「急急風」配合「漲調門」，就能「催場」將氣氛帶上高昂，當戲偶互相請拳準備「君子打」時，鼓佬隨即以「九錘半」搭配「馬腿」轉緩武打動作節奏，當「君子打」轉到激烈拳鬥時，鼓佬又轉以「急急風」，當一方被打下臺時，鼓佬即以「四擊頭」告一段落，再起「急急風」讓勝方下臺。〔註7〕

若是以北管音樂鑼鼓點反而無法精彩配合陳錫煌的操偶套式，而陳氏的操偶技能也在其長期擇用的後場音樂中配合養成。研究指出：

> 觀察其它鑼鼓配樂的劇團在呈現武打場面時，鼓佬通常是以北管曲牌「風入松」來配武打動作，戲偶操作時不需動作與音樂搭配精準，只要被打輸一方下臺，勝方戲偶說話時才停止曲牌音樂，視覺與聽覺的表現豐富度確實比較單調。〔註8〕

由此可知，後場音樂體制、屬性的擇用對表演程式的試煉成形有相當影響，而演師所具備的傳統音樂素養或技能，其程度或深或淺，或運用非傳統音樂元素搭配演出，導致擅長表演的型態迥異，也就造就布袋戲很多元的樣貌。

　　從陳錫煌《飛劍奇俠・花雨寺》、許王《許王掌中戲精選 DVD》、鍾任壁《新興閣鍾任壁精選 DVD》……等等出版影片中，可知對傳統戲碼的留存情

〔註7〕李殿魁、薛湧：《功名歸掌上・布袋演春秋——臺北市布袋戲發展史》，頁150。
〔註8〕同前註，頁150～151。

況，雖公部門所錄製保存的劇作可能只佔藝師能演戲碼的一小部分，但透過影音紀錄可以了解藝師演技的概況。其演技特點有：

1、基本操偶動作的扎實

布袋戲偶在每個人手上都能把玩幾手，通常就是「以食指為中心抵住空心的偶頭，大拇指和另外三指分別插入左右兩袖，手掌充代了戲偶的胸腹」〔註9〕。若是電視布袋戲偶則因偶體結構不同在操作上有異，必須左手握住「通」（操作桿），右手勾起一環，同樣以食指抵住空心偶頭，手臂高舉藏於偶體偶衣內，以便操作。

在許王與鍾任壁出版的演出影片中，是以彩樓、後場音樂現場伴奏、小型偶的表演型態做為保存，以此二人演出作品為例，皆有「扮仙戲」，此戲移植自北管戲，布袋戲班必須能演扮仙戲，常見為「扮三仙」與「扮八仙」。依照北管戲「扮三仙」與「扮八仙」的腳色，可有小生、小旦、花臉、老生、公末等，展現男女老少、文武身段架勢。

許王《三仙會‧醉八仙》影片收有《三仙會》，分〈三仙白〉、〈跳加官〉及〈金榜〉；另收《醉八仙》並無〈跳加官〉與〈金榜〉（或〈封王〉）。其三仙戲無唱曲安排，不同於北管戲《三仙會》常安排福祿壽唱【梆仔腔】、【三不和】，福祿壽以外，有魁星、麻姑及財神，共有六人物。許王的旦角麻姑以「通」為輔，行走時，擺動戲偶左手，飛行飄移。財神出場，翻轉比試，忽前忽後；福祿壽拜壽，彼此交錯行禮，禮畢下場，操偶姿態頗有神仙飄逸之感。

鍾任壁《吉慶戲：扮仙戲》影片中有《扮三仙》、《扮八仙》，前者分〈三仙白〉、〈跳加官〉及〈金榜〉；後者分〈醉仙〉、〈跳加官〉及〈封王〉。鍾任壁的旦角麻姑、何仙姑裝上「通」輔助戲偶左手，使腳色身段靈活；福仙、跳加官偶體也裝上「通」，助其操偶生動。演師利用手掌翻轉技巧在彩樓舞臺淺小空間踏步行走，養成上下場時注意偶態、操偶力道不能過大。

許王與鍾任壁所保存的扮仙戲，除了各自顯現「小西園」與「新興閣」系統操偶技藝以外，其表演程式、戲偶裝扮、曲詞應用、後場樂的選擇也供後輩學習，是偶戲教學者一個極佳資料、民眾欣賞布袋戲的一個入門材料。

2、武打套式的熟練

吳正德《傳統布袋戲前場教學輔助教材》一書，以演出經驗提出布袋戲

〔註9〕林鋒雄：〈布袋戲之成立及其表演藝術特質〉，頁237。

武戲操偶套式：

> 對初學者而言，武戲比較容易演，因爲武戲動作較多較快，且不必
> 交代劇情，表現情緒，所以比較好演。武戲，顧名思義就是武打的
> 戲，有單打、雙打、多打。單打是一個尫仔練功，雙打是兩個尫仔
> 對打，多打是多個打一個；依武器的方式分有空拳及帶武器；帶武
> 器又分爲單手短、雙手短、雙手長，所謂單手短是單手短兵器，如
> 單刀、劍等，通常裝在尫仔的外手；所謂雙手短是兩手都拿短兵
> 器，如雙槍、雙鐧等；所謂雙手長是雙手拿一支長兵器，如大刀、
> 長槍等。〔註10〕

布袋戲武打套式分單打、雙打及多打，雙偶對打又有所執武器不同而各有操
弄技巧、招式。吳氏也說：「老師傅有言：『一快，二慢，三休』，不是一昧的
快就是武戲，有時也要慢一點，以展現尫仔的力道，或是休息一下，緩和緊
張的氣氛。」〔註11〕在筆者〈方清祈布袋戲技藝初探〉，以其《三國演義之初
出茅廬第一功》影片分析與探討其以彩樓（改造過的臺灣製柴棚）、小型偶表
演武戲的套式，長兵器對打爲：

> 劇中趙雲持長槍從上場門上臺，與反方向的夏侯惇交戰，配合鑼鼓
> 點，交手前各自比劃幾招，醞釀決鬥的氣勢，也讓藝師雙手先活絡
> 一下，雙手兩偶手執兵械一來一往要能對準無誤，又相互攻擊下盤
> 和敏捷閃躲，戲偶的過招達到敏捷流暢，不會讓其中一偶停頓不知
> 所措，而另一套武打動作，即是兩人交戰，敗者轉身欲逃，勝者從
> 後一砍，敗者則彎腰急舉兵器擋住，又右手撐偶執長兵器時，可順
> 勢運用戲偶右手的力道往後一甩，成荷器狀態，再向前一甩，表示
> 威武，如趙雲持槍、張飛持蛇矛即是如此。〔註12〕

武打套式配合音樂屬性、節奏，以各式兵器對打串招，常表現在歷史神怪、
征戰的情節裡。由於後場音樂屬性、節奏與主演搭配，其操偶動作練就一套
固定模式。

　　許王與鍾任壁皆保存「隋唐故事」戲齣，其一的南陽關之戰，〔註13〕各

〔註10〕吳正德：《傳統布袋戲前場教學輔助教材》（臺北市：西田社布袋戲基金會，
　　　　1991年7月），頁26。
〔註11〕同前註，頁27。
〔註12〕拙作：《方清祈布袋戲技藝初探》，頁65。
〔註13〕許王錄有國立傳統藝術中心《許王掌中戲精選DVD》（2003年12月），內含

有巧妙之情節安排，戲偶裝扮、人物詮釋也有異。以伍雲召出場大戰韓擒虎軍而言，許王操偶，持伍雲召與辛文禮諸將先後對打，再三打一武打，配合鑼鼓節奏，招式疾緩有序，又雙偶兵器架住瞬間移動上下場的走位，及韓擒虎騎馬前進而直接倒退的操作方式，誠然受限於彩樓形制，但足見許王「人偶合一」的特色，非全然模擬人戲表演動作，其操偶程式未必就如同人戲一般。鍾任壁《大破南陽關》，站在韓擒虎軍立場命名劇目，伍雲召出戰先戰麻叔謀、後殺死十二將，展現他武藝高強。鍾家主演或助演持雙偶以長兵器對打時，刀槍對準無誤，除了顯現武打激烈快速外，還順暢自然。在二打一或多打一的套式中，主演與助演各持戲偶分主客套招，如是二打一，三偶先架住兵器，左右兩偶再攻擊中間偶（伍雲召），兩次合擊，兩次閃躲，再由伍雲召先後擊敗左右偶。誠如吳正德所說的：「基本的攻及防兩部分，攻有擊、絞、砍、刺，防有架、擋、閃、退。」多打一的套式全賴主演與助演的默契配合，持偶力道拿捏準確才不會遲鈍、不知所措。

綜上所述，布袋戲操偶技藝在不同結構重量、尺寸大小以致操作方式各有特點，而長期以彩樓、後場鑼鼓伴奏形式，磨練對古冊戲的嫻熟，則可拿捏戲偶輕重得宜，不致力道過大，且適應彩樓結構，精練操偶套式，和布景舞臺表演型態相較之下，常常是形成不同風貌。

（二）口白展現

布袋戲主演的口白藝術可分先天嗓音音色、後天學習的發音技巧及文學涵養來看待。前者為個人生理條件，後兩者為努力學習的成果展現。吳明德說：「一般人初看布袋戲，第一眼都是被演師手上的木偶給吸引住；但若要繼續吸引觀眾不斷地一直看下去，關鍵卻是主演的口白。」〔註14〕在石光生《鍾任壁布袋戲的傳承與技藝》一書說道：

> 布袋戲團要深受觀眾的歡迎，必須要有一位具有深厚文學造詣和音樂素養的主演才行，而這位主演就是劇團中的靈魂人物。他不僅要能做到生、旦、淨、末、丑、雜類等，不同性格角色的五音分明，還得加上渾圓厚實的嗓音才能表達出角色情緒起伏變化的「八聲七

《南陽關》；鍾任壁錄有國立傳統藝術中心《新興閣鍾任壁精選 DVD》（2005年 11 月），內含《大破南陽關》。

〔註14〕吳明德：〈逸宕流美‧凝煉精工——許王「三國演義」的編演藝術〉，《彰化師大國文學誌》第 14 期（2007 年 6 月），頁 155。

情」，才能把戲演得扣人心弦，吸引觀眾。所以一齣戲的好壞，唸白
是特別重要的。〔註15〕

以鍾任壁為例的研究中，主演必須有「文學造詣」，涉及主演口白藝術的呈現，
說白技能除了能分音有別，還有關口白（臺詞）的運用。稱讚一名主演的「口
白好」，包含嗓音本質、分音技巧、文學造詣，及控場能力優劣，即是全場說
白的流利度、詞彙運用的適切，藉由口白述說在既定演出時間內使情節鋪排
緊密且完整，讓觀眾了解全劇的意旨。

以下從三個面向談口白的展現：

1、說白發音技巧的純熟

陳龍廷認為：「主演的口白，可說是一齣布袋戲表演的靈魂，如果節奏感
掌握的不好，五音分得不夠清晰，其他搭配部門的工作人員再強，可能也無
法抓住觀眾的心。」〔註16〕布袋戲主演掌握五音區別技巧之外，亦另有發展
出獨特類型的口音，不在五音之列。而陳氏認為主演的口白技巧若不好，其
他項目表現再好，可能也難以使觀眾喜愛。

筆者在前章論述中已提出當主演盡情投入演出中，其五音區別已非重
要，當下觀眾在戲劇情境中已被主演引領到欣賞鮮明的人物形象、趣味或緊
張的故事情節之層次，進而習慣該主演的口白音質、技巧的呈現，只要口白
流利、富有節奏，依舊能被觀眾所喜愛。此論點在吳明德對許王藝術表現的
研究當中，亦可援引為例，他說道：

> 許王先生的口白聲音質感，緊密圓潤、澄淨瀏亮，不會有分叉破裂
> 的滯塞感，具有很強的穿透力與感染力，兼且發聲徐疾有度、強弱
> 分明，縱使不以「五音分明」見長，但功深鎔琢，字字傾珠玉而出，
> 非常悅耳動聽。〔註17〕

吳氏認為許王不以「五音分明」見長，但是其發音力道、節奏之技巧；「緊密
圓潤」、「澄清瀏亮」之音質，仍是悅耳動聽。是故，五音的區別固然重要，
雖差強人意，但若能掌握說白節奏、音質清澈，亦未見得其表演不為觀眾所
接納。

再以「新世界」陳俊然《三才女》錄音資料（唱片）為例，〔註18〕劇中

〔註15〕石光生：《鍾任壁布袋戲的傳承與技藝》，頁201。

〔註16〕陳龍廷：《聽布袋戲：一個臺灣口頭文學研究》，頁117。

〔註17〕吳明德：〈逸宕流美・凝煉精工——許王「三國演義」的編演藝術〉，頁155。

〔註18〕陳俊然：《三才女》（中聲唱片，1964年），約86分鐘。

以生、旦、丑三類腳色為主，口白雖清晰明亮，然奸董（二奸）、韓願（老生）二者口白不易區分，綜觀全劇應屬於「淨」的腳色卻少有粗曠豪邁的聲口。

其次，吳氏認為許王說白技巧是：

> 這其中許王先生尤其特別注重「起落音」的運用，每當他要開口發音時，先從丹田提氣至喉頭，把氣醞釀在喉間，再以口型之圓尖扁闊、緊鬆弓垂之變化，控制氣之出入，以發出高昂、低沉、柔細、洪亮等不同之聲音，如此之口白穩健沉實、渾圓飽滿，不致虛浮飄盪；接著是尾音的「牽聲」，收音拉長，常有盪氣迴腸的韻致，而許王更發展出將斷未斷、似斷猶連的「飛白腔」式的牽聲，保留聲氣，不使一次放盡，遂讓木偶的情緒從臺上擴散到臺下，強烈感染在場的所有觀眾。〔註19〕

藉此進一步可談技巧部分，無論行腔轉韻、如何運用丹田，或是鮮少運用「丹田」，多靠「一張嘴」口說臺詞，都是主演自主擇用的方法，二者方法又面臨「五音」可否分明的難題，對此我們也難以評價對錯好壞，還是得回歸到觀眾是否接受主演的「聲喉」、嗓音。

是故，口白展現好壞雖涉及技巧層面，又技巧方面每位藝師見解不同、表現有異，但能夠富有節奏、引領觀眾入戲，亦是要緊，觀眾從中品味，自然感受主演口白音質特點，進而接納而喜愛。

2、出口成章的文學涵養

布袋戲主演除了掌握說白技巧以外，因傳統上主演現場演出、臨機說白，一齣戲的文本當場展現，而透過錄影再整理成「舞臺演出本」，使之字句確鑿，更能提供我們了解該名主演的文學造詣。或是透過他運用文字書寫成的資料，如古典詩詞、古人雋語、自創詩句、劇本等，依此才能評論主演的文學造詣與涵養。然而還有一種情形是他人創作且完整的劇本提供主演進行演出，這已非布袋戲傳統上的演出方式，如此看來，就是釋放出傳統上主演具備「編劇」這一塊能力與權力，轉由編劇人才專門分擔職責。若是布袋戲為編、演、導三者分工協力的模式，自是不能以傳統上主演必備的條件看待。

戰後一代的主演們，有的受過漢文教育的薰陶，或是受過國民政府中小學教育，皆具備識字能力，透過閱讀能增進文學涵養，對於古冊戲的演出有

〔註19〕吳明德：《臺灣布袋戲表演藝術之美》，頁301。

所幫助。陳龍廷研究中指出：「昔日的漢文教育，不只是布袋戲創作者相當重要臺灣話文基礎書寫能力的訓練，布袋戲的文戲，如詩詞問答、談經說史、聯對、字猜等戲劇內容，與民間漢文教育亦息息相關。」〔註 20〕故布袋戲主演必須具備某程度的文學涵養才能對於布袋戲文戲中的詩詞應對，甚至四唸白的理解使用與創作得心應手。

在蕭永勝《「五洲園二團」黃俊卿及其「忠勇孝義傳」、「橫掃江湖黑眼鏡」之研究》就指出：

> 黃俊卿的口齒表達清晰，口白流利，用語隨性而且生活化，例如「恁娘咧牛奶」讓筆者一聽再聽，總覺得黃俊卿的自創「語彙」令人意外，也感到有趣，大抵來說，其語言表演形式屬於文雅的風格，但是劇中屬於丑腳的劉大郎，黃俊卿卻又能將這個角色的語言表現得俗到極點，所以「俗」與「雅」兼具的特色，正好使黃俊卿能夠貼近不同觀眾的欣賞口味。此外他也擅長旦腳聲音的詮釋，在鋪陳男女之間的感情關係時，敏捷順暢，口白聲音表現相當分明，並且善用詩詞來詮釋劇情。〔註 21〕

認為黃俊卿布袋戲口白發音曾是清晰流利、用語生活化，又兼具雅俗特色，且善用詩詞。從一個主演、戲班乃至傳承系統，足以建構藝術風格與特色，需要更多資料立論。陳龍廷就曾認為：

> 五洲園派，可說是臺灣影響最為深遠的布袋戲流派。其風格特色就在於「五音分明」，各種角色獨特的聲音區分清晰，而透過角色所創造的音色，往往使人留下深刻的印象。其次，五洲派在戲劇表演中，偏好穿插「謎猜」、「對聯」等文字趣味遊戲的情節段落，形成一種文言、白話交錯的風格。〔註 22〕

「五洲派」表演之所以成功、影響深遠，其認為是說白「五音分明」，這一項前文已討論過；後提擅長安排文字遊戲情節，其中語言趣味十足，大有可觀。

從前賢研究中可獲知主演口白藝術的——說白技巧與文學造詣，是評比演出是否成功的重要項目。後者文學造詣，一為書面文學的養料的吸收；二

〔註 20〕陳龍廷：《聽布袋戲：一個臺灣口頭文學研究》，頁 89。
〔註 21〕蕭永勝：《「五洲園二團」黃俊卿及其「忠勇孝義傳」、「橫掃江湖黑眼鏡」之研究》（臺北大學民俗藝術研究所碩士論文，2010 年），頁 108。
〔註 22〕陳龍廷：《臺灣布袋戲發展史》，頁 191。

是口頭表演的呈現，兩者密切關聯。主演從書面文學吸收而來的涵養，透過語言口頭（技巧）表現出來，能否爲多數觀眾所接受是一項考驗。陳龍廷研究指出北部偏泉州腔的布袋戲班難以跨越語言邊界，說道：

> 目前臺灣偏泉州腔的掌中班流派，大抵只剩下臺北的戲班，如李天祿、許王等。許王口白的腔調特色，相當不同於中南部漳泉音混雜的優勢音，或許因爲如此，小西園的「戲路」比較局限在北臺灣。據筆者調查戰後戲園布袋戲，北至基隆的高砂戲院，南至新竹的新舞臺戲院，都屬於小西園、亦宛然經常演出的範圍。北部掌中班跨越濁水溪的演出紀錄，卻幾乎是屈指可數……基隆與新竹之間的北臺灣，可能是掌中班口音與流派隔閡的最後邊界。〔註23〕

主演的語言腔調可能因退休不演，或逝去，或無人仿效而終止，也可能必須順應觀眾成長環境、世代不同，而擇用多數人能聽懂的腔調說白。

然而主演口白藝術中文學涵養部分，仍涉及「識字與閱讀能力」深淺，識字不深者依賴「強記」方式學習戲齣的口白（臺詞）、文學詩詞及劇情安排，可能影響他對文學詩詞的理解程度，而難以提升文學修爲。故沒有書面文字的輔助，則主演記憶力退化時，可能讓他喪失能演的戲齣。

是故，一位主演若口技巧妙，且具有某程度的文學涵養、語言靈活特點，加上套語爛熟，則是優秀的表演者。

3、說白控場能力對全劇始末的交代

無論布袋戲主演口技優劣、識字與否、文學修爲如何，另一評鑑其口白藝術的項目「控場能力」更是全劇成敗的重要關鍵。由於主演常憑藉過人記憶力，以說白鋪排情節，交代完整故事，通常只靠提綱挈領，不依賴寫定且完整的劇本，故主演把一齣戲從腦海中於現場表演出來，就多靠其經驗，進行剪裁，使之成爲有頭有尾的一齣戲，於是主演兼具編導之能力與權力。

除了主演必須控場有方，還需有引導助演互相配合的能力，是爲默契。從搬演的劇名和實際演出內容的比對，可以得知主演預期的表演「戲站」（戲齣段落）是否完美畫下句點。其中又如何掌握演出時間長度，安排情節進展、調整演出節奏，在在考驗主演功力。

以上觀點是從主演臨場反應、說白搬演故事的表演特質來看，假如以完整寫定的書面劇本來說，寫者若是具有表演經驗，依舊能將劇本直接於場上

〔註23〕陳龍廷：《聽布袋戲：一個臺灣口頭文學研究》，頁78～79。

搬演，經過彩排後，精準切合演出長度，或是交由主演隨機剪裁，以因應演出長度之所需，其做法可能自行增改情節，或延長武戲部分。因此，除了依據寫定劇本、彩排臻至以外，臨場隨機應變或依恃書面劇本直接於表演場上進行演出的情形，還是以主演「控場能力」主導全劇為準則。

比如，陳錫煌劍俠戲《飛劍奇俠》其中一單元劇〈花雨寺〉，搬演長度約90分鐘，故事大意：

> 白鴿子見祖母慘死，怒滿胸懷吐出青光劍追殺白蘭花夫妻。此時黑姑正歡喜迎接姪兒回來，驚見天外飛來劍氣才知原委，以雞替人，青光劍見血而歸，被白鴿子識破再吐青光劍，黑姑無奈令褚英以指替人暫解一難，白鴿子心中存疑，決定親往湖南一探虛實。一波未平一波又起，白蘭英夫妻以為大難已過，未料山神祠中躲雨卻無意間撞破歹人勾當再惹殺機，白蓮珠在花雨寺，中楊燕子五毒雷火掌生死難料……。〔註24〕

此劇可分兩部分：一是「白鴿子青光劍的追擊」；二為「花雨寺楊燕子的索命」。前者用約19分；後者用約71分各別交代完整事件。又如許王《南陽關》搬演長度約72分鐘，以單線情節進展。再如鍾任壁《大破南陽關》，分上下兩影片。上片約85分，伍保登場自報家門後（第一場約5分鐘），用約30分鐘搬演伍雲召與雄闊海結拜過程；用約50分搬演初次南陽大戰。下片約62分，用約21分搬演雄闊海與伍天錫爭執打鬥；約31分鐘再演南陽決戰，後以約10分鐘伍雲召、伍天錫及雄闊海兄弟相會做結。

是故，若以許王與鍾任壁所詮釋的「南陽關之戰」相較，皆是精心製作錄製的好戲。鍾任壁則多搬演與伍雲召相關的枝節，如打虎、富商假扮乞丐過山的情節，增添趣味性。若單論南陽大戰主情節，鍾任壁也比許王多了15分鐘精彩的武戲，增加征戰場面的人物，他的《大破南陽關》加總起來實可分為兩集演出。而陳錫煌僅以七個偶演出90分鐘的內容，兩個事件依序串演做結，也是安排得宜。這都需要主演臨場發揮口白、鋪排情節，充分掌握演出時間長度，配置得宜，才不會使劇情結構虎頭鼠尾。

（三）劇情編排能力

傳統上主演彼此以口傳方式傳授戲齣內容，反覆演出多次中調整口白套

〔註24〕陳錫煌錄有臺北市政府文化局出版《飛劍奇俠·花雨寺》（2011年12月），引自內附的介紹文宣。

語、改進說白技巧。其次，能書寫閱讀者更可透過文字記錄，保留戲齣內容。
儘管如此，主演編排能力的具體實踐還是直接於表演場上見真章，而其中如
何鋪排情節，使之有頭有尾的圓滿結局外，還得思考哪些細枝末節可以刪去
不演，並聚焦主要人物，給予深刻且細緻的詮釋。

　　當主演演出「籠底戲」、北管「正本戲」及「古冊戲」，忠於題材來源樣
貌，再摻以主演心思編排劇情。在有所本的前提：前輩主演的經驗談、劇本、
小說等的參考依據之下，主演獨自的「創意」、「獨發性」相對減低。對於劇
情結構的安排，依照前輩主演傳承的經驗，或劇本，或小說平穩布局。

　　主演針對短篇或長篇連本戲齣，扣緊或放遠心思，安排是否埋下情節伏
筆，和擇定人物賦予戲份。無論如何，這幾類戲齣的劇情安排特色可能還是：
人物登場的「自報家門」，述說背景，進而人物陸續出場推動情節，最後結尾，
完整交代整個事件。

　　另外，主演推出的劇目名稱是否得宜，又能否使觀眾感到興趣，更是可
以琢磨的議題。如前文所論之陳錫煌《飛劍奇俠》之一的〈花雨寺〉，據吳明
德研究所說：

> 原本陳錫煌要取劇名為〈姑孫團團〉，但吳榮昌認為太像家庭倫理劇
> 而欠缺「江湖味」、「武林氣」，遂建議拈出劇中惡道楊燕子的居所也
> 是白蓮珠身中五毒雷火掌之處的「花雨寺」為名，對劇情既有畫龍
> 點睛之妙也能給觀眾「聞奇而驚聽」的想像空間。〔註25〕

此是〈花雨寺〉得名之由來。以鍾、許二人之「南陽關之戰」戲齣之名來
看，也可知都同以「南陽關」入名，此關等同伍雲召，從興師抵抗到敗亡做
結，符合內容。又如許王《天水關》〔註26〕，取材北管戲同名之劇，演出孔
明伐魏故事，與《三國演義》小說中是為「天水郡」不同。

　　是故，主演必須從預定演出的戲齣內容，斟酌取材來源、情節安排，給
予適當劇名，不過若取材小說或長篇敘事，可再添加劇名主副標題者，應更
使觀眾知道大概的內容性質。

二、劍俠戲到金光戲的過渡與完備

　　劍俠戲自日治時期流行起來後，除了取材古典小說中俠義故事以外，也

〔註25〕吳明德：〈老樹春深更著花——陳錫煌「飛劍奇俠・花雨寺」析論〉，發表於
　　　　2011 年成功大學閩南文化國際學術研討會（2011 年 11 月 26 日），頁 266。
〔註26〕許王《許王掌中戲精選 DVD》有《天水關》，敘述孔明伐魏、納姜維的故事。

嘗試創編新戲齣，在戰後內臺戲流行時，蔚為風潮，如陳俊然的《江湖八大俠》〔註27〕、黃秋藤（1924～1987）的《怪俠紅黑巾》〔註28〕。創編的劍俠戲興起後，大量演於戰後商業劇場中，有些戲班面對多天連演的需求而安排「排戲先生」一角，協助主演所要推出的戲齣進行「疊幕」、「裁戲」〔註29〕，或是改編、創編故事提供主演演出。吳天來與陳明華即是知名的排戲先生，而具有書寫能力、懂得歷史典故、軼聞傳說、俗文學作品者也能勝任此工作，如廖來興到「新興閣」排古冊戲劇本。〔註30〕無論編排古冊戲或劍俠戲、金光戲，排戲先生不是「事先就把所有的情節對白完全寫好」〔註31〕，而是在演出過程中，一邊想劇情；一邊因應演出編排，是故事劇情走向的意見提供者，說白臺詞的應用發想之主導者還是戲班主演。換言之，排戲先生只是分擔主演編排戲齣的工作，提供戲齣如何編排、創編戲如何續編下去的意見，是一個輔佐主演編劇的角色，也可說的上是主演的「老師」。

在金光戲興起、名義相符確立後，在內臺戲時期轟動的劇作不乏為吳天來與陳明華所編排，爾後時間積累，讓劇作原貌產生變化。從現今所掌握的資料中，只能窺探其中一貌，以下仍從操偶、說白及劇作編排等面向論之：

（一）操偶技能

戲班演師若是操弄小型偶，偶體輕盈、尺寸合適透過巧手學習之下，能靈活操作戲偶身段，並配合舞臺形式、音樂體制，搬演整齣戲。在吳榮昌《八十八年度戲劇類藝術欣賞學習手冊掌中風華》，以他習藝、演戲經驗說道：

〔註27〕 巫裕雄：《南投新世界陳俊然布袋戲「南俠」之研究——以「南俠（沒價值的老人）」為研究對象》，頁100。

〔註28〕 楊雅琪：《玉泉閣布袋戲團研究》，頁96～100。

〔註29〕 吳明德解釋「疊幕」：「原指話劇表演時一幕接一幕的連接方式」，進而借用為指稱布袋戲演出時一場接一場的演出方式。「裁戲」：「指的是能將古今戲劇、時事或小說、影視節目情節等，改編成在一定時限內演畢的布袋戲戲齣的技巧」。見其〈逸宕流美・凝煉精工——許王《三國演義》的編演藝術〉，頁163～164。按：筆者於2014年9月28日在蕭宅訪談蕭添鎮，他認為「排戲」（「疊戲」），即是編排情節，完成架構；「疊幕」則是演出時，場景接續的方式，又具有隨機應變的特質。比如，書生進京趕考，將名落孫山，是已排定的情節，是謂「疊戲」。演出時，若臨時增加書生夢見神仙指點的場景，警示科考結果，則為「疊幕」。先有「疊戲」；後「疊幕」。另「裁戲」則是剪裁不必要的細枝末節（「戲屎」）。據此，可知蕭添鎮實踐演出所得的看法與專業所在，不同於研究者見解。

〔註30〕 陳金次主持：《臺灣閣派布袋戲的傳承與發展》，頁136。

〔註31〕 陳龍廷：《臺灣布袋戲發展史》，頁98。

操偶叫做「請尪仔」，身為前場者必須用心觀察，盡量發揮其雙手五指，來模擬形形色色的人物肢體動作，再轉成舞臺上隨著鑼鼓點、樂曲而動的木偶肢體語言，故木偶的動作受到鑼鼓點、樂曲的節奏規範，不論是言行舉止，武打招式都呈現獨特的律動之美。掌中技藝優劣，端賴演師的苦練與才智，多聽多看多用心是一個成功演師的必備條件。〔註32〕

吳氏師事陳錫煌，學習小型偶、彩樓舞臺的表演型態，從其經驗談而言，認為操偶技藝與後場音樂的規範相關，而且舞弄起來呈現「律動之美」。當戲班逐漸擴大偶頭尺寸、增加戲偶身高，改變舞臺形制與音樂系統，應演各劇型之時，其中音樂的改動使演師操偶程式大大地改變。尤其演出金光戲時，從早期通常為北管「風入松」搭配演出，無論是播放器配樂式或現場伴奏方式，到全盤使用中西流行音樂的風行，使培育後輩演師操偶技藝的環境大大改變，沒有臨場傳統鑼鼓音樂的訓練與演出經驗。

　　戰後一代藝師演起金光戲時，初期仍是使用鑼鼓音樂做為配樂。何以說音樂規範的改動影響操偶技藝的養成？原因在於：演師若具備北管音樂素養，搭配曲牌、鑼鼓點，受其音樂特質影響，演師依照音樂節奏、屬性搬弄戲偶，自成套式。反之，若不懂音樂曲牌、鑼鼓點，操偶動作與音樂節奏分離，則漏洞百出。

　　當演出金光戲改使用流行音樂、漢樂以播放器配樂時，戲偶可以不用依照戲曲鑼鼓點上下場、不受戲曲音樂規範，可免去戲曲身段動作的模擬，大抵將流行音樂、漢樂依屬性區分為：人物出場樂、背景樂、悲樂、擋臺、趕幕、武打……等等，注重音樂對戲齣情節的烘托效果。在戲班們使用流行樂配樂的風氣興起後，卻也建立對音樂使用的共同處，如演出西北派重要人物「軍師」一類則出場播放「黑森林」歌曲；東南派男主角一類出場即播「無情之夢」，形成各團間不約而同的默契。

　　布袋戲班若要演出金光戲，其基礎應建立在對古冊戲的表演方式與內容之了解，以及音樂、舞臺及戲偶大小結構的轉變，對操偶技法產生的影響。而從劍俠戲蛻變而來的金光戲，難免帶有它幾分演技特色。以下分兩點說明：

〔註32〕吳榮昌：《八十八年度戲劇類藝術欣賞學習手冊掌中風華》（臺北：國立復興劇藝實驗學校，1999 年 6 月），頁 4。

1、從操偶扎實的基礎，到演技的蛻變

從傳說、民間故事或小說改編而來的歷史、神怪、愛情、俠義等題材之戲齣來看，的確發展出不同的劇作特色。到金光戲形成，可謂集大成，一些情節於此仍可見，如放法寶、變身、遁法等法術鬥寶情節。在使用基本的五色布、動物偶、一桌二椅之外，更加使用各式材質的飛禽走獸動物偶、實體道具、景片，利用煙霧、鞭炮及燈光效果。某些舞臺效果改變操偶方式，若是戲偶變身的技法則是——操弄右手偶的食指扳下，即彎下右手偶頭，再由左手偶貼緊右手偶，露出偶頭，右手偶瞬間放下走馬板，就是變身完成；到煙霧瀰漫舞臺，戲偶脫離走馬板上，變身偶上臺，即是變身完成。兩種所呈現的效果不同，後者簡省操弄戲偶的手續，就是增加了聲光效果的輔助。若是人物上下場時，可能不再顧及舞臺（走馬板）寬度多少，人物出場可以從舞臺中間鑽出，先用燈光，或煙霧，或金光盤（著色的圓形轉盤），或五色布掩飾偶體，也表示是一個武功高強的人物，可來無影去無蹤。在武打過招時，人物激戰快速上下場，演師操弄戲偶也未見得踏實的從上下場門進出。

2、武打套式的改變

金光戲是武俠戲發展的極致，敘述武林恩怨、愛恨情仇的故事，人物通常武功高強、駐顏有術或有喬松之壽的本領，以神秘懸疑、詭譎多變的劇情吸引觀眾。人物的對打招式不是刀槍招架、拳腳過招而已，更是發展氣功爆破、內力比拼、神功鬥法的打鬥場面。這些武打招式場面雖然在部分「古冊戲」存在著，但火爆、兇狠打鬥的險象卻是金光戲特點。邱武德《金光啟示錄》寫道金光戲人物驚人的武功：

> 像「蚊子叮牛角」白髮未老人絲毫沒感覺；西北派妖道們疑惑不解，正準備集中全部力量發出最強勁的氣功時，只聽到白髮未老人一聲長嘆「啊——無奈啦！」金光掃出「碰！碰！碰！碰！碰！碰！」電光火炮爆炸聲連連，舞臺上迅速捲起陣陣白煙，西北派妖道慘叫哀嚎，一個一個破功倒地，條狀的紅布巾跟著左右晃動，由大縮小，戲偶被拉入後臺，象徵西北派妖道全部死亡化成血水。〔註33〕

演師利用火炮、煙霧表示氣功，比拼廝殺，不只是歷史征戰戲、劍俠戲的拳腳相對、刀槍較量而已，又雙方武打時，各自運功提高功力，操偶方式以手

〔註33〕邱武德：《金光啟示錄——臺灣金光藝術的起生》（臺北：發言權出版社，2010年3月），頁16。

掌抖動戲偶，發招制敵、運功護體。在石光生〈鍾任壁內臺金光戲的劇場演藝〉一章裡，指出「新興閣」的舞臺效果：

> 首先就是製造武打效果的「電光臺」。它是一排十數枝鐵製撞擊柱構成，底座為火藥槽，填滿採購而來的火藥粉。由後場的「電光手」負責以鐵鎚敲擊撞擊柱就可以製造需要的打鬥廝殺音效。其次是「煙霧臺」。它是木質 T 字造型，下方木條是可供左手握住的木柄，上方挖出四個凹槽，放入自製的火藥粉，以香點燃即可冒出白色煙霧，製造神怪上場的神秘氣氛，或是打鬥時的激烈氣氛。接著是製造視覺效果的「金光巾」，這是在竹棒上綁著單色或六彩絲巾或布條，用於武功高強的人物上場或打鬥時。最常見的是正面人物發功時，助手就在人物身旁揮舞彩色「金光巾」，而當人物破功瀕臨死亡，助手通常會揮舞黑色布條。觀眾很容易了解「金光巾」的象徵意義，也喜歡這樣的視覺效果。〔註34〕

就鍾任壁演出的舞臺效果而言，「電光臺」、「金光巾」皆是輔助武打增添效果的利器。演師們藉由劇場舞臺演出經驗，影響後輩，在武戲武打上增添許多效果，異於古冊戲的演法。

　　綜上所述，金光戲人物以長相、武藝及神通法術來論，皆非「常人」，像《封神演義》、《西遊記》一類神怪戲的人物，恐還無可比擬。基本操偶方式多了聲光效果、道具輔助；武打場面、招式可依恃「金剛體」充分展現極度且瞬間的爆發力，藉此拓展無限神通法術。

（二）口白展現

　　前文提到布袋戲五音區別、文學造詣的展現及控場能力，這三項是評鑑口白藝術好壞的依據。在金光戲表演身上也是必須具有這三項能力，其中的五音區別，還得視人物情緒表達喜怒哀樂而發出不同聲調。

　　由於全場口白乃是主演一人表現，難免有所局限。從前輩藝師所創的「七角仔」，或稱七丑，有人相、大頭仔、缺嘴仔、臭頭仔、憨童、黑賊仔及殺手頭，應演於古冊戲。藝師們共同創造某些語言腔調，不是來自戲曲人戲的模擬，如大頭的頭型高禿、綁上辮子，發音必須帶有卷舌音，又如缺嘴仔，就是兔唇的市井小民，說話帶有「漏風聲」，皆不是戲曲人戲場上的腳色

〔註34〕石光生：《臺灣傳統戲曲劇場文化──儀式・演變・創新》，頁 234～235。

或人物。

這類人物隨著刻偶師與藝師的意見結合，不斷生發出新的人物、戲偶，如黃俊雄《史艷文》的「哈買二齒」或陳俊然《南俠》的「土俠無牙郎」、「福州老人」，前者帶有「哈買」口頭禪；後兩者無牙郎以固定圓扁嘴型說白，老人則說話帶有濃厚鼻音。在金光戲表演裡頭，能創造出新人物、新偶頭，也可帶有特殊腔調。其次，透過擴聲器音效技術，增添人物口白聲音的多樣化。

是故，藝師立於五音技巧的基礎上，不斷創造新的劇中人物，給予語言特點、口白發音技巧，展現自身的口白長處，也從創發的新人物語言再帶回古冊戲裡表演，造就布袋戲人物口白的豐富。

（三）劇情編排能力

因劍俠戲劇作《清宮三百年》愈出愈奇，〔註35〕加上鍾任壁在 1953 年 7 月 11 日至 8 月 10 日到臺南市慈善社戲院公演一個月，劇目就是吳天來為鍾任壁所編的第一部金光戲《奇俠怪影》。〔註36〕原屬劍俠戲性質戲齣有可能因續編，加油添醋，使得劇情走向男女戀情、恩怨情仇的糾葛循環模式，丟棄有所本的束縛或是嘗試創作，雖然仍是武俠、俠義故事，但增添許多天馬行空的想像、武功招式的突想與新奇，這種發展到極致是為「金光戲」。對於這個過渡時期的戲齣演出情形，我們無法清楚了解。所以對於一齣戲、一個劇名可能會因不同人的理解與經驗，而有不同的判定究竟歸屬於哪類劇型。事實上，也是因為一齣戲的劇名與內容，會雜揉多樣情節，致使有些戲齣難以歸類。此理如同後來 1990 年代，諸多藝師新編或創編戲齣供給野臺「錄音班」型態演出所用，有柳國明的《玄天上帝》、陳山林的《濟公傳》，可說是有所本的「古冊戲」，為了加長劇集，故增添他們所擅長的金光戲《南俠風雲》橋段。

戰後內臺商業劇場，有所本的劍俠戲無法滿足演出需求，創編劍俠戲或改編其他武俠小說的風潮再起，到金光戲的形成，兩者的分界並非嚴格分

〔註35〕陳龍廷指出：「『五洲園第三團』的黃俊雄，則已經將少林寺故事演到洪文定、胡亞彪的後代孫輩的半空兒、飄海兒，而新出場的角色九海神童，更是半空兒的後代，號稱『聖俠』。那齣戲就是 1955 年在嘉義興中戲院所演出《聖俠血染金邪島》，小標題〈起龍兒血戰金邪老人，矮冬瓜大顯神通〉。」見其《臺灣布袋戲發展史》，頁 157。

〔註36〕石光生：《鍾任壁布袋戲的傳承與技藝》，頁 78。

立。戰後一代的布袋戲藝師經過內臺戲長期演出的歷練，提升了古冊戲、劍俠戲及金光戲長篇故事的編排能力。而其他在另類的廣播布袋戲、影視布袋戲表演領域中，也是一個歷練的場合，其餘就是得靠野臺布袋戲場合有意識地鍛鍊技藝、編演長篇戲。在巫裕雄研究陳俊然布袋戲的論文結語部分，有如下看法：

> 《南俠（沒價值的老人）》此金剛戲劇目，係陳俊然根據首徒大西洋藍朝陽提供，吳天來編排的《斯文怪客》劇本，重新裁剪編排而成的作品……透過《南俠（沒價值的老人）》一劇，我們可發現陳俊然其個人表演特色，其一在於其先前扎實的古冊戲、劍俠戲的歷練，對於「古冊戲」、「劍俠戲」劇情的熟悉與掌握，能夠擷取精華橋段適時融入在自己的金剛戲演出中，讓自己的金剛戲演出更具深度。其二，陳俊然形塑出「世界派」的招牌角色包括「南俠翻山虎」、「沒價值的老人」、「江山美人醉西施」，這些獨一無二的角色，對觀眾來說辨識度極高，可說是「陳俊然」、「世界派」的看板明星，更可說是「陳俊然」、「世界派」的表演特色，尤其「沒價值的老人」一角，幾乎其門下每個能開口擔任主演的弟子，都能掌握此角色的口白與個性。其三，對於小人物角色刻畫，以及貼近民間平民百姓生活題材的描寫，陳俊然特別擅長，因此讓其演出更貼近民眾生活，更能引起觀眾的共鳴與迴響。其四，大量灌錄唱片的陳俊然，不但增加自己鍛鍊口白的機會，而且透過錄音設備能夠聽見自己敘述的口白內容，發現自己口白上的缺點而加以改進，因此得以讓口白更加精練、成熟，鮮少多餘的贅語。〔註37〕

巫氏以陳俊然金光戲《南俠（沒價值的老人）》爲討論文本，析論四點。其中他對於陳氏金光戲的成功，認爲是掌握了古冊戲與劍俠戲，擷取精華橋段適時編入他的「南俠」戲齣，也因此塑造出人物鮮明的特點，使後輩藝師深受影響。

　　究竟金光戲故事有何魅力？編劇技巧爲何？研究者蕭永勝所撰寫的《「五洲園二團」黃俊卿及其「忠勇孝義傳」、「橫掃江湖黑眼鏡」之研究》碩士論文，結論提到黃俊卿金光戲《橫掃江湖黑眼鏡》的劇作編排特色：

〔註37〕巫裕雄：《南投新世界陳俊然布袋戲「南俠」之研究──以「南俠（沒價值的老人）」爲研究對象》，頁 271～272。

從《橫掃江湖黑眼鏡》來看黃俊卿的金光戲的情節編排，其擅長埋
下伏筆，製造懸疑，同時有一種慣用的模式，戲劇的開始通常都是
劇中人物的彼此衝突，接下來當這個衝突下降時，接著就是鋪陳劇
情的時候，最後每當戲劇結束之前會再上升衝突，然後這個衝突的
結果就會留在下一集來演出，而這樣的模式，他在鋪陳劇情方面能
夠合乎情理又能使觀眾意想不到，並且在他的戲劇之中，角色人物
形塑能各具特色，而角色人物眾多可以同時編排許多的情節走向，
因此增添許多的旁枝末節，所以也需要使用更多的時間來鋪陳劇中
人物的彼此關係，通常需要持續的觀賞才能明白其中的關連，如此
的劇情編排模式有利於在戲院演出時，可以將劇情無限的延伸下
去，而這樣的劇情編排最大的考驗就是要如何給觀眾一個圓滿的
「交代」，這也是他最擅長的地方，從他巡演「內臺」多年的情形判
斷，他幾乎都能滿足觀眾看戲的願望，因而使他在內臺布袋戲始終
享有盛名。〔註38〕

蕭永勝的觀察提到劇情由人物彼此衝突進展，又岔出其他枝節，把結果留待
下集演出，觀眾需要持續的觀賞才能看懂故事內容、情節關聯。由此可知黃
俊卿金光戲的表現之一：沒有如古冊戲那樣編排分明。

　　無論古冊戲或金光戲，取其一段故事表演，是否有一圓滿交代的結局完
全取決於主演。古冊戲有所本，觀眾能預期的到；金光戲則是要出乎意料，
讓觀眾好奇故事走向，以此吸引觀眾繼續觀賞，其龐雜的情節、新奇的人物
彼此間環環相扣，讓觀眾非看一日、兩日就可釐清故事脈絡。是故，金光戲
演出的前提設想就是從擬定好的故事架構中，編排情節，以新奇、懸疑為特
點，參考觀眾好惡，適時修整情節走向，和無法變動情節太多的古冊戲、劍
俠戲相較，要獲得好評價是困難許多。

　　然而傳統上主演還是集編、導、演才能於一身，為整體演出成敗負責，「光
興閣」林啓東自豪的演出特色是，自言所有劇本都不是排戲先生所編，而是
自編、自導、自演，且不重複。〔註39〕石光生說道：

　　事實上我們了解到在 1960 年代，光興閣除了延續鍾任壁於內臺早

〔註38〕蕭永勝：《「五洲園二團」黃俊卿及其「忠勇孝義傳」、「橫掃江湖黑眼鏡」之
　　　　研究》（臺北：臺北大學民俗藝術研究所碩士論文，2010 年 1 月），頁 109。
〔註39〕石光生：《鍾任壁布袋戲的傳承與技藝》，頁 258。

期的《大俠百草翁》系列之外，就陸續編寫相關的戲齣，與新興閣後來的《大俠百草翁》系列漸行漸遠，始可達到脫離母團，走上發展新戲齣之路。可以明白光興閣的內臺「長篇金光布袋戲連續劇」，指的是十分龐大的《明清存滅史：東南西北傳》，後來更名為《大俠百草翁：鬼谷子真傳》，也就是除了原本的百草翁，林啟東又創造出鬼谷子的系列劇本。〔註40〕

林啟東的百草翁故事脫胎自「新興閣」，走向《大俠百草翁：鬼谷子真傳》發展，以鬼谷子為主角，實際上已非母團「新興閣」的《大俠百草翁》系列故事，其百草翁是另一個同名、類似偶頭卻不同性格的人物。

《大俠百草翁》為吳天來編排之名劇，「小西園」許王對吳天來的編劇評價，認為其特色是：「開花最讚，結子不好」，也就是說故事劇情開展的很漂亮，似花一般，結局則較潦草，如塑造一個神祕人物行為，以一包袱殺人，吸引觀眾矚目，最後打開包袱內竟是一隻猴子，也沒有對觀眾合理的解釋。〔註41〕

根據鍾任壁《大俠百草翁之計中計‧百劍門混血魔王》口述劇本，〔註42〕故事開頭大意為：

萬年長青欲詢問北方生死不同俠：「鞋內何人？」卻遇到眼鏡仙群俠，展開混戰。混戰中不同俠出現引開萬年長青，不同俠不知「鞋內何人」，兩人談幾句後分開。

東南、西北二派混戰，萬年長青又出現引開西北妖道，眼鏡仙感到奇怪，認為南俠必有危險。此時，亂ㄟ出現說南俠很安全，群俠趕去支援斯文怪客。斯文打死一名西北首領後，出現太陽盤，將斯文打至血染林決鬥。神祕觀音出現詢問眼鏡仙有關南俠下落，眼鏡仙告訴他南俠在百劍門，神祕觀音往百劍門，群俠往血染林支援斯文。

萬年長青到百劍門遇到荒塚先生，荒塚告知南俠會混血王一絕招，兩人要見混血王。南俠尾隨二人，二人察覺欲偷襲南俠，幸好神祕觀音到場解危。神祕觀音勸南俠不可和女俠粉妝玉人糾纏，兩人同回東南。西北派粉妝玉人

〔註40〕石光生：《鍾任壁布袋戲的傳承與技藝》，頁259。
〔註41〕林明德：《阮註定是搬戲的命》，頁63。
〔註42〕中國文化大學資訊科學系進行「數位典藏與數位學習國家型科技計劃」中，2012年錄製了鍾任壁的《大俠百草翁》系列十集，筆者獲得的文本由「新興閣」鍾任壁提供，特此致謝。

通知神秘觀音，說混血王之母——百面寡婦夜狐狸吸血女派一個人要來對付她和東南派。

萬年長青的朋友到血染林見斯文，要他不可助神秘觀音。一言不合，兩人比鬥，斯文寄一招絕招在那人（代稱甲）身上，要他回去請人辨識。甲離去後，佛谷子問斯文爲何要施展此招？斯文說爲了幫神秘觀音完成三件事，不得不如此。

甲回西北後，西北無人知曉他身上中何招，憤怒之下，再往血染林欲找斯文決鬥。甲至血染林與南俠相見打鬥，不是對手，獲一先覺（代稱乙）解救，雙方互嗆。

乙寄一招絕招在眼鏡仙身上，要他去問斯文。斯文與乙比鬥，詐敗引他去見神秘觀音。乙原來是要請萬教書生天才子幫助神秘觀音奪回南海三寶，甲發現乙的目的，回途發現百草翁鬼鬼祟祟，與之爭鬥，忽然飛出一隻鞋幫助他。不同俠制止甲眾人追趕百草翁，兩人分別。甲發現天書郎跟蹤他，命西北教徒丙殺死天書郎，西北派道德眞君幫助天書郎殺死丙，再殺死甲。不同俠爲報仇殺死道德眞君；天書郎找天才子爲眞君復仇。不同俠警告乙不要讓天才子找他報仇，乙勸天才子不要去挑戰不同俠，天才子不聽，果死於不同俠之手。乙大怒找上不同俠理論，不同俠獻上三寶並警告乙不要管閒事。

從故事開頭，一情節發展爲——追查「鞋內何人」的東南與西北爭鬥議題；二是「尋找三寶」的敘事主題，後者是開啓情節發展的首要部分。此劇特點以人物身分與武功之莫測，塑造謎團，以謎養謎，或人物依序出場，鋪排情節，致挑起觀眾好奇心，喜愛此劇。如鞋內藏著何人？爲神秘觀音要完成哪三件事？以及爲道德眞君之仇，天才子的復仇行動……等等，是「計中計」單元的開端，後續發展長篇敘事，我們很難從「開花最讚，結子不好」的評語去論定吳天來編排的長篇戲劇或其中單元是否結尾潦草、無妥善合理的現象解釋。

是故，金光戲的編排並實踐演出所依賴的方式即是劇情的懸疑、神秘性，藉由人物不斷登場，安排情節、發展複雜的人情網絡，詮釋人情義理，又埋下伏筆，成爲長篇敘事戲劇。

綜上所述，戰後第一代的主演因爲學藝情況、天賦高低、志趣偏好、演出歷練、演藝環境等等內外在因素，導致發展各自不同的演藝道路。如「小西園」許王始終在彩樓、小型偶、後場樂師伴奏型態致力發展；「新興閣」則

在彩繪布景、絨布景、中小型、後場樂師與配樂型態等多方嘗試經驗，都繼承前人部分經典劇作。舊有戲齣的演出與留存部分，透過影音資料可以知道演技情形，彩樓與小型偶彼此密切關聯，戲偶操作表演程式得適應彩樓，並和鑼鼓音樂切合。操偶技能方面，比如，許王和鍾任壁同樣領導戲班演出彩樓、小型偶、後場樂師伴奏型態，操偶動作的技巧力道不同，各有千秋。相較之下，許王操偶多份「剛硬」之感；鍾任壁則剛柔並濟。其次，劍俠戲、金光戲相繼流行，使表演方式不同以往，操偶演技在武打鬥法特質上，極盡發揮，並逐漸借助聲光效果增添氣氛。在口白、編劇上，也力求與舊有戲齣有所區別。前者創發新的人物聲口；後者展現敘事風格，強調懸疑的戲劇張力，並發展複雜的人情網絡。

第二節　1970 年代整班繼起的藝師與戲班

　　出生於 1950 年代、學藝在 1960 年代、70 年代中期前的布袋戲藝師，於 1970 至 80 年代間新整班或繼承家業，馳騁 1980、90 年代演藝環境，可謂戰後第二代藝師。比如，臺中的蕭寶堂（1951～），於 1976 年成立「大中華五洲園」；林文昭於 1974 年成立「遠東昭明樓」；林大豐於 1977 年成立「中國太陽園」；彰化的劉祥瑞（1953～），1971 年自老師戲班回「大臺員」掌理；雲林的廖文和（1952～），於 1976 年成立「廖文和」戲班；吳萬響（1953～），於 1982 年成立戲班；廖昭堂，1981 年正式接掌「隆興閣」；屏東的鄭寶和（1957～2010），1974 年擔任「全樂閣」主演。然而還有屬於中介者，不易歸屬，如 1940 年代出生的布袋戲藝師，常理而言，演戲年資、閱歷較 1950 年代生長的藝師高半輩分。在此筆者仍歸於二代藝師的行列，起因為他們仍是學藝於戰後，且以二十年為限，於此年限內養成技藝與發展演藝事業，是為一世代。

　　1980 年代以後，雖說布袋戲逐漸式微，減少許多「開口」演出現場的機會，但少年階段的學藝養成、創業歷練，讓他們還能親近前輩藝師，吸收多人演藝經驗與技能。二代藝師中，要能繼承家業或是自行創業，還是以能開口勝任主演工作為重要條件，也就是戲班負責人、首席主演皆是同一位，主演同樣必須具備編、導、演能力，建立戲班名號與主演之聲名。團長兼任主演的情形既是普遍，而主演養成說白與操偶技能以外，還可能因天份、後天學習而兼具刻偶、製作頭盔、服飾、布景，或是後場音樂演奏的技藝，成為

全方位的布袋戲藝師。

　　承繼上一世代藝師的表演藝術，第二代藝師多半擁有豐富的野臺演出經驗，從學藝到創業，漸遠離內臺戲盛況時期。轉戰野臺演出大半是投入廟會慶典酬神性質的表演生態，因此，戲班經常上演「對臺戲」，即是同一時間地點有兩棚戲以上的演出，帶有競戲意味；或是所謂「雙棚絞」、「三棚絞」，在同一時間地點有兩、三棚戲的演出，亦是競賽意味濃厚。根據李天祿說法，遇到雙棚絞時雙方都要演相同的戲碼，以技藝優劣來爭取觀眾，雙方可以互相吟詩作對、交相問答，這樣比試，立即可分高下。〔註43〕李氏說法可供參考，有此一說。他的對臺經驗而言，還是曾以《李世民遊地府》加上機關布景取勝。〔註44〕然而1980年代起野臺布袋戲表演型態呈現多樣貌，且內臺商業劇場中的演出手法、戲齣移轉至外臺，戲班「拼臺」的方式，趨向多以機關布景、戲偶道具的奇特招徠觀眾。不過演變到後來的對臺戲，往往容易以音響設備的優勢，加強擴音，致使對方受干擾而無法演下去，也就容易惡言惡語，導致事端。透過戲班藝師口述歷史，約略可知彼此的競爭「戲路」歷程，這些口述資料串起比對後，大抵可知一個區域的演藝活動概況。如《臺灣閣派布袋戲的傳承與發展》所載「隆興閣」二團廖武雄的演出經驗：

> 初期，廖武雄幾乎沒有外臺民戲的戲路，但他扎實的尪仔步，並將內臺的表演技巧貫注其間，立即引來轟動。最有名的一次，是嘉義蒜頭農曆三月初八大福僧馬的慶典，一做就是二、三十棚，原本「新世界第三」新港王順發在此一做十幾年，打敗無數戲班，獨佔公家的主棚戲。雲林四湖眾聲「樂春閣」吳萬子是著名變景師，組團後屢次聘請主演來對打，都慘敗而歸。廖武雄改做民戲第一年，無戲路便受吳萬子邀聘做主演，他第一晚便做「五爪金鷹」，立即造成轟動，第二天對臺後一小時，王順發臺下就沒有人看，全都擠在廖武雄做戲的臺下。〔註45〕

從內臺轉戰野臺演出的廖武雄經驗來看，將內臺演出技法展現於外臺，並以《五爪金鷹一生傳》為招牌戲，若能大受歡迎，所憑藉的恐怕還是戲齣內容與特色。又比他晚出道的江欽饒，同樣最初受他班聘為主演，衝州撞府，與

〔註43〕曾郁雯：《戲夢人生——李天祿回憶錄》（臺北：遠流出版事業股份有限公司，1991年9月初版；1993年6月初版五刷），頁39。

〔註44〕同前註，頁83～85。

〔註45〕陳金次主持：《臺灣閣派布袋戲的傳承與發展》，頁139。

他班對臺：

> 1982 年被某團邀請到臺中縣的清水觀音亭表演，一檔十幾天，這個
> 地點是「神州園」陳秋火、陳坤臨父子兩代經營多年的地盤……口
> 白音質是中部一流的，在觀音亭與人絞臺表演從未輸過。但是初生
> 之犢的江欽饒一點也不畏懼，連演最初三天，臺下觀眾已不輸於陳
> 坤臨臺前，可是江欽饒因檔期問題，中輟四天，改由別人接演，臺
> 下觀眾立即走了大半，好在後面幾天江欽饒再回檔演出，觀眾更是
> 日益增多。陳坤臨更急著向人打聽這個毛頭小子的來歷，「黑番」江
> 欽饒能演的名聲，立即在中部一帶傳揚開來！〔註46〕

若從江欽饒的經驗來看，所注重的可能是口白技能、音色、語言特色，以此
作為拓展演藝事業的利器。綜上所述，布袋戲班上演對臺戲，常理而言，是
著重戲齣故事是否討喜、口白是否具備「聲緣」魅力，以及機關布景的增添
效果。

　　這輩藝師以野臺演出為主要場合，演出擅長的古冊戲、劍俠戲及金光戲
等敘事風格的戲齣作品，引導觀眾朝向欣賞故事、認識人物的品味。底下即
分為三面向討論該輩布袋戲主演的藝術表現，並舉江欽饒、林文昭、羅秋峰、
林大豐、劉祥瑞、廖昭堂戲齣作品為例。江欽饒是「江黑番」戲班團長兼主
演，曾獲選 2008、2011 年傑出演藝團隊，傳承自「光興閣」林啟東，錄製多
齣戲齣供「錄音班」演出型態使用，如《孫龐演義》、《孝子復仇記》、《七俠
五義》、《三國演義》……等等。而林文昭、羅秋峰、林大豐所領導的戲班，
也都曾獲得「臺中市傑出演藝團隊」殊榮；劉祥瑞、廖昭堂所掌理的戲班更
曾入選中央「扶植團隊」，為全國知名的主演。從這些優秀主演身上與作品，
可以了解他們這一輩對古冊戲、金光戲等的掌握與演出的可能樣貌。

一、古冊戲、劍俠戲的搬演不墜

　　布袋戲全面退出內臺戲演藝市場，轉戰廟口慶典酬神演出場域之初，尚
為盛行時期，戲班戲約多，主演有機會演出長篇戲齣，對古冊戲與劍俠戲能
多所涉獵。該輩藝師對於改編小說的戲齣故事，其學習管道無論是自學或學
習前輩他者，經過了解後，應當有自我見解，加以詮釋人物，搬演故事。至
於「籠底戲」、民間故事、短篇小說等來源所編的短篇戲齣未見得被該輩藝師

〔註46〕陳金次主持：《臺灣閣派布袋戲的傳承與發展》，頁 123～124。

所知悉。

以下從兩面向論野臺戲中古冊戲與劍俠戲的流行不墜之因：

（一）音樂的改變與擇用

戰後第二代的布袋戲班的經營者在演藝市場環境大大轉變之下，以錄好各式音樂配樂演出的方式，搬演各劇型。多數戲班以中西流行音樂、多源混雜的音樂素材，配上古冊戲、劍俠戲等內容。布袋戲音樂配樂混雜使用的現象，說明主演對音樂鑑賞能力與品味的改變，也反映觀眾對這樣演出型態的接受與喜愛。由戰後一代藝師開啓這演出型態的一道門，接後的第二代藝師們在此演藝生態中習藝，以古冊戲、劍俠戲及金光戲爲學習的主要內容。

1980 年代開始興起「錄音班」演出型態，一些藝師製作戲齣節目有聲資料（錄音帶、各載體形式）販售給戲班做此類型表演。這些作品所用的音樂，除了有北管鑼鼓介、【風入松】曲牌的元素，還有西洋音樂、流行音樂等的植入，其比例隨主演、配樂者好惡決定。大抵演出古冊戲還以北管鑼鼓介、【風入松】爲過場、武打音樂，如「五洲秋峰園」主演羅秋峰於 2009 年演出《烽劍春秋之攢天箭》，主要以北管鑼鼓介、【風入松】曲牌爲主，但還摻入現代樂爲過場、背景樂及音效效果等。又如「遠東昭明樓」林文昭早在 1991 年同樣演出《烽劍春秋之攢天箭》，是中西樂播放混搭方式，【風入松】曲牌爲過場樂、人物上下場使用，大量去除北管鑼鼓點，如此一來劇情節奏快速，操偶身段無需配合鼓介，淡去戲曲色彩，是另一層次的「古冊戲」表演樣貌。若演出的「古冊戲」多有神怪情節、「劍俠戲」偏向創編的武俠故事時，藝師較無歷史史事包袱，更可隨興在音樂上改動。

在鄭溪和的觀點中，布袋戲的後場音樂從南管、潮調、北管、皮黃戲音樂到現代流行音樂，發展的徑路有二：一爲「歌仔布袋戲」，另一爲中西樂並用的形式。他說：

> 另一方面目前朝向現代化風格的劇團，後場音樂不要一昧西化，在
> 臺灣古典音樂圈當中，西樂中奏、中奏西樂的概念早已盛行多年，
> 樂界累積的許多經驗與優秀作品，劇團若能參照並加以善用，將是
> 布袋戲後場的一大福音。〔註47〕

前文提到布袋戲操偶技藝與音樂相關，假如搭配的只是北管與皮黃戲音樂鑼

〔註47〕鄭溪和：〈臺灣布袋戲音樂觀〉收入《高雄布袋戲春秋》（高雄：高雄市立歷史博物館，2005 年 12 月），頁 27～28。

鼓的不同，還同屬戲曲音樂範疇，同質性較高。假如改為現代樂搭配演出，其混搭方式攸關音樂的節奏性、適用性等問題。戲劇音樂成為烘托人物、鋪展情節重要的催化劑。兩者相較之下，現代樂擷取混搭的演出方式給予主演相當大的彈性與隨性。當音樂混雜使用，不全屬於戲曲音樂範疇之時，表演程式自成規矩，不受限於人戲戲曲的模擬。比如，「遠東昭明樓」林文昭演出《西遊記之金銀角》，是以中西樂混用配樂，劇中金角出場，即大步邁出，並不是配合鑼鼓曲樂，整冠理鬚、亮相、邁步，而只是隨配樂急緩性質，展現戲偶動作，也就是說不拘限於傳統的表演規範。〔註48〕

　　而如鄭氏所提出的建議：

> 藝術的發展的確需要大量的觀眾群支撐，演藝團隊一方面受制於觀眾的口味，朝向迎合的方向，但其實觀眾的口味習慣有一部分也是演藝團隊養成的，布袋戲的後場音樂，只要選曲精確，樂曲使用得當，一定能夠得到觀眾的支持與愛戴，期待布袋戲能充分借鏡臺灣當代古典音樂界的成果，使其後場藝術更加豐富而多彩。〔註49〕

布袋戲著手於後場音樂的改變，配於古冊戲、劍俠戲的演出詮釋也是這些類型戲齣得以持續受到喜愛的原因之一。

（二）故事的理解與編排

　　古冊戲與劍俠戲的劇目內容經由藝師相傳或自行編演尚能歷久不衰，究其原因在於不同的藝師搬演同齣戲仍帶有獨自巧思、詮釋見解。縱使是依照完整內容包含口白臺詞的劇本演出，在不同主演的口白音質、技巧及「聲緣」上至少仍有一絲絲的差別。比如，「新興閣」鍾任壁的劍俠戲《孝子復仇記》內容大致敘述：孫錦遭奸官屈元泰殺害，後其子孫寶元為父復仇。《布袋戲「新興閣」技藝保存計畫報告書》整理該劇本介紹：

> 孝子復仇記為新興閣掌中劇團於光復前即常上演劇碼，每場約三個小時的夜戲需連演十天。本劇取前幾天劇情精簡而成，至孝子復仇為一段落，由於由寶元、金童兩位完成復仇之事，又稱雙孝子復仇記。本劇之後為雙孝子帶兵平定四川叛亂回朝受封。〔註50〕

〔註48〕林文昭：《西遊記之金角銀角》，約82分鐘，新竹市文化局演出，黃瑞誠錄影，2010年。
〔註49〕鄭溪和：〈臺灣布袋戲音樂觀〉，頁28。
〔註50〕林鋒雄：《布袋戲「新興閣——鍾任壁」技藝保存計畫報告書》（臺北：國立

可知此劇爲長篇戲齣，是鍾家擅長的劍俠戲之一。在鍾任壁演出中的第一場，孫錦出臺說道：

> 孫錦：一拳打落天邊月，兩足踏破落地霜，論草怕霜霜怕日，惡人自有惡人當。在下，姓孫名錦。我一個外號叫玉面虎，我拜師就是念流祖師，想到三年前在京城地界，爲打不平打死人命，後來我帶妻子奔波落魄，最近來到姑蘇古田縣地界安居。哎，思念師父惜我如掌中寶珠，我三個月前離開妻子，回轉桃源山拜探老師金安，多蒙教老師疼惜，惠志放我，用心苦練一口一門字的寶劍。我的師尊說明，時勢紛紛國未明，干戈四起誤蒼生，好人英雄少依，惡徒霸道四起，師尊將這口一門字的寶劍來幫助我，叫我要行俠仗義、除奸殺賊，這就是英雄的本位啦。我遵守師尊的交代，今天離開桃源山要回家，我離開妻子三個月了，賢妻六甲懷孕在身，最近不知有無分娩，我要速速回家。來到此地山清山水秀、花明柳蔭，一派美景宜人，速速回家，走上一走。〔註51〕

鍾任壁搬演下的孫錦，從出場可知故事背景，他因在京城誤傷人命的前科，與妻（陳明珠）遷徙落腳姑蘇古田縣。隻身前往桃源山訪師三月後，攜帶寶劍欲返家門。

而在有同窗之誼的師弟陳俊然《孝子復仇記》唱片中，首場孫錦登臺說道：

> 孫錦：（唸）風清月明，任求不雨。君子做事不逞強，四海之內皆英雄。在下玉面虎孫錦，家住北京人氏，娶妻明珠。三冬前拜師就是桃花山念流祖師，臨別師尊之時，我師交代，我若回轉北京三年不出差錯者，欲賜我一支一門字寶劍。日月如梭、光陰迅速，不覺經過三年了，我在北京地面並無半點差錯，希望安排到桃花山見師尊念流；希望師尊敕賜一門字寶劍，望往桃花山進發。〔註52〕

劇中孫錦身處家中，三年家門平安，故欲往桃源山訪師取得寶劍。又「江黑番」江欽饒所錄製《孝子復仇記》戲齣節目錄音帶，首場孫錦說道：

傳統藝術中心籌備處，1999年6月），頁123。
〔註51〕同前註，頁124。
〔註52〕陳俊然錄有金燕唱片發行《孝子復仇記》（1979）。

> 孫錦：（詩）詩書讀萬卷，技藝十八般，非是誇大口，智勇兩雙全。
> 　　　在下孫錦，家門居住在北京人氏，娶妻名喚陳明珠，尪某恩
> 　　　愛。我妻肚中六甲懷孕，為當時我孫錦就是拜師桃花山的掌
> 　　　教念流祖師。下山之前，師尊特地交代，要我孫錦在江湖道
> 　　　中行俠作義，師尊要來將我本命元神製煉一支一門字寶劍，
> 　　　離開師尊將近兩年的寒雪。我內中辭別愛妻了後，身帶細軟
> 　　　行李，拜會恩師，要求至寶啊！〔註53〕

說明孫錦是北京人氏，妻已懷孕，及家庭狀況。將近兩年時間，孫錦欲前往桃源山訪師取得寶劍。

　　從三人同齣戲的作品中頭場開臺，得知故事前提背景。鍾任壁的孫錦本因命案從京城遷徙至他處，在陳氏與江氏劇中孫錦卻始終居住北京，也無前科。其次，鍾氏的孫錦是從老師處攜帶寶劍要返家，並受師命要行俠仗義；陳氏的孫錦因師父一句「三年不出事」的一句話，從家中出發欲攜回寶劍（回程卻真是出事「遺失寶劍」）；江氏的孫錦說明妻已懷孕，又受師命得平時行俠仗義，從家中出發欲取寶劍。無論孫錦登臺場景是在家或老師處，只是主演「疊幕」技巧不同而已。

　　較特別之處，陳氏的孫錦卻是「三年不出事」前提前來取劍；江氏的孫錦則是要取回以他「本命元神」製煉的寶劍。贈劍過程，在陳林兩位主演口中都借由念流祖師道出「劍在人在，劍失人亡」的警語，取劍後的孫錦受到命運的箝制，後果真劍失人亡。而鍾氏的孫錦在救了林山和尚，卻遺失寶劍時，道出「劍在人在，劍失人亡」一語，後也應驗此話。從此來看，寶劍的贈與似乎不是一件好事，暗喻主角將命染黃沙，主演賦予「命中注定」難以避免的命運觀。故從三人的戲齣內容開端比較，可知他們對此故事的了解而呈現在外的不同之處。

　　此外，既然是同一齣戲必定有相同情節，因此從中難以判斷三人《孝子復仇記》是否相互影響或傳承事實。不過若從故事背景、情節編排順序、人物名稱來看，江欽饒和陳俊然的《孝子復仇記》部分相同，例如：念流祖師為報仇，遭盧猛（陳氏文本應為「盧」字音，江氏則為羅猛）執劍殺傷；山賊鷹爪手張忠欺騙孫寶元一節；高虎、馬天賜同孫寶元回家探母；以及高虎

〔註53〕「江黑番」布袋戲班主演江欽饒錄有《孝子復仇記》節目錄音帶，約1990年
　　　　代末至2000年代初錄製販售。

查訪屈川之母林氏等情節，加之人物唸白臺詞、詮釋技法相似。故早出的陳俊然《孝子復仇記》唱片透過發行、傳播，很可能影響後輩主演也通曉此戲內容，而學會此戲。

以一齣《孝子復仇記》而論，江欽饒與陳俊然前半情節相同，演至雙孝子復仇成功後，各自分歧搬演。雙孝子復仇前的情節鋪排與人物詮釋，鍾任壁和江、陳兩人不同，沒有念流祖師為徒復仇、張忠欺騙孫寶元、孫寶元返家探母等情節，也非高虎暗訪屈川之母林氏，而是吏部黃天佑暗訪金童之母聞氏，復仇成功後該劇即完結。從一齣戲的傳承、學習搬演的情形來看，存在改動的可能性，也是古冊戲、劍俠戲能讓觀眾看不厭、永流傳的原因之一。

二、金光戲的擇演與訴求

第二代主演跟隨老師學戲，學習操偶、訓練說白能力，或是憑藉自身努力學習多人技藝長處，將自己所知曉的金光戲故事內容，串演成戲。這輩藝師是承襲前人戲齣的故事內容、人物名稱、性格設定，再次經過加工編演，所代表的意義在於傳承前輩老師演劇精神，帶有衣缽真傳、嫡傳弟子的意味，甚至是該系統傳人中的翹楚。因此，打著前輩老師的劇作名號，藉此作為號召觀眾的利器之一。至於傳承前人多少表演內容與藝術特色？則需有文本可供討論，才能釐清藝術傳承的一個輪廓。

儘管要釐清一個系統藝術傳承的脈絡有困難之處，但仍可藉由多位主演演出資料說明該世代技藝樣貌，並討論其特色。以下分項論之：

（一）操偶與口白的展現

金光戲的表演和所謂「傳統布袋戲」所重同樣在於戲偶身段與說白藝術。金光戲演出所採用的戲偶分野臺偶、電視偶之別，依照舞臺形制大小、藝師好惡或請主需求決定其一，或混搭使用。

兩者戲偶各有操偶技巧特點，若論差別在於：其一，野臺偶身形較小，演師可操作雙偶且較敏捷流暢；電視偶以一人操作為佳，雖可做出細緻動作，但戲偶結構與中小型偶不同，電視偶依賴「通」（一枝直棍）操作戲偶左手，以拉扯勾環操作戲偶右手，所著重的動作技巧不同。其二，戲偶動作本是配合音樂舞弄，若演出所用音樂系統性質不同，則操偶表演程式也隨之有別。例如：演出古冊戲的武打配合鑼鼓樂，雙方比試過招有固定套式；若演

出金光戲，可配鑼鼓樂或中西混樂，雙方抖動發功以示武打，過招試其金光護體。打鬥招式與節奏也受配樂影響，形成不同的表演特色。

　　然而電視偶若要應演於古冊戲與金光戲，其流利、敏捷度當不及中小型偶，且武打過招需一人持一偶對打爲佳，兼以炮竹、火花、火焰等效果發功對打，顯現道行高深、神功蓋世。以這些舞臺效果爲輔助，往往也容易反客爲主，取代原本爲一演師操弄雙偶表演武戲的形式。

　　該世代的藝師若能有後場鑼鼓樂現場搭配的演出經驗，則能養成練就該類型演出模式，兼所涉獵的金光戲演出才能，即是「雙修」發展的主演，也才可能成爲箇中佼佼者。

　　至於口白藝術的展現，只要掌握套式套語，增進文學修爲，反覆演出累積經驗定能掌握演出節奏，提升控場能力，又若能以寫定的劇本，利用書面文字輔助，也能使套語翻新、不落窠臼，助於文學造詣的提升。

（二）演出形式與內容的呈現

　　演出形式包含舞臺形制、前場與後場（或配樂）演出方式、戲偶樣式、舞臺技術效果等，對於演出內容呈現的好壞都是構成要件。布袋戲表演舞臺的加大、表演窗的擴充，有充足的表演空間去安排道具布景、聲光效果的呈現，也就是舞臺形制改變戲偶大小的使用、道具效果的運用。如果採用布景舞臺爲演出形式的根基，藝師必須考慮情節開展與場景變換的對應，而不是一幕到底。另外，表演窗尺寸大小多少？如何運用？又是一課題，表演窗口大、布景景片佈置層次少，有時只是讓戲偶費時走路、讓戲偶上下臺穿幫。故布景舞臺的搭設使用牽涉演出形式整體的美感與合宜與否，將布景舞臺視爲演出型態特色時，藝師必須多方斟酌布景佈置。

　　搭設布景舞臺搬演金光戲極爲稀鬆平常，在金光戲興起時，所運用布景、燈光、音樂達到顛覆傳統方式的地步，在邱一峰《閩臺偶戲研究》博士論文中引用江武昌文章，說道：

> 如果要說臺灣金光布袋戲的真正主導者，應屬西螺「新興閣」第二
> 團的鍾任壁。民國四十二年（1953），鍾任壁正式成立「新興閣第二
> 團」後，即與吳天來，合作，連續推出了《大俠百草翁》、《奇影怪
> 俠》、《三鬼童血戰異人天》等劇，同時也對傳統布袋戲做了最大的
> 改革：首先，摒棄傳統鑼鼓音樂，改用西洋和電影的主題曲；其次，
> 加強燈光的變化，使用七彩變幻燈光和炮火來加強神秘超凡的震撼

效果：再次，以上、中、下三層的宮殿、樓閣、山水、奇岩怪洞等
立體布景戲臺取代傳統的木雕小戲棚。〔註54〕

邱氏認同江武昌所言：「首先，摒棄傳統鑼鼓音樂，改用西洋和電影的主題
曲。」然據石光生研究所知，1950 年代鍾任壁「新興閣」演出內臺金光戲還
是以傳統文武場為主，播放錄音唱片為次，後才慢慢由各式唱片全面取代。
〔註55〕既然金光戲內容的呈現有賴機關布景、聲光效果的輔助，給予觀眾的
不只是述說一個故事、巧妙地開展情節而已，還需要滿足觀眾的視覺享受。
邱一峰的觀察中理解：

在欣賞新舊兩種布袋戲時，所秉持的美學角度也應有所不同，傳統
鑼鼓布袋戲與新式科幻布袋戲各有其獨特的表演美學特質。看傳統
布袋戲的人，一般講究的是細膩的擎偶操演技巧、後場絃鼓的音樂
表現，至於故事情節則礙於現場演出而無法講究懸疑詭譎、神秘莫
測。〔註56〕

邱氏認為「新式科幻布袋戲」和傳統布袋戲自有不同審美標準與特色，前者
所指的是「電視布袋戲」，若放在野臺金光戲的演出身上來看待亦是此理；至
於傳統的「布袋戲」雖以後場鑼鼓音樂表現，也可能是演出金光戲戲碼，同
樣能具有懸疑詭譎、神秘莫測之特點。〔註57〕

以「五洲園」二團為例，主演黃文郎在 2009 年「臺中市傳統藝術節」演
出《爭霸天下之江湖恩怨》，圍繞「一生未展真功夫」男主角，鋪展該人物的
武功厲害、來歷非凡，用煙火、正負極電、火炮表示氣功比拼；以火焰、煙
霧為人物行蹤變化的象徵，用單一表演窗搬演全劇，戲臺結構同 2006 年所用
（圖 4-3）。故事大抵敘述：一生未展真功夫被魔教的萬丈天神、黑暗大帝及
百魔至尊三魔頭逼殺，又武林人士爭奪達摩祖師《不死真經》以致紛擾。
落魄人、神秘夫妻俠、天下雙傘等為私怨向一生未展真功夫尋仇，未能成
功，而五衣（黃衣夜叉、紅衣滿身紅、青衣浪子藐視人、白衣秀士多愁人、

〔註54〕 邱一峰：《閩臺偶戲研究》，頁 145～146。
〔註55〕 石光生：《鍾任壁布袋戲的傳承與技藝》，頁 104～106。
〔註56〕 邱一峰：《閩臺偶戲研究》，頁 170。
〔註57〕 2011 年 4 月 16 日，「明聲閣」朱志豐在臺北市大稻埕戲苑售票演出《南俠血戰
一代妖后》，採取彩樓、小型偶及後場現場伴奏的鑼鼓樂為演出型態。可參考
「春秋閣」天空部落格網站，網址：〔http://blog.yam.com/user/wongeetw.html〕，
點選步驟：首頁‧古早金光戲。該網頁介紹了此戲碼的來龍去脈。瀏覽日期：
2013 年 10 月 4 日。

黑衣煞星祝利害）意見不合，無法合力殺死一生未展眞功夫。仁義老大‧賭一生、第一賢、再世臥龍、無人可比‧嘆三聲——出場皆擔憂一生未展眞功夫安危。此劇前面只是藉由人物一一出場，烘托主角的武功蓋世，開展情節高潮。

　　又「隆興閣」廖昭堂常用的三個表演窗布景舞臺（圖 4-4），俗稱「三光臺」，也是劇團常用的形式。主演可站於前臺口說臺詞，不需擔任操偶工作，全交由四至五名助演負責操偶，又多爲使用電視（影視）木偶，適合一人操作一偶，已非中小型戲偶可由演師雙手操弄雙偶的表演形式。當使用單一表演窗或三光臺，首要注意的是演出空間與布景的運用，包含走景走動方向、接合之處和換幕、實景的搭配皆須得宜，以免有穿幫之處。

圖 4-3　2006 年「五洲園」二團　　　　圖 4-4　2006 年「隆興閣」廖昭堂
　　黃文郎在雲林縣政府文化處　　　　　在雲林縣斗南靖興宮演出，
　　　　演出《爭霸天下》　　　　　　於前臺說口白，演出《五爪金鷹》

（陳正雄拍攝）　　　　　　　　　　　　（陳正雄拍攝）

　　戰後第二代主演養成金光戲技藝，儘管是同一系統傳承下來，隨著時代不同，所採舞臺形制大小、戲偶樣式自會有別，連帶口白藝術表演也因主演資質而與前輩藝師有異，傳承與改變各是哪部分，恐未必能釐清。

　　不過從目前多數戲班因應民戲市場需求的表演型態之經營中，可以看到約有：三光臺布景舞臺、單一表演窗布景舞臺二種。後者若是搭配後場樂師伴奏，還可將其樂師移至臺前，形成「後場」擺前面的另類演出形式。這兩者舞臺形式空間更能使主演至臺前述說口白，觀眾不只看戲，也看「人」（主演）。這樣的表演形式，讓主演與偶同時給予觀眾視覺享受，突顯布袋戲主演具說書人表演的特質。

（三）戲齣意義與訴求的彰顯

戲班承繼前輩藝師的金光戲劇目在野臺演出，其意義可能在於一脈相承，以演相同一齣戲為標示該派別系統；〔註 58〕其訴求可能是以此戲吸引觀眾矚目，採取「風華再現」、「懷舊回味」為招徠觀眾的廣告詞。如 2012 年江欽饒於員林鎮公所舉辦的「藝力萬千」藝術活動中，開場白說道：

> 小弟老師鄭武雄在咱明都戲園一連串演好幾十年又一年的這個戲
> 齣，在咱員林各地區民戲的演出，這攏是小兒科而已。我的老師在
> 世之前最出名的演出就是佳樂戲園、臺北佳樂戲園和這高雄南興戲
> 園、全省各縣市的戲園。老師在兩年前已經仙逝，臨終之前，說：「黑
> 番啊！學生當中你說話話術與技巧，和老師大同小異，你要延續落
> 去，這個百草翁袂使去乎斷去！」〔註59〕

不同的布袋戲系統可能將師傳徒、父傳子的戲齣給予彰顯突出，以金光戲最為明顯。各戲班以金光戲為招牌戲碼，在文化場或民戲場合中，以往可見有：臺中「清華閣」郭世華的《萬里遊俠》〔註 60〕、嘉義「弘興閣」蔡金寶的《幽靈俠》〔註61〕、臺南「五洲新藝園」陳永發的《茶山風雲之聖俠傳奇》〔註62〕……

〔註 58〕 見彰化藝術館網站：〔http://art.changhua.gov.tw/html/sec_1.htm〕，點選步驟：網站導覽‧新聞稿‧最新訊息‧第 4 頁「雲州大儒俠史艷文」，瀏覽日期：2014年 9 月 24 日。2010 年 8 月 21 日「五洲博眾掌中藝術團」於彰化藝術館廣場演出《雲州大儒俠史艷文》，介紹該團：「『五洲博眾掌中藝術團』是來自彰化秀水的布袋戲團，於民國 80 年創團（民國 91 年登記），以推廣傳統文化為成立宗旨。團主蕭上溢先生出身於布袋戲演藝家庭，從小就跟隨父親於各地廟宇巡迴演出，15 歲時便能獨自操演，他的三個子女亦是能說、能操、能演，音色分明的口白加上精湛的演出，將布袋戲偶人物的個性刻畫得栩栩如生、唯妙唯肖。所以在各地演出皆能獲得觀眾的肯定與掌聲。蕭上溢布袋戲團最大的木偶特色，就是奧妙莫測的布袋戲變臉加上戲偶的耍槍技藝，演出時常令臺下的觀眾嘖嘖稱奇。」

〔註59〕「江黑番」戲班於 2012 年 10 年 27 日於員林公園演出，開演前介紹戲班與擅長劇目。

〔註60〕 臺中「清華閣」於 2012 年 4 月 8 日在臺南市中洲寮保安宮演出民戲，見網站：〔http://www.youtube.com/watch?v=vgcx50cZ3ho〕，瀏覽日期：2013 年 9月 23 日。

〔註61〕 嘉義「弘興閣」於 2013 年 7 月 18 日在臺南市佳里區子龍廟永昌宮演出民戲，見網站：〔http://www.youtube.com/watch?v=OqjOE31FvQQ〕，瀏覽日期：2013年 9 月 23 日。

〔註62〕 臺南「五洲新藝園」於 2013 年 7 月 15 日在臺南市安南區溪頂寮中安宮演出民戲，見網站：〔http://www.youtube.com/watch?v=19mxnfMg1DU〕，瀏覽日期：2013 年 9 月 23 日。

等等，不勝枚舉。

　　劇型發展至金光戲時，多數戲班以推出的金光戲碼爲「帶家齣」（拿手戲碼），一爲延續前輩藝師劇情內容，如劉祥瑞、江欽饒兩人的《鬼谷子一生傳》、林大豐的《小顏回一生傳》；二或爲自行開創新戲，企圖開創新局，如「廖文和布袋戲團」的《大勇俠》。然而因爲金光戲有「自由發揮」的編演特點，其師徒相授過程，不易認定哪些內容被後輩藝師去除或改動。相較於金光戲，古冊戲依據小說改編，反而是較容易讓觀眾了解演出內容，也因先有小說文本的流行，給予觀眾知曉故事內容的輔助。故上演古冊戲劇情結果是可預料的，金光戲反而有捉摸不定之感。

　　戲班在推出金光戲碼時，在文宣廣告上，若是不著重劇情介紹，讓觀眾以期待之情看戲，雖可能滿足「懷舊」之心，長久下來，戲班可能失去劇情縝密編撰之能力，又可能與他班重複或類似情節不斷搬演，對於觀眾來說，也一定失去願意欣賞金光戲的持久之心。如此一來，戲齣意義難立與訴求不彰。

　　綜上所述，戰後第二代的藝師，學藝時所接觸的金光戲可能漸漸從內臺戲型態轉換野臺演出。因演出民戲需要，或所學劇型項目，致使藝師除了能演金光戲，還演古冊戲、劍俠戲等。故戰後第二代藝師與戲班，達到古冊戲、劍俠戲傳承演出不斷，和金光戲的擇演與訴求，前者雖可能是有所本的小說戲，但在故事詮釋、音樂擇用存在「質變」，未必與前輩藝師有相同的樣貌與特色；後者從內臺轉出外臺的金光戲，因戲偶大小、舞臺形式、音樂擇用，及聲光效果的著重，加上演出天數、戶外表演場合（觀眾流動迅速，免付費的自由觀賞）等因素，所以野臺金光戲更不可與內臺金光戲表演藝術等同觀之。

第三節　新世代藝師的承接與創立

　　第三世代的藝師出生 1970 年代，多爲繼承家業，成爲家族戲班的新生力，或因興趣而拜師學藝，致投入 1990 年代以降演藝市場。世代間隔以 20 年爲限區別，若出生於 1960 年代的藝師，其演戲年資、閱歷較 1970 年代成長的藝師年長且資深者，在此仍歸於第三代藝師的行列。吳明德說道：

　　　　在主演部分通常是由父親傳承給兒子，兒子再傳承給孫子，是一種

　　「代」與「代」的縱向血緣傳承，兒子概括承受所有父親的技藝讓

　　布袋戲的表演藝術得以代代相傳並發揚光大……。〔註63〕

布袋戲班在經過第一代開創後，其兒女也可能傳承技藝，爲了維持生計，成
爲演員，或因興趣投入，拓展家業。戲班團員互有血緣關係、同爲家族成員
的結構就極爲重要，是該班名號存廢、技藝與創團者精神能否延續的因素。
其次，布袋戲從業人員的熱忱、態度決定該班的壽命。

　　以下從兩面向探看第三世代的承接與演藝概況，以「中國太陽園」林坤
寶、「聲五洲」王英竣、「大中華五洲園」蕭孟然、廖千順（1979～）、「隆義
閣」陳宇期、「五洲秋峰園」羅國良（1984～）等人爲例，討論傳承的演出型
態與突破的可能性。

一、學藝歷練與戲班的承接

　　楊杏枝訪問「全西園」洪啓文（1964～），說道：

　　　洪啓文十五歲開始正式學戲，擅長武打「腳手戲」，回憶起頭一次
　　　「開口」當主演，是父親的劇團在百姓公廟的夜戲演《大明英烈
　　　傳》，因爲「山頂沒人看」，洪啓文提到有些初次「開口」的年輕演
　　　師，或臨場口誤喪失自信，或出錯被師父嚇到口吃，就此與主演絕
　　　緣，甚爲可惜。幸好他出道的年代正搭上布袋戲現場演出的末班
　　　車，十七歲正式負責分團主演，有機會歷練口白演技，紮下良好根
　　　基。〔註64〕

1980 年代起「大家樂」賭博風氣盛行，酬神戲演出機會增多。此時「錄音班」
演出型態興起，致布袋戲班增加，也多了大棚戲演出型態，於是還有現場說
白的民戲演出機會，讓洪啓文剛好在這時期訓練「開口」。當賭博贏彩金聘演
酬神戲的熱潮稍退、戲約減少時，戲班不因此散班，而是繼續經營，以削價
競爭手段爲常法，又面臨社會環境變遷，觀眾流失，酬神戲多是虛應故事，
使現場說白演出機會減少。如此 1970 年代成長之世代藝師到 1990 年代以
降，才走向學藝與創業之途，更未必順遂。

　　無論布袋戲班創班者能否「開口」現場說白演出，若能聘有主演長期駐

〔註63〕吳明德：《臺灣布袋戲表演藝術之美》，頁 594。

〔註64〕楊幸枝：〈「全西園」洪啓文──志在重現傳統美味〉，《傳藝》第 77 期（2008
　　　年 8 月），頁 30。

班，還是保有現場說白演出的能力，進而傳承第二代可膺任主演者。但是處在當前戲曲發展不利之下，缺乏演出機會與經費使技藝難以磨練。因此，不常或不曾演出現場說白的最低條件之布袋戲班，實難是健全發展的團體。也難怪吳明德在 2007 年「7-ELEVEN 盃──布袋戲青年主演大車拼」活動撰文感佩，說道：

> 而令人感動的是，在傳統表演藝術日漸式微的今天，竟然還有那麼多的年輕演師無懼於「鑼鼓陳（演奏），腹肚緊（飽）；鑼鼓煞（停奏），腹肚顛（餓）」的窘境，勇氣十足地投入布袋戲的表演行列，他們有些是承襲家學，如廖千順（子）／廖文和（父）、王英峻（子）／王金匙（父）、蕭煒仁（子）／蕭上彥（父），也有跟隨名師身旁學習多年的，如洪啟文（徒）／許王（師）、葉勢宏（徒）／許王（師），「口白」與「掌技」均達到一定的水準……。〔註65〕

吳氏所指陳多位藝師是由父傳子、師傳徒延續與傳承該班或該系統的情形。傳統戲劇多數無法脫離家族同姓傳承技藝與延續班號的常例，藉由親戚關係凝聚向心力，培養自家主演成為支柱是為延續該班的重要關鍵。縱使從此分出的戲班，再經此個體傳衍下一代，也是成為一個二代經營的家族戲班。在此無論有無經過拜師儀式、取得憑證，其參與戲班學習的事實已是存在，若尊稱教導過自身的該班藝師一聲「老師」也不為過。因此，父傳子、師傳徒以外，兄傳弟此類的橫向血親關係、同輩姻親關係相傳技藝情形，若無經過儀式認證，就事實而言，教導者也稱得是老師。

　　早先如「新興閣」三團鍾任欽（1944～2009）跟隨長兄鍾任壁、堂兄鍾任鴻習藝；〔註66〕後如臺中「五洲秋峰園」羅秋峰師承姊夫「小五洲」林廣信（1944～）；雲林「金鷹」江境坤（1953～）師承兄長江境城（1951～？）、「黑鷹」柳國明；「關池掌中劇團」的關池向「巧成真」關文慶（1949～）學藝，為同等親傳授的例子。〔註67〕當前在第三世代藝師身上，可見多為父子相傳，其技藝相傳多少？自身如何精進技能？如何拓展父業？是頗富意趣的議題。

〔註65〕吳明德：〈逞雄使氣‧騰踔飛揚──布袋戲超級新秀大競演〉，《傳藝》第 77 期（2008 年 8 月），頁 28。

〔註66〕石光生：《鍾任壁布袋戲的傳承與技藝》，頁 240～241。

〔註67〕謝中憲：《雲林布袋戲誌》，頁 142。

　　以知名的「廖千順布袋戲團」爲例，團長廖千順，學習父親廖文和技藝，據《雲林縣演藝團體名錄》所載：「十二歲正式成爲父親副手，十四歲曾出任廖文和布袋戲團主演……」〔註68〕又敘明曾演出《雙孝子復仇記》、《烽劍春秋》等戲。而楊純純介紹該團確寫道：「年紀輕輕的廖千順至今演出經驗已經超過二十年，自十六歲起即擔任主演，舉凡傳統古冊戲、劍俠戲、金光戲，和結合現代時事的新新布袋戲，都能演出……」〔註69〕無論是 14 或 16 歲擔任主演，抑或演出年資深淺，一年能磨練多少演出場次、製演何種型態更是探討的重點。

　　如雲林「新金馬」團長洪振華（1978～）師承父親洪清河，據謝中憲書中所載：「主要演出方式錄音爲主，但因爲團長本人之語音關係，近年來現場演出經驗甚少……」〔註70〕其「團長本人之語音關係」不知是否爲無法開口說白之意？然而戲班主演若失去現場說白能力，只做「錄音」型態表演，剩下操偶技能，那麼對於「主演」之定義是否該給予新解？

　　是故，繼承家族戲班的同世代藝師們，一旦喪失臨場說白演出的能力，只能操偶，雖膺任戲班「主演」，實質上也是個二手，爲欲增進戲班技藝不可不突破的關鍵點。

二、表演型態與推展劇型的確立

　　從省府時代戲劇比賽和給予的公演機會來看，布袋戲班以演出古冊戲碼爲主，有的兼採後場樂師伴奏的型態演出。後來金光戲演出在文化場普遍可見，延續布景舞臺的使用並加以擴大，其戲偶尺寸、服飾、音樂等運用可以變化，去詮釋以前的金光戲碼，或更新演出內容。第三世代藝師未必是「彩樓＋小型偶＋後場樂師伴奏」或「布景舞臺＋中大型偶＋播樂方式」配演，而是隨戲班發展目標設定的不同、聘戲者的需求不同做調整、改變，再推出自身拿手戲碼應演酬神戲或文化場。因此，戲班第二代主演除了從父親身上習得戲碼、演技及舞臺技術，還可能至他班歷練，擔任主演或助手，從此學得他人優點、增廣閱歷。

　　楊杏枝曾訪問「昇平五洲園」的第二代團長林政興，敘述：

〔註68〕鄭定國：《雲林縣演藝團體名錄》（雲林縣政府，2002 年 12 月），頁 72。
〔註69〕楊純純：〈「廖千順」廖千順——宅男展現大將之風〉，《傳藝》第 77 期（2008 年 8 月），頁 32～33。
〔註70〕謝中憲：《雲林布袋戲誌》，頁 113。

為了因應市場需求，林政興傳承了父親的古冊戲之後，亟思「轉型」演出金光戲，在應聘擔任五隆園劇團日戲主演時，用心觀摩夜戲演出，加上在電視攝影棚歷練過的弟弟林政權從旁協助，現在昇平五洲園日演古冊戲，夜演金光戲，才華洋溢的林政興已開創出屬於自己的金光戲一片天。〔註71〕

以林政興經驗為例，可知從父親身上學得古冊戲，再到他班歷練學得金光戲編演技巧，有助於跨到金光戲表演型態的成功。當新世代主演帶領戲班衝州撞府，除了演出民戲現場說白型態以外，只有應演文化場時，所推出的戲碼較能用心，以推廣偶戲、拓展觀眾為訴求。因此，當前戲班領導者必須拿定發展方向、確立推出的戲齣內容，以及行銷策略。

就筆者觀察到的臺中市青年主演於文化場推廣來看，約略有幾類：其一，以古冊戲等舊有戲碼內容為推廣主軸，採中小型戲偶、播樂配樂或樂師伴奏，通常採布景舞臺形制。如臺中「大中華五州園」為例，第二代主演蕭孟然帶領該班，獲得 2013 年臺中市傑出團隊殊榮，近年推出《三國演義》戲碼進軍文化場（圖4-5），頗受好評。2013 年傑出團隊成果展即集結《三英戰呂布》、《過五關斬六將》、《博望戰役》及《單騎救主》四部曲，展現其古冊戲武戲功力。

圖4-5　「大中華五洲園」推出《三國演義》

（蕭孟然提供）

其二，以金光戲為主打招牌戲，採電視偶、播樂方式為主，搭設富麗布景舞臺、添加絢麗燈光效果，延續前輩藝師所傳金光戲內容。如「中國太陽園」的林大豐、林坤寶（太陽園團長）父子是一脈相傳主演，其子團「太陽園」於 2011 年愛河布袋戲展演祭（室內劇場）推出《小顏回之異端邪魔》售票演出；2011～12 年「中國太陽園」獲桃園縣展演中心、國立傳統藝術中心補助皆演出《小顏回一生傳》，父子檔主演投入文化場，直接場上展

〔註71〕楊杏枝：〈「昇平五洲園」林政興──開創金光戲一片天〉，《傳藝》第 77 期（2008 年 8 月），頁 39。

現技能，有助於世代演技的傳承與向心力的彰顯。

　　其三，以古冊戲爲準或底蘊編演，和金光戲的推出，兩下鍋表演，多採電視偶、播樂配樂形式，並搭設布景舞臺。如「隆義閣」陳宇期演出的《彭公審石頭》（2011）、《包公案之魚美人》（2012）、《怪俠紅黑巾》（2013），以及2013 年還獲國家文化藝術基金會補助演出《鐵漢南俠》（圖 4-6）。又如「五洲秋峰園」羅國良於 2010 年獲國立傳統藝術中心補助演出《瀟灑情俠傳》、2012 年獲臺中市政府文化局補助演出《西遊記之金角銀角》（圖 4-7）、2014年獲國立傳統藝術中心補助首演《三國演義之八門金鎖陣》，同年另獲國家文化藝術基金會補助首演《三國演義之北伐‧鳳鳴山之戰》。

圖 4-6　2013 年「隆義閣」首次　　　　圖 4-7　2012 年「五洲秋峰園」
　　獲國藝會補助於民雄耀明宮　　　　　獲臺中文化局補助於豐原慈濟
　　　　演出《南俠風雲》　　　　　　　　城隍廟演出《西遊記之金角銀角》

（陳宇期提供）　　　　　　　　　　　　（羅國良提供）

　　其四，以臺灣歷史傳說、現代生活議題、金光戲創編爲主軸，採各式偶混用、絢麗燈光布景舞臺，招徠觀眾目光。比如，「聲五洲」王英峻的《六羽逍遙》系列、《老夫子與大番薯》（2010）、《鐵獅玉玲瓏》系列等等。戲班經營者將行銷宣傳列爲首要，掌握流行文化脈動，與之結合，完全顯現觀眾趣味在哪，戲齣內容就怎樣呈現。如果再透過經紀公司的協助合作，運用媒體炒作，爭取演出與曝光機會，似乎是走向不依靠政府補助而獨立生存的道路。

　　是故，新世代布袋戲藝師除了學習前輩藝師技能以外，爲了因應社會環境的改變、掌握時代脈動，將布袋戲演出內容給予調整。因此，推廣目的在於介紹布袋戲，未必是給觀眾欣賞一齣戲，而是解說木偶特質、表演方式，以及與觀眾互動，還可能加上一小段戲劇演出，使木偶表演性（木偶表演秀）

大於戲劇內容內涵的詮釋演出。當前世代藝師接掌戲班經營者必須擬定自身發展目標與自我定位，結合周邊資源，熟悉文化場推廣方式，推出欲給予觀眾認識的布袋戲。

三、表演技藝的練就與突破

戰後第三代主演，因戲曲大環境發展條件不利，從學藝到經營戲班，除了得多多尋找演出機會，訓練扎實的技能外，還得思考如何突破舊有的演出框架，翻新內容。因此，以下分兩項討論之：

（一）表演技藝的練就──主演專才的冶煉

在布袋戲興盛的年代，戲班忙於演出，若收有學生，更是直接於表演場上操作與熟悉整個演出流程和內容。學生學習的不只是作為主演必備的口技與操偶技能，更得熟識戲齣內容，並與其他演員合力完成一場完美的表演。因此，要能勝任主演工作，必須具備文學涵養、通曉劇型戲齣、熟練口技操偶、熟悉演出實務，以及布袋戲行業相關智能。

評判布袋戲主演技藝功力深厚或淺薄，往往只看口白與操偶。口白藝術如前文已說明了，包含套式套語與說白技能兩部分。要學習成為主演所必備的本事，包含勇於開口說白訓練膽量，循序漸進，以至漸入佳境，熟練套語是其一本事；學習操偶，以雙手舞弄雙偶，合於後場音樂程式，熟練套式是其二。

再來就是必須知曉戲齣故事，若是垂手可得的古冊戲，應該向「五洲園」黃海岱學習大師典範。正如張溪南《黃海岱及其布袋戲劇本研究》所說：

> 他尤其喜歡閱讀中國古典章回小說，舉凡《小五義》、《東周列國志》、
> 《隋唐演義》、《三國演義》……等，這些古典小說便成為他日後編
> 寫布袋戲劇本時重要的參考素材。〔註72〕

對於能夠閱讀的實習主演應當如此，尋找故事源頭或一個憑準，從中編演屬於自己擅長的劇型、戲齣。若能廣泛閱讀吸取適合改編的素材，或學習他人實際演出情況，才能應付聘戲者，尤其是民戲的邀演者。如「亦宛然」李天祿少年時的學藝經驗：

> 爐主指定要演《乾隆君遊西湖》，我還沒學會，成仔伯答應馬上教我。

〔註72〕張溪南：《黃海岱及其布袋戲劇本研究》（嘉義：中正大學中文研究所碩士論文，2002 年 6 月），頁 26。

> 下午的戲演完，奎仔伯借了一條長板凳放在土地廟旁的榕樹下，讓
> 成仔伯和我二人一老一少坐在樹蔭下「上課」。一個教、一個學，成
> 仔伯唸一句口白，我就跟著唸一句，教一個動作，我就學一個動
> 作……。〔註73〕

布袋戲興盛時期應演民戲，就可能遇到聘戲者指定演出戲碼，有些是提前告知；有些則是突然狀況。過去的主演就是在那樣環境磨練技藝，觀眾熱衷看戲就可能對戲班與主演的表演內容要求多一點。

　　對照於今，布袋戲趨向式微，不如以往演出機會多，更何況是演出現場說白，甚至搭配後場伴奏的演出方式。失去優渥酬勞的民戲戲約，現今若有心學習「主演」本事恐得自行吸收人事成本，實際「開口」演出，應對臨場演出的各種狀況。若無法從民戲投入資本，付出「學費」，則只能寄望獲得其他性質的演出機會，或應允能演出現場說白的高價戲約。要熟識布袋戲戲齣內容、套語套式，除了表演場上實際學得以外，還能透過電子媒介產物獲得，如唱片、錄音帶、CD、DVD影片……等等資料，還有生活周遭能觸及的布袋戲影視產物及相關戲劇表演，都是耳濡目染的學習管道。以江欽饒的學習經驗，少年時曾經受到黃俊雄布袋戲薰陶：

> 江欽饒進入員林國中就讀，那時黃俊雄布袋戲正在電視上風靡流
> 行，全國學童無不入迷。而黃俊雄除在電視上演出外，更有許多電
> 臺播放他的廣播布袋戲，彰化地區有一個電臺，在傍晚的五點半，
> 播出一小時的節目。每天，江欽饒放學後，便守著收音機，連晚餐
> 都是邊聽邊吃，總要聽到節目結束，才依依不捨離開收音機。隨後，
> 江欽饒進浴室洗澡，就依著廣播中，黃俊雄說話的口白，一句一詞
> 的自言自語演練起來，天天同樣的節奏……這段自言自語的演練，
> 讓江欽饒不知不覺中，揣摩到演出不同角色所使用的口白、音腔，
> 對他未來戲劇事業的發展提供了扎實的基礎。〔註74〕

因此，布袋戲技藝之一：口白藝術，和戲齣內容能夠不經表演場上習得，學習者透過想像就能沉浸布袋戲世界裡。惟有表演實務操作技術必須於場上學習，連帶舞臺搭設、燈光音響操作、接電技術等都得熟悉。當實際投入該行，主演要學習的項目應當繁多。就其本份而言，只有：操偶、說白。說

〔註73〕曾郁雯：《戲夢人生——李天祿回憶錄》，頁40。
〔註74〕陳金次主持：《臺灣閣派布袋戲的傳承與發展》，頁122。

白，往往包含戲齣內容，由主演一口說出千古事。某些主演更具備刻偶頭、製偶衣、演奏樂器、唱曲等技能，更為難得。而不同時代環境造就主演才華，故主演應具備哪些才能，是可寄予厚望，但不宜制定嚴厲標準，主觀論定主演價值。

（二）表演技藝的突破──內容形式的翻新與創意

現今新秀主演努力尋求演出機會，在一整年裡演出現場說白的場次可能不多，每場更需把握，用心製作。從布袋戲表演體系來看，軟體設備猶如舊戲碼、舊有劇型，如《三國演義》、《封神演義》等等，更配合傳統音樂、舞臺形式製演。面對經典老戲，這個部分常是注重主演才華（編、導、演三能力）的展現，然不管主演製演態度、方法為何，力求整體完美呈現，應是毫無疑義。比如，注重經典原著而撰寫所謂的「劇本」，強調原汁原味，主演憑靠劇本說白展現技能，是為另一途徑。又如近來布袋戲班著重專才編劇，創新主題內容，並人力分工各司其職，使布袋戲走向新樣貌，故一齣戲的製演過程已非傳統途徑，自是不能同日而語。硬體設備猶如舞臺形式、燈光音響運用，主演必須多具實務經驗，從中再發巧思，或與他人合力規劃設計，使這個部分更完善。

隨著時代演進、環境改變，布袋戲班與主演除了具備基礎演技外，處於現實演藝環境與所需技術，主演不足之處，部分是可由團隊力量補強，只要能發揮優點、尋求觀眾支持，積累盈餘，才是戲班立於不敗之地。倘若戲約不斷、人力充足，主演力求技藝精進，在口白藝術、操偶技能及其他才藝突出，能稱得上「才德兼備」者，再進階一步冠上國寶、戲狀元、戲才子、大師等名號，則更令人欣慰與慶幸布袋戲有輝煌成就。總而言之，就觀眾而言，要的是整體表演有好表現、好娛樂；就研究者而言，可能觀照的是臺灣布袋戲技藝成就與境界。是故，活在當下的主演要練就的本事與領導的戲班走向，全賴態度決定，這個態度又與現實的觀眾密切關聯。

有許多經典古冊戲值得新秀主演學習，如《三國演義》系列的《屯土山約三事》、《孔明初用兵》、《長坂坡》等等，同樣戲齣若以不同主演演出作品來比較，則能分出高低優劣。因此，古冊戲歷經長久時間多人演出，造就的典範，不容忽視，也是新秀主演得注意的地方。而金光戲則需這類優秀前輩引領才得其中奧妙，不能一味以道具、特技作為賣點。

除了傳承前輩精湛技藝外，更需要隨時代與時俱進，於演出內容、特殊

技藝方面研發。比如，2013 年 8 月 23 日，「大中華五洲園」於雲林縣虎尾鎮公安社區大水塔，由蕭孟然演出《西遊環保愛地球》，搬演唐僧師徒與村民打敗垃圾魔王的故事（圖 4-8、4-9）。以家喻戶曉的古冊戲人物、慣熟的編劇方式，帶入環保議題，宣導清潔環境、愛護地球的觀念；用寶特瓶、保麗龍偶頭裝置戲偶，初登場亮相也令觀眾發噱，在古冊戲立基尋求翻新題材內容，也是另一突破方法。再如「義興閣」獲得文化部補助 2014 年度上半年「廟口巡演──原創音樂：青年主演培育計畫」，演出《烽劍春秋》，創作「烽劍春秋」音樂主題曲，搭配演出，其思維做法令人耳目一新。

圖 4-8　2013 年 8 月 23 日「大中華五洲園」於雲林縣虎尾鎮公安社區演出《西遊環保愛地球》

圖 4-9　2013 年 8 月 23 日「大中華五洲園」於雲林縣虎尾鎮公安社區演出《西遊環保愛地球》，用保麗龍、寶特瓶做人物造型

（陳正雄拍攝）

（陳正雄拍攝）

是故，布袋戲主演翻新戲劇元素，使演出內容、形式有著煥然一新的感覺，以此作為特色，吸引觀眾目光，任何創作創意搶先推出，並有企圖做更好，才有進步突破的可能。

綜上所述，戰後第三代藝師從布袋戲逐漸衰微環境中學藝，比前輩藝師得更加努力付出。和多數不演現場說白的戲班相比較，訓練扎實的技能，才是名符其實的主演。在確立所經營的戲班之發展目標與方向及定位後，因應社會環境的改變，得翻新演出內容，尋求觀眾認同與欣賞，更加不易。故該輩藝師更需要敏銳掌握時勢所趨、觀眾好惡、自我期許與定位，才能累積實力與成就，成為繼往開來的演藝工作者。

第五章　世界派系統第三代蕭添鎮生平及技藝

　　臺灣布袋戲「以人立派」形成具有影響力的大小系統，各個傳承系統在世代傳承者手上，發展有別。無論以人立派與否，各自傳承系統裡頭應當有值得被稱許之處，也是世代傳承者必須掌握與薪傳的重要責任。之所以能夠稱派，不應只是師承的不同而已，應在操偶、說白、劇目及表演實務上有部分特殊之處，呈現共同特點；於內彼此傳承、保有「自身傳統」；於外可能影響他派他人，成為競相學習的對象。其次，世代傳承、授徒廣泛、衍生戲班的結果，再論其中有多少優秀藝師所造成口碑如何，對臺灣布袋戲界貢獻又為何，則評價呼之欲出。

　　臺灣布袋戲系統當中以洲閣兩派在數量與分布上甚是影響深遠，而「新世界」開創者陳俊然，據研究指出他曾跟隨「中民園」白如安、「森林園」鄒森林、「新復興」林用、「福興園」柯瑞福及「新興閣」鍾任祥等人，這些名師又多是屬於潮調布袋戲系統，可見其淵源。自陳俊然開創「新世界」系統以來，「論輩不論歲」傳衍四代，第二代弟子中，茆明福的「明世界」曾竄紅文化場與民戲場上。而陳山林傳徒蕭添鎮是為第三代弟子，是筆者定義的戰後第二世代藝師，雖屬於中後輩世界派藝師。但以他學藝經歷、演藝情況及近年於文化場表現成果來看，是戰後劇界第二代中頗有成就者，也是該派第三代弟子裡佼佼者。本章即以他多年來演出資料，論其藝術表現特色，作為探討布袋戲表演藝術的一個例證。

第一節　蕭添鎮生平與其戲班發展

　　世界派第二代陳山林傳授的學生有：許來福、劉永豐、柳國明、蕭添鎮、盧守重、張錦卿、張松建、張明華（藝名也稱「黑人」）、王泰郎、王義郎、張嘉倫、陳世賢及陳世明等十三人。〔註1〕陳山林錄製不少專業戲齣節目帶販售給錄音班型態演出者使用，如《濟公傳》、《葉飛雲十三劍》、《十八路反王》……等等。多數學生都整班，其中許來福、柳國明也是錄製專業戲齣節目帶的名師，尤其柳國明錄製的戲齣節目帶數量相當可觀，有《羅通掃北》、《薛仁貴征東》、《萬花樓》、《五虎平西》、《帝爺收妖》、《陳靖姑收妖》、《鄭成功》、《嘉慶君遊臺灣》……等等不勝枚舉。

　　因此，這些戲齣有聲資料也成為後輩藝師學習開口的教材、對象，而透過多數錄音班型態的演出使用，讓他們的「聲音」可能不斷地出現在廟會酬神戲中，廣為「聽眾」接受，不只喜聽聲音，也可能接受所演繹的故事情節。

　　另外，少數學生中，除了以民戲演出為主之外，也兼演文化場表演，如在高雄打著「新世界」名號的王泰郎與義郎兄弟檔，或張明華，藝名也稱黑人，都是傳承前輩招牌名號、技藝，衝洲撞府，拓展戲約。

　　然而 2008 年起「蕭添鎮民俗布袋戲團」開始接觸公部門文化場演出，曾獲基隆、臺北、新北、桃園、新竹縣市、苗栗、臺中、雲林、花蓮、宜蘭、臺東、澎湖、高雄及屏東等文化單位、藝文館舍補助；也獲國立傳統藝術中心、國家文化藝術基金會、故宮補助，以及民間企業誠品書局邀演，幾乎全臺縣市都曾公演過，離島如澎湖、蘭嶼都曾推廣過。以資歷豐富、技藝突出。因此，陳山林學生中輩份較高，馳騁文化場的首位掌中尖兵，非蕭添鎮莫屬。下文就以他的生平學藝與演藝概況分別敘述：

一、蕭添鎮生平與學藝

　　研究蕭添鎮的學術論文當以 2007 年陳艾伶《蕭添鎮民俗布袋戲團結合國小鄉土藝術教育之研究》碩士論文為先，本文援用參考此資料，並再次訪談蕭添鎮寫成。關於他的學藝過程，大致可分為兩個階段：

〔註1〕巫裕雄：《南投新世界陳俊然布袋戲「南俠」之研究──以「南俠（沒價值的老人）」為研究對象》，頁 115。

（一）布袋戲的啟蒙——奠基階段

　　蕭添鎮出生於 1951 年，原彰化田尾人，小學畢業後，因著迷布袋戲便向永靖一廟祝張文田學習後場音樂（吹奏嗩吶），後經由他的介紹到員林「新玉山」（團長是張文源學生——外號「矮仔文俊」）和員林「新幸福」（團主張文源，人稱雞規丸，張文田之弟）擔任助演；也曾到邱金墻的「永興園」擔任助演。

　　在這樣四處幫忙、學習的過程中，僅約十四、五歲的蕭添鎮能操偶，後來認識了一個「王祿仔先」也就是江湖郎中林朝森，他本身也是個布袋戲藝師（南投「新乾坤」團長），在賣藥做生意時，以布袋戲表演吸引客人。

　　在戲班無戲可演時，蕭添鎮便加入「王祿仔先」賣藥團，跟隨著林朝森夫婦四處表演做生意，期間奠定他口白技巧的基礎，也因為林朝森夫婦讓他擔任主演，因而也學會編劇技巧。在諸多戲班中從二手開始歷練，精進操偶技巧、熟悉表演團務，遂學得主演必備條件，穩健臺風。

（二）名師調教，熟練技能——養成階段

　　之後，蕭添鎮更跟隨陳俊然戲班，參與該班內臺演出。但是當時蕭添鎮並無經過正式拜師儀式，只是到陳俊然戲班擔任助手工作，而那時陳俊然戲班廣受各地邀演，傳徒甚多，並無法直接教導他，真正教導他操偶與說白的乃是陳俊然之徒——陳山林，外號黑人（圖 5-1）。爾後蕭添鎮便在陳山林戲班擔任助手，往往負責下午場的主演工作，晚場才由陳山林主演。當時蕭添鎮亦未拜陳山林為師，兩人亦師亦友，也曾向陳俊然之

圖 5-1　2009 年 2 月 13 日筆者初次與陳山林、蕭添鎮師徒見面

（左至右為蕭永勝、鄭春玉、蕭添鎮、陳山林及筆者）

徒張俊郎（員林「新世界」團長）學習口白。蕭添鎮憑藉幾分天賦和認真態度，學習他人長處，最終在陳山林認可之下，正式「學成出師」。

　　從「矮仔文俊」、張文源、邱金墻、林朝森到陳俊然、陳山林及張俊郎等人的學習對象都可說是蕭添鎮的「老師」。無論是跟隨戲班當學徒，或擔任助演，或拔擢為主演，「轉益多師是汝師」的學習態度使蕭添鎮增廣閱歷。最後

他自述說法、自我定位為世界派第三代弟子、陳山林之徒。

二、蕭添鎮的演藝概況

　　蕭添鎮並非出身布袋戲世家，沒有家業傳承，踏入布袋戲職場全憑興趣與自身的努力。因此，要如何組班拓展戲路，可能就得從搭班、合夥組班等歷練的基礎做起。自陳山林處學成後，展開他四十九年的演藝生涯，約可分為四個時期：

（一）搭班到改行，再回熟悉的掌中舞臺（1970～1980 年）

　　1970 年，蕭添鎮經由員林「新樂園」主演張能周介紹，到員林「新世界三姊妹」擔任主演，一待即三年。1972 年入伍服役，休假時偶爾也到桃園蕭勝華的「勝興樂」演出。1974 年退伍，便和同是永靖人的盧燕雪結婚。之後，受邀到臺北「集樂天」擔任主演，後也以「蕭天鎮掌中劇團」之名在三重田園戲院演出。1970 年代野臺布袋戲盛行，長期於外地演戲，使蕭添鎮因家庭緣故，改行到市場賣水果，但無法適應，賣了半年便不做了。

　　為了妻兒生活，改做土木粗工，到工地工作。約半年的時間，因幫堂弟處理事情而與人結怨，當時他 24 歲，年輕氣盛便與人發生衝突，遭人刺傷。因此沒了工作，休養了三、四個月，僅靠妻子在家做手工餬口。傷癒後，經人介紹到板橋的厚生塑膠工廠工作一年多。

某日，工廠附近的廟會有兩團布袋戲班對臺，蕭添鎮忍不住駐足觀望，被戲班認出，邀他上臺幫忙。往後，常有戲班找他幫忙，也因常常請假而失去工廠工作，又重回演戲之路。

　　復出後，他常在三重、臺北各地廟宇接戲。又回到桃園「勝興樂」擔任主演，大約有四年的時間。

（二）「新中華蕭天鎮」的成立與解散（1981～1983 年）

　　1981 年舉家搬回永靖成立「新中華蕭天鎮」戲班（圖 5-2）。同時也到電臺錄製廣播布袋戲，1982 年在彰化國聲電臺錄製「中國

**圖 5-2
「新中華蕭天鎮」海報**

（蕭永勝提供）

上古史布袋戲廣播劇」；在臺中中聲電臺錄製「南俠風雲布袋戲廣播劇」，都由盧守重擔任配音。由於蕭添鎮個性海派，交友甚多，回到永靖後，呼朋引伴易滋生事端。1984 年警政署開始展開一清專案，掃蕩當時國內主要幫派流氓，朋友建議他離開永靖，因此再度賣掉戲班舉家搬到臺中投靠友人。

（三）遷居臺中，嶄露頭角的契機（1984～2003 年）

1984 年搬到臺中，起初暫居臺中「三興閣」戲班，直至找到住所，期間幫忙戲班擔任主演，也曾在臺中市中華路夜市的公園大樓地下室「古今亭茶藝館」演出布袋戲。面對布袋戲的衰落，他再度轉業，於斗南從事服務業。

轉業的蕭添鎮若有戲班朋友邀約，仍會登臺演出。1991 年臺中「新五洲」陳光榮邀請蕭添鎮擔任主演，參加 1991 年臺灣區地方戲劇比賽中區決賽，演出《水滸傳之兄弟情深》，榮獲甲等獎。

1992 年，正值臺中縣積極推動校園民俗藝術活動，蕭添鎮受臺中縣教育局社教課聘為臺中縣民俗藝術講師，與布袋戲藝師許王、鍾任壁、李慶隆及葉子楓等人擔任顧問，指導臺中縣龍井國小布袋戲團，使之學習布袋戲前後場表演。直到 1995 年，因工作關係離開，在龍井國小的布袋戲傳承工作就此結束。

1995 年，蕭添鎮擔任臺中烏日「新光明」主演，參加 1995 年地方戲劇比賽中區決賽演出《劉備招親》，當時由「彰藝園」陳峰煙擔任助演，榮獲當年優等獎與最佳主演獎（圖 5-3、5-4）。1997 年，協助嘉義「黃俊信木偶藝術劇團」戲劇設計，參加地方戲劇比賽南區決賽，獲優等。

圖 5-3　蕭添鎮獲 1995 年地方　　　圖 5-4　蕭添鎮獲 1995 年地方
戲劇比賽中區決賽最佳主演獎，　　戲劇比賽中區決賽最佳主演獎，
地方戲劇協會致贈匾額　　　　　　彰化同鄉會致贈獎盃留念

（蕭永勝提供）　　　　　　　　　　（蕭永勝提供）

（四）「蕭添鎮民俗布袋戲團」的成立，一圓美夢（2004～迄今）

圖 5-5　蕭添鎮榮獲
2015 年薪傳獎獎座

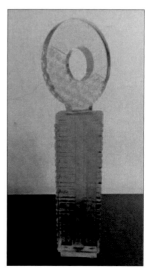

（蕭永勝提供）

2004 年 7 月蕭添鎮長子蕭永勝（1974～）與巫裕雄（1976～）成立「蕭添鎮民俗布袋戲團」，向臺中市文化局立案爲「業餘戲班」。起初於中小學、育幼院做義務性質的教學與演出，首次表演即在巫裕雄任教的大新國小；也仍持續接受他班邀請擔任主演。2008 年，該班獲花蓮縣文化局補助於富里國小演出，「蕭添鎮民俗布袋戲團」正式踏入公部門文化場演出之路。接著辦理國立傳統藝術中心經費補助演出的金光戲《南俠風雲》系列單元劇，也開始獲得澎湖、苗栗高雄市、臺東……等文化單位補助，推出蕭添鎮拿手的劇型，在臺灣各地與離島都可見他於大學、中小學校園和文藝館舍演出的蹤影。2015 年蕭添鎮榮獲中華民國資深青商總會第 22 屆「全球中華文化藝術薪傳獎」獎項。（圖 5-5）

綜上所述，蕭添鎮歷經兩階段學藝過程，雖將自身定位爲出身世界派，師承陳山林，但實際上是「多派多師」類型的藝人。而他的演藝生涯約可分爲四個時期，有內臺演出經驗，也曾投入野臺戲班經營，歷經內外臺戲、賣藥團、電臺廣播、電視臺等型態。在他不同生命階段裡，適應演出場域，以不同形式表演，除了爲生計餬口，更是抱持志趣而投入，尋求布袋戲多元發展的可能性。（圖 5-6、5-7）

圖 5-6　蕭添鎮與他的南俠戲偶　　　圖 5-7　蕭添鎮演出的小型布景

（蕭永勝提供）　　　　　　　　　　（蕭永勝提供）

　　他移居臺中後，仍受他班邀請擔任主演、助演工作，甚至跨刀擔任他班主演參加戲劇比賽。最終由蕭永勝與巫裕雄提議組班，於 2004 年成立「蕭添鎮民俗布袋戲團」，從此團務蒸蒸日上，製演並記錄保存蕭添鎮的演出風貌。

第二節　蕭添鎮能演劇目與演出型態

　　本節將整理蕭添鎮能演劇目，並討論其演出型態，分兩項論之：

一、蕭添鎮能演劇目

　　蕭添鎮早期曾錄製《南俠風雲》（廣播劇）、《狗母記》、《鍘陳世美》、《乾隆遊西湖（孝子感動天)》、《孫龐演義》、《俠義英雄傳》及《三國演義》單元劇等錄音帶有聲資料（圖 5-8）。之後跨刀擔任「新光明」、「三興閣」、「長興閣」、「黃俊信」等班主演，留有演出影音記錄或有聲資料。無論自行或受聘錄製各式有聲資料，或跨刀主演，或自家戲班的演出，而留下影音記錄、有聲資料者，共累計能演劇目至少 37 齣。「表 5-1」所示，多數錄成影音資料，若是有聲資料保存者，另以底線標明：

圖 5-8　蕭添鎮自錄戲齣專業節目帶供錄音班演出使用

（蕭永勝提供）

表 5-1　蕭添鎮演出劇目表〔註 2〕

劇目來源或 性質類型	齣目 數量	戲　　　　　名
古輩戲	21	《忠犬救主》(《狗母記》)、《包公案》之《審郭槐》、《審烏盆》、<u>《鍘陳世美》</u>、《三國演義》之<u>《桃園三結義》</u>、《貂蟬弄董卓》、《屯土山約三事》、《古城會》、《趙子龍救主》、《華容道》、《劉備招親》、《狄青會姑母》、《乾隆遊西湖》、《水滸傳》之《林沖》、《手足情深》、《魯智深大鬧桃花山》、《武松》、《李逵殺四虎》、《劉海升天》、<u>《孫龐演義》</u>、《蘇文秀娶親》

〔註 2〕　本表參考陳艾伶：《蕭添鎮民俗布袋戲團結合國小鄉土藝術教育之研究》，頁131～132。並獲蕭永勝先生提供演出年表、劇目資料製成，特此致謝。

創編劍俠戲	1	《俠義英雄傳》
民間故事劇目	6	《好鼻師》、《鬥圈得寶》、《水蛙土仔》、《黑貓抵飯匙》、《自嘆枝無葉·莫怨太陽偏》、《人在做·天在看》
金光戲	9	《南俠風雲》之《黃金孔雀城》、《死人能醫活》、《金葫蘆》、《老君堂》（《大破千刀梯》）、《武林生死劍》、《白骨真經》、《急急風》（1～2）、《急急風》（3）（含大毒王、胭脂鳳、傳人生三事件）

蕭添鎮演出過的古輩戲（在此係指承演老輩藝師戲齣，和古冊戲之意），是以古冊戲為大宗，如取材《三國演義》小說曾演出六個單元劇，留有影片；包公故事系列次之。其次，他拿手的金光戲當為延續陳俊然、陳山林以降的《南俠風雲》系列，共有九個單元劇於文化場、民戲演出過。另外，「蕭添鎮民俗布袋戲團」還演出民間故事的《好鼻師》、《鬥圈得寶》、《水蛙土仔》、《黑貓抵飯匙》、《自嘆枝無葉·莫怨太陽偏》，以及《人在做天在看》等，其劇作搬演長度不一，是因應現代文化場所需而製演的短篇戲劇。其中《黑貓抵飯匙》，又名《三才女》，是學自陳俊然戲齣，此劇搬演「飯匙抵貓」故事。筆者曾撰文探討，得出日治時期可能有「飯匙抵貓」俗語故事改編的短篇戲劇，普遍流行，可見日治時間布袋戲藝師已演出民間故事改編的劇目，是民間文學與布袋戲結合的一個例證。〔註3〕

以「蕭添鎮民俗布袋戲團」之名於文化場演出的劇目多數留有影音記錄，為蕭添鎮之子蕭永勝有意識的監製保存。蕭添鎮於表演場上演出戲碼內容，至多參考自行書寫的綱要進行表演，只能得知他對一個故事的編排架構、關鍵說白為何，若要了解他的演技才能還是得借助影音資料（演出影片），方可給予公允評價。如林鋒雄所說：

> 「影像」對於藝師本身來說，是一種保存自身技藝的真實紀錄，另一方面，可以幫助評鑑藝師的藝術技能，讓各界人士清楚地了解藝師本身的藝術地位，所謂「真金不怕火鍊」，真正的藝術是要經得起客觀的批評。易言之，影像的紀錄可以超越時間空間，讓藝師的演出保留下來，有機會得到客觀的評價。因此，影像是幫助藝師傳播技藝的重要媒介，更是評論藝師地位的重要憑証。〔註4〕

<hr>

〔註3〕 拙作：〈臺灣布袋戲「飯匙抵貓」情節描寫之編演探討——以《三才女》、《黑貓抵飯匙》、《拿飯匙抵貓》為例〉，《道南論衡——2011年全國研究生漢學學術研討會論文集》（臺北：政治大學中文系，2012年6月），頁287～288。

〔註4〕 林鋒雄，〈布袋戲「新興閣——鍾任壁」技藝保存計畫之執行及其意義〉，《傳

故「影像」保存藝師技藝眞實的一面，並藉此評鑑藝師的技藝優劣，以便客觀評論與確立藝師地位。所幸近年蕭添鎮演出影音資料被有意識地保存，展現他的演技實力，不是口說無憑的自我表述而已，藉由演出影音資料，更能驗證他的技能深淺。

二、蕭添鎮戲班演出型態

當前臺灣布袋戲班大多數以彩繪布景戲臺爲主，少數戲班使用彩樓並通常於文化場場合使用。彩繪布景戲臺始於內臺布袋戲時期，後普遍用於民戲，常因戲金高低、聘戲者要求、觀眾觀感，以致戲班使用彩繪布景。此現象在蘇世德論文即指出：

> 布袋戲相關問題不應只以演出者或學者角度觀察，西方觀點或理論更要考量在東方的適用性，才能有較爲客觀而適切的研究，以提供布袋戲去蕪存菁再現光輝的時機。例如探討戲棚是否過度華麗而影響觀賞，或木雕戲棚與布景戲棚孰優孰劣時，一定要先了解臺灣觀眾的心態，如二○○一年十月高雄縣舉辦的偶戲節……當東舞臺搭起大型布景戲棚，戲棚前還加上一大個舞臺，並配有各式道具，尚未開演就吸引了七成觀眾直到演出結束，遠勝於傳統或改良木雕彩樓的古典路線，說明了臺灣觀眾的品味方向。〔註5〕

可見大型布景戲臺對一般觀眾還是較爲吸引，聘戲者（主辦者）與觀眾對布袋戲演出型態是具有關鍵影響，尤其是民戲，處在戲班彼此競爭之下，縱使多爲「錄音班」型態，但布景華麗、戲偶與設備新穎，還是競爭的籌碼之一。

然而「蕭添鎮民俗布袋戲團」主要接演文化場表演，偶爾接演民戲現場口白的演出形式。若以布景搭設舞臺，則有兩個皆爲鏡框式形制，擇一採音效配樂形式，操弄中型野臺偶，搬演各式劇型。當在大專院校、中小學演出，就以絨布景形制應演，拆搭臺極爲迅速便利，如同「新興閣」鍾任壁搭設的絨布景舞臺。故文化場部分全以野臺中型偶，以彩繪布景或絨布景搭設架構，採配樂或後場伴奏演出方式。

該班創立人爲蕭永勝與巫裕雄，後爲蕭添鎮之女蕭小煌接任，然團務的

統藝術研討會論文集》（臺北：國立傳統藝術中心籌備處，1999 年），頁 324。
〔註 5〕蘇世德：〈屏東縣布袋戲生態〉，《屏東縣傳統藝術研討會論文集》（宜蘭：傳統藝術中心，2004 年 11 月），頁 476。

推動者主要還是蕭永勝，蕭添鎮則專司劇團主演工作。蕭添鎮歷經布袋戲內臺戲末期、野臺戲盛行時期，期間參與廣播、電視臺布袋戲製作，將所擅長的戲齣一一實踐。而「蕭添鎮民俗布袋戲團」成立後，首要將蕭添鎮能演戲碼再度呈現於觀眾眼前，雖時空背景已不同，致表演型態有所調整，但其技藝透過復出還是將他口白藝術、編排能力呈現出來。

筆者獲得該班蕭添鎮演出的影片作為材料，區分演出形態與特色，約有兩類。其一，「絨布景型態」，在校園和藝文館舍室內外多是搭設一組紅色絨布景架構，不需搭設高臺（圖5-9），一般搭設起來約寬5公尺、高3公尺，若是採音效配樂方式則由該班鄭春玉負責配樂技術；若為後場樂師伴奏，則另聘樂師配合，兩者皆是以野臺中型偶做表演。其二，「彩繪布景型態」，在戶外（藝文館舍廣場或廟埕）搭鋼架舞臺、彩繪布景，約寬10.6公尺，做文化場性質的表演（圖5-10），採音效配樂方式或樂師伴奏。前者絨布景戲臺形式，前輩藝師鍾任壁的「新興閣」於文化場演出時，已自創黑絨布景三層表演空間；「亦宛然」、「五洲藝華園」也有絨布景鏡框式戲臺。「蕭添鎮民俗布袋戲團」非此形式首創者，其戲臺結構和「亦宛然」、「五洲藝華園」相似，能換幕、變更場景，各有別趣。後場彩繪布景戲臺形式，雙層景片搭置，更有層次感，以單一表演窗，不採「三光臺」（三個表演窗），只充分表現其劇情節奏。

圖5-9　2011年10月18日
「蕭添鎮民俗布袋戲團」絨布景
戲臺在臺北市立教育大學演出

圖5-10　2009年3月15日
「蕭添鎮民俗布袋戲團」
彩繪布景戲臺在臺中樂成宮演出

（陳正雄拍攝）

（陳正雄拍攝）

綜上所述，筆者收有蕭添鎮表演影音、錄音資料，共 37 齣，大多數劇目都是以「蕭添鎮民俗布袋戲團」之名，再度推廣演出，已非昔日專營民戲的經營者。他因應校園推廣所需，即以「絨布景型態」為舞臺特色。故該班演出型態、屬性與目標，和一般以民戲維生，及民戲兼文化場戲約演出者不同，以絨布景、野臺中型偶的形式演出各劇型之特色，更突顯與眾有別的外在觀感。

第三節　「蕭添鎮民俗布袋戲團」的技藝特色

「蕭添鎮民俗布袋戲團」成立時，蕭添鎮已 54 歲，其技藝達臻至純熟，雖曾中風過，仍能操偶，將蕭添鎮能演戲碼陸續推出，留下珍貴記錄。透過這些演出影片、有聲資料更能進一步討論其技藝層次：

一、音聲如鐘話逸聞——蕭添鎮的口白藝術

布袋戲演出有布景戲臺（或彩樓）、戲偶道具、操偶、說白及音樂等元素可鑑賞，其中布袋戲主演必須一口說白、雙手操偶，將故事編成情節，口述出來，是戲班靈魂人物。石光生文章說道：

> 劇場就是木偶表演與觀眾直接面對面的空間。從歷史的角度來看，在劇場中出現過的布袋戲表演，包括籠底戲、正本戲、古冊戲、皇民劇、劍俠戲、反共劇、金光戲、錄音布袋戲、綜藝布袋戲等都是布袋戲劇場型式。在這個劇場中，其所包含的元素有戲臺、舞臺裝置、戲偶、主演、音樂、劇本、劇團等七種。〔註6〕

以上七種劇場元素是鑑賞一齣戲的項目，其中操偶、說白不像戲臺、戲偶、道具等硬體設備可用金錢買足，增添表演型態的氣勢，為戲班整體演出水準加分。然主演說白、操偶技藝是評鑑該藝師演技優劣、才華層次的重要項目。

蕭添鎮過 50 歲後的口白仍然五音分明、咬字清晰，從他擔任「蕭添鎮民俗布袋戲團」主演的演出中，可見其口白藝術之功力仍不遜色。從分音技巧、文學造詣，及控場能力三方面，論其藝術表現：

（一）蕭添鎮的發音技巧

在前賢布袋戲論文以藝師論其口白藝術，多數皆談及口白五音之分，

〔註6〕石光生：《臺灣傳統戲曲劇場文化——儀式・演變・創新》，頁 295。

然五音實為從北管戲而來，並非由黃俊雄演出電視布袋戲後，始奉為圭臬。〔註7〕「腳色」有限；「人物」無限，腳色有相應的聲口發音技巧，一位主演從五音立基，因一人發音總有局限，只能以發音急緩、高揚低沉區分不同人物的說話樣態。縱使一位主演能發出多個人物的聲音，也非常態的演法。因為，若裝出各種腔調，還有其喜怒哀樂的聲口變化，有此「變化」之故，一個主演利用喉、鼻、舌、齒發音終究會氣竭，難持久維持一個腔調。

　　而陳生龍研究中所說：

> 為留住聽眾鎖定電臺頻道（有聽眾才有贊助廠商），沈明正開發出一套屬於自己的「聲優系統」以應演出之用，除了基本的「五音」之外，沈明正會利用身體的各種器官幫助發聲，加上以語調輕重快慢等節奏進行各種發音的排列組合，所以他的口白可以發出十幾種聲腔各異的聲音……。〔註8〕

陳氏所說的「十幾種聲腔各異的聲音」，其實不是十幾種「腳色」聲口，而是「人物」的語言特色。他舉沈明正演出《封神榜之十絕陣》，同一場中聞仲太師必須和十位仙長對話，將聞仲與十位仙長各自聲音特色區別出來，這十一個人物其實腳色大都相同，多屬「花臉」或「老生」，並非有十一個「腳色」聲音。〔註9〕

　　蕭添鎮口白蒼勁，有時略帶沙啞，但運用分音技巧仍能五音分明，不會有分叉破裂聲口。不像有些主演年老後，音質變差，縱使運用分音技巧，仍是咬字不清、五音難分，顯現後繼無力之感。研究者劉信成觀察蕭添鎮演出而所持的看法，也和筆者相近，他說道：「就其聲質上，雖有點緊帶點沙啞，

〔註7〕 陳生龍說到：「曾經在電視布袋戲時期（1970～1989）席捲全臺的「黃俊雄式臺語」，被譽為當時臺灣布袋戲的「正聲」，黃俊雄的口白贏得全臺觀眾一致贊同後，「五音分明」就成了布袋戲演師表演口白時的基本門檻……」見《沈明正布袋戲的表演藝術研究》（彰化：彰化師範大學國文研究所國語文教學碩士班，2010年12月），頁81；另邱睿婷說道：「黃俊雄生、旦、淨、末、丑五音分明，且為了在大眾傳播的電視播出，特別混合臺灣的南北腔調，形成一種沒有因地域，而造成溝通障礙的『黃俊雄式臺語』，讓臺灣各地的人聽見，都有親切感。」見《小西園掌中戲研究》（臺北：中國文化大學中文研究所碩士論文，2012年6月），頁94。按：黃俊雄語言腔調未見得是為了在電視播出布袋戲，才混合南北腔調，其語言使用攸關成長的社會環境所造成，未必一時要於電視演出，才立即以「南北腔調」方式呈現。

〔註8〕 同前註，頁82。

〔註9〕 同前註。

但在五音與咬字上，甚爲清楚，且其『戲氣』之宏亮是愈演愈有漸入佳境之氣勢，頗有大師之風範，乃有得『世界派』特色之眞傳。」〔註10〕

　　然而就前文所論，口白音質、分音技巧及情感投入三者互爲關聯，若口白音質差者，以分音技巧與感情投入說白，仍可能擁有戲迷，喜愛他音質迷人之處，亦可說明這樣的主演也靠「聲緣」拓展戲約。易言之，布袋戲主演的口白表現給予觀眾先入爲主的感覺，擁有戲迷，若稱「戲迷」者所愛此主演演出的原因，可能不在意他客觀上音質好壞，而是習慣、著迷他分音技巧與情感投入。

（二）蕭添鎮的文學造詣——口頭文學的運用

　　蕭添鎮說白流暢，演出古冊戲、劍俠戲等並無特殊「口頭禪」，也少有冗辭贅語的「垃圾語」，運用套語串演成戲。由於蕭添鎮全憑記憶力臨場說白、編排情節，最多依賴分場大綱提示而已，只有現場觀看他表演才知他的文學造詣。因此，於表演場上才能得知蕭添鎮的文學造詣與編劇能力，他的編劇能力非指文字書寫能力。對於布袋戲的語言，陳龍廷文中曾說道：

> 布袋戲表演的語言結構，應是受到戲曲語言的影響，尤其是亂彈戲。在中國宋、元之際發展出來的南戲，劇本一開頭照例有一段介紹創作意圖，和敘述戲劇情節梗概的開場戲。南戲常見的「副末開場」或「家門大意」，延續至清代京戲的劇場形式，仍保留著唸誦「引子」之後，接著唸「定場詩」，然後「自報家門」……布袋戲則是以「四聯白」的套語形式來介紹戲劇人物，以口頭表演而言，這種固定的語言相當出場戲劇人物的臉譜。〔註11〕

蕭添鎮運用套語主要就有「開場白」、「四唸白」、「自報家門」等。這些套語在其古冊戲中普遍可見，就算是演出金光戲，也不免俗地使人物登場能有「自報家門」（獨白）的機會。如《審郭槐》上場，包拯說道：

　　包拯：　（詩）老夫算來鬼神驚，日來斷陽夜斷陰；
　　　　　　　　　不論皇家與國戚，虎頭三鍘不容情。

　　　　　老夫！包文拯！老夫在大宋天子仁宗趙嘉祐萬歲駕前爲臣，
　　　　　官拜龍圖閣大學士兼開封府尹。前當時老夫大破南天七十二

〔註10〕劉信成：〈布袋戲文化場演出——從蕭添鎮布袋戲談起〉，《傳藝》第 78 期（2008 年 10 月），頁 78。
〔註11〕陳龍廷：《聽布袋戲：一個臺灣口頭文學研究》，頁 119。

件無頭公案，先皇賞賜老夫三鐧鎮守！一者龍頭鐧，二者虎
頭鐧，三者狗頭重鐧！龍頭鐧斬三十六宮七十二院；虎頭鐧
斬者賣國之大奸；而若狗頭鐧斬者土匪惡棍、姦夫淫婦！我
若有三鐧鎮守，百姓不敢犯法所爲。當今陳州渴岸，災民叫
苦連天，萬歲出下聖旨，交代老夫帶這咧糧食，往到陳州賑
濟災民，救災如救火，也不敢延慢。吩咐王朝馬漢！安排大
隊直進陳州賑濟。〔註12〕

在古冊戲裡，蕭添鎮這段口白除了唸誦抑揚頓挫、鏗鏘有力，合於鑼鼓介以外，運用成語、詞句雖無麗辭之處，但唸誦「土匪惡棍、姦夫淫婦」、「三十六宮、七十二院」的排比技巧，以及他閩南語語詞的韻味，如「前當時」、「往到」等，讓這段包拯獨白文雅與通俗兼具，不像背誦劇本臺詞那樣缺乏情感，不致乏味，也不會跳脫唐突。而他的《白骨眞經》第一場文俠以北管樂曲升堂套式登場：

文俠：（詩）大夢誰先覺，平生我自知，草堂春睡足，窗外日遲遲。
山人！文俠孔明生！在明江世外古堡，我文俠身爲明江派的
教主，在明江派結拜三秘兄弟，我文俠爲大：第二就是武林
鐵漢南俠翻山虎；第三就是怪老兩撇鬚爲何不死。三兄弟招
集天下所有的英雄好漢，對付幽靈世界。因爲武林道上出現
幽靈世界，致使民不聊生，武林的殺劫四起。據我文俠所
知，幽靈世界的總首領就是神祕天王轎！這個人坐一頂神祕
天王轎，橫行武林，手辣心黑。害啊！最近一波未平一波起，
乃結拜兄弟南俠原來就是南方的南拳，想不到在南方惹起一
場恩怨，引起南方的北腿過中原！與同兄弟南俠約在無風林
相殺。這場的相殺關係到武林各大門派的成功與失敗，假使
說兄弟南俠若在無風林戰敗，明江派滅，甘不是妖道橫行武
林、獨霸武林。若這樣無辜的修道人是要安怎生活？爲對要
挺南俠兄弟、爲對要拼贏這場戰爭。來人啊！咱明江派趕緊
趕到無風林，要趕到無風林，我相請結拜兄弟怪老近前，內
中怪老何在？〔註13〕

〔註12〕 2010 年 10 月 6 日蕭添鎮戲班於東華大學美崙校區演出《審郭槐》，約 107 分鐘，主演：蕭添鎮；助演：蔡坤仁、何滄淇、蕭永勝；配樂：鄭春玉。

〔註13〕 2009 年 7 月 11 日蕭添鎮戲班於新竹市文化局演出《南俠風雲之白骨眞經》，

蕭添鎮用兩分多鐘時間讓文俠獨白，道出孔明登場詩句「大夢誰先覺，平生我自知，草堂春睡足，窗外日遲遲。」塑造他猶如孔明一般的睿智，繼承《三國演義》小說的脈絡深度。藉由文俠說出故事背景、恩怨由來，不會讓觀眾不懂這段故事的起因。這一場戲中，明江派基本人物一次登場，讓觀眾很快熟識明江派人員組織，這種手法也就是延續古冊戲的傳統，不會招徠觀眾看不懂主演在演什麼所致的批評。文俠的獨白中，同樣文雅與通俗兼具，讀起來文理通順、敘事層次分明，並不會顛三倒四，堆積垃圾語。

是故，蕭添鎮無論古冊戲或金光戲，透過人物獨白、套語，散文敘事中帶有文雅與通俗，唸誦臺詞抑揚頓挫、自有韻味，又藉由人物敘事說明故事脈絡、敘理清晰，不會讓觀眾如墮五里霧中，去陷入主演一直強調「神秘」的騙法。

（三）蕭添鎮的控場能力

主演運用口白推進情節發展是謂「控場能力」，其一能力即是「排戲」（在一定時間內編演頭尾完整的戲齣）。可從蕭添鎮古冊戲和金光戲兩類來看：

1、蕭添鎮對古冊戲的掌握

以蕭添鎮的《三國演義》系列為例，可見他掌握古冊戲剪裁之功力，先將 5 齣單元劇敘述如下：

《屯土山約三事》一劇總長約 44 分鐘，包含 5 場，分為〈曹軍過場〉（約 2 分）、〈徐州之戰〉（約 14 分）、〈下邳之戰〉（約 12 分）、〈土山三事〉（約 14 分）、〈贈寶馬〉（約 2 分）。

《古城會》一劇總長約 69 分，包含 9 場，分為〈關羽過場〉（約 2 分）、〈張遼登場〉（約 4 分）、〈劉延登場〉（11 分）、〈往黃河口〉（約 2 分）、〈斬秦琪〉（約 8 分）、〈追關羽〉（約 13 分）、〈古城會〉（約 11 分）、〈斬蔡陽〉（約 4 分）及〈變臉雜技〉（14 分）。

《趙子龍救主》一劇總長約 84 分鐘，包含 6 場，分為〈偶戲介紹〉（約 11 分）、〈曹軍過場〉（約 2 分）、〈劉備撤離〉（約 22 分）、〈子龍救主〉（約 29 分）、〈張飛斷橋〉（約 10 分）及〈變臉雜技〉（約 10 分）。

《華容道》一劇總長約 97 分鐘，包含 18 場，分為〈曹操登場〉（約 6 分）、〈蔣幹登場〉（約 2 分）、〈周瑜登場〉（約 5 分）、〈龐蔣相會〉（約 6 分）、〈龐

約 90 分鐘，主演：蕭添鎮；助演：蕭永勝、何宗明、何岳興、陳錦昌、葉清文、何滄淇；配樂：鄭春玉；燈光：陳炳修。

統獻計〉（約 9 分）、〈打黃蓋〉（約 5 分）、〈黃蓋詐降〉（約 9 分）、〈周瑜暈厥〉（約 2 分）、〈孔明登場〉（約 8 分）、〈周瑜病癒〉（約 7 分）、〈孔明借風〉（約 5 分）、〈劉備登場〉（約 2 分）、〈孔明點將〉（約 5 分）、〈火攻激戰〉（約 6 分）、〈趙雲截殺〉（約 3 分）、〈張飛截殺〉（約 3 分）、〈華容放曹〉（約 10 分）及〈關羽請罪〉（約 4 分）。

《劉備招親》一劇總長約 87 分，包含 14 場，分為〈周瑜登場〉（約 4 分）、〈孫權登場〉（約 6 分）、〈劉備登場〉（約 4 分）、〈喜事分餅〉（約 6 分）、〈喬老登場〉（約 7 分）、〈宣傳喜事〉（約 7 分）、〈國太登場〉（約 11 分）、〈孫權初計〉（約 3 分）、〈國太看婿〉（約 8 分）、〈孫權二計〉（約 2 分）、〈趙雲解囊〉（約 2 分）、〈逃離東吳〉（約 8 分）、〈追趕劉備〉（約 9 分）、〈支援劉備〉（約 10 分）。

從《屯土山約三事》、《古城會》及《趙子龍救主》來看，分別著重的部分是「土山三事」、「古城會」及「子龍救主」，重於詮釋關羽的忠義、兄弟之情、趙雲之忠心。相較於《三國演義》小說，蕭添鎮對於曹操一方的場面鋪排、人物詮釋大大簡略，也刪減劉備陣營的配角人物，比如《屯土山約三事》，曹操謀士荀彧、毛玠、郭嘉、劉備陣營孫乾、陳登、糜竺、簡雍等人物皆刪除；《古城會》不演郭常、裴元紹、周倉、孫乾、簡雍等；《趙子龍救主》更是省略荊州劉表陣營人物、也無簡雍、糜芳、糜竺、夏侯恩等。

若是《劉備招親》一劇，省略小說中東吳徐盛、丁奉、蔣欽、周泰、陳武及潘璋等眾多武將自報名號，和去除孫權賜劍殺妹一節，也無孫權與劉備祝禱剖石情節；在《華容道》敘事順序更與《三國演義》小說相異，將〈龐蔣相會〉、〈龐統獻計〉置於〈打黃蓋〉、〈黃蓋詐降〉之前。

在既定演出時間內，刪除枝節、配角人物，聚焦主情節、塑造主要人物，只突顯意旨的表達。化繁為簡的情節安排，是蕭添鎮掌握全場布局成功的首要因素，此舉讓結構首尾完整，很容易給觀眾清楚故事脈絡。就此來看，蕭添鎮搬演的三國故事，非羅貫中編著的《三國演義》敘事模式，他縮減原著故事情節，只重於意旨表達、人物塑造，傳遞他所知的三國人物故事給予觀眾知曉。

其次，蕭添鎮排定主要情節場幕後，運用日常口語塑造個性鮮明人物，且對助演指揮若定，很少有戲劇人物上、下臺錯誤的情形。

是故，蕭添鎮搬演古冊戲，劇名命名與剪裁場幕相符，故事起頭背景合

理交代，又結尾圓滿，不出現無關與不必要的人物，而彰顯故事焦點，是以濃縮劇情手法見長。其二，以語言通俗、淺易、語句簡練等特性展現口白，掌握演出時間，用此二法說明其控場能力頗佳。

2、蕭添鎮對金光戲的掌握

蕭添鎮《南俠風雲》目前共有9齣單元劇，以其中三齣來看：《金葫蘆》約117分鐘，包含13場，分爲〈南俠遇襲〉（約7分）、〈救援南俠〉（約8分）、〈南俠奮戰〉（12分）、〈二攻明江〉（約13分）、〈萬招登場〉（約8分）、〈萬招戰敗〉（約9分）、〈南俠墜崖〉（約5分）、〈救援明江〉（約9分）、〈明江對策〉（約8分）、〈葫蘆登場〉（約7分）、〈策反葫蘆〉（約19分）、〈進攻魔教〉（約6分）及〈南俠決戰〉（約5分）。

《黃金孔雀城》約120分鐘，包含15場，分爲〈南俠遇襲〉（約5分）、〈救援南俠〉（約14分）、〈南俠奮戰〉（7分）、〈二攻明江〉（約10分）、〈萬招登場〉（約7分）、〈萬招戰敗〉（約6分）、〈雙方停戰〉（約12分）、〈孔雀登場〉（約4分）、〈孔雀中計〉（約7分）、〈大鬧明江〉（約14分）、〈南俠請罪〉（約3分）、〈金牌登場〉（約12分）、〈設計怪老〉（約5分）、〈怪老中計〉（約10分）及〈江湖決戰〉（約4分）。

《死人能醫活》約122分鐘是《黃金孔雀城》續集，包含13場，分爲〈江湖決戰〉（約3分）、〈怪老決戰〉（約4分）、〈江湖二戰〉（約1分）、〈至尊登場〉（約6分）、〈怪老殺人〉（約7分）、〈怪老欲竊〉（約1分）、〈禍降怪老〉（約9分）、〈求助江湖〉（6分）、〈和解不成〉（約10分）、〈死人能醫〉（23分）、〈利用至尊〉（約25分）、〈至尊爲徒〉（16分）及〈揭穿騙局〉（約11分）。

從《金葫蘆》、《黃金孔雀城》、《死人能醫活》來看，蕭添鎮自定單元劇名，編排情節緊湊、懸疑，且頗具深度。因金光戲不若古冊戲可讓觀眾預料故事起頭結局，必須依賴情節鋪排得宜，引人入勝。這一點他透過人物述說故事前提背景、恩怨原由，不致使觀眾如墜五里霧中。

《金葫蘆》故事的編排在蕭添鎮手裡，爲精彩武戲，重要人物爲怪老兩撇鬚、江湖人、金葫蘆，以策反金葫蘆，反攻幽靈世界做結。在策反金葫蘆部分，蕭添鎮即用19分鐘時間，讓江湖人說服金葫蘆加入明江派。運用人物依序出場加入戰局，掌控武戲武打時間，最後以策反金葫蘆，爲明江所用，作爲故事結束前的重頭戲。《黃金孔雀城》則是前半段編排方式和《金葫蘆》

一樣，後孔雀生登場到敗亡，引出金牌王決鬥怪老，勝負尚無結果時，同樣岔出正邪兩人物要對決出招拉下而閉幕。《死人能醫活》接續黃金孔雀城故事，怪老打死金牌王，又欲行竊，最後遭江湖人設計，其「死人醫活」的詐術遭揭穿，自食惡果。

是故，蕭添鎮金光戲劇情自由發揮，訂定合宜單元劇名，強調緊湊懸疑特點外，也使觀眾了解故事脈絡；而編排的人物適當，各有戲份、作用，不是隨意安排人物。結尾部分慣以正邪對決做結，再起波瀾，表示期待觀眾再看續集或留至隔天續演。此手法若用在文化場上，雖有結局未明朗、事件不圓滿之嫌，但至少一事件情節緊湊，能獲得終結，獲得觀眾滿足。爾後的正邪對決手法，只是主演為挑起觀眾續看下回表演的一種招攬手段。

二、掌中弄巧成新局——蕭添鎮戲班的操偶技藝

「蕭添鎮民俗布袋戲團」主要策畫者為蕭添鎮、蕭永勝父子，配樂為家人鄭春玉。因應演出型態規模大小，另聘二到四位助手不等，而有時蕭添鎮會聘請老友擔任助演，如蔡坤仁等。若是以彩繪布景舞臺形式，摻以電視木偶表演則多聘青壯年助演合演，如陳宇期、黃政帆等。了解蕭添鎮口白藝術（分音技巧、文學造詣，及控場能力）表現後，以下分古冊戲、金光戲兩類操偶技能，討論該班演出情況：

（一）古冊戲的操偶表現

布袋戲的操偶技巧在吳明德見解中，認為：

> 基本上，布袋戲是一種「易學難精」的偶戲，任何人只要將食指伸
> 入偶頭內，再將大拇指和其他三指（中指、無名指、小指）往戲服
> 左右撐開，都可以開始玩弄戲偶作出各種動作，五根手指在偶體內
> 靈巧地捲縮、伸展、搖動，就可以為生、為旦、為淨、為丑，簡直
> 可以為所欲為，但問題是要「演得漂亮」卻不容易。就以基本動作
> 來講，一尊偶要撐得肩平頸直，然後往前邁步，光這「邁步」時步
> 伐要有架勢，就非一時之間可練得完美的，很多初學者常常在雙掌
> 合用幫偶跨出步伐時，顧得了腳就顧不了頭，甚至連偶的雙手也忘
> 了伸展收合，遑論其他更難的特殊、武打動作……〔註14〕

在吳氏論文中指陳操偶的基本方法無誤，然而操偶者必須有戲曲的腳色概

〔註14〕吳明德：《臺灣布袋戲表演藝術之美》，頁311。

念，方可「爲生、爲旦、爲淨、爲丑」，這個模擬人戲身段的方法本身即有局限，來自人戲的身段科步未必適用於布袋戲這項木偶戲身上。〔註 15〕有了戲曲腳色概念，進一步即是得對演出戲齣內容、意旨有深入了解，掌握人物形象、性格，才能助益主演與助演操偶時的情感投入。

在筆者所掌握的蕭添鎮演出文本中，舉三國戲系列爲例，助演群名單列表如下：

表 5-2　蕭添鎮三國戲系列演出人員表

戲　　碼	助演群	配樂人員
《屯土山約三事》	曾清河、何滄淇、蕭永勝	鄭春玉
《古城會》	同上	同上
《趙子龍救主》	同上	同上
《華容道》	施炎郎、蕭永勝	頭手鼓／朱南星；鍵盤／莊貴芳鑼鈔／唱曲李惠珍；弦吹／張火蒼
《劉備招親》	施炎郎、陳宇期、蕭永勝、鄭春玉	頭手鼓／朱南星；三弦／張游益電子琴／劉恩彰；鑼鈔／李惠珍弦吹／張火蒼

上表除了《華容道》是在大稻埕戲苑演出使用該館彩樓外，皆是採絨布景，透過影片，可以了解助演群操偶技藝的整體表現。由於編演古冊戲，縱使採北管鑼鼓方式伴奏（因以〈風入松〉曲牌爲主），致使整體風格是「戲劇」製演思維的呈現。主演或許無戲曲涵養與學識，但與助演群必須具備基礎的戲曲知識或概念，有助於提升製演古冊戲的深廣度。蕭添鎮助演群中，施炎郎是臺中名班「春秋閣」主演、「小西園」許王學生；陳宇期是「隆義閣」名主演，其操偶技藝精湛自是獲肯定。

蕭添鎮三國戲溯源於古典小說，就其編演主旨、人物塑造表現在口白以外，還得與操偶合爲一，如果一時疏忽，則可能使整體藝術表現失色。比如，《劉備招親》中劉備坐臺，請出孔明，基於劉備相當尊敬孔明的認知，孔明

〔註 15〕邱一峰認爲：「這些吸收自傳統戲曲的表演規範，我們稱之爲戲曲型的身段科步。而這些身段科步，也代表著舞臺上的木偶語匯（動作語言）。」見《閩臺偶戲研究》，頁 305。按：邱氏所言木偶動作等同戲曲身段科步，然我認爲戲曲身段語匯不全然適用於布袋戲身上，許多人戲身段，布袋戲是做不出來或是不相似的。

登場，不應行跪拜禮，而劉備應早早起身迎接行禮。但在此劇中，劉備端坐不動，孔明行跪拜禮，卻是有失禮賢下士之名。無獨有偶，在劇末張飛與孔明迎接劉備，只有孔明行禮卻也鞠躬過久，顯現過於謙遜的形象。

然而從影片中，可以了解該班助演群彼此配合、默契所生的操偶技藝：

1、腳色類型的基本操偶技能

在黃明峰文章中，曾舉陳正義（1956～）操偶技藝為例，說道：

> 他在搬演戲偶裡的角色時，生、旦、淨、末、丑各有各的「腳步手路」，注意到每種角色的小細節，不會胡亂搬弄。比如文生有文生的樣子，姿態從容有禮，不能有太大的姿體動作，否則就失去溫文儒雅的書生樣；旦角走路要慢，一步一步往前，顯示其端莊含蓄的女兒樣。除此，為了加強生、旦細膩的動作效果，可插上一隻「天下通」，以輔助操偶的各種細膩動作能夠靈活演出。生，是插入「直通」，可以做出磨墨、提筆、咬筆尖、沾墨等動作；旦，是插入「彎通」，可以做出梳妝、整髮的動作。這些動作可以說是古典布袋戲規格化的動作，有其美學意義。[註16]

所謂「古典布袋戲規格化的動作」其實不然，只要是臨場「舞臺布袋戲」的表演皆應如其所說的展現各腳色之「腳步走路」，不該馬虎。演師一手撐偶，另一手操作戲偶雙腳，可利用「通」輔助，搬弄一個偶的身段動作，故一個布袋戲偶還是以雙手操弄為佳，利於基本身段的操作；而武戲對打時，一人操作雙偶才較能顯現敏捷、協調及流暢的特性。若是電視木偶的操作，一人操作一偶才能做出基本身段，而因戲偶過大，不便雙手執雙偶表演武打動作，反不如中小型的野臺偶。

在蕭添鎮戲班中慣以野臺偶表演，就其整體基本操偶動作而言，操作尚得宜，人物登場配合套式，讓腳色身段展現。比如，以三花詮釋《華容道》蔣幹、《忠犬救主》朱舍，上下場之間滑稽身段表露無遺；《忠犬救主》魏文的舉止溫文儒雅，邁步行走皆宜小步；《劉備招親》孫尚香初登場時唱曲，未裝上「彎通」輔助，卻也左手操偶扭動偶體，右手操作雙腳，展現體態輕盈；喬國老出場時整理儀容，左手操偶，右手操作雙腳，運用左手五指伸展，擺

[註16] 黃明峰：《屏東縣布袋戲班之研究（1949～1999）——以〈全樂閣〉、〈復興社〉、〈祝安〉、〈聯興閣〉為例》（臺中：逢甲大學中文研究所碩士論文，2001年），頁83。

動偶體左右手，另右手執偶雙腳，配合行走，就是年老者「末」腳的展現。而多數人物為淨腳，舉凡跨步行走、言語肢體動作操作力道較大，其丑腳言語間也常「搖頭晃腦」過度，是得注意的地方。

　　腳色身段操作的力道與偶體的大小有關，助演操作時又需注意主演口白速度、人物情緒，並助演彼此得於現場互相參酌，以便一致性，比如某個人物（戲偶）會被不同助演操作，其人物肢體動作的操弄之方式與力道得相同。在腳色操作分野清楚後，運用表演套式，讓人物身分地位更能突顯，比如，《劉備招親》周瑜升堂點將、人物武戲對打的套招等皆得配合音樂行止。

　　綜觀蕭添鎮戲班古冊戲操偶技藝，雖因助演群的更換，或有差異，但整體而言，腳色分野與套式運用還是熟練，不致錯亂。

2、武戲武打操偶技能

　　因多為征戰戲，以執兵器步戰、馬戰為主。《忠犬救主》中韃靼國的阿里風與明將鄭雲霄馬戰，繞圈短暫武打。《趙子龍救主》趙雲與曹將各執長兵器對打。幾次刀槍相接對準無誤，再互相攻擊，曹將襲擊趙雲背後時，其閃躲敏捷，更下腰舉兵器相擋、起身回擊，皆是運用手掌力道使戲偶轉身、翻躍。《劉備招親》趙雲與東吳將領廝殺，吳將先攻擊身軀，趙雲左右閃躲，再攻擊腿部，其跳躍閃躲。後兵器相接，換趙雲攻擊吳將頭部，其閃躲卻是翻躍、滾動方式。武打招式其實不拘泥一式，吳將欲襲擊倒地的趙雲，往背後刺去，趙雲側身回擊，相互攻擊，漸顯敗者。

　　在筆者掌握的蕭添鎮演出影片中，少有二打一的套式展現，在戲偶穿上披風武打時，也常蒙頭蓋面的情形發生，這是很難避免的。又人物武打上下場時，也得考慮走馬板長度，不致未到上下場門「出將入相」就鑽入，是必須注意的細節。

（二）金光戲的操偶表現

　　劉信成觀察蕭添鎮戲班演出，撰文指出：

> 惟在其他助演的配合上，默契尚顯不足，尤其是當角色（戲偶）在說話時，操偶者似乎忘了操動戲偶，臺上的戲偶皆不動，致觀眾無法分辨出此時是那個角色在講話（當然，如果有從頭專注在聽戲者，可以不用刻意去看戲偶的動作）；且有時戲偶上臺前，藝師會忘了須先將戲偶整理一下再出場，而致戲偶一上臺就是披頭散髮，在

特效的操作上亦時會有操作者「穿幫」的手出現。〔註17〕
劉氏所言其實也是許多戲班容易出現的共通缺失，除了主演說白五音不分所
致助演不辨哪人物該操動外，就是助演無專心融入演出情境、了解故事內容
所致。也就是前文所說，學得操偶技巧以外，還需有腳色概念，並了解戲齣
內容。易言之，布袋戲演出的戲齣內容不應只是主演所熟知而充分發揮演技
而已，助演也得具備理解戲齣內容、意旨的能力，沉浸演出情境中，主演與
助演才能合力演好一齣戲。

蕭添鎮金光戲《南俠風雲》演出影片中，多數劇集留有演出人員名字，
如下所示：

表 5-3　蕭添鎮金光戲系列演出人員表

戲　碼	助　　演　　群	配樂人員
《金葫蘆》	曾清河、陳世明、張明華、王承澤、蕭永勝	鄭春玉
《黃金孔雀城》	曾清河、劉永豐、陳世明、王泰郎、王義郎、黃政帆	同上
《死人能醫活》	曾清河、陳世明、王泰郎	王義郎
《老君堂》	何宗明、林皇裕、蕭永勝、蕭子原、何岳興	鄭春玉
《武林生死劍》	黃政帆、林皇裕、陳世明、陳世賢、張明華、蕭永勝、陳炳修	同上
《白骨真經》	何宗明、何岳興、陳錦昌、葉清文、何滄淇、蕭永勝	同上

上表助演群中有來自「黑人」戲班的陳世明、「三興閣」何宗明、「玉世界」
黃政帆、「高雄新世界」王泰郎、王義郎等。表演金光戲時，蕭添鎮常以彩繪
布景戲臺，並音效配樂演出。

《南俠風雲》系列是金光戲，也是江湖恩怨的「武俠戲」，其人物往往具
備金光不壞之身、超凡的神通能力，使全劇染上「神怪戲」色彩濃厚的特
性。而雜揉「劍俠戲」（或武俠戲）與「神怪戲」合為一的特性，也使助演操
偶技藝上容易忽略基本功與「古冊戲」的「腳步手路」。因此，對於金光戲操
偶技能的評鑑與欣賞應不宜等同視之。從蕭添鎮金光戲整體表現而言，分述
如下：

1、腳色類型的基本操偶技能

《南俠風雲》系列中明江派主要人物是怪老兩撇鬚、江湖人、南俠翻山

〔註17〕劉信成：〈布袋戲文化場演出——從蕭添鎮布袋戲談起〉，頁78。

虎、文俠孔明生、變化千萬招、仇連環、紅毛鷹、洪引及無牙郎等，若依腳色區分，生、丑為主；魔教以幽靈世界神秘天王轎、幽靈船為首，依腳色是生、淨等。演師依照腳色概念操偶，將人物形象活現，然而操偶力道拿捏應適當，並時時刻刻需注意戲偶、腳色及人物三者合一的觀念與實踐，操偶即是表演一個「人」，應要注重擬人特性（圖5-11）。如《白骨真經》中操弄江湖人，雖是三花腳色，也需注意站立說話時，其腳步的持穩，不致過度晃動。

圖5-11　蕭添鎮《南俠風雲》的文俠孔明生

（蕭永勝提供）

　　而助演操偶必須注意舞臺結構、大小，雖說金光戲人物會「飛天鑽地」的本事，但也得注意人物上下場的適當與否。如《白骨真經》北腿下場方式是助演將偶鑽入走馬板，以煙霧掩蓋，應是要呈現人物化一陣煙消失，顯示武功厲害，然煙霧過小，就彷彿呈現人物以「鑽地術」（土遁）離去。

2、武戲武打操偶技能

　　蕭添鎮的金光戲多以中型野臺偶為主，人物武打多為拳腳打鬥。因武功非凡，雙偶衝突過招，吸回對方給予攻擊，或發功連擊，並以火焰、炮竹、電擊火花及五色布象徵氣功為輔，增添效果。蕭添鎮金光戲武戲對打以拳腳套式為主，所有特效只是烘托情境，不讓爆破、火焰等特效奪去偶技展現的時間，不會造成喧賓奪主的情形。

　　其次，武打套式配合音樂節奏屬性、效果聲響舞弄，不拘於固定一式。因此，金光戲配樂也影響操偶套式，各家主演雜揉中西古典或現代樂是如何擇用，也漸形成一個規則，並非毫無章法。如蕭添鎮戲班使用1960年代投機者樂團〈管路〉、〈鑽石頭〉等作為武打音樂，其音樂能運用合於武打迅速、刺激的需求，成為多數戲班愛用於金光戲而觀眾也樂於接受的一種表演。

　　綜觀蕭添鎮操偶與助演演技，雙偶武打，比拼內功，以雙偶抖動表示，背後有助手揮動金光布或轉動金光盤，象徵功力；雙偶武打過招，一偶站於臺上，另一偶左右攻擊他，神出鬼沒；或將雙偶拉下，出現一偶呈現遭電擊狀，另一偶再鑽出攻擊他；一方比劃一下，拳腳無須擊到對方，對方即束倒

西歪、受傷敗逃。勝者還可運用氣功，以抖動身軀，背後發出光芒吸回敗者，再予攻擊。也有三偶攻擊一偶的搭配，三偶輪番攻擊中間一偶，後中間偶左右閃躲，三偶再合力一擊。這些武打套式多數與古冊戲表演方式是很不同的，受到武打樂性質、節奏與劇情屬性影響，呈現不同表演風格。

三、文武樂聲襯前場——蕭添鎮戲班的後場搭配

在沈平山《中國掌中藝術——布袋戲》一書中提到布袋戲音樂的功能，說道：

> 音樂的主要任務，係以伴奏歌唱為主，有時用來陪襯動作、渲染氣氛，或代表效果。大致可分成文武場兩面，文場用管絃曲，武場用鑼鼓點。（一）文場：管絃妙用，著重在生情應景，凡描述一種美妙行為或姿態，都用管絃曲襯托，譬如斯文人物上下場、過場、更衣、上朝、回府、設宴、祭拜、行禮、表白、寫信、哀泣、吟詩、作書、打掃、彈琴、賞景、歌唱……等。（二）武場：鑼鼓的用途，可使人物產生自然的節奏律，及提昇行為氣氛，如戰鬥、趕路（連催，代表急行）、擺架、言語頓報、行動緩急、加強語氣。〔註18〕

布袋戲音樂為「後場」編制樂師掌控，分文武樂兩面。無論布袋戲演出為鑼鼓伴奏或音效配樂皆是「後場」，後者是「以預先錄妥的鑼鼓點、曲牌、特殊效果和唱腔歌曲音樂」〔註19〕配合主演現場說白演出，為今之廟會酬神戲的主要型態。

蕭添鎮戲班演出古冊戲有時以樂師伴奏的鑼鼓配樂型態呈現，若是採音效配樂，也於演出中示範「壓介」技能，擊奏鑼鼓點，並搭配鄭春玉音樂播放（圖 5-12）。以預錄好的鑼鼓點、音效配樂，雖比樂師陣仗少了些

圖 5-12 「蕭添鎮民俗布袋戲團」鄭春玉配樂演出

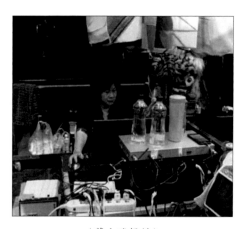

（蕭永勝提供）

〔註18〕沈平山：《中國掌中藝術——布袋戲》，頁161。
〔註19〕傅建益：《當前臺灣野臺布袋戲之研究》，頁19。

許「人情味」，但透過配樂者熟練的技巧（熟知播放器材的使用）與鑼鼓樂涵養，也能使演出達到一定水準。臺灣布袋戲班人員組織中「父子」各為主演與助演，又帶有師生傳承的實質關係，平常可見，至於其妻常任配樂工作，「蕭添鎮民俗布袋戲團」即是如此。

　　若是演出金光戲，蕭添鎮與鄭春玉合作無間，以適合的音樂入戲，未必得古典與現代樂分明，如《白骨真經》中，文俠升堂自報家門，即是北管樂曲的搭配擇用。誠如邱武德的觀察：

> 傳統布袋戲配樂，主要靠後場樂師配合鑼鼓的樂團演奏，然而，到
> 了金光布袋戲氾濫時期，更發展以黑膠唱盤、匣式錄音帶單獨配樂
> 或混合後場樂師配樂場景。其中最具創意，莫過於主角出場時必定
> 會有時下流行樂曲做為該角色的主題曲……武打配樂，一般戲團仍
> 習慣用快版北管〈風入松〉做配樂；「大仙角」出場來一段「北管」
> 樂曲，高亢音調很有仙道味道；男女愛情委婉情境穿插「南管」樂
> 曲柔情萬千；要角出現磅礡氣勢，西洋古典樂貝多芬的〈命運交響
> 曲〉、電影音樂〈出埃及記〉、〈荒野大鏢客〉樂曲都有人用；描寫恐
> 怖、詭譎氣氛，具有黑色幽默的流行樂〈OB 恰恰〉、〈大笑之歌〉
> 最適合也最多人用。〔註20〕

在蕭添鎮《南俠風雲》演出中，南俠、文俠等皆有固定主題曲，如〈無聊的男性〉、〈無情之夢〉歌曲，其他要角上下場也多有固定音樂搭配，使觀眾未見到偶，先聽到聲音就知道哪個人物要登場了。

　　而在吳明德認知裡，以鑼鼓樂演出者為「古典布袋戲團」，說道：

> 古典布袋戲團由於體制不大、編制精簡，因此演出時非常需要鑼鼓
> 絃吹的後場音樂來擴大劇情的「感染」效應。而在整個布袋戲團的
> 後場人員中，位居樞紐與關鍵地位的就是「頭手鼓」，他是控制整個
> 後場的指揮官，是眾音喧嘩中的萬軍主帥，沈繼生先生說：「鼓介的
> 作用：（1）配合身段動作；（2）引導與結束唱腔；（3）伴奏道白、
> 加強語氣；（4）烘托氣氛、渲染情緒。」古典布袋戲現場演出的後
> 場，是一種「動態循跡控制」的音樂系統，表面上主演的唱念做打
> 均需借著鑼鼓來引導和節制，所謂「無後場行無腳步」、「撐尪仔要
> 有『步』，奏樂要有『板』」，但是實際上是主演在控制著頭手鼓的鼓

〔註20〕邱武德：《金光啟示錄——臺灣金光藝術的起生》，頁33。

介，而整個後場音樂又都歸頭手鼓管制，因此主演和頭手鼓兩人之
間必須保持相輔相成的表演默契。〔註21〕

布袋戲鑼鼓介確實配合身段動作、加強語氣及烘托氣氛。然而在當前布袋戲
演出中，尤其是金光戲更運用「罐頭音樂」取代鑼鼓介，配合戲偶動作、語
氣及製作效果。在蕭添鎮演出中，配樂部分重視鑼鼓介的使用，在演出古冊
戲時，確切在人物言語、動作間落下鼓介，不以「罐頭音樂」置入其中，因
為這些音樂是唐突的，也不會硬用【風入松】曲牌播放作為人物上下場音
樂。因此，在蕭添鎮演出裡頭，雖以音效配樂也是「有後場行有腳步」的扎
實呈現。

四、情節鋪排顯清通──蕭添鎮的編劇才能

吳明德曾撰文說道：「許王之所以被稱為布袋戲『戲狀元』，在於他不只
會演戲，更會編戲。」然而主演演戲，也得會編戲，編戲未見得先於書面進
行文字撰寫，而是於表演場上直接表現，故主演應被稱為「戲才子」，是對民
間藝人的讚辭。

布袋戲主演必須熟練套語與故事，在現場演出時間內進行情節安排，謂
之「疊幕」。主演疊幕編排時，必須注意情節發展與舞臺上人物出入上下場門
的順暢性。主演運用套式依序排演，這些套式安排就是涉及疊幕技巧，吳正
德說道：

> 布袋戲的演出有所謂「戲套」，就是公式，……戲套有大套、中套、
> 小套；大套是整個故事情節的安排，最熟悉的是：某人被奸臣所
> 害，其子長大成人後為父親報仇，並找回失散多年的親人等等。中
> 套是劇情中的某一段，例如兩軍對壘，元帥要出場前必定有部將練
> 練功，然後站兩旁聽元帥調撥，元帥跟著出場，分配作戰任務等等。
> 小套是動作上的公式，例如重要人物出場，一定是擺袖、整冠、拂
> 鬚、開步，幾乎沒有例外，一般演出就是大套中套小套，一個套一
> 個，串在一起，也就是說，只要熟悉各種戲套，任何情節故事都可
> 以演出……。〔註22〕

「大套」是指情節安排所成的模式；其他「中套」、「小套」則是操偶規範。

〔註21〕 吳明德：《臺灣布袋戲表演藝術之美》，頁321。
〔註22〕 吳正德：《傳統布袋戲前場教學輔助教材》，頁12。

主演熟練各劇型大套，編演故事就能駕輕就熟。

在將故事編排套式之前，必須建立情節結構，如李漁的「立主腦」之說：

> 古人作文一篇，定有一篇之主腦。主腦非他，即作者立言之本意也。
> 傳奇亦然。一本戲中，有無數人名，究竟俱屬陪賓，原其初心，止
> 爲一人而設；即此一人之身，自始自終，離合悲歡，中具無限情由，
> 無窮關目，究竟俱屬衍文，原其初心，又止爲一事而設：此一人一
> 事，即作傳奇之主腦也。〔註23〕

「立主腦」的結構在蕭添鎮古冊戲與金光戲皆可尋覓可得，比如，《屯土山約三事》是關羽與曹操約定三事，突顯關羽忠義之心；《古城會》詮釋關羽與張飛兄弟之情堅定不移；金光戲《金葫蘆》，以金葫蘆出現江湖引起震驚，攸關明江派存亡；《黃金孔雀城》因爲孔雀生被南俠所殺，引起金牌之王要滅明江派，皆是蕭添鎮揪出一人一事爲核心的例證。

釐清戲劇故事主要情節後，其他次要情節，有的只是蕭添鎮爲演足時間長度所加入的套式，比如，《金葫蘆》與《黃金孔雀城》前半段同爲南俠、江湖人、變化千萬招人物依序出場爭戰魔教，以及民間故事劇《黑貓抵飯匙》錄音有聲資料，安排殷氏騙取萬香珠，即是來自金光戲劇情的汲取。有的是爲了襯托主角，或是讓觀眾更清楚故事脈絡、前因後果，鋪排一些情節，比如，《屯土山約三事》約三事前的徐州之戰、《古城會》從過第五關開始、《華容道》放曹前的赤壁大戰。

古冊戲與金光戲疊幕方法不太相同，古冊戲有所「本」，觀眾也常透過其他敘事體裁知曉故事，其人物登場「自報家門」，是讓觀眾知曉人物故事背景。金光戲雖然也有如此做法，但人物出現登場往往爲塑造神秘感而賣關子，是以劇情捉摸不定的特點吸引觀眾。古冊戲與金光戲開演的第一幕所安排之人物稱爲「頭臺尪」，人物如何亮相表述，各有方式，不宜混淆。然如何鋪排劇情，使觀眾了解故事脈絡，則有賴細心的主演，才不會讓研究者詬病。

做爲一名主演當然得會編戲，蕭添鎮運用熟練的大套套式、套語在表演場上直接編演熟知的故事，依序疊幕，自然流暢。演古冊戲在不違背原著小說內容前提下，未必依照小說敘事，比如，《屯土山約三事》、《趙子龍救主》劇中，首場「開幕」直接以曹軍過場進攻劉備陣營，不是曹操升堂發兵，直

〔註23〕李漁：《閒情偶寄》（上海：上海古籍出版社，2000年），頁23～24。

接以大軍進攻姿態開啓序幕。而在金光戲內容編演上可以自由發揮，將一些情節套式套用在適當的段落，比如，金光戲《金葫蘆》、《黃金孔雀城》裡頭，「開幕」的「頭臺尪仔」即以南俠唱〈無聊的男性〉開端，江湖人與變化千萬招依序出場對戰魔教，以熱鬧激烈的武打吸引觀眾，講求場面熱鬧。

如此一來，慣稱的「劇本」故事裡頭含括組成因子：情節套式、套語、人物安排、主旨思想等，對布袋戲而言，基本上皆記於主演腦中，只在表演場上表現，這樣的本領自然被稱讚。當主演彼此交流、搭班演出或實際演出時，主演的表演內容與優點，更容易被他人仿效、學習。主演彼此藉此方式相互學習套式套語，故布袋戲口頭文學特點展露無遺。

是故，蕭添鎮能編演戲齣全仗套式套語，縱使演古冊戲也不受小說局限，因應演出時間長度，掌握故事主旨、平穩情節結構，即運用套式套語直接於表演場上表現。其次，他擅長丑角詮釋，在金光戲《南俠風雲》裡頭，怪老、江湖人的戲份重，丑角爲主的情節趣味橫生；縱使演出《三國演義》，他也安排適當丑角，如曹軍士兵、百姓、龐統、呂範等。是故，蕭添鎮的編劇才能在套式套語基礎上，因個性所致，擅長丑角人物而安排入戲，直接展現在表演場上，非案頭之作。

總結來說，蕭添鎮是戰後第二代藝師，自身定位爲世界派第三代弟子，歷經演藝浮沉，最終於 2004 年成立「蕭添鎮民俗布袋戲團」，擔任主演。他將古冊戲、劍俠戲、民間故事劇及金光戲等劇型劇目擇推出在文化場上，論其口白蒼勁渾厚，運用熟練套語，展現文學涵養；論整體操偶表現，助演協助主演，協力展現古冊戲、金光戲不同的操偶特色；論後場音樂，採音效配樂爲多，其妻鄭春玉擔任音效配樂爲多，外聘樂師伴奏爲次要，有時蕭添鎮一邊打鑼鈔，一邊說口白，呈現他對北管科介的藝術層次，即使以現場北管鑼鼓伴奏演出也游刃有餘。

第六章　蕭添鎮布袋戲表演文本分析

　　「蕭添鎮民俗布袋戲團」積極記錄蕭添鎮演出資料，保留古冊戲與金光戲擅長劇目，堪爲世界派系統第三代中獲公部門、大專院校、中小學校肯定與讚賞的傑出藝師之代表。在張溪南《黃海岱及布袋戲劇本研究》，提及布袋戲主題題材，如下表示：

> 對於臺灣傳統社會而言，傳統布袋戲是屬於一種「通俗文化」或大眾文化，它主要觀賞的群眾是「中下階層、工人與貧窮階層」，相對於「上層文化」或「菁英文化」所偏好的藝術、音樂、文學等上層符號象徵作品，是有所差別的。在這樣結構下，布袋戲成了傳統社會裡民俗文化的一種表現，它所展現的題材自然而然是當時的觀眾群所能接納和喜歡的，甚至還帶有社教和宗教之功能，傳統小說、戲曲中有關忠孝節義故事，便是藝師和觀眾較能接受與互動的題材，而且也是較能爲統治階層接受的戲目，公演時較不受干擾。〔註1〕

他提到忠孝節義的故事是布袋戲廣被採納與接受的題材，這類故事正巧也是蕭添鎮所擅長的劇型。蕭添鎮演出過的古冊戲、金光戲及改編民間故事題材的戲劇頗多，包括應聘他班擔任主演，留下演出記錄（影片）。根據這些資料可以探討蕭添鎮口頭文學的藝術表現，並舉其他藝師作品相映，〔註2〕論證臺灣布袋戲戰後第二代表演藝術的表現與成果。

〔註 1〕　張溪南：《黃海岱及其布袋戲劇本研究》（中正大學中文研究所碩士論文，2001年 6 月），頁 167。

〔註 2〕　筆者獲「遠東昭明樓」林文昭提供《三教魔帆》、《劍影情仇記》、《風波小地球》及《瀟灑情俠》影片，「中國太陽園」林大豐、林坤寶提供《小顏回一生傳》兩場演出影片與《南俠翻山虎》影片，作爲研究材料，特此致謝。

第一節　蕭添鎮戲齣的探討

　　本節以蕭添鎮的古輩戲（包含古冊戲與前輩藝師所傳劇目）18 齣影片、金光戲《南俠風雲》9 齣影片，針對故事、情節、人物討論，兼論及「江黑番」江欽饒、「藝龍」蔡坤仁、「新樂園第三團」吳清秀、「大臺員」劉祥瑞、「遠東昭明樓」林文昭、「中國太陽園」林大豐等人有聲資料或演出作品，作為論點依據。分別論述如下：

一、古冊戲內容的探討

　　以下將以蕭添鎮 18 齣演出影片為主，兼論江欽饒、吳清秀及蔡坤仁的錄音資料，分故事主題、情節結構、人物塑造討論之：

（一）演義情事敘五倫──故事主題

　　蕭添鎮有《包公案》系列之《審郭槐》、《審烏盆》等 2 齣；〔註3〕《三國演義》系列有《貂蟬弄董卓》、《屯土山約三事》、《古城會》、《趙子龍救主》、《華容道》、《劉備招親》等 6 齣；〔註4〕《水滸傳》系列有《魯智深大鬧桃花山》、《林沖》、《武松》、《手足情深》、《李逵殺四虎》等 5 齣。〔註5〕另有《劉

<hr>

〔註3〕　蕭添鎮《審郭槐》出自《萬花樓》小說第 46 回「得冤有據還朝廷・奉令無憑捉影難」至 48 回「候審無心驚事重・訴冤有據令吾悲」、第 53 回「孫兵部領旨查庫・包侍制申冤驚主」至 60 回「迎國母宋君悲感・還鳳闕李后榮回」。《審烏盆》則可參照《七俠五義》第 5 回「墨斗剖明皮熊犯案・烏盆訴苦別古鳴冤」，然蕭添鎮演出劇情和之有異，是不同的故事脈絡。見徐進業發行：《萬花樓》、《七俠五義》（臺北：文化圖書公司，1990 年 8 月）。

〔註4〕　蕭添鎮《三國演義》系列劇作對照演義小說，《貂蟬弄董卓》出自第 8 回「王司徒巧使連環計・董太師大鬧鳳儀亭」至 9 回「除暴兇呂布助司徒・犯長安李傕聽賈詡」；《屯土山約三事》出自第 25 回「屯土山關公約三事・救白馬曹操解重圍」；《古城會》出自第 27 回「美髯公千里走單騎・漢壽侯五關斬六將」至 28 回「斬蔡陽兄弟釋疑・會古城主臣聚義」；《趙子龍救主》出自第 41 回「劉玄德攜民渡江・趙子龍單騎救主」至 42 回「張翼德大鬧長坂橋・劉豫州敗走漢津口」；《華容道》出自第 46 回「用奇謀孔明借箭・獻密計黃蓋受刑」至 50 回「諸葛亮智算華容・關雲長義釋曹操」；《劉備招親》出自第 54 回「吳國太佛寺看新郎・劉皇叔洞房續佳偶」至 55 回「玄德智激孫夫人・孔明二氣周公瑾」。見羅貫中：《三國演義》（臺北：世一文化出版公司，1990 年 2 月）。

〔註5〕　依據《水滸傳》演義小說，蕭添鎮《魯智深大鬧桃花山》出自第 5 回「小霸王醉入銷金帳・花和尚大鬧桃花村」至 6 回「九紋龍翦徑赤松林・魯智火燒瓦官寺」；《林沖》出自第 7 回「花和尚倒拔垂楊柳・豹子頭誤入白虎堂」至 8 回「林教頭刺配滄州道・魯智深大鬧野豬林」；《武松》與《手足情深》

海升天》、《蘇文秀娶親》、《忠犬救主》、《狄青會姑母》〔註6〕、《乾隆遊西湖》
等 5 齣，以上劇目都錄有影片留存。這些戲齣多是清官斷案、歷史演義、英
雄軼事及鄉野傳奇。內容範圍涵蓋家國社會、鄉野奇談等題材，因此，主題
豐富，演繹世俗故事，突顯人生價值、道德思想。

在《屯土山約三事》、《古城會》彰顯劉關張三人情義，尤其關羽於私的
義行；於公盡忠。《林沖》描寫林沖一家遭高逑陷害，家破人亡，其中與魯智
深的兄弟之情，超越血緣；與妻之愛刻骨銘心。《手足情深》則刻畫武松與武
大郎兄弟情深，令人動容。蕭添鎮的古冊戲裡，除了可能遵循原典小說，或
參考前輩藝師演藝經驗以外，仍會加入自己的觀點詮釋人物，甚至新增人物
與情節。如《趙子龍救主》中安排甘、糜二夫人將馬車讓給百姓乘坐，兩人
改用步行，彰顯劉備夫人愛民之心。在小說中是沒有這樣的情節描述，可以
說蕭添鎮有不同的人物詮釋與方法。

在主演江欽饒錄製販售供「錄音班」演出型態演出的作品，如《孫龐演
義》、《孝子復仇記》、《三國演義》等等，故事具有忠孝節義情節，主演也適
度傳遞禮義廉恥、忠孝仁愛等意旨。而主演蔡坤仁《精忠岳傳》、吳清秀《福
德正神救世傳》作品亦同。江欽饒《三國演義》其中「屯土山約三事」到「過
五關斬六將」部分，極力表彰關羽義薄雲天的氣節，和突顯曹操的敬賢惜
才，幾近滑稽突梯。他的《孫龐演義》主角孫臏與龐涓係為同窗好友，當龐
涓顯要之後，其陰險狡詐、害人傷命之意詮釋淋漓盡致，步步迫害他的義兄
孫臏，孫、龐兩人忠厚與奸詐的性格強烈對比。蔡坤仁《精忠岳傳》裡，南
宋朝廷張邦昌、張俊等奸臣與金國通敵，和李綱、宗澤、岳飛等忠臣，正邪
對立。吳清秀《福德正神救世傳》看似以土地公為主角，要搬演土地公濟世
救人的事蹟，但實際卻以俠客行俠仗義為主要內容，之後主角陳孝義又膺任
將帥之職，領兵征戰敵國。其中國舅陸祥欺壓善良乙節，主演藉由陸祥家丁
之口，大肆抨擊陸祥惡行，並教化世人。

是故，這些取材自小說、傳說故事、源於前輩藝師傳承的戲齣經過長時

出自第 23 回「橫海郡柴進留賓・景陽崗武松打虎」至 26 回「偷骨殖何九送
喪・供人頭武二設祭」。見元・施耐庵：《水滸傳》（臺南：世一書局，1990
年 2 月）。

〔註6〕 蕭添鎮《狄青會姑母》對照《萬花樓》演義小說，與第 10 回「被傷豪傑求醫
急・搭救英雄普濟良」至 16 回「降龍駒因針引線・應圓夢異會奇逢」相關。
見徐進業發行：《萬花樓》（臺北：文化圖書公司，1990 年 8 月）。

間的淬鍊，其內容主題思想傳遞人生價值觀、倫常秩序及是非善惡等，值得
鑑古推今。

（二）傳奇野史亦詠嘆──情節結構

　　依鄭慧翎《臺灣布袋戲劇本研究》分析，有以人物、事件、人物與事件
三者統一結構的方法。〔註7〕她分爲「以人物爲統一結構的中心」，即以劇中
主要人物爲結構中心，其事件彼此無關聯，如蕭添鎮《魯智深大鬧桃花山》，
先演收服桃花山周通山賊，後演收服相國寺偷荣賊，兩事件並無關聯，全由
魯智深一人貫串全劇。其次，「以事件爲統一結構的中心」，即以事件因果關
係編串成戲；「以人物及事件統一結構」，則以事件互爲因果、人物描述統一
結構。根據蕭添鎮演出影片：《包公案》、《三國演義》、《水滸傳》系列單元劇，
和《劉海升天》、《蘇文秀娶親》、《忠犬救主》、《狄青會姑母》及《乾隆遊西
湖》等一共18齣，多以人物與事件統一結構，並且故事事件都能處理得宜，
給予觀眾一個圓滿故事結局，不同於金光戲結局處理方式。比如《屯土山約
三事》，從徐州之戰，劉備、張飛潰敗後，接演「下邳之戰」關羽戰敗、約三
事，突出關羽忠義氣節。又如《黃金孔雀城》，因孔雀生被殺事件，引出金牌
王與明江派鬥智鬥勇。楊雅琪說道：

> 金剛戲一貫的編劇手法，便是從私人恩怨爲發端，以復仇行動的進
> 行開始上升，對戰時爲高潮，以死傷爲收束，而這個收束，卻非恩
> 怨的眞正完結，伴隨而來的是另一個復仇情節的發端，因爲金剛戲
> 裡主要人物的死亡結果，往往不代表眞正的死亡。〔註8〕

金光戲主演往往於劇末另挑起一個決鬥高潮作爲劇終，是爲收束常用的作
法。然而在野臺戲或文化場上往往只有一天或一場的戲約，假如主演還憑恃
此法，名爲製造高潮、埋下伏筆，希望觀眾持續支持捧場，但實際上並無第
二天或第二場演出。如此一來，留下一個懸而未決的謎團，那麼讓觀眾要等
到何時才能再次欣賞並且獲得解答？

　　在此情況下，當前戲班演出金光戲時，可能有兩種不同才華層次的主
演：其一，主演用此收束方法，可能是抱持演足一場時間長度即可，不管有
無處理好事件，無論故事是否合理告一段落或圓滿結局，也用「雙方對決」

〔註7〕　鄭慧翎：《臺灣布袋戲劇本研究》（桃園：中央大學中國文學研究所碩士論文，
　　　　1991年），頁133～136。
〔註8〕　楊雅琪：《玉泉閣布袋戲團研究》，頁142。

手法，意圖製造神秘、緊張氛圍，臺上雙偶過招的一剎那，拉下雙偶，隨即落幕，演出戛然而止。其二，或有主演能交代事件，使之合理告一段落或圓滿結局，然若還憑恃此收束方法，恐怕有違完整的戲劇結構概念。前一個層次的主演可能無充足的戲齣內容可連演多天、連演數集，沒有演出「連續劇」的概念，抱持只演一天，未必再來演出的心態。假如自身無法處理好事件，使之告一段落，則更突顯編劇技巧的拙澀。後一個層次可能有充足劇集應演多天，以後還要再來舊地演出，假如間隔時間較長，還是能接續上次段落，演出續集，並不時提醒觀眾前集故事脈絡，使之記憶猶新。儘管當前有兩種不同層次的金光戲主演，假如還是以製造高潮作爲戲劇終結的手段，處在文化場屬於推廣性質和金光戲遠離內臺戲生態的時局之下，此種「收束」手法是否適當？是值得討論的。

　　針對蕭添鎮 18 齣戲的情節安排，如下敘述：

　　《審郭槐》：以包公前往陳州賑災，發現國母冤情，審問郭槐致水落石出。他依序搬演：〈包公登場〉、〈落帽風〉、〈捉郭海壽〉、〈國母登場〉、〈包公會國母〉、〈王炳審郭槐〉、〈識破詭計〉，及〈包公審郭槐〉。

　　《審烏盆》：接續《審郭槐》，搬演杜進春命案發生經過，到包公審理眞相大白。依序搬演：〈包公登場〉、〈廟會慶典〉、〈杜進春登場〉、〈進春遇害〉、〈茂伯申冤〉，及〈審烏盆〉。

　　《貂蟬弄董卓》：王允以貂蟬離間董卓與呂布，最後使呂布殺死董卓。蕭添鎮依據演義小說搬演，可分爲：〈王允設計〉、〈董呂反目〉、〈刺殺董卓〉三部分。除去董卓部將李傕、郭汜、張濟、樊稠四將逃去情節，也不提董卓親屬遭戮、卓母被殺事情。

　　《屯土山約三事》：劉備所據徐州失守，兄弟離散，關羽與曹操約定三事，投靠曹操，至獲贈寶馬結束。他刪去小說中劉備先命孫乾前往河北求救情節，也更改演義小說原本的敘事順序與場景安排，例如：本是張飛獻計夜襲曹軍而被識破擊潰，改成劉張協力對抗曹軍而被擊散。

　　《古城會》：關羽保嫂尋兄，過滑州關隘，至黃河口殺秦琪，後斬蔡陽，關、張相會於古城。他與原著情節不同之處，即是刪去孫乾與關羽相遇的情節；增加滑州太守劉延帶隊追趕關羽的趣味乙節，當關羽要殺劉延時，張遼到場制止並給予關羽通行令箭，一改夏侯惇與關羽廝殺，張遼到場制止的原著情節。後關羽收服周倉、糜竺與糜芳來投古城等情節也刪除不演，去除枝

蔓，只爲突顯兄弟古城聚義的主旨。

《趙子龍救主》：曹軍壓境，劉備攜民逃難，趙雲保幼主性命，見劉備後結束。如是演義小說依序分爲〈劉備撤離〉、〈襄陽混亂〉、〈劉琮降曹〉、〈子龍救主〉、〈張飛斷橋〉。在劇中，就預先安排孔明升堂佈署人馬，命關羽前往夏口討救兵、張飛前往長坂坡斷後、趙雲保護百姓與劉備家眷。若在演義小說裡頭，並非如此敘事，而是劉備攜民逃難在遷徙途中，遇到狀況才分派關、張、趙三人緊要任務。他也省去〈襄陽混亂〉、〈劉琮降曹〉情節，對於曹操招降劉備、劉琮，和魏延初登場，殺死守衛開襄陽城門，迎接劉備的情節都免去不演，也未提及。蕭添鎮刪減情節，並在有限的時間內搬演，所用戲偶自然大量縮減，明顯與演義小說不同。

《華容道》：從蔣幹二次過江，見龐統同回曹營獻連環計，到借東風、赤壁大戰，後至華容道放曹乙節結束。敘事順序與演義小說相異，小說順序爲：〈打黃蓋〉、〈黃蓋詐降〉、〈闞澤詐降〉、〈蔣幹過江〉、〈龐蔣相會〉、〈龐統獻計〉、〈徐庶脫身〉、〈曹操賦詩〉、〈孫曹初戰〉、〈孔明借風〉、〈周瑜點將〉、〈孔明點將〉、〈火攻激戰〉、〈趙雲截殺〉、〈張飛截殺〉、〈華容放曹〉及〈關羽請罪〉。除了將〈龐蔣相會〉、〈龐統獻計〉置於〈打黃蓋〉、〈黃蓋詐降〉之前，還刪去〈闞澤詐降〉、〈徐庶脫身〉、〈曹操賦詩〉、〈孫曹初戰〉等情節，在有限的表演時間內推動情節上升，到華容道放曹時，劇情達到高潮。

《劉備招親》：敘述東吳使計，劉備過江娶孫權妹，後同回荊州，演「賠夫人又折兵」橋段。演義小說依序爲：〈周瑜獻計〉、〈派使說媒〉、〈劉備過江〉、〈拜會喬老〉、〈國太看婿〉、〈揮劍剁石〉、〈拜堂完婚〉、〈趙雲解囊〉、〈逃離東吳〉、〈追趕劉備〉、〈支援劉備〉。劇中並無〈揮劍剁石〉、〈拜堂完婚〉情節，略去不演，使演出總長約 87 分鐘，符合一般文化場時間長度。

《魯智深大鬧桃花山》：敘述魯智深往東京相國寺，途中投宿桃花莊，打抱不平，假冒劉女，教訓桃花山賊周通。後至相國寺，收服一群潑皮無賴。

《林沖》：敘述京城教頭林沖一家遭受太尉高逑陷害，其中搬演林沖與魯智深結識之情。搬演〈高逑登場〉、〈設計林沖〉、〈發配滄州〉、〈鬧野豬林〉、〈結識柴進〉、〈謀害林沖〉。

《武松》：接續《林沖》，搬演武松過景陽崗打虎，成爲陽穀縣都頭，且兄弟相會做結。依序搬演〈殺陸謙〉、〈辭別柴進〉、〈武松登場〉、〈過景陽崗〉、〈兄弟相會〉及〈武松任職〉。然若依據《水滸傳》小說，林沖事後應接續青

面獸楊志故事。在此，因爲他連演兩天下午場民戲，得掌控演出長度，故《武松》開場即演與陸謙的恩怨了結，更藉由柴進這人物將《武松》與《林冲》相接連。

《手足情深》：演出武松打虎、兄弟相會，到武大郎被害，武松手刃西門慶、潘金蓮，復仇止。

《李逵殺四虎》：演出李逵返鄉探母，先遇假李逵的李鬼搶劫，教訓他後，恰巧又投李鬼夫婦開設的酒鋪，兩人欲害李逵不成，李鬼反送命，其妻僥倖逃去。李逵與母親回梁山途中，因他前去汲水不在身旁，故母親不幸被虎吃掉。李逵發現母親已死，憤而怒殺四虎，以報深仇。李逵殺四虎的事傳開來，被曹太公與鄉民熱情款待。李逵不知身分已被識破，酒醉遭綁，押送途中，幸好朱富、朱貴設計救他，而梁山宋江、林冲等下山救援。在此劇尾，蕭添鎮故意安排宋江、林冲等人物下山支援，意在開場爲宋江；收場亦同。當宋江再度出場時，觀眾即意識到劇情將結束，這和小說敘事方式與段落結尾不同

《劉海升天》：敘述劉海到山砍柴，結識青石道人（石頭精），結爲金蘭。後狐狸精欲成仙，於是與劉海成親。青石道人識破狐狸精詭計，指點劉海趁她不注意時吞食其內丹。劉海獲得內丹後，不忍害死狐狸精，反使得狐狸精與蝙蝠精殺害青石。青石將死時，再將功力傳遞給劉海。呂洞賓下凡收服兩妖，兩妖更將內丹傳給劉海。呂洞賓渡回劉海修道而去。

《忠犬救主》：敘述朱舍與魏武之妻何氏通姦被沈氏撞見，因而被謀害。另沈氏幼子危難之際，家犬叼起幼主，救他一命。後魏文科舉金榜題名，任官審理此案，魏武手刃何氏。

《狄青會姑母》：從狄青遭孫秀陷害，欲報仇而得定唐刀。然因打野馬誤入龐府險遭害，經李繼英解救，逃至韓琦府中。後降伏龍駒，姑姪團圓。

《乾隆遊西湖》：乾隆打扮客商遊歷西湖，久住客棧，付不出食宿費而結識康華瑞。此劇演於 2012 年雲林國際偶戲節，約 20 分鐘的短劇。

《蘇文秀娶親》：敘述蘇文秀到指腹爲婚的劉大富家認親不成，得劉虎幫助，蘇文秀與劉金蓮私奔離去。膏粱子弟施有仁欲擒劉金蓮，追趕蘇氏夫婦，幸遇高天賜（乾隆帝）解救，施有仁遭高天賜打死。高天賜懲治縣官施典成，賞賜蘇文秀官職。

綜觀蕭添鎮 18 齣劇作，其中《魯智深大鬧桃花山》、《林冲》、《武松》及

《蘇文秀娶親》非文化場或比賽性質的演出，而是民戲表演。他演出的古冊戲，因應演出時間長度，適當取材並命名。最後劇情獲得圓滿結局，或至一段落做小結，皆頭尾相應，多採人物與事件統一結構，終究以平冤復仇，或相聚團圓，或功名封賞，或勝利慶賀，或風波平息等收束。尤其是他進入校園推廣演出時，必定使劇情能做一小結，也可能考量觀眾年齡層、接受程度，甚至考量助演和戲偶是否充足來調整情節，而和一般民戲演出不同。

其他，錄製給「錄音班」型態演出的專業錄音有聲資料，如江欽饒《孫龐演義》、《三國演義》、蔡坤仁《精忠岳傳》、吳清秀《福德正神救世傳》……等等，錄製時考慮販售的總時數與價錢，及演出的困難度與否、戲偶人物是否繁多等因素，以致劇情編排、人物與場面安排等，與現場演出是不相同的思維。「錄音對嘴」型態固定了戲齣，缺乏變化，更遑論一個故事事件是否能在 90 或 120 分鐘內圓滿告一段落。然這些戲碼無論長篇或短篇，最終還是多表達善惡有報的結局，只不過若非有所本的「小說戲」，情節安排方面更可能隨意拼湊，某些事件無疾而終。比如，兩派教主相約兩派人馬於約定時間展開「劍光大會」決鬥，但到了劇末仍未見演出，或潦草交代此事件結果，實為編劇上的敗筆。

（三）凡與非凡的腳色──人物塑造與詮釋

蕭添鎮演出劇型豐富，涵蓋歷史演義、公案俠義、神怪傳說、家庭倫理等，所詮釋人物包含公侯將相、市井小民、神仙鬼怪，其主題思想傳遞人情義理。透過基本腳色概念搬演人物，這些人物由主演思想、觀點賦予生命。主演適切擇用戲偶裝扮，助於人物形象的塑造。而蕭添鎮演出所需戲偶都交由兒子蕭永勝負責籌備，戲偶來源多半向古坑沈春福（1954～2016）、臺中何禹田（1952～）訂購。要演出的時候，蕭永勝就請教父親劇中人物的扮相，由他裝扮戲偶。由於蕭添鎮演出劇型豐富、戲齣眾多，因此，以下從腳色概念區分得出的大致人物類型切入，討論他古冊戲人物塑造與詮釋，和他人有別的獨特之處。

1、生類偶頭的運用詮釋

《審烏盆》的被害者富商杜進春，個性純良，豈識杜定妻有謀財害命之意圖；《蘇文秀娶親》的蘇文秀是文弱書生、家貧如洗，面對不被劉大富承認婚約、施有仁搶妻的事情，無法解決困難。前者有賴劉虎協助；後者幸有乾隆解救。

《忠犬救主》魏文也是一介書生，欲求功名利祿，在家三年未察覺弟媳與人通姦的醜事。等到其弟魏武返家後，魏文又急赴科舉考試，之後得中功名返家才獲知妻子難產而死的訊息，實是遇害悲事。他沒有責備魏武，當得知妻子是被謀殺，兇手是朱舍與何氏之時，魏文心神不定，無法裁奪，而魏武堂上殺妻，以表負責。杜進春、蘇文秀及魏文等三人物以小生腳色概念裝扮與表演，是爲共同點。三個人物出身背景不同，遭遇各異，可能從貧賤轉富貴，然皆是世俗中平凡人物爲求安生而努力的生命展現。

另外，《三國演義》的呂布、趙雲（圖6-1）；水滸傳的林沖、武松；宋朝五虎將的狄青，皆是武生概念裝扮與表演，以口技與操偶技藝爲基礎。然呂布重在詮釋好利貪色的人格特點；武松被塑造武藝高強的打虎將，和兄長情深；林沖爲軍人，爲保護妻子，與高衙內結怨，步步陷入高逑詭計，刻畫他喜結友、重情義，不識官場奸惡、人心叵測；趙雲則是突顯其忠心耿耿、英勇護主的事蹟。其中，蕭添鎮鋪排林沖遭受陷害的情節成功塑造此悲劇英雄，如與妻別離場景，主演演技情眞意摯詮釋兩人物；林沖充軍路途上要被殺害時，已絕望的情感表達更是傷情。然魯智深適時解救，林沖的仁慈設想，饒恕差役，以爲刑期服滿，還能夫妻團聚，霎時想法，更預料林沖的悲劇下場。

圖 6-1
蕭添鎮的趙雲戲偶裝扮

（蕭永勝提供）

關於「感情戲」部分，布袋戲終究是木偶戲，確實不如人戲演員能夠表情豐富、肢體動作細膩。因此，對於喜怒哀樂的表達、悲歡聚散的詮釋，多有賴說白口技的表現。蕭添鎮詮釋的武松初聞武大郎死訊，悲慟萬分，到復仇成功的過程，處處流露兄弟情深豐沛的感情。這恐非閱讀小說就能詮釋到位，恰到好處，還得主演對主角處境的體認與同情，也免不了跟主演人生歷練有關。在江欽饒錄製販售的《孝子復仇記》中孫寶元失怙痛哭；吳清秀錄製販售的《鶴驚崑崙》主角江小鶴也因喪父哀慟。兩主演各運用口技詮釋孝子孝心，在這場「哭戲」中打動「聽眾」，足證明口技過人，也可說是拿手戲代表作之一。舉江欽饒《孝子復仇記》爲例，孫寶元回家問母親關於他的生

父是誰，部分對話如下：

陳明珠：（詩）冷風對面吹，霜雪滿天飛，滿腹傷心事，悽慘似柏梅。苦命女！陳明珠。我君性命亡絕，光陰迅速，日子如梭，經過七年的寒雪（哽咽），扶養細子寶元，今年也有七歲囉。子喂！（哽咽）你就要認真勤讀詩書聖賢，望將來功名寸進，來為你阿爹復報深仇大恨。亡夫啊！（哽咽）你在九泉地下，若有靈有晟你就要保佑細子了！啊！亡夫……（寶元哀泣聲！內聲：我回來啦！孫寶元出臺）

孫寶元：（泣）我每次若看到阮媽媽的時候，媽媽就頭殼纍纍，目眶紅紅、目屎四淋垂，媽媽擱佇咧哭啊！（哽咽）媽媽！媽媽！

陳明珠：啊……心肝子你回來！

孫寶元：（悲傷）媽媽！妳擱佇咧哭否？

陳明珠：憨子！媽媽哪有佇咧哭？

孫寶元：（悲傷）媽媽妳就咧流目屎，妳不是咧哭，無是咧安怎咧？

陳明珠：子喂！媽媽剛才出去外面的時候，眼睛來攖著風飛沙，是佇咧流目油，不是佇咧流目屎。

孫寶元：媽媽！（哽咽）妳一定有心事隱瞞，妳一定是甲我寶元騙。

陳明珠：憨子！今日也不是星期假日，時間還未到，因何你離開學堂歸回家門咧？

孫寶元：（悲傷）媽媽！我寶元真可憐！

陳明珠：子喂！你有傖吃有傖穿，叼一點甲人袂比咧？你叼位佇咧可憐？

孫寶元：媽媽！（哽咽）今日在學堂甲老師偷吃麥芽，阮老師不甲我打，阮歸陣同學攏不要甲我七陶（玩耍），聲聲句句甲我寶元笑。

陳明珠：笑安怎？

孫寶元：（泣）笑我寶元是一咧沒老爸子啦……。〔註9〕

〔註 9〕 江欽饒：《孝子復仇記》，10 小時，專業布袋戲錄音，約 1990～2000 年代。

當陳明珠獨白時語帶哽咽，可感受到她悲悽的遭遇；孫寶元泣訴在學堂被人恥笑無父時，整個場景布滿哀傷的氣氛，確實足以感動觀眾。又如吳清秀《鶴驚崑崙》裡江小鶴見到父親屍首時的哀傷心情：

> 江小鶴：什麼啊！這甘不是阮爸爸江志生，乎人殺死在南山嶺，血淋身！爸爸……（悲泣）爸爸！你死得真可憐，我江小鶴若知影講什麼人甲你殺死，我一定為你報仇。爸爸……（悲泣）爸爸！你著結卡輕咧！我就要甲你揹轉來江家莊見媽媽，不過揹不贏，爸爸！你結卡輕咧，我用甲你拖耶拖轉來見媽媽（悲泣）……。〔註10〕

無論江欽饒或吳清秀都將自身拿手戲齣「哭戲」詮釋到位，拿捏感情得宜。也因他們錄製這些戲齣有聲資料，供給多數「錄音班」型態演出使用，故他們的作品也成為其他主演練習開口學習的範本之一。

2、旦類偶頭的運用詮釋

　　蕭添鎮以旦角概念搬演女性人物，若是少女、中年婦人年紀大抵口技分野不大。扮演女性人物若是分善惡個性，則以偶頭髮色區別之，如《忠犬救主》沈氏為黑色髮，表示良家女；何氏為青色髮（圖 6-2），表示不守婦道的女子。由此可見他實際用偶的方式，並非另一種說法將旦角偶頭造型分為：女童旦、正旦、開面旦、摻旦、白毛旦、卻老旦、嫻旦……等等。〔註11〕

　　《三國演義》系列中貂蟬、孫尚香兩個女性人物，以旦角概念詮釋，又可能因戲偶不足的原故，故皆以同一個戲偶扮演之。兩者旦角基本表演方法並無二致。在蕭添鎮演技中，貂蟬為女間諜，沉著冷靜，並無特意詮釋糾葛於董卓與呂布之間的內心想法；孫尚香雖是孫權計謀中的一顆棋，然她思想自主，不受左右，願遵從丈夫劉備，故孔明計畫才能順利。還有《趙子龍救主》糜夫人深明大義，將阿斗託付

圖 6-2　蕭添鎮的《忠犬救主》何氏

（蕭永勝提供）

〔註10〕吳清秀：《鶴驚崑崙》，20 小時，專業布袋戲錄音，約 1990 年代。
〔註11〕教育部：《布袋戲——布袋戲圖錄（上冊）》（1996 年 5 月），頁 127。

給趙雲，自己則投井自盡。《蘇文秀娶親》中劉金蓮則是不顧父親反對，與蘇
文秀私奔。

另《水滸傳》潘金蓮、《忠犬救主》何氏這類惡婦也以小旦概念詮釋，而
《審鳥盆》杜定妻則以花婆女丑概念飾演，多是搬弄是非，慫恿姦夫行兇殺
人的形象。

像這類害死親夫，或挑撥離間、搬弄是非不守婦道的婦女，在公案戲、
劍俠戲中也常見，編排的事件過程更容易公式化。比如，劉祥瑞《包公案》
（顏計昌反奸系列）中包公偵破通姦害夫的命案，之中以丑角名為「阿死
打」的小偷為破案證人，懲治吳板溪、蕭氏這對姦夫淫婦。在劍俠戲、公案
戲固定模式情節中，出軌婦女形象被主演塑造成滿肚壞心腸、狠毒心思的惡
婦，以固定套語、情節套式搬演這類故事。故蕭添鎮、劉祥瑞等主演有類似
的搬演方法，不同之處只在於主演本身性格特質，有的對這類惡婦的詮釋更
入木三分。

3、花臉偶頭的運用詮釋

在三國戲系列中最常見「淨」角，這類花臉偶頭，比如曹操及其部將、
關羽、張飛皆是。雖淨角人物可擇用的偶頭造型、臉譜多樣化，然在蕭添鎮
一口說出的詮釋方法中，運用語調輕重緩急，和通俗特點，人物時時帶有傻
勁、俗氣，並打諢說笑，製造「笑果」。例如：《劉備招親》中追趕劉備夫妻
的東吳大將、《林沖》中的陸謙、《貂蟬弄董卓》中的董卓等等。花臉偶頭雖
可細分多種，但在蕭添鎮的腳色概念與聲口發音並非就是細分多樣。在他古
冊戲中花臉腳色多數並非主角，是配
角地位，對於這類人物個性的詮釋大
致相同，展露直率、魯莽、傻勁的大
老粗形象。

而利用花臉偶頭（圖6-3）、腳色
概念，發揮和丑角同有調笑功能的情
形，在蔡坤仁《精忠岳傳》、江欽饒
《孝子復仇記》亦可見。前者有反派
角色張俊；後者有山賊羅猛。從蕭添
鎮《屯土山約三事》和江欽饒《三國
演義》系列中的這段內容相較，在曹

圖6-3　蕭添鎮的張飛戲偶

（蕭永勝提供）

操的詮釋上，蕭氏平穩搬演奸雄的聲威，不苟言笑；江氏則著力於曹操言語的打諢說笑，製造許多笑料，讓人感受江氏曹操的不正經。江欽饒《三國演義》錄音資料中，曹操與小軍的對話就能感受到他口白諧趣的特點：

> 曹操：天色已經黎明，昨晚令小軍調查情報，調查了不知如何？
>
> 　　　（我轉來啊……小軍上臺）
>
> 小軍：相爺啊！回報！回報！
>
> 曹操：昨晚調查了的結果？
>
> 小軍：啊哈！相爺啊！你看我這兩粒眼睛啊！眼睛牽紅筋！喔……
>
> 曹操：喔！哈哈……精采！
>
> 小軍：精采是真精采啦！
>
> 曹操：關雲長同過他兩位阿嫂，是不是來做出越軌的行為？
>
> 小軍：相爺啊！從頭至尾，我講乎你了解啊！那個關將軍在蘆房外口面啊，呼……那支青龍偃月刀插住咧！呀他有穿那個披風，那個外衫披風就這樣扒下來，從那蘆房門口圍住咧！他利用月色光線，在那咧看春秋，而外口面風微微透來，也涼冷涼冷，內底面甘夫人和糜夫人就出來啊！叔啊！叔啊！外口面風透透、涼冷涼冷，冷到就不好，入來蘆房內底面卡溫暖。呼……甘夫人和糜夫人晚上咧睡穿那睡衫睡褲攏「耐龍」（Nylon）透明耶！
>
> 曹操：喔……哈哈哈！擱來咧……
>
> 小軍：二叔啊！來喔！入來內底面睏喔！關雲長講：嫂啊！妳婦人妳若愛睏，先入去睏啦！我在這咧所在看一咧春秋咧！關雲長在那看《春秋》他兩位阿嫂招訣行……。〔註12〕

江氏安排小兵與曹操對話，從小兵嘴裡說出曹操的伎倆失敗，描述關羽與兩位嫂嫂是否踰矩，其語言可說是露骨，引人遐想。江欽饒詮釋曹操輕佻、好色的形象，其語言逗趣，多少也是因主演性格所致。然而一樣的故事素材，若因主演不同的性格、說話方式，形成不同風貌，當在不同層次的觀眾眼前，也得考量是否適當。無論如何，主演性格、形象、談吐，和即興表演的口白特點賦予戲偶生命等魅力發揮就是能被戲迷各自擁戴的一項因素。

〔註12〕江欽饒：《三國演義》（上），10小時，專業布袋戲錄音，2012年。

4、公末偶頭的運用詮釋

這類人物出現在蕭添鎮劇中的機會不多，如《審烏盆》茂伯、《劉備招親》喬國老皆是，運用口白帶有捲舌音，且遲緩的語調展露白髮蒼蒼老人形象（圖6-4）。然以此「公末」概念詮釋諧趣幽默的老者，說笑間有時說白的行腔轉韻頗為不易，不如全以丑角概念飾演的好。這類腳色安排上可至於官員、員外；下可置於市井小民。

在其他主演眼裡「公末」也如丑角能在戲中作為調笑、打趣功能的要角。比如，吳清秀《鶴驚崑崙》的高慶貴就是一個武功了得，個性怯弱怕事，說話有趣的長者；他《薛丁山征西》劇中的程咬金也是詼諧逗趣的形象。

5、丑類偶頭的運用詮釋

丑角在蕭添鎮劇中甚是重要（圖6-5），男丑安排於官員、紈褲子弟、販夫走卒、客棧老闆；女丑多為三姑六婆，置於調笑功能重要的人物地位。共有《審郭槐》的郭海壽、《審烏盆》的杜定、《古城會》的劉延、《華容道》的蔣

圖 6-4　蕭添鎮的公末戲偶

（蕭永勝提供）

圖 6-5　蕭添鎮的三花戲偶

（蕭永勝提供）

幹、龐統、《劉備招親》的呂範、《武松》的武大郎、西門慶、《劉海升天》的劉海、《忠犬救主》的朱舍、《乾隆遊西湖》的康華瑞，及《蘇文秀娶親》的劉虎、施有仁等等。為主角，如劉海、康華瑞；或配角，如郭海壽、奸董；或小角色，如衙役。有些更是劇中的關鍵人物，比如《審烏盆》杜進春命案的兇手陶氏、《忠犬救主》沈氏命案的主謀何氏、《華容道》的蔣幹，皆為劇情發展轉變的關鍵人物。蕭氏的丑角，在他口技聲調的拿捏、人物塑造之下，顯露升斗小民的卑微與忠厚、官家子弟與富豪的卑鄙及敗行、文官才智與計謀。

　　綜上所述，蕭添鎮布袋戲大抵運用腳色概念表演合宜，當他透過腳色與戲偶裝扮兩者合一詮釋人物時，可見他對該人物的形象認知。反過來說，在他認知與設定下的人物塑造與詮釋上，可發現他對腳色概念的掌握。他擇用這些丑角人物與性格，有三個特點：一、為了不讓某類腳色或偶頭運用過多，導致人物詮釋相似，故而加入丑角，均衡分配腳色。二、腳色行當中，蕭添鎮擅長丑角詮釋，無論尊卑貴賤各階層人物，其語言通俗合宜，是他幽默風趣的投射。三、詮釋的淨角展露魯莽、愚笨、坦率特質，其人物語言也帶有詼諧趣味的一面，與丑角同有調笑功能。另外，主演搬演這些古冊戲，若依照傳統習慣方式多僅以故事綱要進行說白，運用套語串戲，所以主演往往以自己擅長的腳色、人物類型去安排某人物戲份輕重，以此獲得觀眾的喜愛與讚賞。是故，布袋戲主演除了能夠閱讀以外，對於戲曲腳色的認知與涵養亦是重要，如蕭添鎮、江欽饒、吳清秀等人掌握此竅門後，更因人生閱歷對於某些戲劇人物能夠感同身受，進而成為拿手戲碼，是為特色。

二、金光戲內容的探討

　　在此以蕭添鎮 9 齣演出影片為主，兼論江欽饒、林文昭及林大豐演出情形，相互對照，底下分故事主題、情節結構、人物塑造討論之：

（一）正邪對立爭鬥起——故事主題

　　蕭添鎮《南俠風雲》演出江湖恩怨情仇，引發事件的原因多半是為了替親人、朋友、師父報仇；為了報答恩情，或為了朋友情義而有所行動，或為私利恣意妄為。然江湖恩怨情仇的事端，還是以維持社會安定為由，鋪排這些內容。比如，《老君堂》為查明老君堂案件、《白骨真經》純粹是北腿挑戰南俠引起的事件、《金葫蘆》則是魔教聘請金葫蘆進攻明江派的征戰內容。明江派與幽靈世界的纏鬥不休之外，更捲入孔雀生、金牌王、武林至尊相連的仇恨事件（《黃金孔雀城》、《死人能醫活》）；也插入萬教魔宮虎姑婆的攪局事件（《急急風》1 至 2 集）、《武林生死劍》娶親事件。這些事端本和明江派與幽靈世界的爭戰無直接關係，而個人恩怨情仇摻雜劇中，處處可見仇殺鬥毆場面，成為特點。

　　在 2003 年「大臺員」劉祥瑞獲得文化建設委員會補助，錄製《大俠百草翁》20 小時有聲資料 CD 片，其實就是《鬼谷子一生傳》，並非「新興閣」鍾任壁所傳的正宗《大俠百草翁》。劉祥瑞所錄的百草翁故事，也是圍繞恩怨情

仇，不斷征伐，同樣忽視鋪陳恩仇由來。如此一來，容易使觀眾對金光戲多是「仇殺故事」印象。而劉祥瑞錄製的「大俠百草翁」故事 CD 資料，著眼於 20 小時的長度和只有聽覺享受，故未必就是他野臺演出絕對的樣貌。

再例如林文昭的《為何命如此一生傳之三教魔帆》純粹是正邪兩派人馬的殺伐打鬥，若要彰顯主題更為容易，只是強調正邪對立、邪不勝正。同樣是殺伐鬥爭，若舉《三國演義》小說中孔明初次北伐來說，則更加清楚。孔明以「恢復漢室」為由領兵伐魏，對於魏國而言，是蜀國侵犯領土的戰爭，雙方並無誰正誰邪的問題，而殺伐打鬥中，彰顯趙雲忠勇、孔明睿智，其處事品德可引起觀眾共鳴，相較之下，此點在金光戲裡頭往往薄弱了些。換言之，布袋戲金光戲主題在道德觀念、人生價值及家國意識方面反而不突顯，較可能的是善惡有報的傳達而已。

然而如何搬演惡人為惡得惡報、好心行善有好報？在金光戲裡頭主演需要合理合宜鋪排情節、詮釋人物，否則誠如楊雅琪所論：「布袋戲演變至『金剛戲』時，其所蘊含之主題思想已趨貧乏，別說忠孝節義，連正義公理都已蕩然無存，只剩恩仇必報之思。」〔註13〕

綜觀布袋戲主演的金光戲齣，少數如「光興閣」林啟東所傳《鬼谷子一生傳》是設定故事背景在明朝，編造陳友諒後代組成恐怖組織意圖奪取江山以外，多數主演未以歷史背景鋪排劇情，大概多以正邪兩派爭鬥，正派一方欲維持江湖穩定、天下和平。不過金光戲內容與主題還多是在「善惡好壞」、「正邪對立」上打轉，對於衝突事件起因、過程及結果往往多有鋪排破綻，若能穩固內容情節、巧思編排，才能彰顯主題思想。

（二）江湖糾葛恩怨生——情節結構

蕭添鎮金光戲共 9 齣，彼此並無直接關聯，又是可各自獨立的單元劇，俗稱「結仔戲」。以下將蕭添鎮《南俠風雲》9 齣演出影片，和他家演出情形，做一探討，分為情節結構套式的置入、統一結構的方式，以及情節安排等三個面向討論：

1、情節結構中套式的置入

蕭添鎮《南俠風雲》有一單元劇，名為《千刀梯》，和《老君堂》其實是同一故事。在 2004 年他曾擔任「三興閣」主演時演出此劇，到了 2009 年於

〔註13〕楊雅琪：《玉泉閣布袋戲團研究》，頁 139～140。

廟口又演出一次，是文化場性質的表演，其《老君堂》劇情為：

南俠與幽靈船在無頂峰決戰（A1），明江派文俠為首率領群俠前往協助，中途與幽靈教徒展開大戰（A2）。危急之時，江湖人到場擊敗幽靈教徒（A3），南俠藉機與文俠眾人商議，說他不敢施展絕招對付幽靈船，恐傷周圍生靈，因而他提出以「五行恨天斬」對付之（A4）。文俠聞言自訴有此絕招，因而打退幽靈船（A5），卻也被迫回老君堂接受師父的責難。

回老君堂後，其師道教老君命令他殺死南俠（B1），文俠回到明江派與南俠廝殺，江湖人出面勸解，指點文俠到萬丈死亡谷查真相（B2）。他知其師被害，而假道教老君乃是師叔道教魔君。文俠回到老君堂報仇（B3），魔君逃往千刀梯。千刀梯之主十萬八千空毛孔金光俠獲得的達摩真經遺失，急命人找回真經，此時魔君來求助，金光俠用金光劍殺退文俠（B4）。

孔雀生信物出現指點文俠到三石洞尋求世外流浪生幫助（C1），不巧未見其人，只見其妻倚情娘，文俠離去後，倚情娘即遭殺害（C2）。流浪生回家見妻屍體認為兇手是文俠，立往明江派報仇，殺死文俠（C3），並要明江派解散。流浪生回家卻還見其妻（文俠未死化裝），妻為文俠辯護（C4），要他協助明江派，他前往千刀梯殺敗金光俠（C5），得知妻是遭幽靈使者殺死，而他也死於幽靈使者之手（C6）。文俠悲憤之下，挑戰幽靈船（C7），決鬥之時，收幕結束。

《老君堂》情節類型屬於線型的單線型，情節進展的序列採鏈狀，即一個序列的結尾，同時又是下一個序列的開頭，〔註14〕由三個敘事序列前後連接：

1、A1（正邪決鬥）→A2（協助主角）→A3（擊敗反角）→A4（商議破敵）→A5（擊敗反角）→

2、B1（反角施計）→B2（獲知情報，解除危機）→B3（主角復仇）→B4（復仇失敗）→

3、C1（獲知情報）→C2（反角施計）→C3（主角詐死）→C4（主角施計，解除危機）→C5（反攻反角）→C6（復仇失敗）→C7（正邪決鬥）。

以南俠挑戰幽靈船開端，引出文俠為主擊退幽靈船，衍生老君堂寶鑑被奪、真假老君一案，當此案揭曉真相，兇手卻脫逃，再接著倚情娘命案發生，文

〔註14〕胡亞敏：《敘事學》（武漢：華中師範大學出版社，2004 年），頁 123。

俠設計化解，使流浪生擊敗金光俠，卻也遭幽靈使者殺害，賠上性命。最終還是以文俠對戰幽靈船做結。蕭添鎮的《南俠風雲》系列，在《老君堂》該單元劇中主角卻是文俠，圍繞他展開一連串故事事件。

先前錄有《千刀梯》部分劇情則為：

南俠遇到幽靈教徒襲擊（A1），危急之時，江湖人到場幫助南俠（A2），建議召開會議商量對策。幽靈教徒進攻明江派，雙方大戰（B1），變化千萬招到場助陣擊退教徒（B2），遠看書生近看白骨人打敗千萬招（B3）。後南俠到場救援千萬招，與白骨人打成平手，南俠提出需以「五行恨天斬」對付之（B4）。文俠聞言自訴有此絕招，因而打退白骨人（B5），卻也被迫回老君堂接受師父的責難。

文俠回老君堂後，他的師父道教老君命令他殺死南俠（C1），文俠回到明江派與南俠廝殺，江湖人出面勸解，指點文俠到萬丈死亡谷查真相（C2）。文俠查明後，了解師父被害，假冒師父道教老君者乃是師叔道教魔君。於是文俠回到老君堂報仇（C3），魔君逃往千刀梯，文俠欲追擊，江湖人勸他若獲得三石洞世外流浪生的幫助才能攻破千刀梯（C4）。千刀梯之主十萬八千空毛孔金光俠獲得的達摩真經遺失，急命人找回真經，此時魔君來求助，金光俠用金光劍殺退文俠（C5）。

文俠到三石洞尋求世外流浪生幫助，不巧未遇到他，只見到他的妻子倚情娘，表明來意後，文俠離去。不幸的是，倚情娘隨即遇害身亡（D1）。流浪生回家見妻屍體認為兇手是文俠，立往明江派報仇，但未能成功。他處埋妻子後事後，再度復仇。

此故事可分為四個序列：

1、A1（正邪決鬥）→A2（協助主角）→

2、B1（反角攻擊）→B2（擊敗反角）→B3（反角攻擊）→B4（商議破敵）→B5（擊敗反角）→

3、C1（反角施計）→C2（獲知情報，解除危機）→C3（主角復仇）→C4（獲知情報）→C5（復仇失敗）→

4、D1（反角施計）。

以南俠遇到幽靈世界兩名殺手開端，後江湖人到場幫助南俠除掉殺手，此為第一序列的「狙殺」事件。這和《老君堂》開端：南俠挑戰幽靈船，群俠欲助南俠，不敵幽靈世界教徒，又引出江湖人相助群俠不同。第二序列——幽

靈世界教徒攻擊明江派，讓千萬招出場，但被白骨人打傷，最後南俠提出要練有「五行恨天斬」武功之人，才能打敗他，於是文俠無奈使出絕招擊退白骨人。在《老君堂》一劇則是江湖人面對強敵時，南俠說自身不好施展絕學，恐傷及周圍生靈，最好由具有「五行恨天斬」武功之人，對付幽靈船。兩者面對的強敵、解決困難的選擇有別。第三序列，安排江湖人指點文俠若要滅千刀梯，惟有請求流浪生協助，才能成功。在《老君堂》劇中則安插孔雀生信物指點文俠去尋求流浪生協助，和《千刀梯》安排指引主角的嚮導者不同。

　　從以上兩次演出的情形來看，《老君堂》或《千刀梯》其實主要事件是查探老君堂並找回「達摩真經」，和尋訪流浪生共破千刀梯。至於安排江湖人、千萬招登場對敵，甚至《千刀梯》多一次讓南俠亮相對敵，都是可自由增減的情節套式，無損主要的兩事件進行。這些可自由增減的套式，讓主演控場能力提升，作為拉長或縮短演出時間長度的彈性。舉凡在《金葫蘆》、《黃金孔雀城》、《急急風》、《武林生死劍》都可因應演出長度、情況加入套式。是故，從蕭添鎮演出文本中分析，可以初步了解他演出的《南俠風雲》經常的套式為：南俠、江湖人、千萬招陸續登場亮相，展現個性、武藝，讓觀眾認識劇中人物，也作為彈性控場的編排手法。

　　這種以套式作為控場的方式，在其他藝師身上也可見，如「江黑番」江欽饒、「遠東昭明樓」林文昭等。

　　在江欽饒的《鬼谷子一生傳》系列之《取仙桃》、《取天書》、《北海聖人真武子》〔註15〕。《取仙桃》：頭場由天下敢死俠力敵大魔手，金光兒通報群俠合力對付西北派妖道，巧逢武功殿神龍大司馬狂野山、追虎武安侯夏侯嬰二護法到場相助，但兩人不幸死於萬歲毒君赤蜘蛛之手。萬歲毒君赤蜘蛛命令夢中人對付群俠，夢中人殺傷天下敢死俠，正要殺死他時，被鬼谷子一道金光救走。鬼谷子殺退夢中人眾妖道，並指示群俠要到日月峰長仙古林向長仙老人討取仙桃以救天下敢死俠性命，後鬼谷子四處尋找劉伯溫。

　　群俠派百草翁前去長仙古林討取仙桃，西北派亦派出不見面容白骨生前去索桃，長仙老人請二人決鬥，勝者得桃。兩人決鬥時，長仙老人攜帶仙桃

〔註15〕根據江欽饒於 2007 年 7 月 13 日在嘉義市文化局演出《取仙桃》、10 月 24 日
　　　　在員林鎮鎮興廟演出《取天書》、2008 年 10 月 10 日演出《北海聖人真武子》
　　　　等演出資料。

要逃離，怎奈遭萬歲毒君赤蜘蛛殺害奪桃，而百草翁無法取得仙桃也被西北派三毒的飛天蝙蝠、萬歲毒君赤蜘蛛及大魔手殺害。

空空子見著百草翁屍體，悲憤之下帶往西北派雲海宮，將百草翁屍體留於雲海宮。其實百草翁未死，空空子故意使百草翁大鬧雲海宮並偷桃，雲海宮西道公發覺後率眾進攻東南派，而百草翁竊取仙桃後將之藏於一處古洞。

東南派基地遭雲海宮教眾攻擊，天下敢死俠負傷而逃，恰巧至藏有仙桃之古洞吃下仙桃，以致功力倍增，殺退雲海宮教眾。當要與飛天蝙蝠、萬歲毒君赤蜘蛛及大魔手決鬥時，收幕結束。

他的《智取天書》：頭場由天下敢死俠力敵大魔手，金光兒通報群俠合力對付西北派妖道，巧逢武功殿神龍大司馬狂野山、追虎武安侯夏侯嬰二護法到場相助，但不幸死於白骨女王粉妝娘所幻化的白骨之下。百草翁被白骨女王粉妝娘擒回西北派囚禁；天下敢死俠則重傷被慈悲道俠不老仙一道金光救走。

大覺山天書頂無敵大法師變化千斤童派弟弟左道大昏君至西北派說明他欲傳授神功。另外，百草翁得知此消息逃出西北派，會合群俠，怎奈又遭西北派追殺。此時出現慈悲道俠不老仙解救，並指示群俠要去找尋無敵大法師變化千斤童討取「左道天書」，才能消滅西北派，言訖即離去。

金光兒被西北派教徒一掌打落山谷，大難不死，恰巧救了因練功走火入魔重傷的無敵大法師變化千斤童。金光兒欺騙他，兩人反成結拜兄弟，又無敵大法師變化千斤童誤收百草翁為徒。兩父子騙取天書後，群俠要與西北派決鬥時，收幕結束。

另《北海聖人真武子》：頭場由天下敢死俠力敵大魔手，金光兒通報群俠合力對付西北派妖道，巧逢自恨支沒葉、莫怨太陽偏二護法到場相助，但不幸死於不見面容白骨生所幻化的白骨殭屍之下。不見面容白骨生殺傷天下敢死俠，海天王西道公要殺死他時，被百草翁機警救走，海天王西道公大怒率隊追殺。

百草翁逃入茫霧谷討救，谷主龍虎神童劉文用雙龍神功殺退眾妖道，大飆星一閃光向五指山首腦報告此事，並認定十三年前殺害北海鳳仙巢北海聖人真武子之子北海美郎君的兇手即是劉伯溫，而東南派空空子的真實身分正是劉伯溫。因此，大飆星一閃光奉令至北海鳳仙巢請求北海聖人真武子協助，共同消滅東南派。

　　北海聖人眞武子命令北海女神找空空子報仇，另外，空空子獲知劉文已使用雙龍神功，必招殺身之禍，急忙要他逃離茫霧谷。劉文逃離途中遭千毒靈光和萬毒魁光逼殺，恰巧被北海女神解救，殺敗兩妖道。千毒靈光和萬毒魁光不甘心，尾隨北海女神，於樹林中暗算她，危險之際，卻又遇劉文解救。

　　北海女神爲答謝劉文救命之恩，帶劉文回北海鳳仙巢見其父，北海眞武子不知劉文眞實身分，強逼劉文與他女兒北海女神訂下婚約。劉文藉口需回家稟明父親方可，而離開北海鳳仙巢。另外，北海女神急於報仇，至東南派與空空子決鬥，失敗被捕。當劉文回東南派基地後，眞相大白，於是由百草翁作媒，與群俠至北海鳳仙巢說媒，而北海眞武子同意，並加入東南派。在百草翁與北海眞武子眾人要攻打雲海宮、五指山時，全劇結束。

　　三單元劇前部分：「群俠對戰魔教」、「雙俠協助到敗亡」等皆相同模式。如下表所示：

表6-1　《鬼谷子一生傳》單元劇情節結構表

單元劇名	敘事主題重點
《取仙桃》	A、正邪混戰——東南受挫 B、尋求援助——援助受阻——意外得助（正邪對決）
《取天書》	A、正邪混戰——東南受挫 B、尋求援助——意外得助（正邪對決）
《北海聖人眞武子》	A、正邪混戰——東南受挫 B、再起危機——意外奇遇——得助解危（正邪對決）

從上表可知三單元前半段的東南拼西北廝殺情節鋪排皆同，而後才是搬演單元的主題重點，最後風波獲得圓滿了結時，主演再以進攻西北派，挑起正邪對決作爲結束。

　　林文昭的《爲何命如此一生傳》系列之《三教魔帆》與《紅光劍影城》，按故事而言後者接續前者。這兩劇曾在不同時間地方演過，析論兩者情節，《三教魔帆》是東南與西北兩派的廝殺爭鬥，結尾引出「紅光劍影城」紅牡丹，以「三教魔帆」爆炸做結；《紅光劍影城》則是演道俠化仇子與紅牡丹的情愛糾葛之仇，劇尾並無一個結果給予觀眾知曉。前者是「東南拼西北」的戰役；後者是「紅光劍影城」紅牡丹的復仇事件。從中可以得出林文昭也運用情節套式彈性控場，填補演出長度，如東南派劉伯溫與萬物空這「道佛二

老」同時登場自報家門，後西北派教徒上門挑戰，二老戰敗逃跑；江湖浪子或天公候選人登場擊敗西北教徒，解救東南派人士。

在《三教魔帆》中，為何命如此對上鬼智大殘忍、道佛二老不敵西北派教徒、大俠一江山、天公候選人的陸續登場亮相對敵是套演正邪對戰、反覆追逐的情節，他同樣擇用這些套式置入其他單元劇中，如《瀟灑情俠》、《風波小地球》。這些情節套式有的與該劇主題無關，是可以抽出刪除的部分。因此，如何安排適當有用的人物與數量、緊密情節前後關聯，使結構縝密、扎實，乃評判主演編劇能力優劣的依據。

而江欽饒擅長的《取仙桃》、《取天書》、《北海聖人真武子》等劇，同樣運用空空子與百草翁「道佛二老」登場、金光兒、天下敢死俠陸續登場奮戰等套式，再真正搬演主要事件與主題。主演安排人物出場奮戰，有的是可抽離刪除的部分，若是依此套式置入，可能也只是為了讓觀眾認識該劇要角而已，並填補所需的演出時間長度。

是故，蕭添鎮九個《南俠風雲》單元劇，除了應演兩天以上，才可能有所連貫，其餘無論文化場或民戲，只要是在一場時間內（九十分鐘至兩小時之內），還是擇用套式置入架構之中，去搬演一個事件，使首尾完整、內容充實，不致使故事薄弱、情節平淡、結構鬆散。其次，蕭添鎮並不會隨意增添與劇集或南俠故事無關的人物，使每個登場人物都有「作用」，也儘量清楚交代人物的出身背景。他演繹的南俠故事，還是有獨特之處，不是一味打殺情節，而是情節出奇、結構扎實的金光戲之作。

2、統一結構的方式

觀看蕭添鎮九個《南俠風雲》單元劇：《黃金孔雀城》、《死人能醫活》、《金葫蘆》、《老君堂》、《武林生死劍》、《白骨真經》，以及《急急風》三集等，皆以人物與事件統一結構。

《黃金孔雀城》：開端即是南俠遭遇幽靈世界的殺手圍攻，而江湖人到場幫助擊敗。後引發孔雀生遭殺事件，惹出他師父「黃金孔雀城」城主——金牌王和明江派對立。究其根本問題，乃是孔雀生因好色而遭幽靈世界利用，挑釁明江派。南俠沉不住氣，一怒之下打死孔雀生，文俠見狀十分驚恐，獨自承擔責任前往孔雀城認罪。然南俠料到文俠會替自己認罪，提前前往孔雀城與金牌王談判，兩人大戰不分勝負，約定明日必定解決此事，給一個交代。南俠回到明江派竟是與文俠合謀設計怪老，使他前去赴約決鬥金牌王。劇尾

則是幽靈世界恐怖魔船進攻明江派，江湖人跳入船內欲決一生死而做結。

《死人能醫活》：開端即是搬演江湖人與恐怖魔船的決鬥，同時怪老也和金牌王衝突對決，怪老殺死金牌王，引出萬教公開庭庭長武林至尊的不滿。此單元江湖人與怪老的戲份頗重，搬演爲了醫活金牌王而趣味性十足的情節。劇尾是武林至尊識破怪老謊言，欲取他性命而做結。

《金葫蘆》：開端即是南俠遭遇幽靈世界的殺手圍攻，而江湖人到場幫助擊敗。幽靈世界進攻明江派失利，再聘金葫蘆出馬打算對付明江派。然而江湖人利用金葫蘆愛面子的人性弱點，加上個性直率，拐騙他爲明江派所用，轉變局面，化解危機，一同聯手攻打幽靈世界。劇尾則是南俠跳入魔船，欲決一生死而做結。

《老君堂》：以文俠查明老君堂一案、識破倚情娘命案兩事件爲主。

《武林生死劍》：開端即是南俠擊敗幽靈世界的殺手，說明要去尋找武林生死劍，得此劍才能安定武林。幽靈世界進攻明江派，群俠與變化千萬招陸續登場對決。南俠返回明江派與幽靈使者決鬥；千萬招則對付殺伐尊者令天寒。決戰場景中，生死劍主人——三教拳王英雄生出現，解救千萬招，並允諾將其妹玉扇美人貌如花許配給他。幽靈使者得知後，命殺伐尊者令天寒找南宮關設法阻止。怪老與千萬招前往日月山莊說親，同時南宮關與兒子南宮形也前往山莊認親。兩路人馬在山莊門口相遇，爆發衝突，以武力勝敗決定誰是女婿。最後千萬招勝出，山莊喜氣洋洋，以雜耍、舞獅做結。

《白骨眞經》：以南拳、北腿兩人決鬥風波爲主，北腿死後所留白骨眞經成爲明江派與幽靈世界雙方搶奪的要事。

《急急風》（1）：幽靈世界妖道圍殺南俠，江湖人到場援助和怪耳聽風俠決戰。南俠殺死妖道，和江湖人討論局勢，表示得找尋四大神祕（霸王電俠‧電體金影人、九龍生、聖帝明王夢先生及玉扇美人夢中花）支持明江派。幽靈世界再發動攻擊，大隊進攻明江派。明江派文俠、怪老兩撇鬚、變化千萬招等擊退妖道後，幽靈使者再現身打傷變化千萬招，幸好南俠到場解救他。南俠與幽靈使者對戰，南俠失敗受傷跌落深谷。幽靈使者揚言三天後，明江派一定要解散，否則將滅門絕戶。跌落深谷的南俠被一女子發現，救回萬教魔宮。

《急急風》（2）：因萬教魔宮虎姑婆的義女救回南俠，然而虎姑婆與南俠產生誤會，發生衝突事件。最後虎姑婆與南俠誤會解開，並收他爲義子，卻

也因此惹禍上身，虎姑婆被幽靈船擄去。劇情發展到最後，明江派群俠進攻幽靈世界，隨即做結。

《急急風》（3）：敘述大俠武聖王、明江派群俠進攻幽靈世界失敗，怪老殺死大毒王後；又演幽靈使者邀請皇帝殿五爪金龍皇帝俠消滅明江派，其妹胭脂鳳捉了怪老兄弟，卻中計失身於怪老，只得投靠明江派；再接南俠打傷武林賭一招，引起傅人生、南俠及罪劍江湖的恩怨事件。此劇是多個人物事件串演。《急急風》三集是蕭添鎮受「三興閣」邀請擔任主演演出的劇集，一共是三天（場）民戲演出。因應演出情況變化，不易清楚切割集別內容。因此，在民戲演出一天或兩天以上的金光戲，可能應變演出狀況，比如信徒追加扮仙戲演出，佔掉正戲演出的時間長度，所以不易掌握一場（集）的故事內容是否充實，或集別的分割是否得當。

綜觀蕭添鎮《南俠風雲》九個單元劇多是文化場性質表演，內容充實、情節緊湊，事件得以完整了結。而他往往評估演出場合，如果適當也會運用挑起另一個「高潮」做結，是內臺金光戲常用手法。如今此手法是否適用於文化場演出？恐怕見仁見智，無絕對好壞。但使用此手法的前提還是必須把主要事件合宜做結，有頭有尾，使觀眾意猶未盡，才不會戛然而止。

蕭添鎮統一劇作結構與劇末結束「收束」方法，也可見在江欽饒《鬼谷子一生傳》之《取仙桃》、《取天書》上。另林大豐《小顏回》之《風雲再起》，主要敘述：包羅萬象法中法至劍峰山請求九九劍王賭三招滅東南派，劍王不肯答應。法中法反而搧動劍王之弟一劍分生死前去挑戰東南派，而被金劍浪子殺害。法中法陰謀失敗後，至美人崖請求美人西施相助，未獲應允；再請雙華陀將他化裝成金劍浪子殺死美人西施，嫁禍金劍浪子，引起劍王、西北派教徒進攻東南派。他是用一劍分生死、美人西施的事件串演，最後以正邪決鬥製造「高潮」做結。

是故，蕭添鎮九個《南俠風雲》單元劇與其他藝師編演金光戲有相同方法，同以套式置入結構中，並使人物與事件統一結構，以及製造另一「高潮」做結；更值得讚許的是：蕭添鎮搬演事件，使之完整，讓全劇內容充實，不會故事薄弱、虛竭。

3、情節安排

布袋戲劇作結構大致上，仍分開頭、中段及結尾三部分。前文曾論套式置入結構中的情形，而在鄭慧翎論文所指出「常套」，值得主演引以為戒：

但罕見之事若演爲常套，則「彼未演出而我先知之」，毫無「新奇莫測之可喜」（李漁語）。布袋戲劇本最常見的打鬥殺伐情節，總是邪魔歪道危害國家社會或人身安全，正義英豪挺身對抗；一方若敗，則請出武功更高強的能人再出戰，屢敗屢戰，勝利總有一天會歸向正義的陣營。不斷的血戰纏鬥，觀眾早知危急時會有神仙高人救助，就算失敗也會有另一次復仇行動；情節發展看似迂迴曲折、波瀾疊起，實則此時吸引人的不再是情節本身，而在荒誕離奇的人物、炫人耳目的打鬥。〔註16〕

蕭添鎮搬演的南俠故事，以明江派與幽靈世界兩集團的反覆鬥爭爲主軸，在每單元劇中穿插主要事件，推進兩集團無止境的殺伐。如《黃金孔雀城》以孔雀生遭人設計，大鬧明江派，被南俠殺死，金牌王爲徒報仇。《死人能醫活》以金牌王報仇失敗，被怪老殺死，武林至尊要爲他報仇。《老君堂》文俠要爲師父報仇雪恨、流浪生要爲妻子復仇；《白骨眞經》則有北腿要爲妹妹復仇。以上4齣單元劇皆是蕭添鎮典型藉由「報仇」事件鋪排的例證。

他的《南俠風雲》九個劇作，情節類型皆屬於線型的單線型，採鏈狀序列前後連接。其情節常見打鬥殺伐、高人救難，〔註17〕前者又以「報仇」最爲常見，是人物間對立衝突的戲劇動作。衝突不斷上升，推向高潮，而往往又是另一個錯綜複雜的情節開始，這是多數藝師編演金光戲慣用的手法。例如：在林文昭《劍影情仇記》中紅牡丹爲情仇（遭道俠化仇子拋棄），故欲報復；林大豐的《風雲再起》之劍王爲情人之死報仇；廖昭堂的《雙鷹決戰亡魂橋》之殺人流浪俠、化血金刀俠、天外一老、世外一生、天庭地獄美郎君、死亡挑戰者更是爲報仇而發生諸多事件，連接整劇。

是故，從這些藝師演出情形來看，大致可知金光戲「結仇與復仇」的戲劇衝突佈滿全劇，有些仇恨糾葛，交織成複雜且多事件。在蕭添鎮金光戲演出中，多爲單一「復仇」事件，在九十分鐘至兩小時以內釐清並結束，是他於文化場上表演的一種適當方法。

（三）異與常之間性格──人物塑造與詮釋

古冊戲中神怪戲雖多述鬼怪故事，有詭譎怪誕情節，但還多是顯露世間天理人情，如《烽劍春秋》的孫臏之忠孝節義故事；《封神演義》的奇人異士

〔註16〕鄭慧翎：《臺灣布袋戲劇本研究》，頁140。
〔註17〕同前註，頁123～131。

多爲忠義情事。然而當金光戲崛起於戲院，爲了吸引觀眾購票看戲，在劇情上強調神秘性，欲開新局；在戲偶裝扮、偶頭造型上力求出奇，藉此滿足觀眾的好奇心。因此，人物形象更增添神秘色彩，至於劇中人物所爲未必就是忠孝節義之事，許多「非常人」所爲的怪誕不經於是發生。

楊雅琪以「玉泉閣」《玉筆鈴聲》劇本，分析金光戲說道：

> 金剛戲中只要主要人物一直維持著難知根柢的形象，就能以他爲中心，再衍生出更多情節，所以金剛戲又因主角的神秘性十足，被稱爲「神秘戲」。但也因人物過度強化其神秘性，使得人物性格被模糊化，留給觀眾之人物印象只存武功之強弱，缺乏性格特質之刻劃。〔註18〕

楊氏所提及金光戲主角形象若過度強化其神秘性，反有失人物性格的刻劃。主演藉憑說白語氣、臺詞多寡，細膩或粗疏刻劃人物，並藉由對白說明事由，是塑造「神秘戲」風格最直接的一種手法。如林文昭的《風波小地球》，主角爲何命如此與反派鬼智大殘忍的對話：

> 命如此：威風凜凜，殺氣騰騰。我以爲是殺人皇帝到位，原來是你黑道大角色一代梟雄。
>
> 鬼　智：哈哈……正是殺我死不盡，風吹吾又生，追者要考慮，三思的鬼先生。命如此，方才旁邊把你監視，按照你的程度，把你估計，你分明是東南開基祖風速四十米三掌定風塵啊！
>
> 命如此：鬼智先生啊！你不可把我誤會，爲何命如此是命如此啊！絕非是風速四十米。
>
> 鬼　智：哈哈……見眞人莫說假話，你是不是四十米，我當場擊破你的底牌，自然了解你的身分。〔註19〕

如此手法塑造神祕主角人物，傳達給觀眾得知的故事背景、主角出身經歷還是相當的少，假如往後推展的情節無法進一步深化人物形象，就會如楊氏所提的「缺乏性格特質之刻劃」。

主演先將金光戲人物性格設定好，區分神秘、坦率老實、勇敢莽撞、智

〔註18〕楊雅琪：《玉泉閣布袋戲團研究》，頁144。

〔註19〕林文昭：《爲何命如此一生傳之風波小地球》，約79分鐘，臺中靜宜大學演出，蕭永勝錄製，2008年。

巧聰慧……等等類型，透過口白去加強刻劃，然而假如無法透過故事情節，讓觀眾抽絲剝繭，進而了解人物性格，則難引起觀眾共鳴、打動人心。

就蕭添鎮《南俠風雲》主要人物的形塑有：

1、響噹噹的主角──南俠翻山虎

巫裕雄對陳俊然「南俠」故事戲齣研究，曾下結論：

> 南俠翻山虎這個充滿神秘感的角色，其個性從「消沉頹廢」變成「勇往直前，義無反顧」，轉到「沉著穩重、顧全大局」，再到精神領袖時期的「充分信任與支持」，到最後的「詐死潛藏」。這個角色個性的變化，全繫於其所擔負的責任不同而有所轉變，這是在其他金剛布袋戲的角色中所罕見的，有著「傲視群雄的霸氣」，有著「運籌帷幄的機智」，有著「安定軍心的穩重」，這也難怪陳俊然先生所創造的南俠這個角色，能夠風靡中部地區二十餘載，甚至在其南投新世界的門下弟子，及其他外派演師繼續在中部五縣市演出《南俠》，也讓南俠這個角色繼續活躍於布袋戲的演出舞臺……。[註20]

巫氏所認為的南俠形象：「勇往直前，義無反顧」；「沉著穩重，顧全大局」，並有各階段不同的性格轉變。然巫氏直言「這是在其他金剛布袋戲的角色中所罕見的」，筆者反是認為這是因為陳俊然出版南俠故事有聲資料相當豐富，達到《南俠（沒價值的老人）》系列內容豐厚、集數眾多的境地，據此分析便使之形象明確。陳俊然出版的有聲資料隨著研究與保存留傳，已成一個「典範」、「圭臬」，於該系統出身的主演，能從場上習得《南俠》劇目內容，還能經由有聲資料的掌握，用心演出。立基於此，在多人演出南俠故事的情況下，豐富該劇內涵，使大眾知曉南俠與劇中要角，成為金光戲中具有名氣的戲碼。因此，無論搬演南俠戲齣當中的哪一段，只要主要人物一登場，無需多費唇舌「自報家門」，自述出身背景、家庭狀況、經歷等，觀眾都能迅速走入戲劇情境中，不苛責主演為何不多介紹人物出身履歷。

蕭添鎮九個南俠故事單元劇，其性格特點若對照巫氏研究南俠生命階段應是義無反顧、顧全大局的英雄形象。蕭添鎮《南俠風雲》系列以南俠、文俠及怪老三人為中心，發展情節。在每單元劇南俠自述或他人敘述中，皆無訊息透露南俠的出身履歷。另外，《急急風》有三集是他連演三天民戲所連貫

[註20] 巫裕雄：《南投新世界陳俊然布袋戲「南俠」之研究──以「南俠（沒價值的老人）」為研究對象》，頁200。

而成的；《黃金孔雀城》與《死人能醫活》則是前後接連的兩集，其餘四集看
不出彼此有何關聯。

　　儘管如此，蕭添鎮的南俠形象仍是鮮明，他不是用塑造「人物身分之謎」
的手法吸引觀眾。從諸多戲齣事件可看出南俠膽識俱優，帶有衝動暴怒性
格。他打死孔雀生（《黃金孔雀城》）、使詐害死北腿（《白骨真經》）、打傷賭
一招（《急急風》第 3 集），證明南俠武功了得。既是武藝超凡，面對敵方挑
釁鬧事，當能掌控局面，制伏敵人，解決難題，然衝動的個性卻出手致死人
命，似乎有失慈憫，又多有機詐之心。南俠不顧一切打死孔雀生，為自我辯
解說道：「這個囝仔已經無藥可醫，假使說沒把他打死，回去他被妖道利用，
跟他師父加油添醋，增加明江派的麻煩，乾脆把他打死！」〔註21〕之後文俠
一度欲替南俠承擔過錯，隻身前往孔雀城，不過走到中途就遇到南俠阻止。
南俠帶孔雀生屍體去見他師父金牌王；金牌王大怒出手攻擊南俠。情急下，
南俠心生一計，詐騙金牌王，請求隔日 8 時再來孔雀城自盡，金牌王也答應。
南俠回去後，與文俠合謀誆騙怪老，說道孔雀城有金銀財寶。貪財的怪老信
以為真，隔日前去挖寶，可想而知是怪老自投羅網，決鬥金牌王，為南俠收
拾爛攤子。

　　在《白骨真經》中南俠與妻舅北腿原是知己朋友，北腿為小妹之仇約戰
南俠。南俠使詐誘騙北腿，請求都吃毒藥再來分勝負，南俠先假裝吃下，北
腿後吃毒藥，結果是北腿毒發而死。南俠為此辯白：

　　　　請你原諒我……北腿！我南俠用這小人的手段，其實這粒毒藥我沒
　　　　吃落去。因為我若沒這樣做，咱不能停止這場的爭戰，絕對連累明
　　　　江派和各大門派的人。今天我會這樣做，用這小人手段，因為我知
　　　　道，貌如花你的小妹創作這個陰謀，就是幕後有人唆使、幕後有人
　　　　搧動。我會捉出幕後的藏鏡人，我可對你的小妹一個交代。了後我
　　　　會到你墓前自殺，我會跟你陪罪。因為要阻擋這場爭戰，我只好用
　　　　手段。你給我捉出真兇了後，利用你小妹的人我若捉到，我決定會
　　　　自殺死給你看。你知道！知道我南俠的個性，請你在天之靈可以放
　　　　心，我這款小人，我太沒君子！請你原諒吧！」〔註22〕

〔註21〕　蕭添鎮：《南俠風雲之黃金孔雀城》，約 120 分鐘，臺中縣太平市聖武宮演出，
　　　　　巫裕雄錄製，2008 年 7 月 24 日。
〔註22〕　蕭添鎮：《南俠風雲之白骨真經》，約 90 分鐘，新竹市文化局廣場演出，陳正

此處南俠以「穩定江湖安定」為由，使詐殺死北腿，還宣誓將找出殺害北腿之妹的真兇，那時將自殺謝罪。然此命案終究不可能水落石出的，因為真相查出後，南俠就得自殺，做為金光戲主角哪會「人死戲散」呢？另在《急急風》（3），南俠不計後果打傷賭一招，由傳人生打死賭一招承擔責任，後文俠出面與罪劍江湖談判和解，事件了結。

從三個單元劇南俠逞強殺人、以殺止事的方式，更是使恩怨報復永無休止。南俠似乎惹出「以殺止事、永無休止」的復仇行動，而招致逞強好殺之嫌。就其南俠性格而言，毫無畏懼、不計後果，殺伐萬惡不赦或遭受魔教利用的人，其處事方式與人格特質，可從沉著冷靜到瞬間爆發，並運用機謀，不斷「以殺止殺」或設計他人成代罪羔羊（受害者往往是怪老），確實不是「常人」所為。是故，搬演人物事件，詮釋性格轉變、交代合情合理因由皆是主演一大考驗，也是演活人物的竅門。

2、勇往直前的戰將——變化千萬招、仇連環

變化千萬招是南俠徒弟，在《黃金孔雀城》、《金葫蘆》、《武林生死劍》、《急急風》（1）單元中都是接應落敗的群俠之勇將，不畏懼強敵。然每當他敗陣時，多喊叫南俠，請求南俠救命，其餘單元劇鮮少他的戲份。在九個單元劇中《武林生死劍》是以他為主的故事，娶得玉扇美人貌如花，並獲贈生死劍。仇連環則是南俠之子，僅出現在《白骨真經》中，其性格相似千萬招，都是性情剛烈，也和千萬招一樣會假裝中傷倒地，再起身擊斃敵人，似乎是同一人物形象塑造。

其他主演擅長的招牌金光戲也往往安排個性衝動、行事正派、不畏生死的這種人物，如林文昭《為何命如此一生傳》的大俠一江山、江欽饒《鬼谷子一生傳》的天下敢死俠、廖昭堂《五爪金鷹一生傳》的棺墳藏劍等。邱武德《金光啟示錄》曾論這一類江湖兄弟相同的特質就是「相撲雞仔」，並舉出「還有師仔王、天下敢死俠、變化千萬招、大小通吃江湖一條龍、三劍逃難遊江湖、棺墳藏劍、鐵漢無敵俠」等等。〔註23〕

3、明江派掌舵者——未出茅蘆生死定三分‧文俠孔明生

文俠是明江派掌門人，是該劇極重要的人物。在蕭添鎮劇中，基本上文俠

同是「爲人仁慈，慈悲爲懷，做事也會爲人著想，遇事先自我反省檢討」〔註24〕，其領導群俠作爲支持南俠的後盾，面對敵人挑釁，常是抱持寬容態度，試圖轉圜。如《黃金孔雀城》孔雀生遭人利用大鬧明江派，文俠不敢打傷他，後文俠更企圖替南俠承擔殺死孔雀生的罪過。

然其溫文儒雅的性情，卻也犯下糊塗事，如《老君堂》裡頭，他聽從假師父道教魔君的命令，並讓萬里回頭鎖陽線控制，受逼迫得殺死南俠，否則將喪命。文俠果眞要取南俠性命，曾對怪老說：「假使咱明江派若犧牲一個人的性命，可以換回大家的安全，你認爲這個人是不是要犧牲呢？」這樣想法似乎過於愚憨、癡傻。最後還是聰明的江湖人提醒文俠中計了，指點他查明眞相。

又爲了解決被世外流浪生誤會殺害其妻的問題，詐死並僞裝流浪生之妻，使流浪生誤以爲妻子尚活在人世。假倚情娘勸流浪生消滅千刀梯組織，流浪生前去未能成功，反而被幽靈使者殺傷。流浪生將死時，文俠說出：「因爲你誤會我文俠用功夫打死你牽手，任我怎樣辯解，你風火頭，聽不入耳。姑不衷我詐死化裝你牽手，現此時幽靈使者出招，請你原諒我姑不二衷的做法。」更與怪老說笑，嘲諷他好色失財。流浪生死後，文俠激動要攻破魔船復仇。文俠用此方式化解自身危機，並使流浪生爲己所用攻千刀梯，又無後援支持他，最後害死他。難怪怪老批評文俠詐死是「咖仙」（貶抑爲說謊詐騙之徒），也罵道文俠「眞夭壽」（貶抑人短命早死）。

從文俠糊塗行事、詐騙他人爲己所用等情事來看，蕭添鎭形塑的文俠並非是慈悲有餘、全爲他人設想的仁義儒生，人格也是有缺陷，且遇事有怯弱慌亂的舉止。

4、明江危難救助者、三秘的導師——江湖人

江湖人往往在明江派或南俠遭遇困難時出現協助，可說是明江三秘的導師。在南俠遭遇幽靈世界殺手，要被暗箭中傷時，江湖人常常出現擊敗偷襲者，如《黃金孔雀城》、《金葫蘆》、《急急風》（1）皆是。在群俠落敗時，江湖人也出現擊敗幽靈世界殺手，如《老君堂》。另《死人能醫活》單元更是以江湖人爲主角，救助怪老，也設計他，鬧出詼諧情節；《金葫蘆》江湖人使計，並以口舌之辯說服金葫蘆幫助明江派。江湖人能洞察是非曲折，排解危機，處處展現智慧，且武藝高超，反而是智勇兼備，似乎更勝於主角南俠。

〔註24〕巫裕雄：《南投新世界陳俊然布袋戲「南俠」之研究——以「南俠（沒價值的老人）」爲研究對象》，頁184。

他出場救助群俠，充滿自信允諾：「無夠力不敢講江湖人……說的到，做的到；說的到，若做不到，當場自殺！」是明江派最大後盾。

5、貪財、膽小、好色等人格缺陷者──怪老兩撇鬍・為何不死

怪老在陳山林與蕭添鎮師徒演出中，擠身為明江三秘之末，替代陳俊然的沒價值的老人，並成為他的兄長。在《黃金孔雀城》中，他貪圖孔雀城財寶而中南俠計謀前去決鬥金牌王；在《死人能醫活》更大膽殺死金牌王，招致禍事後，又顯得相當懦弱。《急急風》（3）怪老兄弟被胭脂鳳捉去，為了脫身使詐讓她失身於怪老；《老君堂》裡的怪老還言語調戲假的倚情娘（文俠化裝），而被詐財。

在蕭添鎮戲中，怪老武藝不差，只是遇事膽小。當一時抓狂魯莽時，往往鑄成大錯，而被南俠、文俠或江湖人牽鼻子走。怪老置於明江三秘之位，引發諸多故事插曲，是調劑肅殺劇情的笑料。

6、反派人物──幽靈使者與惡道

幽靈世界為首的勢力擴展以幽靈使者為籌畫者，利用其他派門對付明江派。在《黃金孔雀城》中利用孔雀生、《死人能醫活》利用武林至尊、《老君堂》利用流浪生、《白骨真經》利用北腿等等，做出將無利用價值的部下打死之惡行。就其形象似乎不是塑造一位武功高深、目空一切的高人，還是會畏懼如黃金孔雀城金牌王的勢力、敬畏外蒙古大沙漠的金葫蘆。

另幽靈船或神秘天王轎指使各階級的妖道，或聘其他勢力為其效勞，多半是一些殘暴又帶有愚蠢性格的惡人，常常與明江派怪老和江湖人有詼諧的對話或情節，不至於讓劇情充滿征戰殺伐而缺乏趣味。如江湖人與金葫蘆答辯，以褒揚、奉承他的方式，抓準他頭腦簡單、愛面子的個性，使他改投明江派，對付幽靈世界。

綜上所述，蕭添鎮《南俠風雲》的正派人物幾乎固定，往往以文俠首次登臺就將群俠亮相介紹。有紅毛鷹、洪引、福州老人及無牙郎等人是「群俠」團體的代表，這些人物鮮少戲份，有的常常被妖道追著打，且幾乎無臺詞。而反派勢力幽靈世界由幽靈使者執行計謀，不斷尋求他者勢力或搧動中立派人士為其效力。比較正邪雙方陣營實力，製造動亂的幽靈世界似乎單薄許多。這些正邪兩方人物的言行舉止，表現在異與常之間，這種人物性格巨大轉變的過程，和人情義理表達的部分，還需主演細心詮釋處理，才能更貼近人之常情而獲得認同。其次，蕭添鎮安排的人物定型，以適當的人物數量搬演情

節，在情節中突顯設定好的人物性格，使之形象鮮明，以致他的《南俠風雲》走向詼諧、逗趣的戲劇風格。從此基調而言，蕭添鎮《南俠風雲》劇情與人物的神秘詭譎色彩是較淡薄。

第二節　表演套語臨場編戲的能力探究

　　布袋戲主演得運用套語串演成戲，至多以「提綱」為輔，幫助主演記憶與助演了解這場戲要怎樣配合。嚴格定義的「劇本」，其臺詞、情節場景的鋪排實際藏於主演腦海中，惟有表演場上演出時間內才能得知主演的劇本內容。因此，透過錄影錄音可以了解主演戲齣內容（表演文本）與臨場編戲的能力優劣。臨場演出必須依賴主演熟練的套式套語，當主演熟練各式套語後，便能應付各種情節，套用於同類型的故事身上。而主演長期演出下，更需要替換臺詞，翻新套語，否則可能讓觀眾鄙厭；也需提升情節編排的技巧，讓故事嘗試不同的情節套式組合，才能讓一個故事再三演出而不被觀眾厭煩。

　　主演能師承一人或多人，學習老師的套式套語，開了這個「戲竅」之後，就能應變各種故事演出，然而一位主演初次學會了套式套語技能後，在他演藝生涯中必定也有機會吸取他人編劇套式套語、說白操偶技能及舞臺技術，這個「他人」也可說是自身的「老師」。是故，一名主演可貴在「眼明手快」，擅於吸取他人優點，增進自身技藝技能，即是開了「戲竅」。

　　要論表演套語應演於戲齣上，可分兩部分說明：首先，一名主演胸有成竹敢上場表演是憑恃對故事梗概的了解，運用套式套語，所以初次學會套式套語的入門經驗是一根本，影響後來的演出風格。當主演熟練套式套語後，演出同性質、故事相近的古冊戲、劍俠戲劇目可能內容大同小異。

　　若是演出金光戲，初演甲劇，後換演乙劇，其說白套語可能相同一套。另外，可能將故事原人物換上其他名稱，改稱他劇演出，更是故事與套語徹底挪用。如林文昭受訪所說的：「至各地演出時，會因應請主的要求改變劇目。很多劇目雖然有不同名字，但其實只有改變主角名字，劇情內容都一樣。」〔註25〕如此說來，主演若在故事匱乏而不知充實，情節套式、套語趨於僵化之下，也就難以突破自身技藝的局限有所增進了。然而處在內臺布袋

〔註25〕張勝彥總編纂：《臺中縣志‧續修（文化志）》（臺中縣政府，2010年10月），頁567。

戲輝煌盛況已逝的當今，實難據足夠演出資料去斷定藝師技藝能耐，只能根據掌握的資料給予客觀推論與評判。

其次，主演熟練套式套語，是否能從同性質、故事相近的古冊戲與劍俠戲去分隔兩、三劇人物形象與性格的不同，又演出杜撰的金光戲不同劇目時，能否了解或區隔兩劇人物形象究竟有無差別，是一項考驗。

舉古冊戲《封神演義》與《月唐演義》相較，前者第七回〈費仲計廢姜皇后〉、第八回〈方弼方相反朝歌〉與後者「郭子儀地穴得寶」部分的第二十一回〈越皇后被貶冷宮〉、第二十二回〈百花亭國太身亡〉幾乎相同。〔註26〕《封神演義》姜后勸諫紂王，惹惱紂王，又訓斥妲己。妲己與費仲設計，找來刺客姜環刺駕，將罪行誣賴姜后，引起太子殷郊、殷洪殺姜環，最後姜后亦死，太子出走。《月唐演義》越后至西宮當唐明皇的面，警告楊貴妃，欲處死她，貴妃求饒，唐皇說情，貴妃才免難。貴妃與楊國忠設計，以桃木人像誣陷越后欲害唐皇，並找來刺客楊葵刺駕，將罪行誣賴越后，卻引起太子李亨殺楊葵，最後越后自盡，太子出走。

相似情節擷取至布袋戲中，主演就能應用相同套語詮釋人物。相同地，劍俠戲的編演或創編，也會出現類似的情節。如陳龍廷文章提到的：

> 這種在情節中穿插法寶的表演，無論是「子午悶心釘」、「子午神光罩」或者戲劇中最主要的英雄趙飛翎受佛祖法令而追隨的「西方錦飛箭」，都是劍俠戲相當顯著的標誌，有時反而直接稱戲齣《錦飛箭》，如 1951 年黃海岱的門徒廖萬水在臺中合作戲院演出的《錦飛箭大破陰陽樓》。五洲派的有「西方錦飛箭」，閣派的也有「西方白蓮劍」。趙飛翎受佛祖法，必須受滿百劫才能功德圓滿；西方大俠蕭寶童奉師令下山，必須斬一百零八魔。〔註27〕

既然劍俠戲以俠士協助朝廷平定亂事的情節發展徑路多所相同，那麼就會產生同性質多劇競演，最後留下幾齣名劇較廣為人知並喜愛。如此的競演情形也勢必發生在金光戲身上，若說古冊戲有所本，情節改變幅度不大，相對金光戲屬創編杜撰，則可盡情發揮情節的編排，較無戲齣「戲節」（內容段落）源頭的包袱。

〔註26〕明‧陸西星：《封神演義》（臺北：文化圖書公司，1990 年 8 月），頁 1；靈巖樵子：《月唐演義》（臺北：文化圖書公司，1992 年 9 月），頁 3。

〔註27〕陳龍廷：《臺灣布袋戲發展史》，頁 140～141。

　　儘管情節相似與否，主演的說白套語的熟用與變化才是戲齣內容的至要。可分以下三部分論之：

一、基本套語的熟練——四唸白、報家門、旁白及文字遊戲的應用

　　蕭添鎮演出古冊戲與金光戲習慣先行編好提綱，寫下關鍵臺詞、注意事項（圖 6-6、6-7）。人物登場報家門時，往往有四唸白的唸誦，從人物出場的一段自述中，可知文學涵養。金光戲部分更不減四唸白的運用，如：

> 九天日月開新運，萬國昇歌醉太平。（《黃金孔雀城》金牌王、《老君堂》十萬八千空毛孔金光俠、《白骨眞經》殺伐尊者令天寒）
>
> 三花聚頂光燦燦，五氣朝元烈轟轟。（《老君堂》道教老君、《急急風》（1）一耳道尊）
>
> 迢迢來到至，趕路莫延遲。（《武林生死劍》三界拳王英雄生）
>
> 老身身穿是紅衫，少年看到頭擔擔，老身站靠分他看，枉費少年憨心肝。（《急急風》（1）萬教老母‧虎姑婆）

接著便是人物獨白表露年紀、名號、社會地位及戲劇動機等。藉由場景變換、人物依序登場，說白清楚交待故事來龍去脈，這就是他全劇演出成功的基礎。

圖 6-6　蕭添鎮口述；鄭春玉撰寫《南俠風雲》提綱	圖 6-7　蕭添鎮口述；鄭春玉撰寫《三國演義》提綱

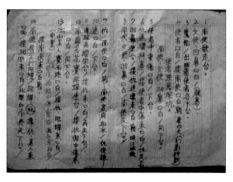

（蕭永勝提供）　　　　　　　　　　　　（蕭永勝提供）

　　此外，他常在演出金光戲開場時，多了「引言」：「夕陽西下，滾滾紅沙，自古英雄無二命，一將功成萬骨枯。戰，為和平之戰；爭者，為生存之

爭。戰爭與和平離不了恩怨情仇。唉！冤山仇海幾時休呢？亂世出英雄，從此武林鐵漢——南俠誕生了！」其次，旁白鮮少是敘述雙方衝突經過，也少描述場景氣氛，〔註28〕只是多運用旁白帶出人物，如《武林生死劍》：「正在這個時候在後山所在，有一位少年輩出現了！」〔註29〕即出現三界拳王英雄生唱歌登場。這種旁白方式就是暗示後場下音樂了，助演得持英雄生上臺。或喊介方式，《武林生死劍》變化千萬招：「金光計長三千里，去耶！」即唱歌登場。少量且此種指引人物登場、敘述場景變換的旁白不會干擾觀眾看戲欣賞操偶的專注力。無獨有偶，江欽饒《取仙桃》、《取天書》、《北海聖人眞武子》及《九牛元祖》等，也是和蕭添鎮一樣運用這第三種旁白方法。

然在林文昭《三教魔帆》旁白敘述衝突經過：「強……強拼強！勇拼勇！一個是東南的代表人、東南的盟主；一個是黑道的大角色！鬼智大殘忍！雙方在公開庭各展其招，大開局勢，金光幻影大決鬥！」〔註30〕又如《紅光劍影城》旁白：「道俠化仇子來到劍影城，閃電妖姬白牡丹不能達成願望，大展其手，要解決他道俠了！」再如林大豐《風雲再起》：「這個時候三名殺人高手準備斬殺東土尼山小顏回囉！」與「這時候產生三名殺手殺氣騰騰，按算結束東南派小顏回的性命，準備發出殺人的氣功，要斬殺小顏回囉！」〔註31〕敘述衝突經過、渲染場景氣氛並指引人物動作。藝師運用旁白強調爭戰的慘烈，也有指引助手操偶順序的功能，就是主演如何說、助演如何演，是一種兩者分離，藉旁白指揮助演表演的一種方式。

大量使用旁白除了敘述場景氣氛，展現「熱鬧」外，還能使情節推展快速，「一語帶過」，不是以人物說白推展情節了，如此一來，又是另一種觀感的呈現、不同面貌。

是故，蕭添鎮以古冊戲常用四唸白、報家門套語作爲金光戲底蘊，少有旁白運用，藉由人物說白推展劇情，引領觀眾進入戲劇情境中。在他者主演身上也有這樣表現手法，或是藉旁白敘述場景氣氛、人物衝突，是兩種樣貌

〔註28〕陳龍廷：《聽布袋戲：一個臺灣口頭文學研究》，頁133～137。按：筆者認爲應當還有第三種類型，即是指引人物、敘述場景變換的語言。
〔註29〕蕭添鎮：《南俠風雲之武林生死劍》，約81分鐘，國立臺中高農演出，巫裕雄錄製，2009年3月18日。
〔註30〕林文昭：《爲何命如此一生傳之三教魔帆》，約121分鐘，新莊文化藝術中心演出，林奎協錄製，2007年。
〔註31〕林大豐：《小顏回一生傳之風雲再起》，約120分鐘，臺中市南屯區萬和宮，巫裕雄錄製，2012年。

給予觀眾看戲的感受。

二、武戲武打前的叫戰

從蕭添鎮留有演出記錄的古冊戲與金光戲中，可知多爲「武戲」。武戲場上雙方對敵叫罵與勸化的言語，在陳龍廷文章中分爲直接與間接叫戰，並說道：

> 布袋戲的武戲，除了強調「大花腳」的「尪仔架」及各式武器的對打招式之外，必須要塑造風雨欲來的氣氛。武戲的衝突、對打，其實是最後「不得不」的結果，而衝突雙方的心理動機反而是需要細心塑造。對立的雙方往往透過言語而產生衝突，無論是試圖以理服人，或以言語的氣勢壓人，可說是布袋戲口頭表演相當重要的訓練之一。〔註32〕

陳氏認爲布袋戲主演需要細心塑造衝突語言，以理服人或氣勢壓人。然主演若是學習古冊戲，就有所本可參考文字並使用換爲口白，或是依照小說鋪排不需任何衝突言語，直接開打，是以動作取代言語。因此，筆者反認爲武戲前的衝突語言，或簡或繁，需要視劇情發展，過多的贅詞「話屎」有時反讓觀眾不耐煩。而他對「叫戰」下定義爲：

> 武戲之前的言語衝突，有時不僅充滿挑釁的火藥味，也有可能語帶幽默詼諧，但顯然相當不同於文戲的口角。後者可能講完就沒事，但這裡角色的言語衝突卻是眞正武力衝突的開端⋯⋯。〔註33〕

不同主演各練就叫戰語言，成爲武戲套語，而要過招時，應當還得暗示後場落下音樂、助演操偶。

吳正德《傳統布袋戲前場教學輔助教材》提到藝師必須學有一套暗號，就是和後場聯絡的方法，溝通方式有二：其一，用戲偶動作（叫介）；其二，用口白（喊介）。例如：兩人對打，如果把武器架在一起，同時向外撥開，沒有攻擊也沒有防禦，則表示兩人要停下來講對白，後場也就跟著停下來。如果兩人即將開戰對打，其中一人說：「請過手！」後場就開始動了。不過這暗號隨著各班，或藝師習慣而有不同。〔註34〕

蕭添鎮武戲叫戰語言可將古冊戲與金光戲分開來說，其古冊戲叫戰口白

〔註32〕陳龍廷：《聽布袋戲：一個臺灣口頭文學研究》，頁245。
〔註33〕同前註。
〔註34〕吳正德：《傳統布袋戲前場教學輔助教材》，頁30。

多有固定套式，升高雙方衝突氣氛後，以凝練語句暗示後場落下音樂。如《忠犬救主》中鄭雲霄與阿里風的對戰：

鄭雲霄：馬前來者韃靼國番兵何人？

阿里風：豈不知情我乃是阿里風啊！大明天下並無賢人，前線要地叫你一個老大人霸守。趕緊獻關投降，若無則要知影我阿里風的厲害。

鄭雲霄：原來番犬阿里風，藐視我老大人無能啊！有夠力放過馬來！

阿里風：老將看刀啊！〔註35〕

　　金光戲方面則在雙方提高衝突氣氛後，也簡潔說白，開始比鬥，其套語不同於古冊戲。如《金葫蘆》妖道圍攻南俠，說道：

武林鐵漢南俠翻山虎你還跑！這邊幽靈世界殺人特攻大隊已經將你圍起來，南俠！天下間只有你最好大膽，你這國際流氓！你跟天借膽敢向武林宣佈向阮幽靈世界宣戰，實在你自找死路。兄弟啊！南俠袂留的，沒把教乖袂用的，動手！〔註36〕

言訖，不待南俠說話，一聲「動手」，音樂馬上落下，即發動攻擊。又變化千萬招與妖道見面叫戰，對白：

妖　道：奴才！一個少年囝行路三角六肩，見面胸坎當落。你什麼人？

千萬招：恁大耶？

妖　道：多大？

千萬招：這麼大！這樣有大否？恁大就是千萬招耶！

妖　道：當時就是南俠的徒弟頭角師仔千萬招，你才會刺夯夯。這樣尚好，我會知影講，你的師父南俠現在集中精神對付偉大之神恐怖幽靈船。我若將你千萬招綻死、打死、壓死、揉死啊，你的師父南俠絕對會真傷心，這樣南俠要挑戰這邊偉大之神若做夢。

千萬招：恁這些妖道講乎像咧唱歌，還真順序，講是這樣講，大家

〔註35〕蕭添鎮：《忠犬救主》，約104分鐘，桃園縣政府文化局中壢藝術館演出，蕭永勝錄製，2009年。

〔註36〕蕭添鎮：《南俠風雲之金葫蘆》，約117分鐘，臺中市南屯區萬和宮演出，巫裕雄錄製，2008年7月31日。

　　　　　　　真拼咧！這支你有看否？破菜刀。

妖　　道：磨到利閃閃！

千萬招：利就是利，恁這些妖道乖乖，路邊那一粒石頭抱來自己乖
　　　　　乖頭殼對石頭摃三下，摃乎起三魯大大魯，流血珠流血珠
　　　　　那樣，用哭轉去，這樣我有體面、你有面子，大家煞煞掉。
　　　　　若無你感冒了！

妖　　道：初生之犢不怕虎！兄弟啊！千萬招甲揉死啊！

千萬招：恁著釣啊！（上鉤了！）〔註37〕

　　妖道一聲「千萬招甲揉死啊！」音樂落下，插上一句「恁著釣啊！」馬上過
招。都是簡潔語句，是一方發言攻擊，不用對方回話的叫戰語言。

　　　千萬招是個性火爆、直率的英雄人物，在許多戲班金光戲裡這種是屬於
「相打雞」類型，處處展現逞強好勇、衝鋒陷陣的一面。因此主演掌握人物
性格後，劃分類型往往有類似的叫戰套語。比如，林文昭《三教魔帆》的一
江山，遇到妖道，對白：

喇叭乾山：狗奴才，打了當咧爽，一咧不晟囝，行路三角肩、衣褲
　　　　　穿現胸、頭毛攔留汰疧型、死人面、死人面，眉毛生坦
　　　　　崎。你什麼人？

一　江　山：恁大耶！

喇叭乾山：什麼阮大耶？是咧多大？

一　江　山：這大啦！

喇叭乾山：狗奴才！嵌天、嵌天。是咧多大？

一　江　山：number one、戰劍振沙場、蓋世無敵英雄、國際流氓、
　　　　　大俠一江山！

大　眾　仇：道友啊！這咧若打的死，你一下浮起來！這咧東南派的
　　　　　死犯，氣魄可以說蓋倒武林，打倒又爬起來，摃倒又爬
　　　　　過來，存萬死乎剖耶！這咧乎你，這咧若打死，你一下
　　　　　浮起來。

喇叭乾山：若這樣，大眾仇你去旁邊，殺雞不免用牛刀，打死一咧
　　　　　不晟囝，不免咱這麼大陣，只有我就很多了，你去旁邊

〔註37〕蕭添鎮：《南俠風雲之金葫蘆》，約 117 分鐘，臺中市南屯區萬和宮演出，巫
　　　　裕雄錄製，2008 年 7 月 31 日。

> 我馬上死乎你看！
>
> 大　眾　仇：友耶！你說太快！
>
> 喇叭乾山：什麼說太快！
>
> 大　眾　仇：什麼我去旁邊，你馬上死乎我看。
>
> 喇叭乾山：呔！我是說你去旁邊，一江山馬上死乎你看。
>
> 大　眾　仇：我……閃去旁邊，我離開。
>
> 喇叭乾山：若說風速四十米，我還再忍；若說到為何命如此，我稍微有咧到；若說你後輩囝、不晟囝，什麼國際流氓！瘦又薄板，行路行那三角肩，高速公路乎你一個自己行，自動車閃不過。今日你自找死路。我喇叭乾山乎你了解天外有天，人外有人。
>
> 一　江　山：愈大箍把，恁大有甲意，速戰速決，功夫愈屬害耶！做一次展展耶！因為時間寶貴，節目很多。所以說打太久不是先覺，有什麼功夫做一次打打咧。
>
> 喇叭乾山：一江山！你既然愛死不免驚沒鬼倘做。注意喔！我現在這部叫做向前開花，這部向前開花打落到底，你一江山若沒死，不是喇叭乾山。
>
> 一　江　山：功夫愈屬害遇好，速戰速決，什麼向前開花做你弄來……。〔註38〕

林文昭的一江山展現氣魄，人物初登場的形容也與蕭添鎮相去不遠，在妖道眼裡就是毛頭小輩。千萬招與妖道的對話帶有逗趣，展現千萬招的風趣、妖道的愚笨；一江山與妖道的對話，比氣焰聲勢壓人，最後爆發衝突。

　　是故，不同類型腳色或人物彼此的叫戰語言不同，同類型人物在戲劇中，隨著不同情境，其套語也應當調整，才不會使觀眾厭煩。

三、詼諧語言的運用

　　蕭添鎮演出古冊戲時，喜用甘草人物；演《南俠風雲》則甘草人物頗多，作為正派人物，如明江派的怪老（圖 6-8）、江湖人、紅毛鷹、洪引及無牙郎，充滿詼諧語言、極具喜感所謂「詼諧語言」即是利用反諷、對性的

〔註38〕林文昭：《為何命如此一生傳之三教魔帆》，約 121 分鐘，新莊文化藝術中心演出，林奎協錄製，2007 年。

調笑、長相取笑及語法運用等方式逗笑。連
千萬招那種武生類型也不時說上幾句風趣的
語言，如前文所述《金葫蘆》千萬招叫妖道
們拿石頭自砸自己的頭，哭著回去。陳龍廷
文章曾點出《南俠風雲》兩個重要的丑角，
提到：

圖 6-8　蕭添鎮
《南俠風雲》的怪老

（蕭永勝提供）

> 陳山林的《南俠翻山虎》（陳山林，
> 1989）不僅將「福州老人」的綽號，
> 改為「怪老兩撇鬚、為何不死」，簡稱
> 「怪老」……此外，他還塑造一個很
> 成功的「老烏狗」角色「江湖人」。江
> 湖人相當能夠洞穿人性的弱點，及找
> 到解決事情的辦法。〔註39〕

陳山林系統所傳的《南俠風雲》系列之怪老
兩撇鬚‧為何不死，帶有濃厚鼻音，塑造這
人物成功後，更用於古冊戲演出中，如陳山林《濟公傳》中的客棧阿福師，
自稱福州人，口白發音技巧如同《南俠風雲》的怪老。後蕭添鎮《狄青會姑
母》、《武松》、《林冲》的客棧老闆都是阿福師形象。透過陳山林所創造的這
兩丑角「一智一愚」搭唱，引發逗趣情節，成為《南俠風雲》不可或缺的重
要人物。

　　傳至蕭添鎮，兩要角在他演出的九個單元劇更是撐起大局。《南俠風雲》
的江湖人具有智慧，在解除危機、化敵為友的情節裡，言語風趣；不同於怪
老的俚俗，甚至張口就是鄙褻語。在談判和解、武戲裡頭，丑角登場就是蕭
添鎮發揮其主演「愛說笑」的本領。如幽靈使者使出幽靈神功，就是幾具骷
髏上場舞動對付南俠。這種「撒豆成兵」、「陰兵陰將」的情節原在古冊戲可
見，其鬼將帶有陰森、肅殺的氣氛，然兩具骷髏卻對起打趣的對白，對說：

> 甲：朋友……請問一下，為什麼……每個人都有手有腳，你為什麼
> 　　少了一隻腳又少了手？到底為什麼？
> 乙：別問啦！
> 甲：為什麼別問？

　　乙：歹勢啦！

　　甲：為什麼歹勢？

　　乙：丟臉啦！

　　甲：我們兩個是朋友，有什麼丟臉？到底為什麼？

　　乙：我就喝酒開車啦！

　　甲：你酒駕喔！

　　乙：對啦！歹勢啦！

　　甲：你酒駕哪會減一腳又減手？

　　乙：就撞到電火柱啦！

　　甲：活該！喝酒不可開車；開車不可喝酒，你撞到手和腳減好幾
　　　　節。

　　乙：歹勢啦！我不敢啦！我下次不敢喝酒開車啦！〔註40〕

因此，從主演演出的戲齣探看其丑角言語、趣味情節，雖可能前輩藝師傳承下來的精隨，但還是得帶有幾分本能，在此可見蕭添鎮展現的幽默感。

　　所謂：「無丑不成戲」，一齣戲的丑角具有調笑功能，詼諧語言往往落於丑角身上。金光戲裡頭愛說笑的丑角可能就是主演的投影，在江欽饒口中《取仙桃》的百草翁，登場即妙語如珠，說道：

　　　情理在半天，生命在眼前，現在在這站，等一下甘會拖屎連。咱人
　　　不可掛無事牌，咱現場咱嘉義市這些鄉親序大，咱大家不知有相識
　　　否？若不相識，我自我介紹，我號作大俠百姓公！哭餓！什麼百姓
　　　媽！我號作大俠百草翁啦！咱這個中國的字文有漳音，也有泉音，
　　　就迷迷糊糊主演者也會搞不清楚。現在明朝年代，社會有夠混亂。
　　　那個陳友諒的後代名叫陳哲，自稱孤王霸江山，要來霸佔大明的萬
　　　載帝業。聽說練到月功隱形掩身影，人可以躲在大魔手裡面，那魔
　　　手裡面聽說沒吃汽油，也沒吃柴油，而且還沒掛引擎空中還會飛。
　　　那說多神秘就多神秘。我在東南英雄館幫助大明欽差官神祕轎轎中
　　　人鬼谷子，早日可以將朝廷的重犯擒拿，拿歸拿，現在都沒消沒息。
　　　哪會突然一個小弟弟哀爸叫母、叫兄兼叫嫂。哭餓！甘沒注意去乎
　　　摩托車撞到喔！哀到沒聲漱（金光兒上臺），我抓準誰在哀，和尚有
　　　子只有我百草翁而已。我就大人吃菜；阮小弟啊吃葷。所以和尚有

子只有我大俠百草翁。〔註41〕

江欽饒的百草翁以百草翁諧音「百姓公」欲引起觀眾發笑，口中說出「汽油」、「柴油」，乃至「引擎」等現代語彙形容大魔手不須這些燃料、引擎居然有動力，也是為博君一笑，甚至以「小弟」作為性器官的代詞，說出和尚生子違反清規的行為，以影射男女性關係產生喜感。若據蕭添鎮《南俠風雲》演出資料來看，多是獲公部門補助，雖於廟口演出，也少有低俗言語形成的「垃圾語」，如「駛恁大伯」、「駛恁婆」，或以男性性器官謾罵，讓聽者有不適意之感。

是故，主演創造或詮釋的丑角不盡相同，皆以引起觀眾共鳴為目標，其言語粗俗或風趣，往往一線之隔，作為主演應當注意演出場合是否適當，才不會有違推廣布袋戲的宗旨。是故，主演應該利用語彙出奇、語法技巧引發趣味，切合觀眾興致又不致低俗，才能兼顧趣味與教育性。

第三節　表演型態與舞臺效果的探究

布袋戲在現場舞臺、電視、電臺等不同場合、型態上表演，會使主演有不同創作思考。電視布袋戲注重表現戲偶細膩特寫鏡頭、動畫效果；電臺布袋戲則「主演」（說故事者）必須能言善道，把一些場面述說出來，兼負引領聽眾進入情境的責任。當前現場舞臺又因性質區分文化場與民戲兩型態為主，除了述說故事、呈現事件外，視覺表現又極為重要。尤其多種演出情況，比如，同地連演兩天或以上的文化場可能性不高；在民戲上一個地方可能演出多天，或難有機會再來演出，這些又多是主辦或贊助單位、聘戲者出資給予觀眾免費自由觀賞且多為室外表演。因此，主演如何演出精彩好戲，呈現給觀眾欣賞，其創作思考就時時受到為挽留現場觀眾而牽引。

如何達到「精彩表演」呢？在蕭添鎮近兩小時的演出中，以劇情鋪排的驚奇與懸念引起觀眾看戲的趣味，不以特技噱頭為號召，也少用道具、動物偶一味的廝殺、鬥法（圖 6-9），回到金光戲本質特色發揮，而非一般誤認金光戲就是聲光效果極致、爭鬥殺伐不止的表演。筆者觀察他數場金光戲表演場，未必不偏重舞臺道具效果，就因此觀眾流失，反倒是戲齣內容與舞臺效

〔註41〕根據江欽饒於 2007 年 7 月 13 日在嘉義市文化局演出《取仙桃》、10 月 24 日在員林鎮鎮興廟演出《取天書》、2008 年 10 月 10 日演出《北海聖人真武子》等演出筆記資料。

果等得各佔有比例，不能偏斜一方。吳明德以「大臺員」劉祥瑞演出《鬼谷子一生傳》，敘述其百草翁、天下敢死俠、龍虎至尊道教歸天生等人物與西北派爭鬥的場面，說道：

圖 6-9
蕭添鎮自製所需道具囚車

（蕭永勝提供）

> 其中精彩的打鬥場面如：（1）當「北方生死不動俠」施展「變化之功」對決「百草翁」的「變化之祖」絕招時，雙方各自運功，兩人的背後分別出現兩尊特大型木偶互相決鬥，纏鬥一陣之後，又變成兩尊特小木偶互相纏鬥，可見雙方均已練就任意變大變小的能耐。接著「不動俠」又施展「走三魂脫七魄」的絕招時，戲臺上出現一具以螢光處理的皮影骷髏，要以魂魄殺人，而「百草翁」則施展「金光孩童」對付，此時戲臺上出現三尊以紅光襯托的原型（孩童）小木偶，分三個影窗與三具螢光骷髏決鬥。（2）東南派好漢「天下敢死俠」與西北魔頭「文武太陽神」對決時，各自運功兩支蜂炮沿著事先以兩條鐵線架設的軌道直射而出，至棚外約五十公尺處再交叉折射而返，一時聲光俱屬，令觀眾驚呼連連。（3）東南派先覺「龍虎至尊道教歸天生」出場援助「天下敢死俠」時，「文武太陽神」要以五支迷魂旗收拾「歸天生」，此時以投影方式投射金、木、水、火、土等五支旗幟於戲臺最後方的布幕上。其他再加上火焰、爆破、噴霧、灑水、金光巾、五彩旋轉燈等的應用，簡直是極盡聲光之娛，可以說所有能在一個單一又固定的舞臺上展現的特效，都已全部用上。〔註42〕

從劉祥瑞演出中，可知運用大型木偶、皮影骷髏、來回炮、火焰，以及投影等道具、戲偶或效果表現人物武功、法術，就是擷取古冊戲中神怪戲的表現手法。

　　而在蕭添鎮、林文昭、林大豐、江欽饒及廖昭堂等藝師金光戲身上，也都可見這些舞臺效果（圖6-10）。然而筆者拙作裡曾論「隆興閣」廖昭堂《五

―――――――――――――――――――
〔註42〕吳明德：《臺灣布袋戲表演藝術之美》，頁583。

爪金鷹一生傳》特效運用得宜、層次分明：

圖 6-10　2012 年 3 月 27 日「遠東昭明樓」林文昭在臺中龍井奉天宮演金光戲，喜用保麗龍三尺三爆炸木偶

（陳正雄拍攝）

而這些特效運用在廖昭堂演出金光戲中則是發揮的淋漓盡致，特色有：一、充分運用煙火、光電特效（如煙霧、火焰、炮竹）與各式獸類及象徵性的道具，且細心地呈現。比如，人物的破功，以黑色金光布揮舞表示；人物的死亡化為血水，以紅色金光布或塑膠絲線揮舞表示。又如，五爪金鷹與二世金鷹決鬥時，先以相同內功（煙霧、光束的比拼）、氣功（鐵絲圈鐵棒的正負極電之效果）決鬥，表示第一、二回合；再化出兩隻金鷹決鬥，詮釋真假兩金鷹激烈的決鬥景況，比鬥的層次分明；或是人物要幻化大魔手時，先出現一支魔手再一分為三、三合為一，藉此顯示魔手威力驚人、奇幻無比。二、運用音效或播放人物出場主題歌曲烘托人物心境、個性，或展現人物內功的較勁。比如，白馬明珠‧聖劍還童客唱出〈可愛的馬〉與一代簫聲‧仇中殺吹奏的簫聲比拼內功。三、道具、特效的運用是配合人物的武功招式或偶頭造型，比如，血煞金鷹的「絕命火」，偶頭頂端發出火焰、「鷹野功」現出一隻鷹，吐出火焰。四、安排神秘人物的出場是以道具代替或襯托聲勢，使觀眾感受懸疑、神秘感。如塔中的天魔閣王定以兩骷髏扛一魔盒的形式替代；萬古流芳大聖俠以投影的三朵蓮花替代；艷樓美人宮千方魔娘以一頂轎子替代，而九龍天子‧棄老還少生出場是乘坐九頭骷髏車，再緩緩下車烘托其威勢。〔註43〕

廖昭堂把金光戲人物的武功依道行分級，並使部分人物使用固定招式，長久下來，觀眾就能得出他演出的方式而有所獲，即遵循他演出步調進入戲劇情

〔註43〕拙作：〈「隆興閣」廖昭堂金光戲初探——以《五爪金鷹》系列之「雙鷹決戰亡魂橋」、「雙珠情仇記」為例〉，頁 15。

境，獲得看戲的喜悅與滿足。目光轉到蕭添鎮身上，他金光戲演出中，雖無廖昭堂這樣人物幾回對決，以不同效果表現，但他的主要人物也有固定招式，或人物人名特質符合招式表現，如南俠每每使出「三大秘招」之一「神龍幻影」、幽靈使者使用白骨殭屍。其目的就是使觀眾長期看戲下來，能夠熟知主演表演特色與方式，有的固定不變，有的能感受出奇之處，其成功秘訣還是先引領觀眾進入情境中，不會感覺舞臺效果是突兀的，直接認定效果一成不變。

　　是故，金光戲著重於劇情的編排，當以劇情爲主要賣點時，再以主演口白技能詮釋之，若受一地觀眾喜愛，可見主演魅力與劇作表演受到一定的讚賞，由此也能形塑出他「經典」之作的藝術表現。

第四節　蕭添鎮新編民間故事題材的戲劇表現

　　蕭添鎮編演《好鼻師》、《門圈得寶》、《水蛙土仔》、《黑貓抵飯匙》、《自嘆枝無葉・莫怨太陽偏》及《人在做・天在看》等 6 齣，取材民間故事。廣義的民間故事包含神話、傳說、生活故事、幻想故事（童話）、寓言及笑話，〔註44〕彭衍綸曾對臺灣白賊七閩南語戲劇探討，提到：

> 在今日社會多元且電子傳媒發達的生活環境中，包括民間文學在內的許多藝術文化，其實都可以透過口耳相傳及書面文字以外的形式……而且其流傳速度及覆蓋區域，往往因爲可以突破時間、空間的限制，有時甚至比口耳相傳及書面文字來得快或大。當閱聽人眾多時，故事流播的影響力自然就來得大。所以，戲劇表演其實已成爲民間故事傳播的管道之一，而且其影響力不容小覷。〔註45〕

民間文學透過戲劇表演傳播，又能以電子傳媒與出版品廣泛流播。在蕭添鎮6 齣民間故事題材的戲劇作品中，《門圈得寶》、《水蛙土仔》及《自嘆枝無葉・莫怨太陽偏》主旨與情節皆有相似之處，尤其《門圈得寶》、《水蛙土仔》〔註46〕與《乾隆遊西湖》大同小異。

〔註44〕曾永義：《俗文學概論》（臺北：三民書局，2003 年），頁 394。

〔註45〕彭衍綸：〈聲音・影像・舞臺・民間故事──臺灣地區白賊七閩南語戲劇考察〉，《2009 閩南文化國際學術研討會論文集》（臺南／金門：國立成功大學中文系、金門縣文化局，2009 年），頁 342。

〔註46〕1963 年臺灣電視公司曾播出《水蛙記》，由金塗飾演李不直。施翠峰、施慧

　　在金榮華《民間故事類型索引·中冊》敘述 AT943 型「對自己命運負責的公主」的故事大要：

> 公主騎牛配親，或富商之第三女認為一切靠自己的命，惹惱了父親，把他嫁給一個砍柴燒炭的窮漢。一天，公主或富家千金取出帶來的金子，叫丈夫拿去換錢，窮漢不信這東西值錢，並說此物在他山中燒炭處遍地皆是。妻子叫他拿些回家一看，果然是金子，從此成了鉅富，女方父母也認了這門親事。〔註47〕

此故事在《乾隆遊西湖》為其主要事件，主演賦予清楚的歷史背景、事件地點、及人物名稱。

　　若根據曾郁雯的《戲夢人生——李天祿回憶錄》，所述在李天祿 15 歲時（1924 年），與其他班對臺演出，因廟方請戲者指定晚場須演《乾隆遊西湖》，當時他尚未學會這齣戲，於是臨時求教於「成仔師」，他說：

> 為了不讓奎仔伯漏氣，我只好跟他一起去找成仔師，成仔師就是淡水那個戲班的頭手，我見到他先恭恭敬敬地喊他一聲「伯仔」！他聽了很高興，摸摸我的頭說他為夢冬仔慶幸有後，夢冬仔就是我父親許金木，布袋戲界的朋友平時大多叫他的外號，成仔伯要我下午先演最簡單的《魁星殺猴》，這齣戲我本來就會演，很容易應付過去，比較麻煩的是晚上的重頭戲，爐主指定要演《乾隆君遊西湖》，我還沒學會，成仔伯答應馬上教我。下午的戲演完，奎仔伯借了一條長板凳放在土地廟旁的榕樹下，……成仔伯唸一句口白，我就跟著唸一句，教一個動作，我就學一個動作……〔註48〕

從李天祿的演藝經驗來看，此劇搬演年代，或可推測溯自 1920 年代。此劇「亦宛然」李天祿曾出版演出影片，並收錄在教育部出版的《布袋戲——李天祿藝師口述劇本集》中；「真快樂」江賜美也擅長此劇；而蕭添鎮錄有該齣節目有聲資料，供戲班於野臺戲表演使用。另「新樂園第三團」吳清秀約在 1990 年代末錄製該齣戲，也販售給戲班野臺演出使用，當中大幅度增添情節，可供四小時演出。《乾隆遊西湖》帶有民間故事元素，透過野臺布袋戲錄音班形式的演出可能更使廣泛大眾熟知此戲與主要內容。

美：《臺灣民間藝術》（臺北：五南圖書出版公司），頁 50～53。

〔註47〕金榮華：《民間故事類型索引·中冊》（臺北：中國口傳文學學會，2007 年 2 月），頁 404～406。

〔註48〕曾郁雯：《戲夢人生——李天祿回憶錄》，頁 40。

一、戲齣內容的表現

關於蕭添鎮 6 齣民間故事劇作，底下針對其內容主題、情節安排、人物塑造等面向論述：

（一）軼聞趣事顯民生──故事主題

蕭添鎮編演《門圈得寶》（《李門環》）、《水蛙土仔》（《水蛙記》）敘述：一窮人意外娶得富家女，且命中注定應得財寶而致富的故事。另《自嘆枝無葉‧莫怨太陽偏》敘述兩乞丐枝無葉與太陽偏截然不同的遭遇，太陽偏娶了富家女，奮鬥後致富；枝無葉始終還是乞丐。

《門圈得寶》與《水蛙土仔》劇情結合「為自己命運負責的千金小姐」、「命中注定的財寶」兩類型〔註49〕；《自嘆枝無葉‧莫怨太陽偏》則是「乞丐不知有黃金」類型為主。〔註50〕《好鼻師》搬演不務正業的好鼻師，假裝鼻子靈通能找出東西，藉此欺騙他人，先騙阿福伯能找出母豬，其實是他推落母豬於溝中；後王爺命他找出遺失的官印，而他誤打誤撞揪出竊取者。最後好鼻師誆騙眾人能上達天聽，登上天庭，當爬上天梯時，受到神明懲罰變成螞蟻。《黑貓抵飯匙》出自「烏貓白肚，值銀二千五」和「舉飯匙抵貓」兩俗語故事，亦屬於「巧媳婦故事」。主要內容是：「故事主角的家人受到惡鄰居以討回貓的理由索賠金錢，主角就以曾借給惡鄰居一個更值錢的飯匙來抵償。」

這些戲齣突顯趣味、闡釋哲理，搬演升斗小民生活的故事，自是不同於公案俠義、歷史演義可篇幅巨大、氣勢磅礴。蕭添鎮演出這些短篇幅的民間故事，帶著自身觀點詮釋人物，有時也增加新人物與情節。如《黑貓抵飯匙》有聲資料增加靜心和尚、《水蛙土仔》增加阿土師，並增長劇情篇幅。

綜觀蕭添鎮短篇民間故事劇作強調孝悌仁義、勤勉奮進、腳踏實地及善惡有報等意旨，傳遞人生追求的樂天安命之思想。

（二）鄉野塗說能串戲──情節結構

蕭添鎮的 6 齣戲中，筆者另有一短篇論文已探討其《黑貓抵飯匙》劇作，在此不再贅論。下文將《門圈得寶》、《水蛙土仔》、《人在做‧天在看》及《自嘆枝無葉‧莫怨太陽偏》另歸為一類論之；《好鼻師》則單一探討。

〔註49〕胡萬川：《臺灣民間故事類型》（臺北：里仁書局，2008 年），頁 114～117。
〔註50〕同前註，頁 150～152。

1、蕭添鎮民間故事劇作比較分析

首先《乾隆遊西湖》有聲資料故事梗概：

乾隆（化名高天賜）與部屬周日清至西湖遊玩，中途遭遇山賊曹彪劫財，乾隆命周日清回京拿錢。乾隆住旅店付不出錢，遇康華瑞解圍，兩人結拜為兄弟，同回康家。乾隆給康華瑞一顆夜明珠叫他至錢家當鋪換錢。周日清找到乾隆，兩人回京。乾隆命周日清去取夜明珠，錢愛財假意招待他，將其灌醉，欲奪寶害人。錢金花受土地公指點，解救周日清。

錢金花受土地公指點至康家，與康華瑞結婚。錢金花叫康華瑞拿烏金去錢家當鋪換錢，換錢後康華瑞始知這是值錢東西，先回到家後的山洞要取烏金，突然出現神人金、銀二王阻擋，但一聽是康華瑞，卻又消失不阻止康華瑞取金。康華瑞回家後就對妻說這個烏金在後山很多，妻不信，忽聽風聲烏金出現堆疊在他家門口，從此變成有錢人。

康華瑞一夕致富，開始動土蓋樓房，引起錢家注目，並說康華瑞誘拐錢金花致富。錢愛財帶家丁去康家理論，發生衝突；後化解爭執，一家團圓，康華瑞受封為王。

故事分為三個回合：一、乾隆遊西湖落難。二、指點離家。三、得寶封王。依序為：

(1) 乾隆至西湖遊玩，財物遭搶，投宿落難→康華瑞解圍，投宿康家→康華瑞獲贈寶物

(2) 康華瑞典當寶物，後乾隆命人贖回卻遭害→錢金花解圍，逃至康家與康華瑞結婚

(3) 康華瑞因錢金花之故，得到命中注定的財寶致富→錢愛財鬧事，後一家和樂

其次，在《水蛙土仔》故事梗概：

地理師李半山從唐山來臺，投宿捉水蛙維生的賴土家中，李半仙受賴土招待，於是替賴土勘查其祖宗地理，言明日後富貴發達，後離去。

梨頭店錢愛財員外逼女嫁富豪朱阿舍，其女半夜離家，遇賴土，兩人結婚。錢金花叫賴土拿烏金去錢家當鋪換錢，換錢後賴土始知這是值錢東西，先回到家後的山洞要取烏金，突然出現神人金、銀二王阻擋，但一聽是賴土，卻又消失不阻止賴土取金。賴土回家後就對妻說這個烏金在後山很多，妻不信，忽聽風聲烏金出現堆疊在他家門口，從此變成有錢人。

　　賴土一夕致富，開始動土蓋樓房，引起錢家注目，並說賴土誘拐錢金花致富。錢愛財帶家丁去賴家理論，發生衝突，後化解爭執，一家團圓，接著舉辦喜慶雜技。

　　故事亦分爲三個回合：一、李半山勘查地理。二、逼婚離家。三、得寶團圓。依序爲：

　　　　（1）李半仙至臺灣遊玩，投宿賴土家→李半仙報恩，助其得好風水

　　　　（2）錢愛財逼女婚嫁→錢金花逃家，至賴土家與之結婚

　　　　（3）賴土因錢金花之故，得到命中注定的財寶→錢愛財鬧事，後一
　　　　　　家和樂

　　而《門圈得寶》故事梗概：

　　地理師林半山從唐山來打狗，投宿捉水蛙維生的李木（水蛙土仔）家中，因此替李木勘查其祖宗地理，言明日後富貴發達，後離去。

　　仁武地區錢愛財員外逼女嫁富豪王阿舍，其女半夜離家，遇李木，兩人結婚。錢愛財得知女兒下落，命人請回李木夫妻相會，並爲外孫娶名李門圈。土地公指點李木，其子應得財寶，喜慶收場。

　　故事爲三回合：一、林半山勘查地理。二、逼婚離家。三、團圓得財。依序爲：

　　　　（1）林半仙至臺灣遊玩，投宿李夢家→林半仙報恩，助其得好風水

　　　　（2）錢愛財逼女婚嫁→錢金花逃家，至李木家與之結婚

　　　　（3）李木夫婦回錢家，岳父爲孫命名→土地公賜財給李門圈

　　三劇情節類型屬線型的單線型，情節進展序列採鏈狀，序列相接。《門圈得寶》與《水蛙土仔》劇情結構相同、內容大同小異，觀照《乾隆遊西湖》三回合因果連接使情節縝密，並強化人物衝突。

　　就以《水蛙土仔》與《乾隆遊西湖》相比，兩齣戲皆以民間故事爲題材編演，從故事來看，融入「命中注定的財寶」類型故事。如金榮華一書敘述：

　　　　一、一人在深山發現了一處藏銀，但他要拿時卻被神仙阻止。神仙
　　　　　　告訴他，那些銀子是屬於某人的。後來他妻子生下一兒，別人
　　　　　　爲這孩子取名，竟然就是神仙所說的人，於是他抱了兒子去取
　　　　　　銀，神仙就沒有再出來阻止。

　　　　二、或是一人極貧，神仙幫助他，把別人的銀子先借給他用，但叫
　　　　　　他將來要還給那人。後來這人很有錢了，一天，救助了一位即

　　　　將臨盆的婦女，那婦女產下一男，取的名字竟然是神仙說的那
　　　　個人，於是這人就善待這對母子，還把財產分一半給他們。

　　三、有的故事是說，一人發現藏銀，上面有他的名字。〔註51〕

《乾隆遊西湖》劇名意在乾隆遊玩西湖引發一連串事件，以康華瑞孝行善事
得榮華富貴。《水蛙土仔》則演孝子得報故事，因為孝行善事、風水庇蔭而得
財寶，多了風水之說。

　　後來蕭添鎮於 2014 年又製演《人在做‧天在看》，劇情敘述：鍾華侍母
盡孝；而弟弟鍾尾卻遊手好閒，是不肖子弟。某日，鍾華因真誠懺悔拿臭味
的雞腿給母親食用，而得雷劈出的銀兩致富；弟鍾尾有樣學樣卻遭雷劈。故
事中蕭添鎮穿插富家女逃家嫁給鍾華的情節，即是汲取《乾隆遊西湖》的素
材置入搬演。

　　另外，《自嘆枝無葉‧莫怨太陽偏》演出僅約 22 分鐘，將富家女逃家與
太陽偏結婚乙節，只以太陽偏說白交代而已，不演過程，且刪去太陽偏夫婦
遇金、銀二鬼給予「命中注定的財寶」情節，使得此劇僅有「為自己命運負
責的千金小姐」類型與《門圈得寶》、《水蛙土仔》相同，實際演出則是「太
陽偏找出枝無葉，贈送他包有黃金的紅龜粿，然卻不知內含黃金，而分送給
其他乞丐」。

2、蕭添鎮的《好鼻師》分析

　　主角好鼻師連續詐騙他人，獲取金錢、名聲，撒謊的結果是受到天神責
罰，死後變成螞蟻。分為兩次行騙事件，第一次是推落母豬，又剛好遇到其
主人，因而撒謊鼻子靈敏，能嗅出母豬下落，以致獲取酬勞。自恃反應靈敏、
頭腦精明，然遇到得替王爺找回官印時，苦惱不知所措之際，誤打誤撞，讓
竊印者自行供出，因此深獲王爺讚賞。撒謊行為使好鼻師獲得金錢、名聲，
也走向自食惡果的報應之路。

　　綜上所述，蕭添鎮取材民間故事的短篇劇作，除了闡揚原有意旨外，將
情節改動或增添人物，再強調故事旨趣，使之圓滿。

（三）甘草人物多活現──人物塑造與詮釋

　　《門圈得寶》、《水蛙土仔》、《自嘆枝無葉‧莫怨太陽偏》等故事主角雖

〔註51〕　金榮華：《民間故事類型索引‧上冊》（臺北：中國口傳文學學會，2007 年 2
　　　　月），頁 49。按：在金氏一書該類故事為 AT745A「財各有主命中定」；在胡萬
　　　　川《臺灣民間故事類型》中則為 AT745A「命中注定的財寶」，頁 114～117。

為窮困小民，然皆塑造善良性格，展開積極奮鬥的人生，並多因善行孝心而致富。而富員外多有嫌貧愛富的形象，以錢愛財名稱直接表露；其女則為心地善良、擇善固執。從蕭添鎮短篇民間故事布袋戲裡，看到的人物性格與形象單純許多，不若他古冊戲、金光戲中複雜的人性詮釋，給予觀眾著重趣味性、情節簡單的故事小品。

二、表演型態與特色

　　蕭添鎮 6 齣短篇民間故事布袋戲所安排人物不超出 10 個，多是社會底層的百姓，如故事主人翁、相士、僕人等，語言就較為俚俗、諧趣；腳色以生、旦、丑為主，若是以小型偶表演多有樸拙平實之感，操弄力道拿捏可再斟酌、精緻度宜加強。綜觀可得演出型態與特色有三：

1、舞臺裝置與道具運用的樸實無華

　　《水蛙土仔》絨布景舞臺分兩層空間，上方設置三個出入口；下方表演空間再以布簾相隔，主要於下方走馬板上操作小型偶，與配樂師合演。由於是誠品書局室內場地演出，加上絨布舞臺，故燈光變化、舞臺效果並無突顯，僅有煙霧輔助神仙出場之姿。另《好鼻師》亦是如此，而《鬥圈得寶》是在室內演出，以野臺中型偶、半截絨布舞臺形式，並無背景幕，於走馬板上插上樹枝表示鄉野場景，至多是煙霧效果輔助。惟《自嘆枝無葉‧莫怨太陽偏》採彩繪布景，仿彩樓形式，上方留有三公窗，戲偶則是小型偶，同樣於室內演出。

　　大致上，蕭添鎮視場地大小，將舞臺演出形式調整，且搬演這類民間故事，觀其情節並不需特殊舞臺效果幫襯，造就他演出民間故事劇作，著重口白語言趣味性，且符合親子闔家觀賞的目的。

2、操偶與配樂搭配的流暢循序

　　「蕭添鎮民俗布袋戲團」演出這 6 齣民間故事，通常由主演蕭添鎮與子蕭永勝搭配演出；後場由鄭春玉負責電腦配樂。所採音樂不局限較傳統的北管樂，而是中西樂混搭並用，注意之處只在於和人物上下場的流暢配合、音樂合於情境而已。人物除了遵循出將入相上下臺的規矩外，還得視情境場景順應出入方位，也是對主演與助演默契合作的考驗，這點在該班演出民間故事劇作，可見流暢循序的特點。

3、穿插喜慶雜耍的熱鬧歡騰

　　蕭添鎮演出的這 6 齣戲喜用弄盤雜技、舞獅橋段融入戲中（圖 6-11、

6-12），製造歡樂喜慶的場面，並順勢帶動親子觀賞的氣氛。有時蕭永勝還會穿插表演「自相矛盾」的打藤牌演技，並以中文解說，與學生互動熱絡。如筆者論《黑貓抵飯匙》所下結論：

> 他是因應每次演出時間長短、道具設備，甚至戲偶種類與多寡，改
> 變演出方式，調整劇情安排，並可能考量觀眾年齡層，適時加入互
> 動的機會。〔註52〕

是故，他的民間故事劇作突顯喜慶歡愉的特點，耍盤、打藤牌演技構成他此劇型的基調。

圖 6-11　2011 年 10 月 18 日臺北　　圖 6-12　2011 年 10 月 18 日臺北
市立教育大學，蕭添鎮耍盤表演　　市立教育大學，蕭添鎮舞獅表演

（陳正雄拍攝）　　　　　　　　　　　　　（陳正雄拍攝）

　　綜上所述，蕭添鎮演出民間故事劇，有賴口白逗趣、劇情簡潔，在操偶樸拙的情況下，因應觀眾年齡層、親子合宜觀賞的需求，表達人生勵志、孝悌行善的意旨，以小型彩繪布景、絨布景為主，置入與觀眾互動的表演橋段，卻也獲得現場觀眾掌聲，似有成效。

　　總結來說，蕭添鎮有 21 齣戲留有影音、錄音資料，證明他具有能演多齣戲的能力，如《三國演義》、《水滸傳》長篇戲劇更是他所擅長，尤其他的《三國演義》，在故事剪裁、人物詮釋自有特殊之處。故事主題方面，闡揚忠孝節義等道德觀；情節安排方面，經由他主觀剪裁，刪去他認為的細枝末節，使脈絡更為清楚，並集中心思詮釋人物。人物塑造方面，依據他的腳色概念，

〔註52〕拙作：〈臺灣布袋戲「飯匙抵貓」情節描寫之編演探討──以《三才女》、《黑
　　　　貓抵飯匙》、《拿飯匙抵貓》為例〉，頁 288。

用於該類劇型，然所備戲偶有限，有時改用可替代的戲偶使用，如張飛有時用全黑臉戲偶，有時則採黑花臉使用。而他的 9 齣《南俠風雲》金光戲單元劇，區分正邪對立、善惡好壞，情節編排以詼諧有趣為基調，採熟悉的套式置入，搬演頭尾能完結，且清楚交代事件始末，不致不知為何而戰，而塑造的南俠、文俠、怪老等人物，經由多位藝師形塑，使得這些人物更加鮮明，也是蕭添鎮《南俠風雲》成功的因素之一。

其他藝師如江欽饒、蔡坤仁、柳國明等人因販售專業布袋戲錄音戲齣給「錄音班」演出型態使用，雖顧及可能只有一人演師操偶，因而每場幕最多安排兩個戲偶同臺，如江欽饒《三國演義》、蔡坤仁《精忠岳傳》，然還是證明該藝師具有編演長篇戲劇之能力。從野臺酬神戲來看，古冊戲、劍俠戲等戲齣還是普遍為藝師採納演出，和被觀眾接受。或許因為酬勞高低、演出難易、成本代價等因素，所以古冊戲在文化場和民戲中仍可能被採納演出，首要即是闡釋好人情義理、忠孝節義，以此打動觀眾，不是專靠煙火、道具擾動觀眾視覺。

另外，從本章探索可得知江欽饒、林文昭、林大豐，以及劉祥瑞等人的金光戲可能的演出樣貌。江欽饒也以頭尾完整，可獨立成單元的方式呈現於野臺演出，和蕭添鎮相同編劇手法。而這些藝師的金光戲劇情結構一部分也和劍俠戲相同。比如，蕭添鎮《武林生死劍》要取得寶劍攻伐明江派；林文昭《瀟灑情俠》要請出鐵齒王以「繞風成石」武功攻伐地獄魔宮；江欽饒《智取天書》要取得天書練成武功攻打五指山，都猶如劍俠戲，群俠為得寶劍寶刀武器攻破機關樓的情節。再者，可貴的是蕭添鎮推出 6 齣民間故事劇作，當中以《好鼻師》、《鬥圈得寶》、《自嘆枝無葉‧莫怨太陽偏》及《人在做‧天在看》為晚近編製的短劇，為因應短時間演出且於文化場推廣所用而製作。著重的是老少咸宜、親子共賞的製作理念，也是「蕭添鎮民俗布袋戲團」前進的動力與本錢。

第七章　結　論

　　布袋戲是臺灣一項草根性十足，又普遍的偶戲藝術。相對於人戲「大籠」，而稱「小籠」，從最初演出型態演變至今，配合多種表演元素組成各式型態。因此，「小籠」的布袋戲順應社會環境，以致生出多種樣貌，以此來看，未來的布袋戲還隱藏其他發展的可能性。

　　布袋戲傳入臺灣後隨政治經濟發展、社會環境變遷、生活模式改變，而歷經興衰轉折，其中影響戲班經營方式、演出型態內容，以及戲偶、布景等產業。由於受到時空環境的影響產生內外層面的轉變，布袋戲業者適應時代變遷，持續展現堅韌的生命力，發展各樣的表演型態。

　　在「適應」、「轉變」及「突破」的信念支撐下，電臺、電視布袋戲，和隨之而生的各種材質，如唱片、錄音帶，乃至影音資料（錄影帶、VCD 等）、電子有聲資料，使民眾容易親近布袋戲。

　　而公部門出版的布袋戲影音或有聲資料，對戲齣保存、推廣，有其助益。另布袋戲業者錄製有聲資料戲齣節目提供其他業者使用，保存了自身技藝之一：口技與戲齣，也透過其他業者多多使用，使野臺布袋戲的觀眾、「聽眾」接受，甚至讚賞「錄音班」表演中「錄音主演」。「錄音班」之所以存在，應該感謝代替說白的「錄音主演」，對嘴式的布袋戲表演充斥多數廟會酬神戲市場。從順應時代變遷的種種作為來看，有以下看法：。

　　首先，「臺灣布袋戲不斷地續航」，歷經不同政權統治時期，曾與南北管、潮調音樂緊密關聯，取材劇目與使用音樂，到編劇來源擴及小說，甚至編演武俠戲、金光戲，即是以「變異性」推進，分內在與外在兩特點。因師承體系開始「以人立派」，區分洲、閣派別，乃至世界派，三個重要流派在班號上

紛紛彰顯師承脈絡。在布袋戲班增減的潮流中，師徒傳衍、父子相承兩樣傳承技藝或延續戲班生命的方式交替運行。

　　以黃海岱開創「五洲園」系統為例，其父黃馬向他人學藝後，父子相承，爾後黃俊卿、黃俊雄拓展演藝版圖，又廣收學生的結果造就打著「五洲」名號的戲班林立。布袋戲班以父子相承為主幹，藝師學習操偶與各項表演技術，隨著時代前進，如道具製作、燈光、戲棚設計、音響設備的籌設……等等基本知識技能都要具備，達到稱職，就是一位優秀的二手演師。再跨前一步，學會「開口」說白的口技，成為一名主演，就是組班應有的條件之一。

　　布袋戲主演口白與操偶技能，表現在拿手戲齣上，並可能將戲齣傳承開來，形成風潮，以金光戲劇目為最佳證明。比如，「新世界」系統所傳「南俠」戲齣、「隆興閣」的《五爪金鷹一生傳》。金光戲劇目、劇名雖多，然曾給多數觀眾讚不絕口的劇名、人物，乃至了解故事內容者，隨著演出機會減少、無人能演的窘境浮現，使曾叱吒一時的金光戲名劇萎靡而消失。

　　從《南俠翻山虎》、《五爪金鷹一生傳》仍受到多位藝師不斷搬演來看，可見主演企圖將原貌重現，或說另外建構戲齣新的表演風貌。無論傳人所持何種說詞、看法，透過不斷且多人傳承演出，形成風潮、「效應」，吸引戲迷擁戴，並容許戲齣變異性特點的存在；而首演者、開創者或傳人正視金光戲歸屬口頭文學的課題，持有海納百川的氣度才可能使劇作效應發揮極致，達到巔峰。

　　發展至今，戲班的興起衰退，全在現實環境中生存淘汰，無須感傷。從布袋戲發展歷程來看，戲班選擇退場，因素可能在於後繼無人或經營不善。雖說演藝環境、收入不如前，卻也有新興戲班先後成立。家族戲班的延續與分傳，和無論學得多少技能即組班的新興戲班，大多數仍在廟口搬演民戲以謀求三餐溫飽，是為祭祀酬神功能而存，演出品質與性質，自然不同於推廣的文化場表演。

　　而在公部門經費支持下的布袋戲表演活動，可以看到古冊戲、金光戲乃至新題材的戲齣作品，以多樣形態呈現，又能嘗試加入其他表演元素，融為一體。舉凡縣市文化單位的補助徵選優質節目；徵選「傑出團隊」給予獎勵；舉辦藝文或民俗信仰活動邀請團體演出，以及中央與所屬單位的各項補助活動，都是布袋戲班發展進路的選項。

　　布袋戲班參與文化場性質的徵選演出活動，或受邀表演，累積經驗，有助於拓展觀眾群、戲迷，並藉由受到公部門贈獎肯定、補助演出機會，及參與社會公益演出或自辦活動推廣，增添名氣，也有助拓展民戲戲約。布袋戲班必須健全組織，自立宗旨，有一套發展規劃、目標及行銷推廣策略，循序漸進，才能在當前低劣的演藝生態中生存。比如，布景舞臺炫麗迷人寫上「特優獎全國第一名」、「人氣獎全國總冠軍」的「聲五洲」張貼廣告吸引學校邀演、頻繁運用媒體宣傳、自辦回饋社會和凝聚戲迷活動等等方式，藉此不斷吸引學生參與、塑造戲班與主演良好形象，以達亮眼的「明星」藝人地步。幾種方式不斷交相使用，為了就是爭取曝光、塑造戲班品牌，故絞盡腦汁的策略化為行動，打響戲班與主演名氣，成為要緊之事。

　　其次，「傳統與創新不斷地翻轉」，布袋戲傳入臺灣，各世代藝師搬演各劇目，使之流傳。比如，採取彩樓、後場樂師，演出籠底戲、古冊戲等，到流行使用彩繪布景，加上一人配樂代替後場樂師，成為普遍。演出內容也推出劍俠戲、金光戲，以及歷史傳說、民間故事等戲齣的編演，豐富了劇目內容。形式與內容不斷變革，昔日的創新，成為今日的傳統，如北管戲的興起，著重武戲，被南管藝師譏笑「虎咬豬」；當 1980 年代在布袋戲復古風潮中，金光戲卻是招致批評。時至今日，無論籠底戲、古冊戲、劍俠戲及金光戲等都成為布袋戲文化資產。

　　因金光戲演出場合的轉變，又戲齣傳承上產生斷層或變異，使演出內容不同於內臺時期。然雖拜科技進步之賜，布袋戲能有影像動畫（如戲偶、骷髏、刀劍、蓮花等）、聲光效果、新出的戲偶特技（如空中飛偶、變臉）等增添可看性。不過鐵片、紙片製的飛刀飛劍、平面紙片骷髏、仿皮影操作的平面龜鶴、武士……等等在內臺布袋戲舊有的道具，一樣搬至當前野臺使用。昔日的創新，變成今日的傳統，在未曾看過的觀眾眼裡或許尚「新鮮」、有「創意」，但若是面對老戲迷，這些表演內容恐未能滿足他們的內心期待。

　　多數戰後第一代布袋戲主演的演藝風華或許只能從口述歷史、所留文物填補未見之缺憾。從公部門保存的藝師演出影音資料中，可以得知戰後一代許王、鍾任壁……等主演口技、操偶及能演劇目的情況，或可代表一世代的布袋戲技藝展現樣貌。而第二世代主演至今已屆從心所欲之年，有些還演出野臺戲，也不乏是文化場上表演的名師。這些主演因有演出機會，故可能留有演出影音資料，如臺中林大豐、林文昭、彰化江欽饒、雲林廖文和、廖昭

堂、吳萬響……等等，所領導的戲班，有的舉國聞名；有的限於一縣一區域內，名氣高低可見。然這輩主演各有所長，以擅長之技能、經營之策略拓展戲約。筆者所論蕭添鎮技藝，即可為一例證，他歷經內臺戲逐漸萎靡階段，到轉戰經營野臺戲而散班，最後以推廣布袋戲為職志，投入文化場表演行列，又有電臺廣播布袋戲經驗，其資歷可堪代表內臺布袋戲後期、野臺戲興起的見證者。

「蕭添鎮民俗布袋戲團」主要由子蕭永勝企劃演出，申請公部門補助，意在記錄保存父親能演劇目，讓他重回熱愛的布袋戲演藝圈。透過對他的演出劇目了解與分析，可知技藝情況，為該輩藝師中佼佼者。復出後該班以文化場性質表演為主，雖已是不同於「新中華蕭添鎮」創班宗旨與目的，然其技藝表現突出，堪為第二代主演的代表之一。

在新世代主演身上，多為子承父業，有上一代的經驗傳承與累積能量，更容易在既有的戲路、傳習的技能上，謀求突破。父即為師的關係，和同臺合演的經驗，有其優勢，即是容易展現向心力，並彰顯家業世代傳承之意。比如，臺中蕭寶堂、蕭孟然父子；王金匙與子王英峻、王英潔；雲林廖文和與子廖千順、廖千盛，在第一代開創者即打響名號之下，更能幫助第二代的創業。

至今立業的新世代主演，相較於前輩缺乏演出機會，許多戲齣無法實踐演出。當進行文化場推廣表演時，又多設想只要達到「推廣」之效益、製造「歡樂」之看戲氛圍即可。如此一來，無法使觀眾對戲齣內容感動、啟發，進而引起共鳴。長久時間累積，缺乏敢勇於提升戲齣內容、觀眾水準的主演，其表演也就容易成為「木偶特技秀、表演秀」。

然在傳承家業、分享經驗之下，新世代主演跨班演出，交流頻繁，可能更需加強戲班組織向心力、網羅固定班底團員，並堅持宗旨理念，進而彰顯特色，才能擠身名班行列。此外，拜科技發達之賜，主演利用取得的他人演出影音、錄音資料，不斷進修、學習，充實與翻新演出內容，增進技能，以達學無止境。

再者，「蕭添鎮民俗布袋戲團」記錄保存蕭添鎮藝師古輩戲 21 齣、劍俠戲 1 齣、金光戲 9 齣及民間故事劇作 6 齣。從對他技藝的考察，可以得知技藝特色：一、口白藝術方面，口技清晰分明、套語熟練。二、操偶技藝方面，因他曾中風過，操偶不如從前，而是有賴其子蕭永勝與合作的助演們呈現全

劇。三、後場音樂方面，常是以其妻鄭春玉掌控配樂，由她安排適合的劇型音樂。也因爲布袋戲演出有夫妻分別擔任主演與配樂者的情形，彼此默契良好，搭檔演出，故增色不少。四、編排劇情方面，以掌握故事意旨爲原則，利用套式套語置入情節架構，可將原本複雜的古冊戲精簡人物、刪除枝節，全心詮釋主要人物。

　　布袋戲文學本屬於民間文學（口頭文學），口頭表演的方式與書面文字寫定的文本，交替轉換使用。主演若能讀寫文字，藉此增強記憶，也能提升編劇能力。從以前的排戲先生，到近年分出的專職編劇人才，漸漸走向分擔主演職責的製演方式，致使布袋戲遊走「口頭文學」與「作家文學」之間。然而布袋戲豐富的劇型與戲齣沉澱爲底層養分，藝師因自身技藝所長，偏好某演出型態、劇目，而揀擇搬演。以蕭添鎮而言，演出劇型豐富，擅長古冊戲與金光戲。由於個性與人生歷練使他詮釋社會底層的平民小人物更爲出色，這類人物在他的民間故事劇作中時常可見。筆者掌握蕭添鎮實際演出資料，故能大膽論說哪些劇目是他能演且曾演，不致口說無憑。

　　當前其他第二代主演若還於文化場與野臺戲表演，也因傳統戲劇環境的衰微以致演出機會不多而難得，主演常常以擅長的戲齣來搬演，若無有意識且用心製演而留有影音資料，則往後世人難以了解該班該主演的技藝情形。在筆者掌握的影音、有聲資料、親眼所見的布袋戲表演裡予以分析評判，如「五洲園」（二團）黃文郎、「中國太陽園」林大豐、「遠東昭明樓」林文昭、「五洲秋峰園」羅秋峰、「江黑番」江欽饒、「大臺員」劉祥瑞、「隆興閣」廖昭堂、廖文和等等。從他們經營方式與經歷、擅長的表演型態與劇型劇目、主演風範及名氣地位來看，有些發展進程相似，並達至巔峰；有些則尚且限縮某一區域努力經營，多以金光戲爲擅長劇型。

　　到新世代藝師執掌家業或創立戲班，處在當前若只接演民戲求取溫飽，應當不可與演出「現場說白」型態的戲班相提並論。於是，對於「主演」的定義與必須練就何種本事，就得客觀論述。投身布袋戲演藝的新世代主演，演出文化場的意義不同於民戲，所挑選劇目或表演內容，經過不斷學習、淬煉，終將純熟，也才能永續傳承。

附錄：戰後臺灣布袋戲年表 [註1]

年代	布袋戲大事紀	相關事件
1945	※許天扶（53 歲）因戲籠滯留廈門，只好租用「金龍環」戲籠演出。 ※李天祿（36 歲）應首徒張火木邀請，擔任「景中奇」戲班主演。 ※王炎（45 歲）組成「哈哈笑」 ※鍾任祥（35 歲）「新興人形劇團」回復「新興閣」之名，鍾任壁（14 歲）擔任二手。 ※胡金柱（31 歲）成立「錦華閣」。 ※方清祈（17 歲）拜廖萬水學藝 36 天，再師自鍾任祥 10 天，後來四處受雇演出。	※8 月 15 日，第二次世界大戰結束，日本宣布無條件投降。 ※9 月 1 日國民政府任命陳儀為臺灣省行政長官兼臺灣省警備總司令。 ※11 月 4 日，陳儀派夏濤聲出任臺灣省行政長官公署宣傳委員會主任委員。
1946	※「亦宛然」恢復演出，採平劇文武場，人稱外江派。李天祿（37 歲）次子李傳燦出生。 ※盧崇義（32 歲）在屏東東港成立「復興社」。 ※「正玉泉」黃光華出生。 ※黃俊雄（14 歲）進入「五洲園」學戲。 ※鄭一雄（13 歲）拜黃海岱（46 歲）為師。 ※洪連生出生，姑丈為黃海岱。 ※廖英啓（17 歲）拜四姨丈鍾任祥為師。 ※方清祈組「鳳舞園」。 ※陳木火（39 歲）組「祥盛天」。	※4 月 2 日，成立「臺灣省國語推行委員會」。10 月 25 日，廢除報紙、雜誌的日文版，禁止用日文寫作。 ※8 月 22 日，臺灣省行政長官公署制定「臺灣省劇團管理規則」，規定劇團需先申請登記，方准演出，共 170 多團登記。
1947	※5 月，李天祿（38 歲）初到上海，結識麒麟童（周信芳），7 月返臺。 ※鍾任祥之弟鍾任利（34 歲）組「錦興閣」。 ※陳俊然跟隨「森林園」鄒森林學藝之後，15 歲時，組「麗春園」，經營不佳，賣掉戲籠，	※1 月 6 日，陳澄三（1918～1992）成立「拱樂社」歌仔戲班。 ※發生「二二八事件」，布袋戲遭外臺戲禁演，持續一年多。 ※12 月 14 日，成立「臺北市電影戲

〔註 1〕 參考吳明德：《臺灣布袋戲表演藝術之美》之〈附錄：臺灣布袋戲大事紀〉、呂理政：《布袋戲筆記》之〈臺灣布袋戲編年事記〉，並參考鍾任壁、陳錫煌、江賜美、李天祿等藝師生命史，編輯而成。

	再隨「新復興」林用學藝。 ※「華洲園」林振森出生。	劇促進會」,主席呂訴上。
1948	※許王(13歲)自新莊國民學校畢業,擔任「小西園」二手。 ※木偶雕刻家徐炎出生。 ※陳淑美(13歲)在布袋戲班擔任二手與歌手。 ※陳俊然再隨柯瑞福學藝之後,16歲組「眞宛然」(後時運未通,再將戲籠轉賣臺東洪文和)。	※廈門「都馬班」歌仔戲班來臺演出。 ※上海平劇演員顧正秋(1929年生)率團員來臺演出。
1949	※國民政府爲防範匪諜活動,嚴格管制外臺戲演出,並要求各戲班於正戲開演前需演一段「反共抗俄劇」,宣傳政令,且演出前需先行申請,並派人監督,各班趁勢轉入戲院演出「內臺布袋戲」。 ※鍾任壁(18歲)擔任主演,主掌「新興閣」日戲。 ※江賜美(17歲)開始學布袋戲。 ※黃添泉(40歲)與姪黃秋藤(26歲)合併組成「玉泉閣」。 ※「宏賓第二團」吳萬成出生。 ※「眞玉泉」黃光爵出生。	※4月14日,臺灣省政府實施「三七五減租」。 ※5月20日,國民政府宣布臺灣戒嚴(直到1987年7月15日解嚴)。 ※6月21日,開始實施「懲治叛亂條例」和「肅清匪諜條例」。 ※12月9日,國民政府遷臺。
1950	※李天祿(41歲)擔任國民黨中央黨部第四組宣傳隊長,與黨秘書長沈昌煥隨「文化列車」到全省巡演。 ※鄭一雄(17歲)代師主掌「五洲園」演出。 ※江賜美(18歲)父親江同生(37歲)向友人租來「錦華樓」牌照,開始各地演出。 ※陳俊然投入鍾任祥門下,並組班「新世界」。	※3月1日,國民黨總裁蔣中正復行視事,繼續行使總統職權。 ※4月11日,愛國獎卷發行。 ※5月4日,「中華文藝協會」成立,標舉反共抗俄文學與戰鬥文藝路線,並以獎金鼓勵創作。 ※6月25日,韓戰爆發,美國總統杜魯門發表「臺灣海峽中立化」宣言,令美軍第七艦隊巡防臺灣海峽。 ※空軍成立「大鵬國劇隊」。
1951	※1月31日,「萬華龍鳳社」歌仔戲班在臺北臺鐵大禮堂試演呂訴上編導的反共抗俄劇《女匪幹》(後改名《羅艷芬失足恨》)。郭遠山的布袋戲「愛國劇團」率先排練,以後李天祿「亦宛然」亦採用演出。 ※許天扶(59歲)退居二手,命許王(16歲)爲「小西園」主演,並首次和李天祿(42歲)在臺北「哪吒宮」對臺(雙棚絞)。 ※黃俊雄(19歲)組「五洲園第三團」(後改爲「眞五洲」)。 ※鄭一雄(18歲)組「寶五洲」。 ※木偶雕刻家徐炎卿、劉進春出生。 ※「大中華五洲園」蕭寶堂出生。	※2月,臺灣省改造委員會組織「臺語劇團」,由呂訴上擔任團長。後公開招募團員,排演反共抗俄劇《還我自由》,在臺各地巡演。 ※5月1日,美國在臺設立「美軍顧問團」。 ※美國國會通過「共同安全法案」,開始對臺灣提供各種經濟援助,直到1965年6月爲止,達15年,總金額達15億美元,稱爲「美援」。 ※「臺灣歌仔戲協進會」成立,隔年3月6日改爲「臺灣省地方戲劇協進會」。

	※蕭添鎮出生。 ※黃文郎出生。	※臺灣進口美國好萊塢影片達 505 部。
1952	※7 月，嘉義「大光明」戲院有東港「復興社」布袋戲演出。 ※江賜美（20 歲）父親申請新牌照成立「賜美樓」。 ※11 月 12 至 18 日，由「臺灣省地方戲劇協進會」辦理第一屆臺灣省地方戲劇比賽，分歌仔戲、臺語話劇歌舞、布袋戲三組。布袋戲第一名「亦宛然」、第二名「新興閣」、第三名「新西園」。 ※11 月，臺中「中州園」在新竹「新舞臺」戲院演出日戲《三建少林寺》、夜戲《大破陰陽塔》，是最早在戲院演出「少林寺」的劇團。 ※12 月，斗六「世界」戲院有「玉泉閣」布袋戲演出。 ※許天扶（60 歲）退休，將「小西園」戲籠分給許欽、許王。許欽（23 歲）組「新西園」；許王接掌「小西園」。 ※12 月 28 日假北一女中禮堂舉行的「忘年會」中，李天祿爲蔣中正獻藝，前後共 5 年。 ※林啓東（16 歲）拜鍾任祥（42 歲）爲師。 ※廖文和出生。 ※「遠東昭明樓」林文昭出生。	※3 月 14 日，政府推行「改善民俗，節約拜拜」運動。 ※6 月，依法辦理登記的傳統戲劇戲班，甲種戲班（以人演出者）有 293 團，乙種戲班（以戲偶演出者）有 176 團。 ※8 月，政府規定演戲限於選定祭典日和平安祭日，每年各限一次，每次不得超過兩日。 ※10 月 31 日，中國青年反共救國團成立，蔣經國擔任團主任。 ※楊三郎創立「黑貓歌舞劇團」，全臺巡演。
1953	※鍾任壁（22 歲）組「新興閣第二團」，於嘉義「文化」戲院開臺演出。 ※吳天來爲鍾任壁編排《大俠百草翁》。 ※李天祿（44 歲）長子陳錫煌（23 歲）組「新宛然」。 ※許王（18 歲）請吳天來（32 歲）排戲，後吳天來回「亦宛然」，許王自己編戲。 ※廖英啓（24 歲）擔任「新興閣本團」日場主演。 ※「玉泉閣」分團，本團由黃添泉（44 歲）、黃秋揚（21 歲）父子擔綱；二團由黃秋藤（30 歲）擔綱。 ※「大臺員」劉祥瑞出生。 ※「新天地」黃聰國出生。 ※吳萬響出生。	※1 月 1 日，政府開始實施第一次的「四年經濟建設計畫」（總共六期，至 1975 年完成）。 ※4 月 24 日，政府公布「耕者有其田」實施辦法。 ※7 月 27 日，韓戰停戰。 ※中廣成立廣播劇團。
1954	※1 月，「小西園」首次在戲院演出。 ※木偶雕刻家江加走（1871～1954）逝世，享年 84 歲。 ※廖來興（26 歲）拜鍾任祥爲師。 ※許王（19 歲）編演《風塵三怪客》、《仇海風雲》。收首徒施勝和。 ※黃順仁（16 歲）拜黃秋藤爲師。	※6 月，國民黨成立「中央電影公司」。 ※12 月 3 日，中美共同簽署「中美共同防禦條約」（共維持 26 年，中美斷交後廢除）。 ※臺灣省文化工作隊成立。 ※海軍成立「海光國劇隊」。

	※蘇明順（14 歲）拜姨丈鄭來法為師。 ※「中國太陽園」林大豐出生。 ※「黑鷹」柳國明出生。	
1955	※許天扶（1893～1955）逝世，享年 63 歲。 ※茆明福（18 歲）組「新世界第二團」（後改「明世界」）。 ※「霹靂」集團董事長黃強華出生。 ※廖武雄（15 歲）拜鍾任祥為師。 ※鍾任祥當選第三屆雲林縣議員，此後連任五屆縣議員，自布袋戲舞臺退休。 ※江賜美（23 歲）長子柯加財出生。	※6 月 23 日，「都馬班」拍攝的第一部歌仔戲電影《六才子西廂記》上映，是臺灣電影史上第一部臺語片。 ※「新聞局電影檢查處」成立，並頒布「電影檢查法」。 ※空軍大鵬劇校成立。 ※臺灣藝術專科學校設立國劇科。
1956	※李天祿（47 歲）擔任臺灣省地方戲劇協進會北區聯絡處主任。 ※「霹靂」集團總經理黃文擇、攣生兄弟黃文耀出生。 ※「祝安」第三代陳正義出生。 ※廖英啓（27 歲）組「進興閣」，金光戲代表作為《大俠一江山》。 ※林啓東（20 歲）擔任「新興閣三團」主演。 ※「五洲秋峰園」羅秋峰出生。	※1 月 4 日，麥寮「拱樂社」拍攝歌仔戲電影《薛平貴與王寶釧》上映。 ※5 月 17 日，大專聯考正式實行。
1957	※鍾任壁率班首次於萬華芳明館戲院演出（勞軍義演）。 ※許王（22 歲）應召入伍，「小西園」委由師兄高文波演出。12 月長子許國良出生。 ※林金鍊（21 歲）拜李天祿為師。 ※「全樂閣」第三代鄭寶和出生。 ※「隆興閣」第二代廖昭堂出生。	※3 月 12 日，私立復興劇校在北投成立。 ※6 月 15 日，臺灣塑膠工業公司在高雄成立，臺灣進入塑膠時代。 ※11 月 1 日，臺灣首次舉辦臺語片影展。
1958	※3 月 31 日，黃俊雄（26 歲）拍攝的布袋戲電影《西遊記》上映，是臺灣第一部布袋戲電影。 ※6 月，黃順仁（20 歲）組「美玉泉」。 ※陳淑美（23 歲）、涂寬容（23 歲）夫妻將「瑞興閣」改為「眞興閣」。 ※陳峰煙（25 歲）立案成立「彰藝園」。	※5 月 15 日，臺灣警備總司令部成立。 ※8 月 1 日，陸軍總部成立「陸光國劇隊」。 ※8 月，臺灣第一部彩色電影《金壺玉鯉》上映，由陳澄三執導，「錦玉己」歌劇團擔綱演出。
1959	※鍾任秀智（1987～1959）逝世，享年 87 歲。 ※鍾任樑出生。 ※沈明正出生。 ※廖來興（31 歲）與弟廖武雄（19 歲）共組「隆興閣」。 ※許有（15 歲）拜方清祈（31 歲）為師（後至神岡組「振五洲」）。	※8 月 7 日，臺灣中南部發生大水災。 ※12 月，警總執行「暴雨專案」，全面取締包括大陸、香港所出版或在臺翻版的新、舊武俠小說達五百餘部。 ※1955 至 1959 年，共有 178 部臺語電影問世，是當時華語片的三倍，其中由歌仔戲班拍攝的超過 30 部。 ※「藝霞歌舞團」成立。

1960	※6月，「臺灣省地方戲劇協進會」統計全省共有302個戲班，布袋戲有157團。 ※許王（25歲）編演《龍頭金刀俠》、《怪俠白錦囊》。 ※吳天來（39歲）再度回到「小西園」，爲許王排戲兩年。 ※林廣信（17歲）拜方清祈（32歲）爲師，以「小五洲」之名在神岡拓展。	※5月9日，東西橫貫公路通車。 ※9月10日，政府公布實施「獎勵投資條例」，以減免租稅爲手段，吸引外商來臺投資，直到1980年。
1961	※6月，鍾任壁（30歲）「新興閣第二團」於萬華芳明館等戲院演出。 ※9月，呂訴上（47歲）撰成《臺灣電影戲劇史》，其中有〈臺灣布袋戲史〉一章。 ※陳明華爲「清華閣」胡玉琳（35歲）編排《萬里遊俠一生傳》。 ※陳明華爲「隆興閣」編排《五爪金鷹一生傳》。 ※林啓東（25歲）組「光興閣」。	※8月20日，臺北市政府在改善民俗座談會中，決定中元普渡限舉行一天，演戲亦同。 ※10月26日，陳澄三成立「拱樂社第二團」，開始錄音班的時代，至1966年時，共擁有6個歌仔戲錄音班。 ※本年全臺共有影院237所、劇院74所、混合戲院230所。 ※聯勤總部成立「明駝國劇隊」。
1962	※6月，方清祈（34歲）回家鄉二崙成立「今古奇觀」。 ※11月8日，李天祿（53歲）「亦宛然」在臺視每周四晚上演出《三國演義》，演至1963年4月25日止，共25集，是第一個上電視演布袋戲的戲班。 ※鍾任壁（31歲）「新興閣」參加臺灣省警務處的「文化工作隊」，組成「雲林縣戲劇文化巡迴宣傳隊」，巡迴各地，並演出保密防諜的宣傳劇《女人、金錢、匪諜》。 ※廖武雄（22歲）組「隆興閣第二團」。	※臺灣證卷交易所開業。 ※「臺灣電視公司」開播，是臺灣第一家無線電視臺。 ※10月，臺視製播第一齣電視歌仔戲《雷峰塔》，由廖瓊枝、何鳳珠主演。 ※臺北正聲「天馬歌劇團」成立。
1963	※3月2至6日，黃俊雄（31歲）組「世界大木偶歌舞特藝團」，配合電動布景機關於臺北「國泰戲院」演出5天。7月再於「嘉義戲院」演出。 ※6月7日，「明虛實」在臺視演《岳飛傳》，採國語配音。 ※「五洲藝華園」李國安出生。	※4月24日，香港邵氏的黃梅調電影《梁山伯與祝英臺》在臺首映。 ※陸光戲劇學校成立。 ※文化學院（文化大學前身）成立，設有戲劇系，分國劇組、影劇組。
1964	※5月20日，臺視製播國語兒童木偶戲《文天祥》。 ※方清祈（36歲）收林文昭（13歲）爲徒。 ※11月，「新世界」陳俊然（32歲）編導、中聲唱片發行《五虎平南》《狄青傳》布袋戲唱片。12月發行《貂蟬弄董卓》。 ※許王（29歲）改編平劇三國齣，以《古城訓弟》參加臺灣區戲劇決賽，獲得冠軍。	※2月11日，中影公司拍攝臺灣第一部國語彩色電影《蚵女》上映。 ※海光劇校成立。

1965	※4月21日，臺視製播國語兒童木偶戲《水仙公主》。 ※鍾任壁（34歲）「新興閣」獲得「臺灣區地方戲劇比賽決賽」冠軍。 ※許正宗（15歲）成立「正西園」。 ※徐炳垣（31歲）成立「巧成眞木偶之家」。 ※黃秋揚（1933～1965）逝世，得年33歲。其父黃添泉（56歲）傷慟退隱。 ※劉祥瑞（13歲）拜林啓東爲師。 ※臺北地區有「大橋」、「芳明」、「天閣」三家戲院上檔布袋戲，演出313天。	※5月5日，美國正式捲入越戰，臺灣以其戰略位置之便，成爲美軍後勤補給地。 ※7月10日，行政院新聞局主辦首屆優良國語廣播節目頒獎典禮。 ※11月，臺視南部轉播站啓用，完成全省電視網。 ※行政院辦理首屆「金鐘獎」。 ※瓊瑤小說《煙雨濛濛》首次改編成電影，開啓瓊瑤愛情文藝電影時代。
1966	※5月4日，臺視製播國語兒童木偶戲《阿輝的心》。 ※農曆10月，「小西園」戲迷組成「椅子會」，在許王演出時，免費準備椅子給觀眾看戲。	※5月，楊麗花第一次參加臺視歌仔戲演出，戲碼《精忠報國》。 ※8月，陳澄三創辦「拱樂社戲劇短期補習班」，於10月開學，至1969年6月止，共40期，學生總數約80人，均爲女生。 ※桃園「同樂春」傀儡戲名師張國才（1880～1966）逝世，享年87歲。
1967	※1月4日，臺視製播國語兒童木偶戲《麗麗》。 ※12月31日，黃俊雄（35歲）製作的布袋戲電影《大飛龍》上映。 ※鍾任壁（36歲）定居臺北。 ※江賜美（35歲）遷居三重，並成立「眞快樂」。 ※「全樂閣」鄭全明（1901～1967）逝世，享年67歲。	※7月1日，臺北市升格爲直轄市。 ※7月28日，「中華文化復興運動推行委員會」成立。 ※11月10日，教育部文化局成立（1973年6月裁撤）。 ※武俠電影開始流行，如胡金銓的《大醉俠》、《龍門客棧》；張徹的《獨臂刀》等。 ※臺灣電視進入彩色時代。
1968	※1月3日，臺視製播國語兒童木偶戲《唐敖遊記》。 ※8月7日，黃俊雄（36歲）布袋戲電影《大傷殺》上映。 ※王炎（68歲）解散「哈哈笑」和「新西園」許欽徒弟陳文雄（24歲，1945年生）合組「眞西園」。 ※鍾任壁（37歲）「新興閣」獲得臺灣區地方戲劇決賽冠軍。 ※方清祈（40歲）「今古奇觀」獲得臺灣區地方戲劇決賽亞軍。 ※吳萬成（20歲）組「宏賓第二團」。 ※蕭添鎮（18歲）到陳俊然戲班學習，認識陳山林。	※7月1日，私立復興劇校改制爲國立，更名「國立復興戲劇實驗學校」，並遷址內湖。 ※9月1日，「九年國民義務教育」實施。 ※「臺北市地方戲劇協會」成立。
1969	※方清祈（41歲）「今古奇觀」獲得臺灣區地方戲劇決賽亞軍。 ※黃俊雄當選臺灣地方戲劇協進會理事長。	※10月6日，臺視開始播出彩色節目1小時，並完成花蓮轉播站。 ※10月31日，「中國電視公司」開播。

	※林金鍊（33 歲，1937 年生）成立「似宛然」。 ※許欽（40 歲）「新西園」退出戲界。 ※林振森（23 歲）組「華洲園」。	※10 月，臺視成立「臺視歌仔戲劇團」，楊麗花任團長。 ※11 月，中視製播第一齣歌仔戲，由「中視歌劇團」演出《三笑姻緣》，柳青、王金櫻擔綱演出。
1970	※3 月 2 日，臺視開始播出黃俊雄（38 歲）《雲州大儒俠》。 ※5 月 11 日，鍾任壁（39 歲）在中視演出《小神童李三保救世記》。 ※6 月 15 日，「玉泉閣第二團」黃秋藤（48 歲）在中視製播《揚州十三俠》。 ※6 月 29 日，黃俊雄在臺視製播《三國演義》。 ※8 月 3 日，黃順仁（32 歲）在中視製播《武王伐紂》。 ※8 月 31 日，黃俊卿（43 歲）在臺視製播《劍王子》。 ※10 月 5 日，黃俊雄在臺視製播《雲州大儒俠續集》。 ※10 月 5 日，「小西園」在中視演出《金簫客》。 ※陳錫煌（40 歲）「新宛然」解散，回「亦宛然」任二手。 ※蕭添鎮到「新世界三姊妹」擔任主演，約兩年。	※9 月 1 日，中視全面彩色播出。 ※教育部公布「演藝事業暨演藝人員輔導管理規則」，其中規定劇團負責人應具高中以上學歷（1996 年 12 月取消此規定）。 ※教育部訂定「加強推行國語運動辦法實施要點」。 ※「臺灣省地方戲劇協進會」成立「編劇委員會」，並設置劇本編修小組。
1971	※鍾任壁退出布袋戲舞臺，轉從事建築業。 ※1 月 11 日，黃俊雄（39 歲）在臺視製播《新西遊記》；2 月 7 日，在臺視製播《六合三俠》。 ※3 月 1 日，黃順仁（33 歲）在中視演出《無情劍》。 ※5 月 29 日廖英啓（42 歲）在中視製播《千面遊俠》。 ※6 月 7 日，黃俊卿（44 歲）在臺視製播《忠孝書生》。 ※「復興社」盧崇義（1915～1971）逝世，享年 57 歲。	※4 月 9 日，美國國務院聲明擬將釣魚臺列嶼主權交給日本，引發海內外保釣運動。 ※7 月 15 日，美國總統尼克森訪問中國大陸。 ※7 月，陳澄三成立「三蘭」歌舞團。 ※10 月 25 日，臺灣退出聯合國。 ※10 月 31 日，「中華電視臺」開播。 ※李小龍《唐山大兄》上映，開啓李小龍時代。
1972	※1 月 3 日黃俊卿（45 歲）在臺視製播《少林英雄傳》。 ※1 月 15 日，華視首播布袋戲《聖劍春秋》由黃三雄劇團演出。 ※7 月 10 日，臺視播出黃俊雄史艷文真人版《雲州英雄傳》，由楊麗花飾演史艷文；石英飾演藏鏡人，以臺語發音，共播出 40 集。 ※廖英啓（43 歲）改行在三重經營餐飲業。 ※「今古奇觀」方清祈（44 歲）獲得臺灣區地方戲劇決賽冠軍、最佳創意獎。演出《選賢與能・抗暴圖》。 ※「五洲小桃源」陳文哲出生。	※3 月 8 日，華視播出連續劇《西螺七劍》。 ※5 月 26 日，蔣經國任行政院長。 ※9 月 29 日，臺灣與日本斷交。 ※9 月，臺視整合三臺歌仔戲團，成立「臺視聯合歌劇團」，製播《七俠五義》，由楊麗花、葉青擔綱演出。 ※12 月，臺灣政府為淨化電視節目，規定各電視臺每天不得播放方言節目超過一小時。

1973	※1月20日,黃俊雄(41歲)在臺視製播《雲州大儒俠》。 ※李傳燦(28歲)至「小西園」當二手。 ※陳深池(1899〜1973)逝世,享年75歲。	※12月6日,蔣經國宣布將在5年內完成「十大建設」。 ※「雲門舞集」成立。
1974	※2月13日,黃俊雄(42歲)在臺視製播《雲州四傑傳》。 ※林文昭(23歲)在崙背組「遠東昭明樓」。 ※黃秋藤次子黃光爵(26歲)組「眞玉泉」。 ※李天祿(65歲),其學生法國班任旅(22歲,1953年生)、尹曉菁、陸佩玉(21歲,1954年生)先後來臺拜師學藝。 ※蕭添鎭(24歲)到臺北「集樂天」擔任主演,約三年。	※1月,政府禁止進口日片。 ※5月,電影《梁山伯與祝英臺》上映。 ※8月19日,教育部文化局與三家電視臺協議,決定每天播映方言節目至多1小時。 ※9月11日起,華視播齣連續劇《保鑣》。
1975	※李傳燦(30歲)至「小西園」擔任二手,為時兩年半。 ※林文昭「遠東昭明樓」在臺中立案並定居。 ※江欽饒(17歲)拜林啓東為師。 ※「阿忠布袋戲」陳漢忠出生。 ※慶祝光復節三十週年,方清祈「今古奇觀」於臺中市議會三樓連演十天,每天兩場。	※4月5日,蔣中正逝世。 ※政府以「妨害工農正常作息」,全面禁播臺語布袋戲,自1975年至1982年間,臺語布袋戲在電視上消失。
1976	※2月17日,黃俊雄(44歲)在中視製播國語木偶劇《西遊記》。 ※「小西園」椅子會發起人周條盛去世,後繼無人,結束十年的椅子會。 ※黃順仁(38歲)轉業經營貨運業務。 ※洪連生(31歲)組「洪連生木偶劇團」。 ※「廖文和布袋戲團」成立,師承黃俊雄。廖文和(25歲)參加該年度「臺灣區地方戲劇比賽決賽」,以《趙五娘》獲得第四名。 ※「臺灣區地方戲劇比賽決賽」,第一名:黃俊雄「眞五洲」;第二名:李天祿「亦宛然」;第三名:方清祈「今古奇觀」;第四名:「廖文和」、「振玉泉」兩班。 ※「賜美樓」江同生(1914〜1976)逝世,享年63歲。 ※「眞快樂」柯世宏出生。	※臺語電影停產。 ※臺灣社會開始引進錄影機。 ※政府公布「廣播電視法」其中第二十條規定:「電臺對國內廣播音語言應以國語為主,方言應逐年減少;其所應佔比率由新聞局視實際需要定之。」另「廣播電視法施行細則」第十九條規定:「電視臺國語播音比例不得少於百分之七十。」 ※民間藝人陳達在臺北「稻草人」餐廳演唱,引發熱潮。
1977	※2月7日,李天祿(68歲)應香港文化中心之邀參加「第5屆香港藝術節」演出6天,是「亦宛然」首次出國表演。 ※4月25日,黃俊雄(45歲)在華視製播《神童》,國語配音,計29集。 ※9月17日,黃俊雄在華視製播《百勝棒》,國語配音,計29集。 ※「隆義閣」陳宇期出生。 ※「玉泉閣」黃添泉(1910〜1977)逝世,享年68歲。	※8月17日,作家彭歌在《聯合報》副刊為文批評鄉土文學,掀起「鄉土文學論戰」,直到1978年3月才逐漸平息。 ※11月23日,「吳三連文藝基金會」成立。 ※11月,省議員與縣市長選舉,國民黨遭受挫敗,無黨籍人士贏得5席縣市長、21席省議員和6席臺北市議員。選舉期間爆發「中壢事件」。

	※蕭添鎮（27歲）到「勝興樂」擔任主演，約四年。	
1978	※農曆正月15日，李天祿（69歲）「亦宛然」解散。6月，班任旅、尹曉菁、陸佩玉在法國組「小宛然」；9月，應班任旅之邀，首次赴法國，在東方語言學校內作私人表演。 ※許王（43歲）「小西園」參加「臺灣區地方戲劇比賽決賽」，再以《古城訓弟》獲得冠軍。第二名爲臺北市「光興閣」；第三名「新西園」；第四名有臺南縣「大光華」和「今古奇觀」兩班。 ※王炎（78歲）「眞西園」受許常惠之邀，於國立藝術館主辦的「民間樂人音樂會」演出一場南管武戲《馬俊過山》、一場南管文戲《朱連進京》。 ※「眞雲林閣」李京曄出生。	※2月18日，《民生報》創刊。 ※3月，蔣經國當選第6任總統，謝東閔任副總統。 ※10月31日，「中山高速公路」通車，總長373公里。 ※12月，美國停止美援並與中華人民共和國建交。 ※成龍主演《蛇行刁手》、《醉拳》等片造成轟動。
1979	※許王（44歲）編演《龍頭金刀俠》別傳《風速四十米》，並參加「臺北市文藝季」，演出《魚藏劍》。 ※廖文和次子廖千順出生。	※1月1日，臺灣和美斷交。 ※2月26日，桃園中正國際機場啓用。 ※3月28日，郭小莊成立「雅音小集」。 ※5月1日，許常惠號召成立「中華民俗藝術基金會」。 ※7月1日，高雄市升格爲院轄市。鐵路電氣化完工。 ※8月，黃信介等人創辦《美麗島》雜誌。 ※12月10日，爆發「美麗島事件」。
1980	※5月，李天祿（71歲）應法國文化部之邀第二度赴法，在巴黎示範教學一個月。 ※鍾任祥（1911～1980）逝世，享年70歲。 ※許王（45歲）「小西園」參加「臺灣區地方戲劇比賽決賽」，以《赤壁之戰》獲得優等。 ※柳國明（27歲）「黑鷹」參加「臺灣區地方戲劇比賽決賽」，以《王佐斷臂》獲得優等。	※6月，「財團法人施合鄭民俗文化基金會」成立。 ※10月，楊麗花拍攝的歌仔戲電影《鄭元和與李亞仙》上映。 ※12月15日，新竹科學園區開幕。
1981	※6月，黃順仁（43歲）主辦臺南市「中華戲劇大展」，負責邀請全臺布袋戲、傀儡戲及皮影戲班演出，在臺南實踐堂連演六個月。 ※7月，李天祿（72歲）應法國文化部之邀第三度赴法教學。 ※李天祿與許王（46歲）參加臺南市「中華戲劇大展」，兩人輪演《過五關》、《古城訓弟》、《群英會》、《華容道》。 ※許王收第二徒「全樂閣」鄭寶和（25歲）。 ※蕭添鎮搬回彰化縣永靖鄉組「新中華蕭天鎮」布袋戲班。	※1月，楊麗花拍攝的歌仔戲電影《陳三五娘》上映。 ※3月，「臺視楊麗花歌仔戲劇團」參加「第2屆新象國際藝術節」，於臺北國父紀念館公演《漁孃》。 ※4月16日，高雄市文化中心成立。 ※11月11日，「行政院文化建設委員會」成立，陳奇祿（1923～2014）擔任主委。 ※錄影機普及，臺灣錄影帶出租業應運而生。

1982	※4月，新聞局准許臺語布袋戲播出。 ※6月14日，黃俊雄（50歲）於臺視演出《大唐五虎將》。 ※7月14日，洪連生在華視製播《新西遊記》。 ※9月14日，黃俊雄在臺視製播《六合三俠傳》。 ※10月14日，洪連生在華視製播《新西遊記續集》。 ※10月，文建會主辦，「施合鄭民俗文化基金會」承辦，邱坤良策劃第1屆「民間劇場」於10月10至14日在臺北市青年公園推出各項民藝展演教學活動。 ※鍾任壁（51歲）受日本「現代人形劇協會」邀請，首次赴日演出，於東京、名古屋、京都、大阪等12市巡演與演講。 ※蔡武庸（31歲）組「文興閣」。	※5月26日，〈文化資產保存法〉公布，文化資產包含古物、古蹟、民族藝術、民俗及有關文物、自然文化景觀、歷史建築等六大類。 ※5月，中視晚上8點檔播出港劇《楚留香》。 ※9月，葉青在華視組「神仙歌劇團」，製播《瀟湘夜雨》。 ※12月25日，南投縣立文化中心成立。 ※國立藝術學院「傳統藝術研究中心」成立。
1983	※1月27日，「小西園」應日本「人形劇協會」邀請，由許王、李天祿共同率領赴日本東京國立劇場，和大阪、奈良、京都、兵庫、高知等地文化會館演出17場，為期三週（2月17日返國）。 ※10月7至11日，第2屆「民間劇場」由曾永義製作，邀請黃海岱、黃順仁、李天祿、許王、王炎等人演出。 ※10月4日，方清祈（55歲）「今古奇觀」應邀彰化縣立文化中心開幕典禮演出兩場。 ※11月14日，黃文擇（28歲）首次上電視，在中視演出《苦海女神龍》。 ※12月14日，方清祈（55歲）「今古奇觀」參加雲林縣秋季藝文活動，於口湖鄉下崙村福安宮演出《為何命如此一生傳》。 ※蕭添鎮（33歲）與盧守重合作，在彰化國聲電臺錄製「中國上古史布袋戲廣播劇」及臺中中聲電臺錄製「南俠風雲布袋戲廣播劇」。	※8月5日，楊麗花歌仔戲隨臺灣省主席李登輝率領的訪美團，到美國公演一星期，宣慰僑胞，並介紹中華傳統戲劇藝術。 ※10月4日，彰化縣立文化中心成立。 ※10月8日，臺南縣立文化中心成立。 ※陳美娥創立「漢唐樂府」，推廣南管藝術。
1984	※3月3日，由陳金次、李鴻禧、楊維哲三位臺大教授發起，召開「西田社」籌備會，「小西園」在臺大視聽館演出《馬鞍山》。 ※許王收第三徒「祝安」陳正義（29歲）。 ※4月，李天祿（75歲）率團參加韓國「第1屆漢城國際人形祭」，後順道去日本新宿、仙臺演出。 ※8月，李天祿參加侯孝賢的《童年往事》拍攝。 ※9月，陳錫煌、李傳燦、林金鍊開始到板橋莒光國小傳授布袋戲。 ※4月，鍾任壁（53歲）「新興閣」應邀前往韓	※2月，「文化資產保存法施行細則」公布施行。 ※3月，蔣經國當選第7任總統，李登輝任副總統。 ※5月20日，公共電視開播。 ※宜蘭縣立文化中心成立。 ※5月，劉鐘元成立「河洛歌仔戲團」。 ※7月1日，高雄縣立文化中心成立。

	國參加「第 1 屆漢城國際人形劇祭」。 ※9 月 7 至 11 日，第 3 屆「民間劇場」，邀請「小西園」表演。 ※9 月 19 至 10 月 25 日，「小西園」應美國密西根州「大華美文教中心」之邀（太平洋文化基金會主辦暨文建會、教育部贊助），由賴玉人、彭鏡禧及曾永義率領，赴美國十二州、十四城巡演四十餘場。 ※11 月 15 至 21 日，行政院文建會在臺北、高雄、臺中、彰化、臺南等地舉辦「中韓偶戲觀摩展」。有「小西園」、「亦宛然」獲邀演出。 ※吳萬響與黃海星慶宇傳播公司合作製作錄影帶出租，採外臺戲現場錄影方式，錄製《怪紳士》、《盲眼神龍劍》、《女劍王復仇》、《乞丐王子》，進軍錄影帶市場。 ※蕭添鎮（34 歲）移居臺中市，從事服務業，有時應邀他班演出。	
1985	※3 月 23 至 25 日，方清祈「今古奇觀」參加臺南市政府主辦「臺南市戲劇年」活動，於臺南市中山公園演出三天。7 月 23 至 28 日於實踐堂演出六天。 ※4 月，鍾任壁（54 歲）「新興閣」再度參加「第 2 屆漢城國際人形劇祭」。 ※4 月 15 日，黃文耀（30 歲）在華視首次製播《火燒紅蓮寺》。 ※7 月，「小西園」應夏威夷「東西文化中心」之邀，由曾永義帶領，前往檀香山演出，再轉往東京、大阪、奈良等地演出。 ※8 月，李天祿（76 歲）「亦宛然」赴日參加「第 7 屆飯田人形劇祭」演出。11 月，赴美國阿肯色州、紐約、芝加哥巡演，獲「紐約世界偶戲協會」頒贈「傑出藝人獎章」。 ※9 月 26 至 30 日，第四屆「民間劇場」，邀請「玉泉閣」黃秋藤、「美玉泉」黃順仁、「新興閣」鍾任壁、「小西園」許王、「眞五洲」黃俊雄、「五洲園」黃海岱、「亦宛然」李天祿、板橋莒光國小，及「文化大學地方戲劇研究社」演出。 ※12 月 13 日，「西田社布袋戲基金會」在國立藝術館舉行成立大會。 ※李天祿獲教育部第 1 屆「民族藝術薪傳獎」（個人獎項）。 ※許王（50 歲）「小西園」獲教育部第 1 屆「民族藝術薪傳獎」（團體獎項）。 ※許王收第四徒「春秋閣」施炎郎（24 歲）。 ※黃順仁（47 歲）「美玉泉」獲得「臺灣區地方戲劇比賽南區決賽」，獲優等、最佳演技	※12 月 1 日，電影分級制度開始。 ※「大家樂」賭風開始風行。 ※三立衛星電視臺開始錄製「餐廳秀」、「三立劇場」等錄影帶節目。

	獎、舞臺技術獎。演出戲碼爲《列國誌：烽劍春秋》。 ※方清祈（57 歲）「今古奇觀」獲得「臺灣區地方戲劇比賽中區決賽」，獲優等、最佳演技獎、舞臺技術獎。演出戲碼爲《三國演義》。 ※蕭添鎭（35 歲）擔任「三興閣」助演參加「臺灣區地方戲劇比賽中區決賽」。	
1986	※1 月，文建會辦理「中華民國亞太偶戲觀摩展」，在南投縣立文化中心舉行。有「五洲園」、「新福軒」傀儡戲、「復興閣」皮影戲等參加。 ※4 月，黃順仁（48 歲）「美玉泉」應邀前往韓國參加「第 3 屆漢城國際人形劇祭」。 ※7 月，李天祿參與侯孝賢電影《戀戀風塵》拍攝。 ※10 月 29 日至 11 月 2 日，第五屆「民間劇場」，邀請「美玉泉」黃順仁、「小西園」許王、「五洲園」黃海岱、「黃俊雄木偶劇團」、「亦宛然」李天祿，及板橋莒光國小「微宛然」演出。 ※黃海岱（86 歲）獲教育部第 2 屆「民族藝術薪傳獎」（個人獎項）。	※9 月 28 日，民主進步黨在臺北圓山飯店宣布成立。 ※行政院文建會自 1982 年至 1986 年連續舉辦五屆「民間劇場」。1982 年委託邱坤良製作；1983 至 1986 年由曾永義製作。執行單位前四年委託「施合鄭民俗文化基金會」承辦；第五年則由「中華民俗藝術基金會」承辦。1987 年起改由縣市主辦，文建會則分擔經費。
1987	※3 月，李天祿（78 歲）參與電影《尼羅河女兒》演出。9 月應聘至「國立藝術學院」戲劇系擔任布袋戲藝師。 ※3 月，「新興閣」參加韓國「第 4 屆漢城國際人形劇祭」。 ※臺南縣政府主辦「民間劇場首度下鄉暨漚汪人的薪傳」系列活動，方清祈「今古奇觀」於 11 月 26 至 27 日在臺南縣將軍鄉漚汪演出兩天。 ※「玉泉閣第二團」黃秋藤（1923～1987）逝世，享年 65 歲。 ※6 月 15 日，黃俊雄在臺視製播《新雲州大儒俠》 ※王炎（87 歲）獲教育部第 3 屆「民族藝術薪傳獎」（個人獎項）。 ※蕭添鎭（37 歲）擔任「三興閣」主演參加「臺灣區地方戲劇比賽中區決賽」，獲甲等。	※7 月 15 日，臺灣解嚴，並開放大陸探親。 ※10 月，國家戲劇院與音樂廳啓用。 ※12 月 18 日，政府終止愛國獎卷的發行（自 1950 至 1987 年止）。
1988	※2 月，李天祿（79 歲），參加電影《菜刀與六個朋友》演出。7 月拍攝電影《棋王》。9 月，率「亦宛然」第五度赴法參加「世界木偶節」。10 月，參加《童黨萬歲》電影拍攝；11 月，參加侯孝賢電影《悲情城市》演出。 ※3 月，臺北市平等國小成立「巧宛然」。 ※7 月 20 至 26 日，文建會在南投舉辦第 2 屆「亞太地區偶戲觀摩展」，有「小西園」參加演出。	※1 月 1 日，解除報禁（1951 年 6 月 10 日實施報禁）。 ※1 月 13 日，蔣經國逝世，李登輝繼任總統。 ※「六合彩」簽賭開始風行。

	※7月，「新興閣」赴日參加「1988年世界人形劇祭」演出。 ※許王（53歲）獲教育部第四屆「民族藝術薪傳獎」（個人獎項）。 ※許王收第五徒「全世界」洪啟文（25歲）。	
1989	※「小西園」由「中華民俗藝術基金會」曾永義、林明德、莊伯和帶領，參加新加坡主辦之「第3屆春到河畔迎新年」活動，演出九天五場。 ※木偶雕刻師徐析森（1906～1989）逝世，享年84歲。 ※5月，「小西園」應「國立歷史博物館」邀請第三度赴夏威夷演出。 ※6月，「小西園」在國家劇院演出《古城會》。 ※7月，李天祿（80歲）獲頒教育部第1屆「重要民族藝術布袋戲藝師」。 ※10月12日，李天祿獲新聞局頒發「國際傳播獎章」。 ※10月，「小西園」由曾永義、彭鏡禧率領，赴西德、法國巴黎、南非演出。 ※「小西園」後場樂師邱火榮獲得教育部第5屆「民族藝術薪傳獎」（音樂類個人獎項）。	※5月，廖瓊枝成立「薪傳歌仔戲團」。 ※林經甫成立「臺原出版社」、「協和藝術文化基金會」（1982年改名為「臺原藝術文化基金會」）。
1990	※文建會舉辦第3屆「亞太地區偶戲觀摩展」，國內布袋戲班有「小西園」、「今古奇觀」、「亦宛然」、「五洲園」、「美玉泉」、「洪連生」、「新興閣」、「微宛然」參加演出。 ※10月22至26日，由「西田社」與「臺大掌中劇團」合辦「臺灣戲曲活動」，並祝賀黃海岱90大壽，於臺大門口演出。共有黃海岱「五洲園」、鍾任壁「新興閣」、「臺大掌中劇團」演出。 ※10月8日至12日，中國大陸第2屆「泉州世界木偶節」，邀請「小西園」、「美玉泉」參加演出。 ※「明虛實」林添盛（80歲）獲教育部第6屆「民族藝術薪傳獎」（個人獎項）。	※3月，中華職棒開打。 ※3月21日，李登輝當選第8任總統，李元簇任副總統。 ※4月21日，宜蘭縣立文化中心籌設的「臺灣戲劇館」開館。 ※7月28日，新實施的「電視節目製作規範」對於方言節目的限制全部取消。 ※潘玉嬌成立「亂彈嬌北管劇團」。
1991	※1月4日，李天祿於紐約領取美華藝術協會頒贈的「終身藝術成就獎」。 ※5月，國民黨文工會祝基瀅主委代李登輝頒贈「華夏二等獎章」和慶賀「亦宛然」成立60週年匾額給李天祿。 ※許王收第六徒葉勢宏（26歲）。 ※12月，「小西園」應文建會之邀，赴紐約中華新聞文化中心「臺北劇場」演出。 ※12月，李天祿獲行政院頒發「中正文化獎章」。	※1月，行政院「大陸工作委員會」成立。 ※3月9日，「財團法人海峽交流基金會」成立。 ※5月，李登輝總統宣布廢止「動員戡亂時期臨時條款」和「懲治叛亂條例」。 ※文建會自本年7月開始規劃扶植國內舞蹈、戲劇、音樂、平劇等具潛力的團隊以成為國際性團隊。

	※12 月，鍾任壁（60 歲）獲得教育部第七屆「民族藝術薪傳獎」（個人獎項）。 ※蕭添鎮（41 歲）擔任「新五洲」主演參加「臺灣區地方戲劇比賽中區決賽」，獲甲等。	※8 月 14 日，文建會配合紐約中華新聞文化中心設立「臺北劇場」並啓用。 ※10 月，「臺視楊麗花歌仔戲團」首度進入國家劇院公演，演出《呂布與貂蟬》。
1992	※5 月，李天祿（83 歲）赴加拿大溫哥華、美國西雅圖巡演。 ※5 月，「新興閣」參加韓國「第五屆漢城人形劇祭」。 ※文建會舉辦第 4 屆「亞太地區偶戲觀摩展」，國內布袋戲班有「小西園」、「大臺員劉祥瑞」、「今古奇觀」、「亦宛然」、「五洲園」、「金鳳凰」、「眞快樂」、「曾志鵬」參加演出。 ※6 月 3 至 4 日，方清祈「今古奇觀」參加鹿港「全國民俗才藝活動」，以大型布景舞臺演出兩天，每天兩場。日戲演出《封神榜》；夜戲演出《爲何命如此一生傳》，由長子方賢賓（44 歲，藝名珍元，後改進元）擔任主演。 ※8 月，李天祿應「香港文化總署」邀請，率藝生團赴香港演出。 ※8 月，「新興閣」參加韓國漢城「第 4 屆春川人形劇展」。 ※11 月 28 日，「省五洲」廖萬水（82 歲）獲得教育部第 8 屆「民族藝術薪傳獎」（個人獎項）。方清祈（64 歲）「今古奇觀」則獲得團體獎。 ※許王（57 歲）收第八徒黃聰國（40 歲）。 ※黃強華（38 歲）、黃文擇（37 歲）兄弟共創「大霹靂節目錄製有限公司」，自行拍攝錄影帶布袋戲。 ※屏東「全樂閣」鄭來法（1925～1992）逝世，享年 68 歲。	※陳澄三（1919～1992）逝世，享年 75 歲。 ※7 月，文建會施行「國際性演藝團隊扶植」六年計畫。1997 年改爲「傑出演藝團隊扶植計畫」。 ※9 月，宜蘭縣政府成立「蘭陽戲劇團」，是第一個由地方政府成立的臺灣本土劇團。 ※12 月，立法院通過「文化藝術事業免徵營業稅及娛樂稅」的〈文化藝術獎助條例〉，明文鼓勵企業界贊助表演藝術活動。 ※行政院通過「有線電視法草案」。
1993	※王炎（1901～1993）逝世，享年 93 歲。 ※2 月，「小西園」再次參加新加坡第 7 屆「春到河畔迎新年」活動，並再度到紐約中華新聞文化中心「臺北劇場」演出。 ※3 月，「新興閣」應亞太觀光協會等單位邀請至德國參加「世界柏林旅展」。 ※6 月，「小西園」應僑委會之邀，赴美國、加拿大爲臺灣同鄉會巡演。 ※葉勢宏（28 歲）在高雄成立「天宏園」。 ※10 至 12 月，「新興閣」應文建會、衛生署、臺北市教育局、文工會等單位邀請，至北市 43 所小學巡演。 ※11 月，「小西園」赴瑞典參加八國偶戲展。 ※第四臺「蓬萊仙山」節目邀請「再興閣」翁	※4 月，辜汪會談在新加坡舉行。 ※8 月，新黨成立。 ※侯孝賢導演以李天祿故事爲背景的電影《戲夢人生》，獲得法國坎城影展評審團大獎。

	再福（59 歲）製播《孫臏下山》。 ※板橋莒光國小「微宛然」獲得教育部第 9 屆「民族藝術薪傳獎」（團體熱心推廣獎）。 ※林振森（47 歲）創立「華洲園」皮影戲班。 ※「弘宛然」吳榮昌獲得中華民國資深青商總會第 1 屆「十大傑出青年薪傳獎」。〔註 2〕	
1994	※1 月，「小西園」應經濟部委託外貿協會和日本高島屋百貨總公司之邀，赴大阪高島屋總公司演出。 ※2 月，許王（59 歲）帶領新莊國小「小小西園」赴荷蘭演出。 ※3 月 25 至 29 日，「小西園」應文建會之邀，赴法國巴黎演出與展覽。 ※4 月，「新興閣」於日本大阪「太平洋貿易公司」開館紀念演出 4 場。 ※8 月 15 日，李天祿（85 歲）所教授的「教育部重要民族藝術布袋戲傳藝計畫」之藝生組成「弘宛然」，團長吳榮昌（29 歲）。 ※5 月，李天祿赴比利時參加「布魯塞爾藝術節」演出，並應「英國國際木偶協會」邀請，在英巡演。 ※吳清發（58 歲）獲得教育部第十屆「民族藝術薪傳獎」（個人獎項）。 ※「小西園」許國良獲得中華民國資深青商總會第 2 屆「十大傑出青年薪傳獎」。	※行政院通過文建會所提「民間藝術藝師傳習保存計畫」。 ※國立復興劇校成立歌仔戲科。
1995	※1 月，「霹靂衛星電視臺」創臺，布袋戲進軍有線電視臺。 ※4 月 17 日，茆明福（58 歲）在彰化開設「明樂軒」北管子弟館。 ※4 月，李天祿（86 歲）榮獲法國文化部「文化騎士」勳章。 ※「今古奇觀」方清祈（1929～1995）逝世，享年 67 歲。 ※文建會策劃「1995 臺北國際偶戲節」委請國立藝術學院舉辦。 ※8 月，「小西園」應加拿大同鄉會邀請，由曾永義領隊，赴愛蒙頓市、渥太華參加藝術節演出。 ※9 月，文建會推派黃海岱「五洲園」、林讚成「新福軒」傀儡戲、許福能「復興閣」皮影戲赴法參加巴黎世界文化館所舉行之臺灣偶	※國立國光劇團暨國光藝校成立。 ※國立藝術學院傳統音樂系招生。

〔註 2〕根據〈第二十屆「全球中華文化藝術薪傳獎」選拔辦法簡章〉，其中說明 1993 年舉辦第一屆十大傑出青年薪傳獎，故該獎第一屆選拔時間乃是 1993 年辦理。然而「弘宛然」吳榮昌當選證書所載頒發時間為 1994 年 1 月 23 日。在此本年表依該會簡章為主，並敘明吳隆昌當選證書所載的頒發時間。

	戲節演出。 ※9月，「新興閣」應文建會之邀赴紐約中華新聞文化中心「臺北劇場」演出五場，再赴馬里闌大學演出三場。 ※10月，「亦宛然」赴日參加「亞細亞航空20週年慶」演出。 ※黃俊雄（63歲）獲得中華民國資深青商總會第3屆「傑出中華文化藝術薪傳獎」。 ※10月，李天祿獲臺北市長陳水扁頒發「宣揚文化」講座。 ※蕭添鎮（45歲）擔任「新光明」主演參加「臺灣區地方戲劇比賽中區決賽」，獲優等與最佳演技獎。	
1996	※3月，「小西園」、「新興閣」應邀赴泉州參加「國際民間藝術節」。 ※5月，「小西園」至美國馬里蘭州陶森大學、路易斯安那州巴頓齊市演出。並應文建會之邀，第三度於紐約中華新聞文化中心演出。 ※7月，「傳藝中心籌備處」委託「中華民俗藝術基金會」執行「布袋戲黃海岱技藝保存計畫」。 ※9月，「小西園」應「日本人形劇協會」之邀，巡迴日本各大城市演出、示範演講。 ※10月，洪連生（51歲）獲得中華民國資深青商總會第4屆「全球中華文化藝術薪傳獎」。 ※12月，「李天祿布袋戲文物館」在臺北縣三芝鄉成立開幕。	※1月31日，「國立傳統藝術中心籌備處」成立。 ※1月，「財團法人國家文化藝術基金會」成立。 ※3月23日，臺灣首次舉行總統直選，李登輝、連戰當選正、副總統。 ※12月，教育部取消職業演藝團體負責人需具備高中以上學歷的規定。
1997	※3月，「財團法人李天祿布袋戲文教基金會」成立，陳錫煌（67歲）任董事長。 ※6月，陳俊然（1933～1997）逝世，享年65歲。 ※7月，文建會策畫「臺灣古典布袋戲藝術人才培訓計畫」，傳承「小西園」前後場技藝。 ※「傳藝中心籌備處」委託林明德主持「布袋戲小西園許王技藝保存計畫」。 ※「小西園」許國良（41歲）當選第35屆全國十大傑出青年。 ※「隆興閣」廖昭堂（41歲）首次獲得臺南縣文化局邀演，這是該團演出文化場的開端。	※2月，國家文化藝術基金會通過「國家文化藝術基金會文藝獎」設置辦法。
1998	※1月，黃海岱（98歲）獲選教育部第2屆「民族藝術藝師」。 ※1月，「小西園」應澳洲坎培拉首區政府之邀，參加第一屆多元文化節，並應雪梨、墨爾本之請，巡演22天。 ※2月11至13日，傳藝中心邀請「小西園」、	※9月，文建會原來的「扶植國際團隊計畫」自1998年改爲「傑出演藝團隊甄選及獎勵計畫」。 ※11月13日，文建會啓用「網路劇院」。

	「新興閣」、「五洲園」、「亦宛然」至中正紀念堂「臺北燈會」演出。 ※5月14日，李天祿（89歲）獲臺灣師大頒發「人文講席」證書，並演出《大鬧水晶宮》。 ※6月至7月間，「新興閣」赴東歐匈牙利等國參加偶戲節演出。 ※7月，「小西園」參加法國「亞維儂藝術季」、「庇里牛斯山藝術節」。 ※7月，「亦宛然」參加法國「亞維儂藝術季」。 ※8月13日，李天祿（1910～1998）逝世，享年89歲。 ※8月28至31日，黃文擇在臺北國家劇院演出4天8場《霹靂英雄榜之狼城疑雲》，10月發行錄影帶。 ※8月，「亦宛然」參加日本飯田第20屆「人形劇祭」演出。 ※10月，「亦宛然」應文建會邀請赴美國「紐文中心」、法國巴黎「巴文中心」演出。 ※文建會主辦「87年度表演藝術團隊基層巡演」活動，有「小西園」、「弘宛然」、「新興閣」參加。 ※吳萬成將「宏賓第二團」改為「諸羅山」。 ※茆明福（61歲）獲得中華民國資深青商總會第6屆「全球中華文化藝術薪傳獎」。	
1999	※1月，「傳藝中心籌備處」委託成大藝術研究所主持「屏東縣潮州鎮明興閣掌中戲技藝保存計畫」。 ※「真興閣」陳淑美（1935～1999）逝世，享年65歲。 ※2月26日，茆明福（62歲）「明世界」於臺北市「二二八和平公園」首演《二二八風雲：陳篡地風雲錄》。 ※3月17至4月12日，文建會委託中華民俗藝術基金會承辦第一屆「偶戲乾坤1999年雲林國際偶戲藝術節」。 ※5月，「小西園」由曾永義領隊，赴韓國參加「國際木偶節」。 ※6月，由「國立傳統藝術中心籌備處」委託林鋒雄主持的「布袋戲新興閣鍾任壁技藝保存計畫」完成。 ※8月4至9日，「新興閣」應邀參加日本「1999年飯田國際藝術祭」演出和講習。 ※8月30日，洪連生（1946～1999）逝世，得年54歲。 ※8月，「阿忠藝合團」開始在臺北公館PUB「女巫店」演出。 ※10月，廖文和（48歲）得中華民國資深青	※7月1日，國光藝校與復興劇校正式合併為「國立臺灣戲曲專科學校」，採十年一貫制。 ※7月，傳藝中心研擬完成「傳統藝術藝人傳藝實施要點」，首次嘗試與大專院校合作，讓傳統藝術藝人進駐學校傳藝。 ※彰化縣「南北管戲曲音樂館」開館。 ※9月21日，臺灣中部地區發生規模7.3級大地震。 ※由「臺灣省戲劇協進會」辦理的「臺灣區地方戲劇比賽」停辦。 ※臺北市政府文化局正式運作。

	商總會第七屆「全球中華文化藝術薪傳獎」。另黃海岱則獲得終身奉獻獎。 ※10 月，「新臺灣人基金會」邀請京劇、歌仔戲和布袋戲界共同舉辦「集集賑災」義演活動。 ※10 月，以彰化二水「明世界」爲研究對象的「家族掌中劇團保存計畫」開始進行。 ※12 月 18 日至 2000 年 1 月 18 日，由傳藝中心主辦、沈春池文教基金會承辦的「三國演義博覽會」邀請「亦宛然」、「小西園」、「新興閣」、「五洲園」演出。 ※12 月 22 日至 2000 年 1 月 26 日，「社團法人臺北市兒童戲劇協會」主辦「傳統偶戲暨歌仔戲災後心靈重建系列活動」的「傳統偶戲新臺灣」，邀請「小西園」、「五洲園」、「廖文和」、「大臺員」等團赴各地巡演。 ※鄭寶和（43 歲）在屏東成立攝影棚，並在有線臺「臺藝」臺製播《聖俠傳奇》。 ※胡金柱（1915～1999）逝世，享年 85 歲。	
2000	※1 月，荷蘭學者羅斌（38 歲）成立「大稻埕偶戲館」。 ※1 月，「美玉泉」黃順仁（1939～2000）逝世，享年 62 歲。 ※3 月，黃俊雄（68 歲）、黃立綱（23 歲）父子在虎尾成立「美地塢節目製作中心」。 ※4 月，黃俊雄在中視製播《千禧年雲州大儒俠》。 ※5 月，「廖文和」應邀至韓國參加第 11 屆「漢城人形劇祭」。 ※5 月，「亦宛然」應邀至瑞士國際衛生組織年會（WHO）演出。 ※9 月，廖文和（49 歲）獲得行政院文建會「文耕獎」。 ※9 月，「亦宛然」應邀至法國參加第 12 屆「夏威爾國際偶戲節」演出。 ※9 月，「大霹靂公司」更名爲「霹靂國際多媒體」。 ※10 月，黃海岱（100 歲）獲得行政院「文化獎」。 ※12 月 23 至 25 日，傳藝中心籌備處於臺北市「歸綏戲曲公園」舉辦「掌中戲乾坤——南北布袋戲聯演」，共有「新興閣」、「金臺灣」、「眞快樂」、「大臺員」、「小西園」、「小西園傳藝班」等六團參演。 ※「隆興閣」廖昭堂（44 歲）首創「詔安客語布袋戲」。	※3 月 18 日，陳水扁、呂秀蓮當選中華民國第 10 任總統、副總統。 ※6 月 16 日，臺北市「歸綏戲曲公園」落成啓用。 ※7 月，教育部核准「國立臺北大學」於 90 學年創設「民俗藝術研究所碩士班」。

| 2001 | ※5 至 6 月，「新莊文化季」邀請「新西園」、「小西園」、「全西園」、「小小西園」、「阿忠藝合團」、「眞快樂」等六團演出。
※5 月 29 至 6 月 22 日，「新興閣」至法國、瑞士、西班牙、愛爾蘭巡演。
※6 月 3 日，有線衛視中文臺推出「阿忠布袋戲」。
※6 月，臺北縣政府辦理「2001 年臺北縣宗教藝術節新莊文化季」，有「新西園」、「眞快樂」、「小西園」、「小小西園」、「全西園」參演。
※6 月，「新興閣」鍾任壁（70 歲）在淡水竹圍、新興、鄧公國小演出《滬尾守備——張李成（阿火旦）》。
※6 月 28 至 7 月 14 日，行政院新聞局策劃，曾永義帶領「小西園」至中美洲三友邦巡演。
※7 月 21 至 8 月 19 日，臺北市文化局辦理「臺北兒童藝術節」，邀請「微宛然」、「大臺員」、「眞快樂」、「新樂園」、「諸羅山」、「北京市中國木偶藝術團」演出。
※8 月 17 至 24 日，「亦宛然」、「財團法人李天祿布袋戲文教基金會」紀念李天祿逝世三週年暨「亦宛然」成立七十週年，辦理「2001 年國際偶戲在臺灣」。
※8 月 20 日，「小西園」許王（66 歲）獲得第 5 屆「國家文藝獎」。
※黃武山、邱豐榮組客語「魅戲偶劇團」。
※10 月，高雄縣政府辦理「國際偶戲節——偶戲大觀」於鳳山國父紀念館。
※文建會「表演藝術團隊基層巡演」，布袋戲有「祝安」、「賜美樓」、「大臺員」參加演出。
※傳藝中心辦理第 1 屆「2001 年外臺布袋戲匯演」於彰化戲曲館舉行，有「全世界」、「亦宛然」、「小西園」、「大臺員」、「賜美樓」、「國興閣」、「聲五洲」、「新興閣」、「明興閣」、「隆興閣」等十團參演。
※11 月，東森綜合臺播出「小西園」《隋唐演義》。
※雲林縣政府舉辦第 2 屆「大開眼界 2001 年雲林國際偶戲節」。國內偶戲團有：「五洲園」、「新復興」、「五隆園」、「隆興閣」、「小西園」、「賜美樓」、「宏賓」、「新興閣」、「廖文和」、「復興閣皮影戲團」、「錦飛鳳傀儡戲團」共十一團。 | ※文建會將此年訂爲「文化資產年」。
※90 學年度，臺灣大學院校共計 135 所。 |
| 2002 | ※1 月，文建會「演藝團隊發展扶植計畫」公布 91 年度入選名單，布袋戲團有：「小西園」、「亦宛然」、「大臺員」、「新興閣」、「眞 | ※1 月 28 日，「國立傳統藝術中心」正式在宜蘭五結鄉冬山河畔掛牌營運，佔地 24 公頃。 |

	快樂」及「隆興閣」。 ※黃海岱（102 歲）獲得第六屆「國家文藝獎」。 ※2 月，「亦宛然」前往泰國參加「龍的傳奇新春文化賀年活動」。 ※2 月 23 日，「小西園」參加新莊元宵節「馬躍元宵——藝滿新莊」演出。 ※4 月 17 日，「亦宛然」參加臺北大龍峒保安宮「保生文化季」演出。 ※4 月 19 日，「隆興閣」參加「臺北市傳統藝術季」於中山堂光復廳演出《五爪金鷹》。 ※4 月 20 日，「小西園」參加「臺北市傳統藝術季」於中山堂演出。 ※4 月 25 日，「小西園」參加臺北大龍峒保安宮「保生文化季」演出。 ※4 月，「新西園」許欽（73 歲）當選臺北市模範勞工。 ※5 月，臺大藝術季邀請「小西園」、「新興閣」演出。 ※5 月 26 日，「亦宛然」參加「臺北市傳統藝術季」於中山堂光復廳演出《亨利四世》。 ※傳藝中心辦理第 2 屆「2002 年外臺布袋戲匯演」於宜蘭舉行，有「吳萬響」、「亦宛然」、「小西園」、「新樂園第三團」、「眞快樂」、「錦龍園」、「廖文和」、「阿忠藝合團」、「明興閣」、「隆興閣」等十團參演。 ※8 月 8 日，「紅樓劇場」邀請「小西園」、「新興閣」、「西田社」等三團演出。 ※9 月，紅樓劇場舉辦「傳統藝術之夜」，共十場，前四場分別由「眞快樂」、「亦宛然」、「廖文和」、「阿忠」演出。 ※10 月 31 日，臺北藝術大學 20 週年校慶時，頒發「名譽藝術博士學位」給黃海岱（102 歲），並為其舉辦研討會。 ※11 月，紅樓劇場邀請「隆興閣」、「諸羅山」、「大臺員」、「日月興」等四團演出。	※5 月 13 日，亂彈戲班「新美園」班主王金鳳（1917～2002）逝世，享年 86 歲。 ※7 月 22 日，臺北西門町的「紅樓劇場」開幕。 ※7 月 25 日，「復興閣」皮影戲團許福能（1923～2002）逝世，享年 80 歲。 ※9 月 26 日，臺灣第一個專為傳統表演藝術設置的觀光劇場「臺北戲棚」開幕。
2003	※1 月，文建會「演藝團隊發展扶植計畫」公布 92 年度入選名單，布袋戲團有：「小西園」、「亦宛然」、「大臺員」、「眞快樂」及「廖文和」。 ※1 月，「寶五洲」鄭一雄（1934～2003）逝世，享年 70 歲。 ※4 月，「亦宛然」參加挪威「貝爾根國際藝術節」。 ※「眞快樂」參加荷蘭第 18 屆「多雷希特國際偶戲節」演出。 ※「眞快樂」獲得國家文化藝術基金會贊助，製演《臺灣民間故事——照鏡山日落梳妝》。	※「臺灣省地方戲劇協進會」改制為「社團法人臺灣地方戲劇協進會」。

	※「隆興閣」廖昭堂（47 歲）製演《薛家英雄傳》於有線臺「臺藝」臺播出。	
2004	※7 月，蕭永勝（31 歲）、巫裕雄（33 歲）共組「蕭添鎮民俗布袋戲團」。 ※10 月，「小西園」許國良（1957～2004）逝世，得年 48 歲。 ※「真快樂」入選文建會扶植團隊。 ※「真快樂」與南管王心心「心心南管樂坊」合作，製演《陳三五娘》。 ※鍾任壁榮獲「臺北市模範勞工」、行政院「全國模範勞工」。也獲得陳水扁總統頒發「文化貢獻獎」。 ※雲林縣政府舉辦第 3 屆「無獨有偶 2004 年雲林國際偶戲節」。	※3 月 20 日，陳水扁、呂秀蓮當選中華民國第 11 任總統、副總統。
2005	※「真快樂」入選文建會扶植團隊。 ※「真快樂」參加「臺北市 94 年度地方戲劇比賽——掌中戲觀摩匯演」，在臺北保安宮演出《陳三五娘》，榮獲團體優等獎及最佳創新編導獎。 ※「隆興閣」入選客家委員會「扶植演藝團隊」。	
2006	※「真快樂」入選文建會扶植團隊。 ※「隆興閣」入選客家委員會「扶植演藝團隊」。 ※11 月，雲林縣政府舉辦「掌中萬象 2006 年雲林國際偶戲節」。國內團體有：「真五洲」、「無獨有偶」、「永興樂皮影劇團」、「廖文和」、「蘋果兒童劇團」、「昇平五洲園」、「吳萬響」、「亦宛然」、「真快樂」、「廖千順」、「斗六明世界」、「明星園」、「唭哩岸」、「隆興閣」、「新興閣」等十五團演出。 ※11 月，雲林縣政府舉辦第 4 屆「掌中萬象 2006 年雲林國際偶戲節」。 ※7 月 8 至 27 日，傳統藝術中心主辦第四屆「2006 年布袋戲匯演」於傳藝中心曲藝館展開，有「亦宛然」《仙拚仙拚死猴齊天》、「華洲園」《三國演義》、「小西園」《華光出世》、「響洲園」《月唐演義：五虎戰青龍》、「聲五洲」《臺灣演義製作系列：林爽文抗清》、「金鷹閣」《玉筆鈴聲之陰極皇朝前傳》、「真快樂」《白吃店》、「廖文和」《天下第一劍》、「天宏園」《半屏山傳奇》，及「新天地」《濟公傳奇》等十團各連演兩場，共二十場演出。 ※黃俊雄（74 歲）獲得第 10 屆國家文藝獎。 ※「真興閣」涂寬容（71 歲）獲頒中華民國資深青商總會第 13 屆「全球中華文化藝術薪傳獎」。	※2 月，新聞局主辦的「尋找臺灣意象」票選活動中，布袋戲以 13 萬多票奪得第一名。

2007	※10月，陳錫煌（77歲）在新竹市演藝廳獲頒中華民國資深青商總會第14屆「全球中華文化藝術薪傳獎」。 ※6月，「真快樂」獲得國家文化藝術基金會贊助，製演《前世夫妻後世會——亂點鴛鴦譜》。 ※鍾任壁獲雲林科技大學文資系聘為兼任教授，開設布袋戲課程。 ※7月22日至10月28日高雄市政府舉辦「2007年愛河布袋戲展演祭」，有「金鷹閣」、「南北坊古典布袋戲團」、「小西園」、「錦五洲」、「高雄新世界」、「天宏園」、「真快樂」、「中國太陽園」、「昇平五洲園」、「金鷹閣」、「隆興閣」、「國興閣」等團演出。 ※8月20至25日，7-ELEVEN和統一蘭陽藝文股份有限公司主辦「2007——7-ELEVEN盃布袋戲青年主演大車拚」，共有十六團青年主演於傳藝中心競演。 ※11月，雲林縣政府舉辦第5屆「好戲連臺2007年雲林國際偶戲節」。 ※「隆興閣」入選客家委員會「扶植演藝團隊」。	※雲林縣政府將黃海岱的生日1月2日訂定為「雲林布袋戲日」。 ※自2007年起，雲林國際偶戲節開始舉辦「金掌獎」競賽。
2008	※8月2至11日，傳統藝術中心主辦第5屆「2008年布袋戲匯演」於傳藝中心展開，有「真快樂」、「亦宛然」、「小西園」、「天宏園」、「明興閣」、「弘宛然」、「昇平五洲園」、「李南震」、「廖千順」、「真五洲」等十團演出。 ※10月8日至11月21日高雄市政府舉辦「袋袋相傳慶百年——2008年愛河布袋戲系列活動」，有「高雄新世界」、「如真園」、「金鷹閣」、「錦五洲」、「志晃」、「隆興閣」、「國興閣」等團演出。另有「高雄民間故事——布袋戲創意大匯演」。 ※11月22至12月27日，雲林縣政府舉辦第6屆「金光閃閃2008年雲林國際偶戲節」。	※3月22日，馬英九、蕭萬長當選中華民國第12任總統、副總統。 ※行政院文化建設委員會研議完成「演藝團隊分級獎助計畫」，依據團隊規模及發展階段之不同，推行分級獎助機制，並自98年起實施。分成三級：卓越計畫、發展計畫、育成計畫，以三年一期的長期方式予以扶植。 ※「社團法人臺灣地方戲劇協進會」更名為「社團法人臺灣戲劇協進會」。
2009	※1月9日，「陳錫煌傳統掌中劇團」成立。 ※4月，陳錫煌獲頒「重要傳統藝術保存者」證書。 ※6月，李傳燦（1946～2009）逝世，享年64歲。 ※草屯雕塑藝術家蕭任能在南投縣登記立案組「攖愉轑北管掌中實驗團」，以推廣偶戲、北管樂為職志。 ※「正西園」許正宗在臺北縣政府多功能集會堂獲頒中華民國資深青商總會第15屆「全球中華文化藝術薪傳獎」。	

	※「新興閣」鍾任壁獲得臺北縣市共同主辦第1屆「臺北傳統藝術藝師獎」殊榮。 ※「眞快樂」入選文建會「98年演藝團隊分級獎助計畫」之「育成級一年計畫」團隊。 ※「眞快樂」參加「臺北市98年度地方戲劇比賽——掌中戲觀摩匯演」，在萬華艋舺公園演出《秦王與孟姜女》，榮獲最佳創意製作獎及最佳唱曲獎。 ※8月，雲林縣政府舉辦第7屆「史艷文傳奇2009年雲林國際偶戲節」。 ※8月15至20日，統一超商股份有限公司和統一蘭陽藝文股份有限公司主辦「2009——7-ELEVEN盃布袋戲青年主演大車拚」，分傳統布袋戲組十團、金光布袋戲組八團於傳藝中心競演。 ※9月，「眞快樂」獲得國家文化藝術基金會贊助，製演《乾隆遊西湖》。
2010	※10月，黃文郎在臺北縣政府獲頒中華民國資深青商總會第16屆「全球中華文化藝術薪傳獎」。 ※鍾任壁、陳錫煌、許王獲得「臺北市傳統藝術藝師獎」。 ※「眞快樂」入選文建會「99年演藝團隊分級獎助計畫」之「育成級一年計畫」團隊。 ※7月9日，臺北縣文化局登錄「江賜美布袋戲」為傳統藝術。 ※林永志、黃僑偉等人成立「臺北木偶劇團」。 ※「黑人」陳山林（1944～2010）逝世，享年67歲。 ※「全樂閣」鄭寶和（1957～2010）逝世，享年54歲。 ※7月20至25日，國立臺灣傳統藝術總處籌備處和統一蘭陽藝文股份有限公司主辦「2010布袋戲青年主演大車拚」，共有十團青年主演於傳藝中心競演，各推出「自選劇目」、「創意點戲」戲碼；並邀請「吳萬響」、「新樂園」、「明興閣」，及「眞五洲」演出。 ※10月，雲林縣政府舉辦第8屆「叫偶第一名2010年雲林國際偶戲節」。 ※10月8日至11月21日高雄市政府舉辦「愛河布袋戲展演祭」，有「臺原偶戲團」、「金鷹閣」、「天宏園」、「高雄新世界」、「廖文和」、「永興樂皮影劇團」、「錦飛鳳傀儡劇團」，及「聲五洲」等團演出。
2011	※林金鍊獲得「臺北市傳統藝術藝師獎」。 ※黃俊雄（79歲）獲國家指定頒給「重要傳統表演藝術保存者」證書。

	※10 月，雲林縣政府舉辦第 9 屆「金光甲子・戲瘋雲 2011 年雲林國際偶戲節」。 ※「光興閣」林啓東（1937～2011）逝世，享年 75 歲。	
2012	※黃俊雄（80 歲）、李京曄（35 歲）獲得雲林文化藝術獎（表演藝術卓越獎）。 ※北管樂師朱清松（84 歲）、張金土（80 歲）獲得「臺北市傳統藝術藝師獎」。 ※10 月，雲林縣政府舉辦第 10 屆「百年風華 2012 年雲林國際偶戲節」。 ※「光興閣」廖英啓（1930～2012）逝世，享年 83 歲。	※1 月 14 日，馬英九、吳敦義當選中華民國第 13 任總統、副總統。 ※101 年 5 月 20 日文建會改制爲文化部。
2013	※國家文化藝術基金會的第 1 屆「布袋戲製作及發表專案」，錄取「眞快樂」發表《母子情深——薛剛樊梨花》、「王藝明」發表《臺灣英雄傳之決戰噍吧哖》，及「臺北木偶劇團」發表《哪吒小英雄》，於新北、臺北市、臺南市演出。 ※10 月，雲林縣政府舉辦第 11 屆「2013 年雲林國際偶戲節」。金掌獎競演獲獎團體或個人爲：林政興（最佳創作劇本獎）、陳文哲（最佳口白技術獎）、林政權（最佳操偶技術獎）、蕭瓊姬（最佳視覺技術獎）、葉勢宏（最佳配樂技術獎），及「錦飛鳳傀儡戲劇團」（最佳團隊演出獎）。 ※11 月 28 日，第 2 屆臺中市「表演藝術金藝獎」在港區藝術中心頒獎，由舞蹈家郭惠良與「聲五洲」王金匙獲得。	※第 20 屆「全球中華文化藝術薪傳獎」共 16 位當選人，之中的傳統戲劇獎獎主爲丁一保、溫宇航（海外地區）；地方戲劇獎得主爲唐美雲。另楊麗花獲得終身貢獻獎。 ※「臺灣青年木偶聯合發展交流協會」成立。第一屆理事長爲「諸羅山木偶劇團」吳佳政。
2014	※10 月，雲林縣政府舉辦第 12 屆「2014 年雲林國際偶戲節」。 ※國家文化藝術基金會辦理第 2 屆「布袋戲製作及發表專案」，錄取「昇平五洲園」發表《黑金英雄淚》、「金鷹閣」發表《打狗山傳奇・道乾夢空萬年殤》，及「明興閣」發表《南臺風雲朱一貴》，於雲林縣、高雄市、屏東縣演出。 ※黃俊卿獲頒中華民國資深青商總會第 21 屆「全球中華文化藝術薪傳獎」，和雲林縣政府「雲林文化藝術貢獻獎」。 ※11 月 17 日，黃俊卿（1928～2014）病逝於斗六，享年 87 歲。 ※蕭添鎮、黃文郎入圍臺中市政府「金藝獎」。11 月 20 日舉行頒獎典禮，會中特別頒發傳統藝術類的榮譽狀給已逝世布袋劇大師黃俊卿。	※「臺灣南北傳統戲劇協會」成立，以促進傳統戲劇的傳承與永續經營爲目的。首屆理事長爲李有明，亦是布景社負責人。

2015	※1 月，員林「新樂園」吳清源（1940～2015）逝世，享年 76 歲。 ※雲林縣政府舉辦「雲林布袋戲創新實驗劇」，由周凱劇場基金會承辦，製作《救母小金剛》，於雲林虎尾布袋戲館（5/14～15）、萬華糖廍園區藝文倉庫（B 倉）（5/18～19）發表。 ※10 月，蕭添鎮獲頒中華民國資深青商總會第 22 屆「全球中華文化藝術薪傳獎：地方戲劇獎」。 ※國家文化藝術基金會辦理第 3 屆「布袋戲製作及發表專案」，錄取「眞雲林閣」發表《傲氣之珠‧幽冥節度使》、「雲林五洲小桃源」發表《鳳山虎之鐵膽雄風》，及「高雄新世界」發表《風雲再起‧幻海星塵》，11 月於雲林縣、高雄市演出。	※7 月，雲林偶的家——炎卿戲偶文創園區開幕。
2016	※雲林縣政府舉辦「雲林布袋戲創新實驗劇」，由臺灣南北傳統戲劇協會承辦，製作《王者開臺顏思齊》，於北港文化中心（5/7）、嘉義縣表演藝術文化中心（5/14）發表。 ※雲林縣政府主辦「雲林縣藝文特色發展計畫：救母小金剛巡演」，9 月於高雄市立歷史博物館、嘉義市政府文化局及嘉義縣表演藝術中心演出。 ※8 月，「眞雲林閣」李京曄以《傲氣之珠‧幽冥節度使》獲頒第 27 屆「傳藝金曲獎：最佳個人表演新秀獎」。 ※10 月，陳義德獲頒中華民國資深青商總會第 23 屆「全球中華文化藝術薪傳獎：地方戲劇獎」。 ※國立傳統藝術中心主辦「2016 新布袋戲實驗室實驗作品發表」，12 月於臺灣戲曲中心發表《東海小金剛》（二號實驗作品）。	※1 月 16 日，蔡英文、陳建仁當選中華民國第 14 任總統、副總統。
2017	※布袋戲藝師廖昆章（1941～2017）逝世，享年 77 歲。 ※「長義閣」《臺灣民間故事：忠義十九公》巡演，於永安藝文館表演 36 房屋頂小劇場（8/26）、彰化縣南北管音樂戲曲館表演廳（9/3）等地售票演出。 ※「長義閣」製作《諸羅風雲錄：城隍爺》，導演爲黃僑偉，於嘉義市城隍廟（9/23）、嘉義市文創園區 O 棟文創願景館 2 樓禮堂（9/30）演出。 ※雲林縣政府主辦「新布袋戲文創實驗方案」，由在想創意有限公司承辦，邀請「聲五洲」於 10 月發表《雲林三保俠》。 ※雲林國際偶戲節在雲林虎尾農博生態園區舉	

	辦（10/7～14），該年金掌獎競演獲獎團體為：「雲林五洲小桃源」（最佳創作劇本獎）、「眞雲林閣」（最佳口白技術獎、最佳團隊演出獎）、「昇平五洲園」（最佳操偶技術獎）、「金宇園」（最佳視覺技術獎），以及「臺北木偶劇團」（最佳配樂技術獎）等五團。 ※國立傳統藝術中心主辦、周凱劇場基金會承辦「2017年外臺布袋戲馬拉松匯演」，11月4～5日於臺灣戲曲中心舉行。共有：「臺北木偶劇團」、「」眞雲林閣、「五隆園」、「義興閣」、「明興閣」、「蕭建平電視木偶劇團」、「昇平五洲園」、「磐宇」、「金鷹閣」、「雲林五洲小桃源」等十團職業布袋戲班，及「鹿港國中布袋戲團」演出。 ※「長義閣」製作《放關》，導演爲黃僑偉，12月17日於嘉義市政府文化局演講廳演出。 ※雲林縣政府主辦「雲林縣藝文特色發展計畫：圓夢尖兵布袋戲植根推廣・新布袋戲實驗室實驗作品發表」，由雲林縣政府文化處、周凱劇場基金會承辦，製作《龍王》（三號實驗作品），於北港文化中心（12/7）、臺灣戲曲中心（12/14）發表。	
2018	※「眞雲林閣」製作《夢斷情河》，編導爲傅建益，於大稻埕永樂廣場（3/31）、北港文化中心（8/18）演出。 ※「長義閣」《諸羅風雲錄（一）：忠義十九公》巡演，於嘉義縣表演藝術中心（5/27）、臺南歸仁文化中心（6/3）、屏東演藝廳（8/11）等地售票演出。 ※嘉義「義興閣」原創音樂布袋戲《天堂客棧》巡演，嘉義市政府文化局（6/8）、北港文化中心演出（7/21）。 ※6月16～17日，「明興閣」於臺灣戲曲中心售票演出《今古風雲傳——白帆智破惡魔巢》。 ※7月14日，臺中市傑出演藝團隊「金宇園」成果展演於烏日區溪南國中發表《任意門》。 ※8月，「眞快樂」以《孟婆・湯》榮獲第29屆「傳藝金曲獎：最佳團體年度演出獎」。	※4月29日，霹靂國際多媒體舉辦「蓮華誕・30還眞慶典」活動，於臺北華山文創園區展演。 ※國立傳統藝術中心舉辦第5屆「輔導民間劇團看家戲製作專案補助計畫」，布袋戲錄選「明興閣」《今古風雲傳——白帆智破惡魔巢》、「臺北木偶劇團」《南遊記》。 ※國立傳統藝術中心舉辦「重塑民間劇場節目徵集計畫」，布袋戲錄選「金鷹閣」《玉筆鈴聲之魔鬼空門》、「雲林五洲小桃源」《鳳山虎傳奇》、「明星園」《白賊七》、「聲五洲」《搖滾金光魔幻西遊記》、「清華閣周祐名」《赤火眞龍傳奇三部曲》、「眞雲林閣」《傲氣之珠幽冥節度使》、「義興閣」《穿越時空大冒險》、「昇平五洲園」《國際鐵漢之怪俠笑傳》、「陳錫煌傳統掌中劇團」《孫臏鬥海潮》、「眞快樂」《薛剛樊梨花》、「亦宛然」《濟公傳之梅花山》、「臺北木偶劇團」《茶山風雲》、「明興閣」《西遊記：孫悟空大鬧天宮》。 ※彰化縣文化局主辦「2018彰化國際傳統戲曲節」，期間爲7月21日至8月5日一連三週周末演出。

參考書目

一、專書

1. 丁乃通：《中國民間故事類型索引》（湖北：華中師範大學出版社，2008年）。

2. 王嵩山：《扮仙與作戲》（臺北：稻香出版社，1988年）。

3. 中華民俗藝術基金會：《國際偶戲學術研討會論文集》（雲林：雲林縣立文化中心，1999年）。

4. 中華民俗藝術基金會：《1999雲林國際偶戲節活動專輯》（雲林：雲林縣立文化中心，1999年）。

5. 中華民俗藝術基金會：《2004雲林國際偶戲節學術研討會論文集》（雲林：雲林縣政府文化局，2004年）。

6. 中華民俗藝術基金會：《屏東縣傳統藝術研討會論文集》（宜蘭：國立傳統藝術中心，2004年）。

7. 中華民俗藝術基金會：《南投傳統藝術研討會論文集》（宜蘭：國立傳統藝術中心，2005年）。

8. 石光生：《南臺灣傀儡戲劇場藝術研究》（臺北：國立傳統藝術中心籌備處，2000年）。

9. 石光生：《跨文化劇場：傳播與詮釋》（臺北：書林出版公司，2008年）。

10. 石光生：《鍾任壁布袋戲的傳承與技藝》（臺中：行政院文化建設委員會文化資產總管理處籌備處，2009年）。

11. 石光生：《臺灣傳統戲曲劇場文化——儀式‧演變‧創新》（臺北：五南圖書公司，2013年）。

12. 石光生、王淳美：《屏東布袋戲的流派與藝術》（宜蘭：國立傳統藝術中心，2007年）。

13. 江武昌：《臺灣布袋戲的認識與欣賞》（臺北：國立臺灣藝術教育館，1995年）。

14. 江武昌：《陳俊然布袋戲：三國因》（臺北：國家文化藝術基金會，1998年）。

15. 江武昌：《陳俊然布袋戲：貂蟬弄董卓》（臺北：國家文化藝術基金會，1998年）。

16. 江武昌：《陳俊然布袋戲：子龍救主》（臺北：國家文化藝術基金會，1998年）。

17. 江武昌：《陳俊然布袋戲：孔明借箭》（臺北：國家文化藝術基金會，1998年）。

18. 江武昌：《陳俊然布袋戲：劉備招親》（臺北：國家文化藝術基金會，1998年）。

19. 呂訴上：《臺灣電影戲劇史》（臺北：銀華出版社，1961年）。

20. 呂理政：《布袋戲筆記》（臺北：臺灣風物雜誌社，1991年初版；1995年再版）。

21. 呂順安：《傳統技藝匠師採訪錄・第二輯》（南投：臺灣省文獻委員會，1996年）。

22. 沈平山：《中國掌中藝術——布袋戲》（作者自印，1986年）。

23. 吳正德：《傳統布袋戲前場教學輔助教材》（臺北：西田社布袋戲基金會，1991年）。

24. 吳明德：《臺灣布袋戲表演藝術之美》（臺北：臺灣學生書局，2005年）。

25. 吳榮昌：《八十八年度戲劇類藝術欣賞學習手冊掌中風華》（臺北：國立復興劇藝實驗學校，1999年）。

26. 金榮華：《民間故事類型索引》（臺北：中國口傳文學學會，2007年）。

27. 林保堯：《布袋戲——李天祿藝師口述劇本集》（臺北：教育部，1995年）。

28. 林鋒雄：《中國戲劇史論稿》（臺北：國家出版社，1995年）。

29. 林鋒雄：《藝文資源調查作業參考手冊——傳統戲劇》（臺北：行政院文化建設委員會，1998年）。

30. 林鋒雄：《布袋戲「新興閣——鍾任壁」技藝保存計畫報告書》（臺北：國立傳統藝術中心籌備處，1999年）。

31. 林茂賢：《彰化縣藝文資源資料蒐集計畫——民俗資源調查後續研究報告書・上冊》（彰化：彰化縣立文化中心，1999年）。

32. 林明德：《阮註定是搬戲的命》（臺北：時報出版公司，2003年）。

33. 林明德、吳明德：《戲海女神龍——真快樂江賜美》（新北：新北市政府

文化局，2011 年）。

34. 林鶴宜：《臺灣戲劇史》（臺北：國立空中大學，2003 年）。

35. 邱坤良：《舊劇與新劇：日治時期臺灣戲劇之研究（1895～1945)》（臺北：自立晚報社，1992 年）。

36. 邱坤良：《真情活歷史——布袋戲王黃海岱》（臺北：INK 印刻出版公司，2007 年）。

37. 邱武德：《金光啟示錄——臺灣金光藝術的起生》（臺北：發言權出版社，2010 年）。

38. 邱金惠：《演繹戲曲人生——屏東傳統戲曲發展紀錄》（屏東：屏東縣政府，2013 年）。

39. 胡萬川：《民間文學的理論與實際》（新竹市：國立清華大學出版社，2005 年）。

40. 胡萬川：《臺灣民間故事類型》（臺北：里仁書局，2008 年）。

41. 胡亞敏：《敘事學》（武漢：華中師範大學出版社，2004 年）。

42. 洪惟助：《嘉義縣傳統戲曲與傳統音樂專輯》（嘉義：嘉義縣立文化中心，1998 年）。

43. 徐亞湘：《日治時期中國戲班在臺灣》（臺北：南天書局，2000 年）。

44. 教育部：《布袋戲——布袋戲圖錄·上、下冊》（臺北：教育部，1996 年）。

45. 張志良：《臺灣民間藝人專輯》（臺北：臺灣省政府教育廳，1982 年）。

46. 張發穎：《中國戲班史》（北京：學苑出版社，2003 年）。

47. 張稔穰：《中國古代小說藝術教程》（濟南：山東教育出版社，1991 年）。

48. 陳秀芳：《臺灣所見的北管手抄本（一)》（南投：臺灣省文獻委員會，1981 年）。

49. 陳正之：《掌中功名——臺灣的傳統偶戲》（臺中：臺灣省政府新聞處，1991 年）。

50. 陳正昇：《南投縣布袋戲沿革與現況》（南投：南投縣立文化中心，1994 年）。

51. 陳金次：《臺灣閣派布袋戲的傳承與發展》（臺北：西田社布袋戲基金會，1998 年）。

52. 陳木杉：《雲林縣布袋戲發展史暨布袋戲宗師黃海岱傳奇》（臺北：臺灣學生書局，2000 年）。

53. 陳芳：《清代戲曲研究五題》（臺北：里仁書局，2002 年）。

54. 陳秀鳳：《掌中乾坤——高雄布袋戲春秋》（高雄：高雄市立歷史博物館，2005 年）。

55. 陳龍廷：《臺灣布袋戲發展史》（臺北：前衛出版社，2007 年）。

56. 陳龍廷：《聽布袋戲：一個臺灣口頭文學研究》（高雄：春暉出版社，2008 年）。

57. 陳龍廷：《臺灣布袋戲創作論：敘事‧即興‧角色》（高雄：春暉出版社，2013 年）。

58. 傅建益：《掌中乾坤——臺灣野臺布袋戲現貌》（臺北：國立傳統藝術中心籌備處，2001 年）。

59. 黃少龍：《泉州傀儡藝術概述》（北京：中國戲劇出版社，1996 年）。

60. 黃俊雄等：《掌上風雲一世紀——黃海岱的布袋戲生涯》（臺北：INK 印刻出版公司，2007 年）。

61. 雲林縣貓兒干文史協會：《2001 雲林國際偶戲節活動專輯》（雲林：雲林縣文化局，2002 年）。

62. 曾永義：《說俗文學》（臺北：聯經出版事業公司，1980 年）。

63. 曾永義：《詩歌與戲曲》（臺北：聯經出版事業公司，1988 年）。

64. 曾永義：《中國古典戲劇的認識與欣賞》（臺北：正中書局，1991 年初版；2002 年初版三刷）。

65. 曾永義：《戲曲源流新論》（臺北：立緒文化事業有限公司，2000 年）。

66. 曾郁雯：《戲夢人生——李天祿回憶錄》（臺北：遠流出版社，1991 年）。

67. 曾永義：《俗文學概論》（臺北：三民書局，2003 年）。

68. 曾永義、游宗蓉、林明德：《臺灣傳統戲曲之美》（臺中：晨星出版社，2003 年）。

69. 曾永義、施德玉：《地方戲曲概論》（臺北：三民書局，2011 年）。

70. 葉子楓：《臺灣省地方戲劇協進會成立卅週年紀念特刊》（臺中：臺灣省地方戲劇協進會，1983 年）。

71. 葉子楓：《臺灣省地方戲劇協進會成立四十週年紀念特刊》（臺中：臺灣省地方戲劇協進會，1993 年）。

72. 萬建中等：《中國民間散文敘事文學的主題學研究》（北京：北京大學出版社，2009 年）。

73. 劉守華：《中國民間故事類型研究》（湖北：華中師範大學出版社，2002 年）。

74. 劉霽、姜尚禮：《中國木偶藝術》（北京：中國世界語出版社，1993 年）。

75. 劉還月：《風華絕代掌中藝——臺灣的布袋戲》（臺北：臺原出版社，1990 年）。

76. 鄭定國：《雲林縣演藝團體名錄》（雲林：雲林縣政府，2002 年）。

77. 蕭任能：《小木偶流浪記》（南投：南投縣民俗文物學會，2002 年）。

78. 謝中憲：《臺灣布袋戲發展之研究》（臺北：稻鄉出版社，2009 年）。

79. 謝中憲：《雲林布袋戲誌》（雲林：雲林縣政府文化處，2011 年）。

80. 薛湧：《功名歸掌上·布袋戲演春秋——臺北市布袋戲發展史》（臺北：臺北市政府文化局，2012 年）。

二、期刊、單篇及會議論文

1. 石光生：〈高雄地區掌中戲團生態演變初探〉，《傳統藝術研討會論文集》，臺北：國立傳統藝術中心籌備處，1999 年。

2. 石光生：〈論南臺灣偶戲的變革與發展方向〉，《藝術論衡》，第 6 期，2000 年 12 月。

3. 江武昌：〈光復後臺灣布袋戲的發展〉，《民俗曲藝》，第 71 期，1991 年。

4. 江武昌：〈臺灣布袋戲簡史〉，《民俗曲藝》，第 14 輯第 67～68 期，1990 年 10 月。

5. 江武昌：〈標籤化的「傳統」藝術——論傳統布袋戲彩樓戲臺的優缺點〉，《美育》，第 114 期，2000 年。

6. 江武昌：〈標籤化的「傳統」藝術——續論傳統布袋戲彩樓戲臺的優缺點〉，《美育》，第 115 期，2000 年。

7. 林鋒雄：〈布袋戲之成立及其表演藝術特質〉，《傳統布袋戲》，臺南：臺南縣立文化中心，1989 年。

8. 林鋒雄：〈遊樂篇〉，《臺灣地區民俗調查研究》，臺北：內政部，1990 年 12 月。

9. 林鋒雄：〈保存傳統戲曲的幾點看法〉，《傳統藝術研討會論文集》，臺北：國立傳統藝術中心籌備處，1997 年。

10. 林茂賢：〈臺灣布袋戲劇目〉，《民俗曲藝》，第 14 輯第 67～68 期，1990 年 10 月。

11. 吳正德：〈傳藝計畫與執行問題之探討——一個布袋戲藝生的看法〉，《民族藝術傳承研討會論文集》，臺北：教育部，1995 年。

12. 吳政恆：〈漫談臺灣布袋戲的發展〉，《臺灣文獻》，第 48 卷，1997 年 12 月。

13. 邱一峰：〈福建地區偶戲現況之考察及其與臺灣之比較〉，《嶺東學報》，2003 年 6 月。

14. 徐亞湘：〈桃園縣傳統戲曲的發展與變遷〉，《民俗曲藝》，第 140 期，2003 年。

15. 許國良：〈傳統布袋戲的道具〉，《民俗曲藝》，第 14 輯第 67～68 期，1990 年 10 月。

16. 陳龍廷：〈電視布袋戲的發展與變遷〉，《民俗曲藝》，第 14 輯第 67～68

期，1990 年 10 月。

17. 陳龍廷：〈臺北地區布袋戲商業劇場——草創期（1954～1960）〉，《臺灣風物》，第 44 卷第 2 期，1994 年。

18. 陳龍廷：〈從臺灣文化生態角度來研究臺北地區布袋戲商業劇場 1961～1971〉，《臺灣文獻》，第 46 卷第 2 期，1995 年。

19. 陳龍廷：〈六〇年代末臺灣布袋戲革命的另類觀察：同時代的外國人對黃俊雄木偶表演的論述〉，《臺灣史料研究》，第 10 期，1997 年。

20. 陳龍廷：〈臺灣化的布袋戲文化〉，《臺灣風物》，第 47 卷第 4 期，1997 年。

21. 周榮杰：〈臺灣布袋戲滄桑〉，《史聯雜誌》，第 28 期，1996 年 10 月。

22. 陳龍廷：〈布袋戲與政治：五〇年代的反共抗俄劇〉，《臺灣史料研究》，第 12 期，1998 年。

23. 陳龍廷：〈李天祿布袋戲的時代意義〉，《臺灣風物》，第 49 卷第 2 期，1999 年。

24. 陳龍廷：〈50 年來的臺灣布袋戲〉，《歷史月刊》，第 139 期，1999 年。

25. 陳龍廷：〈臺灣布袋戲研究的方法論〉，《民俗曲藝》，第 142 期，2003 年。

26. 陳芳：〈論「二水明世界掌中劇團」之內在結構〉，《中國學術年刊》，第 22 期，2001 年。

27. 陳正雄：〈方清祈布袋戲技藝初探〉，《雲林文獻》，第 49 輯，2007 年 12 月。

28. 陳正雄：〈秀水鄉「五洲金華龍」金光戲的演出藝術〉，《彰化文獻》，第 11 期，2008 年 8 月。

29. 陳正雄：〈「隆興閣」廖昭堂金光戲初探——以《五爪金鷹》系列之〈雙鷹決戰亡魂橋〉、〈雙珠情仇記〉為例〉，《雲林文獻》，第 52 輯，2010 年 12 月。

30. 劉信成：〈探看臺灣布袋戲的游擊兵〉，《傳藝》，第 87 期，2010 年 4 月。

31. 謝中憲：〈臺灣布袋戲的起源與發展〉，《臺灣歷史學會會訊》，第 18 期，2004 年。

三、學位論文

1. 江怡婷：《隆興閣掌中劇團「新五爪金鷹一生傳」研究》（成功大學臺灣文學研究所碩士論文，2013 年）。

2. 巫裕雄：《南投新世界陳俊然布袋戲「南俠」之研究——以「南俠（沒價值的老人）」為研究對象》（臺北大學民俗藝術研究所碩士論文，2010 年）。

3. 金清海：《臺閩地區傀儡戲比較研究》（高雄師範大學國文系博士論文，2002 年）。

4. 林美鸞：《光復後臺灣地方戲劇演出情形與社會轉型關係初探（1945～1970）──以東華皮戲團、新興閣掌中劇團、拱樂社爲例》（中正大學歷史研究所碩士論文，1996 年）。

5. 林炙珍：《從副將到福將──論演義小說中程咬金形象》（靜宜大學中國文學研究所碩士論文，2004 年）。

6. 邱一峰：《閩臺偶戲研究》（政治大學中國文學研究所博士論文，2004 年）。

7. 洪淑珍：《臺灣布袋戲偶雕刻之研究──以彰化「巧成眞」爲考察對象》（臺北大學民俗藝術研究所碩士論文，2004 年）。

8. 徐志成：《「五洲派」對臺灣布袋戲的影響》（臺灣大學中國文學研究所碩士論文 1999 年）。

9. 徐雅玫：《臺灣布袋戲之後場音樂初探》（臺灣師範大學音樂研究所碩士論文，2000 年）。

10. 梁慧婷：《明興閣掌中戲團營運方式研究》（成功大學藝術研究所碩士論文，1999 年）。

11. 張溪南：《黃海岱及其布袋戲劇本研究》（中正大學中國文學研究所碩士論文，2002 年）。

12. 陳龍廷：《黃俊雄電視布袋戲研究》（中國文化大學藝術研究所碩士論文，1991 年）。

13. 陳生龍：《沈明正布袋戲的表演藝術研究》（彰化師範大學國文學系碩士論文，2011 年）。

14. 傅建益：《當前臺灣野臺布袋戲之研究》（中國文化大學藝術研究所碩士論文，1993 年）。

15. 黃明峰：《屏東縣布袋戲班之研究──以〈全樂閣〉、〈復興社〉、〈祝安〉、〈聯興閣〉爲例》（逢甲大學中國文學研究所碩士論文，2001 年）。

16. 楊雅琪：《玉泉閣布袋戲團研究》（成功大學中國文學研究所碩士論文，2004 年）。

17. 詹惠登：《古典布袋戲演出形式之研究》（中國文化大學藝術研究所碩士論文，1979 年）。

18. 葉芳君：《以陳錫煌藝師個案爲例探討臺灣布袋戲藝術之傳承》（臺北教育大學藝術與造形設計學系碩士論文，2010 年）。

19. 劉建成：《雲林縣隆興閣掌中戲團的現況分析與另類發展研究》（雲林科技大學文化資產維護系碩士論文，2006 年）。

20. 鄭慧翎：《臺灣布袋戲劇本研究》（中央大學中國文學研究所碩士論文，

1991 年）。

21. 蕭永勝：《「五洲園二團」黃俊卿及其《忠勇孝義傳》、《橫掃江湖黑眼鏡》之研究》（臺北大學民俗藝術研究所碩士論文，2010 年）。

22. 薛湧：《布袋戲研究中的藝術學觀察——以「布袋戲筆記」、「臺灣布袋戲的表演藝術研究」為觀察中心》（佛光大學藝術學研究所碩士論文，2008年）。

23. 蘇世德：《臺灣專業布袋戲偶雕刻》（成功大學藝術研究所碩士論文，2001 年）。

四、影音資料（DVD）

1. 李天祿：《乾隆遊西湖》錄影帶，108 分鐘，城市國際電影有限公司出品，傳統視聽製作有限公司發行，1994 年。

2. 李國安：《豬八戒娶親》，約 22 分鐘，雲林布袋戲館演出，陳正雄錄影、蕭永勝後製，2014 年。

3. 林文昭：《為何命如此一生傳之三教魔帆》，約 121 分鐘，新莊文化藝術中心演出，林奎協錄製，2007 年。

4. 林文昭：《為何命如此一生傳之劍影情仇記》，約 98 分鐘，新竹市文化局演出，蕭永勝錄製，2008 年。

5. 林文昭：《為何命如此一生傳之風波小地球》，約 79 分鐘，臺中靜宜大學演出，蕭永勝錄製，2008 年。

6. 林文昭：《瀟灑情俠一生傳》，約 90 分鐘，臺中梧棲浩天宮演出，蕭永勝錄影、巫裕雄後製，2008 年。

7. 林文昭：《西遊記之金角銀角》，約 82 分鐘，新竹市文化局演出，黃瑞誠錄影，2010 年。

8. 林大豐：《武林鐵漢南俠翻山虎》，約 132 分鐘，臺中霧峰峰安宮，巫裕雄錄製，2008 年。

9. 林大豐：《小顏回一生傳》，約 89 分鐘，臺中市烏日慈聖宮，巫裕雄錄製，2011 年。

10. 林大豐：《小顏回一生傳之風雲再起》，約 120 分鐘，臺中市南屯區萬和宮，巫裕雄錄製，2012 年。

11. 林文昭：《為何命如此一生傳之決戰風波小地球》，約 114 分鐘，臺中梧棲海興宮演出，2009 年。

12. 柯加財：《陳三五娘》，約 100 分鐘，臺北市中山堂光復廳演出，2005 年。

13. 陳錫煌：《飛劍奇俠——花雨寺》，120 分鐘，臺北市政府文化局出版，2011 年 12 月。

14. 陳山林:《南俠風雲》(1),約 111 分鐘,臺中縣太平市新城里聖武宮演出,蕭永勝錄影、巫裕雄後製,2007 年。

15. 陳山林:《南俠風雲》(2),約 69 分鐘,臺中縣太平市新城里聖武宮演出,蕭永勝錄影、巫裕雄後製,2007 年。

16. 陳山林:《南俠風雲》(3),約 35 分鐘,臺中縣太平市新城里聖武宮演出,蕭永勝錄影、巫裕雄後製,2007 年。

17. 陳山林:《南俠風雲》系列之一,約 85 分鐘,南投縣名間鄉朝聖宮演出,蕭永勝錄影、巫裕雄後製,2008 年。

18. 陳山林:《南俠風雲》系列之二,約 59 分鐘,南投民間朝聖宮演出,蕭永勝錄影、巫裕雄後製,2008 年。

19. 陳宇期:《鐵漢南俠》,約 71 分鐘,臺中市傳統藝術節臺中公園小廣場演出,巫裕雄錄製,2008 年。

20. 陳宇期:《鐵漢南俠之三界人王》,約 109 分鐘,臺中市傳統藝術節文心森林公園圓滿戶外劇場演出,巫裕雄錄製,2009 年。

21. 陳宇期:《鐵漢南俠》,約 109 分鐘,臺中市大甲媽祖文化節──臺中市立屯區藝文中心演出,巫裕雄錄製,2011 年。

22. 陳宇期:《彭公審石頭》,約 44 分鐘,臺中市三和國小演出,2011 年。

23. 陳峰煙:《西遊記之火焰山》,約 87 分鐘,彰化藝術館演出,巫裕雄,2007 年。

24. 許王:《小西園許王掌中戲藝術:三國演義》(DVD),國立傳統藝術中心出版,2007 年。

25. 黃海岱:《黃海岱布袋戲經典劇目 DVD》,國立傳統藝術中心出版,2005 年。

26. 蕭添鎮:《南俠風雲之大破千刀梯》,約 108 分鐘,臺中沙鹿玄武宮演出,蕭永勝錄製,2004 年。

27. 蕭添鎮:《黑貓抵飯匙》,約 59 分鐘,任「長興閣」主演,現場演出,蕭永勝錄製,2006 年。

28. 蕭添鎮:《黑貓抵飯匙》,約 85 分鐘,桃園縣政府文化局中壢藝術館演出,蕭永勝錄製,2010 年。

29. 蕭添鎮:《劉海升天》,約 47 分鐘(前半部未錄及),嘉義市文化局演出,巫裕雄錄製,2006 年。

30. 蕭添鎮:《魯智深大鬧桃花山》,約 59 分鐘,臺灣南北戲劇聯誼會活動,嘉義縣中埔鄉,巫裕雄錄製,2006 年。

31. 蕭添鎮:《林沖》,約 84 分鐘,臺中太平新城里聖武宮演出,蕭永勝錄影、巫裕雄後製,2007 年。

32. 蕭添鎮：《武松》，約 80 分鐘，臺中太平新城里聖武宮演出，蕭永勝錄影、巫裕雄後製，2007 年。

33. 蕭添鎮：《手足情深》，約 96 分鐘，1991 年臺灣省地方戲劇比賽中區決賽。

34. 蕭添鎮：《李遠殺四虎》，約 64 分鐘，彰化師範大學演出，蕭永勝錄製，2014 年。

35. 蕭添鎮：《蘇文秀娶親》，約 86 分鐘，蕭永勝錄製，2009 年。

36. 蕭添鎮：《南俠風雲之金葫蘆》，約 117 分鐘，臺中市南屯區萬和宮演出，巫裕雄錄製，2008 年 7 月 31 日。

37. 蕭添鎮：《南俠風雲之白骨真經》，約 90 分鐘，新竹市文化局廣場演出，陳正雄錄影、巫裕雄後製，2009 年 7 月 11 日。

38. 蕭添鎮：《南俠風雲之老君堂》，約 111 分鐘，臺中市東區樂成宮演出，巫裕雄錄製，2009 年 3 月 15 日。

39. 蕭添鎮：《南俠風雲之黃金孔雀城》，約 120 分鐘，臺中縣太平市聖武宮演出，巫裕雄錄製，2008 年 7 月 24 日。

40. 蕭添鎮：《南俠風雲之死人能醫活》，約 122 分鐘，臺中縣太平市聖武宮演出，巫裕雄錄製，2008 年 7 月 25 日。

41. 蕭添鎮：《南俠風雲之武林生死劍》，約 81 分鐘，國立臺中高農演出，巫裕雄錄製，2009 年 3 月 18 日。

42. 蕭添鎮：《南俠風雲之大毒王》，約 112 分鐘，臺中市西屯區廣安堂演出，蕭永勝錄製，2009 年 10 月 25 日。

43. 蕭添鎮：《南俠風雲之急急風》（1），約 77 分鐘，臺中市福德宮演出，蕭永勝錄製，2010 年 9 月 22 日。

44. 蕭添鎮：《南俠風雲之急急風》（2），約 127 分鐘，臺中市福德宮演出，蕭永勝錄製，2010 年 9 月 23 日。

45. 蕭添鎮，《南俠風雲之急急風》（3），約 115 分鐘，臺中市福德宮演出，蕭永勝錄製，2010 年 9 月 24 日。

46. 蕭添鎮：《好鼻師》，約 54 分鐘，苗栗縣通宵國中演出，蕭永勝錄影，2008 年。

47. 蕭添鎮：《門圍得寶》，約 58 分鐘，高雄民間故事布袋戲創意匯演，蕭永勝錄影，2008 年。

48. 蕭添鎮：《水蛙土仔》，約 63 分鐘，臺中誠品書局園道店演出，蕭永勝錄製，2010 年。

49. 蕭添鎮：《自恨枝無葉‧莫怨太陽偏》，約 22 分鐘，臺中豐原誠品書局演出，蕭永勝錄製，2011 年。

50. 蕭添鎮：《忠犬救主》，約 104 分鐘，桃園縣政府文化局中壢藝術館演出，蕭永勝錄製，2009 年。

51. 蕭添鎮：《審鳥盆》，約 56 分鐘，新北市中和高中演出，蕭永勝錄製，2011 年。

52. 蕭添鎮：《審郭槐》，約 107 分鐘，東華大學演出，蕭永勝錄製，2010 年。

53. 蕭添鎮：《狄青會姑母》，約 79 分鐘，臺中市惠文高中演出，蕭永勝錄製，2012 年。

54. 蕭添鎮：《貂蟬弄董卓》，約 62 分鐘，屏東女中演出，蕭永勝錄製，2012 年。

55. 蕭添鎮：《屯土山約三事》，約 44 分鐘，臺北市立中山女中，蕭永勝錄製，2011 年。

56. 蕭添鎮：《古城會》，約 69 分鐘，政治大學，蕭永勝錄製，2011 年。

57. 蕭添鎮：《趙子龍救主》，約 84 分鐘，臺北市立教育大學，蕭永勝錄製，2011 年。

58. 蕭添鎮：《劉備招親》，約 87 分鐘，臺灣師範大學，蕭永勝錄製，2011 年。

59. 蕭添鎮：《華容道》，約 97 分鐘，臺北市大稻埕戲苑，2012 年。

60. 蕭添鎮：《乾隆遊西湖》，約 20 分鐘，雲林國際偶戲節雲林布袋戲館演出，蕭永勝錄製，2012 年。

61. 蕭添鎮：《人在做‧天在看》，約 77 分鐘，新北市客家文化園區演出，蕭永勝錄製，2014 年。

62. 鍾任壁：《新興閣鍾任壁精選 DVD》，國立傳統藝術中心出版，2005 年。

63. 鍾任壁：《武童劍俠》，約 117 分鐘，桃園縣政府文化局大廳演出，2009 年。

64. 鍾任壁：《林爽文》，約 106 分鐘，彰化縣鹿港鎮演出，2005 年。

65. 羅秋峰：《烽劍春秋之攢天箭》，約 80 分鐘（後一部分未錄及），桃園縣政府文化局演出，羅百伶錄製，2009 年。

66. 羅國良：《西遊記之獨角大王》，約 82 分鐘，弘光科技大學，2011 年。

67. 蘇俊榮：《三國演義之長坂坡救主》，約 117 分鐘，文建會 2001 外臺布袋戲匯演，2001 年。

五、錄音資料

1. 江欽饒：《孝子復仇記》，10 小時，專業布袋戲錄音，約 1990～2000 年代。

2. 江欽饒：《孫龐演義》，20 小時，專業布袋戲錄音，2003 年。

3. 江欽饒：《三國演義》，10 小時，專業布袋戲錄音，2012 年。

4. 吳清秀：《薛丁山征西》，10 小時，專業布袋戲錄音，約 1990 年代。

5. 吳清秀：《鶴驚崑崙》，20 小時，專業布袋戲錄音，約 1990 年代。

6. 吳清秀：《乾隆遊西湖》，4 小時，專業布袋戲錄音，約 1990 年代末～2000 年代初。

7. 吳清秀：《福德正神救世傳》，12 小時，專業布袋戲錄音，2012 年。

8. 柳國明：《嘉慶君遊臺灣》，20 小時，專業布袋戲錄音，約 1990 年代末～2000 年代初。

9. 陳山林：《葉飛雲十三劍》，20 小時，專業布袋戲錄音，約 2000 年代初。

10. 陳俊然：《三才女》，約 86 分鐘，中聲唱片，1964 年。

11. 蔡坤仁：《精忠岳傳》，18 小時，專業布袋戲錄音，2005 年。

12. 劉祥瑞：《包公案》，20 小時，專業布袋戲錄音，約 1990 年代。

13. 劉祥瑞：《大俠百草翁：金光布袋戲》，約 20 小時，專業布袋戲錄音，2003 年。

14. 蕭添鎮：《乾隆遊西湖》，2 小時，專業布袋戲錄音，1986 年。

15. 蕭添鎮：《鍘陳世美》，2 小時，專業布袋戲錄音，1986 年。

16. 蕭添鎮：《孫龐演義》，15 小時，專業布袋戲錄音，1986 年。

17. 蕭添鎮：《桃園三結義》，2 小時，專業布袋戲錄音，1992 年。

18. 蕭添鎮：《俠義英雄傳》，10 小時，專業布袋戲錄音，1993 年。

19. 蕭添鎮：《黑貓抵飯匙》，約 89 分鐘，專業布袋戲錄音，2002 年。